شیعی‌گری و ترقی خواهی

شیعی‌گری و ترقی‌خواهی
نقش روحانیت در نهضت ملی ایران

مهدی قاسمی

چاپ پاژن

شیعی گری و ترقی خواهی

نقش روحانیت در نهضت ملی ایران

The Shi'ism versus Modernism
The Role of the Clergy in the Iranian National Movement
by Mehdi Ghassemi

Copyright © 1999 Mehdi Ghassemi

Typesetting by Page, Inc.
Cover Art by Behzad Ghassemi

All rights reserved. No part of this book may be reproduced or retransmitted in any manner whatsoever, except in the form of a review, without written permission from the publisher.

ISBN 0-936347-74-0

Manufactured in the United States of America

The paper used in this book meets the minimum requirements of the American National Standard for Information Services—Permanence of Paper for Printed Library Materials, ANSI Z39.48-1984

IBEX Publishers, Inc.
Post Office Box 30087
Bethesda, Maryland 20824
telephone: 301-718-8188
facsimile: 301-907-8707
www.ibexpub.com

Library of Congress Cataloging in Publication Data

Qāsimī, Mahdī, 1928-
Shī'ah'garī va tarraqī 'khvāhī : naqsh-i ruhāniyāt dar nahzat-i millī-i Īrān / Mahdī Qāsimī.
p.   cm.
Includes bibliographical references.
Romanized record.
Added title page title: Shi'ism versus modernism.
ISBN 0-936347-74-0
1. Ulama—Iran—Political activity.   2. Islam and politics—Iran.   3. Ulama—Iran—Views on modernity.   4. Islam and secularism—Iran.   5. Nationalism—Iran.   6. Iran—Politics and government—20th century.   I. Title   II. Title: Shi'ism versus modernism.
BP63.I68Q28   1999   <AMED Pers>   99-31760
CIP

تقدیم به همسرم پوران که در دشوارترین ایـــام زندگی پایگاه امید من بوده است

فهرست مندرجات

یاد آوری ۹

فصل اول: سنخیت و خویشاوندی نظام های مذهبی و تمامی نظام های استبدادی ۱۱

فصل دوم: نقش روحانیت در ترکیب هرم استبداد ۲۳

فصل سوم: ناسیونالیسم افراطی و افراط بر «فضیلت قومی» ۳۳

فصل چهارم: نخستین زمینه های شکل گیری تشیع ۳۷

فصل پنجم: مواضع ملایان شیعه در دورهٔ صفوی ٤٦

فصل ششم: اروپا در جوشش علمی و فلسفی، ایران درگیر «معارف» محمد باقر مجلسی ۵۵

فصل هفتم: نگاهی زودگذر به پاره ای از آثار شیعی ٦۵

فصل هشتم: مقابله روحانیت شیعه با هرگونه نوگرایی ۷۵

فصل نهم: انجماد فکری و جعل تاریخ ۸٦

فصل دهم: حادثه ای اثرگذار در خط نهضت ملی ۹۸

فصل یازدهم: جنبش ضد «رژی» یک آزمون موفق و پرکشش ۱۰۸

فصل دوازدهم: مشروطیت و روحانیت ۱۲۰

فصل سیزدهم: ارزیابی اندیشه ها در نخستین خیزش های مشروطه خواهی ۱۲۸

فصل چهاردهم: گردشی در احوال «مشروعه خواهان» ۱۳۹

فصل پانزدهم: نسبت بابیگری به مشروطه خواهان، از کجا ریشه می گرفت؟ ۱٤۸

فصل شانزدهم: عوارض نفوذ ملایان در نهضت ملی ۱۵۸

فصل هفدهم: مجتهدین بزرگ «مشروطه خواه» ۱٦۷

فصل هجدهم: تتبعی در اندیشه های روحانی بزرگ (میرزا محمد حسین نائینی غروی) ۱۷۵

فصل نوزدهم: تضاد افکار میان اهل شریعت و اهل ترقی ۱۸۳

فصل بیستم: نخستین تجربه های پارلمانی ۱۹۲

فصل بیست و یکم: حساسیت «روحانیت» در برابر «فلسفهٔ عقلی» ۲۰۱

۷

۲۰۹	فصل بیست و دوم: بسوی نظام عرفی
۲۱۷	فصل بیست و سوم: صورتهایی از خشکسالی اندیشه در جامعه روحانیت
۲۲۳	فصل بیست و چهارم: یک رهبری شایسته و یک خیزش درخشان مردمی
۲۳۲	فصل بیست و پنجم: کشش های ایمانی و سیاسی در «روحانیت مشروطه»
۲٤۲	فصل بیست و ششم: در خط حوادث
۲۵۱	فصل بیست و هفتم: اتحاد نامقدس (دربار – روحانیت – خارجی)
۲۵۹	فصل بیست و هشتم: چند پرسش کلیدی
۲٦٦	فصل بیست و نهم: مواضع روحانیت پس از شکست استبداد صغیر
۲۷٤	فصل سی ام: حرف آخر، چکیده ای از آنچه رفت

یاد آوری

این کتاب مجموعه ی مقالات پیوسته‌ای است که قریب سه سال در ماهنامه ی «علم و جامعه» چاپ واشینگتن نشر یافته است.

مسلماً در پاره‌ای از کتب تاریخ تحلیلی خاصه آن گروه که به پژوهش در دوران پاگیری نهضت ملی مشروطه تعلق گرفته‌اند وجوهی از درون مایهٔ این کتاب موضوع بررسی و تتبع واقع شده است ولی با توجه به پیامدهای انقلاب اخیر ایران که به سلطهٔ بیسابقه و بلامنازع «روحانیت شیعه» در نظام حکومت انجامید، نیاز به یک اثر مستقل در شناخت مواضع تاریخی این قشر بالنسبه کوچک بیش از پیش مطرح شد. نگارنده در همین جا فارغ از هرگونه تواضع، خود را ملزم به اعلام این واقعیت می داند که دفتر حاضر، با توجه به مفهوم اصیل کلمه ی «تحقیق»، یک اثر پژوهشی نیست، عمدتاً برداشتی است از «نقش روحانیت شیعه» در پیوند با رویدادهای بویژه چهارصد سال گذشته که به این قشر کوچک ولی ذینفوذ فرصت داد تا درهرم قدرت استبدادی جا باز کند و انگ خود را بعنوان یک سهامدار نیرومند حکومت بر تمامی نظامات سیاسی و فرهنگی و اجتماعی این دوران بکوبد. بنابراین تنها امید نویسنده آن بوده است و هست که ثمر کار او انگیزه ای برای اهل تحقیق شود تا با توجه به ضرورت و نیاز زمان، فقدان یک اثر مستقل و جان دار در این زمینه را جبران کنند که ناگفته پیداست اقدام به چنین امری بسهم قابل ملاحظه ای در شناخت یکی از کلیدی ترین عوامل عقب ماندگی ایرانیان آنهم در دورانی که غربیان به برکت جنبشهای فرهنگی و پیشرفتها و دست آوردهای مادّی خویش با شتاب موانع رکودشان را در هم شکسته اند، بسیار مفید و پر اثر خواهد بود.

در کیفیت تنظیم و نشر این کتاب - و نقایص و عیوبی که بر آن مترتب است، توضیحی دست کم در دو زمینه ضرورت دارد. نخست این که در پیگیری حوادث و دوره های تاریخی، نظمی که مرسوم مورخان است رعایت نگشته و به عبارت دیگر با پرش های بلند تنها به ذکر نمونه ها و شاهدها اکتفا شده است.

دوم این که، خواننده در فصول مختلف گاه با نقلهای مکرر مواجه می شود که اگر در قالب «سلسله مقالات» و آن هم به دلیل فاصله های یکماهۀ انتشار و به منظور ایجاد ارتباط ذهنی برای خوانندگان، اجتناب ناپذیر بوده است - در پاره ای موارد بهنگام تدوین کتاب حذف مکررات با خصلت «کتابی» کتاب سازگار می نمود. در هر دو مورد این تذکار لازم است که اصولاً نویسنده بر سر آن نبود که سلسله مقالات خود را در کتابی گردآورد، منتها سفارش دوستان و بسیاری از خوانندگان او را به تغییر رای خودناگزیر ساخت باا ین همه غلبه بر کاستی های یادشده، اصولاً امکان پذیر می شد به شرط آن که برای نویسنده توان مادی به اندازه ای که یک بازنگری وبازنویسی کلی را جواز هد، فراهم بود. ناچار با دستکاریها یی که امکان آن میسر گشت، در اساس به همان قالب متونی که در ماهنامه به چاپ آمده بود ابقاء کرد.

در پایان بر خود فرض میداند از عنایت فوق العاده ی یاران عزیز آقایان ناصر و فرهاد شیرزاد، پایه گذاران (کتاب فروشی ایران) در مقام موسسه ای که تاکنون در ارائه و نشر آثار برجسته و گونه گون فرهنگی، سیاسی، اجتماعی و پژوهشی نقش پرثمری ایفا کرده است و هم چنین از یاریهای ذیقیمت و بری از هرگونه توقع دوستان ارجمند: آقای دکتر ناصر طهماسبی سردبیر و خالق گرامی ماهنامۀ «علم و جامعه» و آقای علی سجادی از دبیران و گردانندگان بنیاد فرهنگی پر و مجلۀ پر بار «پر» سپاسگزاری و مخصوصاً یادآوری کند که اگر همت این دوستان بزرگوار در میان نبود نشر این دفتر با هر «مقداری» که بر ان متصور است نامیسر بود.

مهدی قاسمی

فصل اول

سنخیت و خویشاوندی نظام های مذهبی و تمامی نظام های استبدادی

اینکه گفته شده است، حکومت مذهبی بمعنای عام آن (جدا از این مقوله که برآمده از کدام مذهب است)، از جمله قهرآمیزترین و زیانبارترین اشکال در سلسله رژیمهای استبدادی است، حکمی است که چرایی آن را باید از تاریخ و تجربه خواست. ساده ترین و موجزترین بیان در اثبات این حکم این است:

حکومت مذهبی نه فقط حامل عنصر اختناق، بلکه درعین حال بنا بر ذات خود پایگاه ارتجاع، کهنه اندیشی و پاسدار جمود و خصم بی امان هرگونه نوجویی و نوآوری است.

تاریخ تحولات اجتماعی در گذشته ها و نیز تاریخ معاصر انواع سیستمهای خودکامه را چه در قالب سلطهٔ فرد و چه در هیئت حکومت گروه — خواه مبتنی بر کششهای ایدئولوژیک و خواه با دعوی دهان پرکن «تجدد طلبی» و خواه با بهانه های فریبنده ای چون: «التزام به حفظ وحدت و تمامت ارضی و پرهیز از گسیختگی ملی» و نظایر اینها را در خود ثبت کرده است.

تمیز سنخیت و حتی خویشاوندی و مشابهتهای گاه خیره کننده میان این سیستمها، اعم از باخدا و بی خدا — یعنی جدا از گونه گونی بهانه ها بویژه آن جا که موجودیت بنای قدرت و استبداد و طبعاً مقابله با هر جنبش ناموافق مطرح است، در شمار کشفیات و درسهای اولیهٔ تاریخ است.

ناگفته پیداست که منظور پوستهٔ بیرونی دعاوی نیست که طبعاً متفاوت و چه بسا ظاهراًمتضاد هم بوده است و هست بلکه مقصود هستهٔ خواستها است که درون مایهٔ استبداد را چه فردی و چه گروهی و چه ایدئولوژیک و چه مذهبی تشکیل می دهد.

- این صحیح است که فاشیستها «فضیلت و سیادت نژاد برتر» را پشتوانهٔ مقاصد توسعه طلبی و حجت کشتارهای جمعی و برپایی کوره های آدمسوز و اردوگاههای مخوف آشویتز و داخائو و میدانک و ... ساختند و میلیونها انسان را به بهانهٔ پاکسازی فضای زندگی «نژاد برتر» به دلخراش ترین شیوه ها راهی گورستان کردند...

- این صحیح است که استالینیست ها با تحریف حتی مارکسیسم، فجایع و جنایات خود را زیر شعار پاسداری از «دیکتاتوری پرولتاریا» در شرایط محاصرهٔ سرمایه داری و ضرورت دستیابی به «جامعهٔ بی طبقات» — (حجت!) آوردند.
- این صحیح است که قرنها پیش از این پاپ ها، شگفتا بنام مسیحی که گویا بنا را بر مدارا و گذشت و پرهیز از انتقام نهاده بود، میلیونها و میلیونها آدمیزاد را باتهام رافضی و خصومت با قداست کلیسا با خشن ترین عذابها بدیار عدم فرستادند.
- این صحیح است که حتی امروز – در آستانهٔ هزارهٔ سوم پایه گذاران ولایت فقیه الزام به تبعیت از «قوانین لایزال الهی» را متکای استبداد و انحصاری ساختن حاکمیت خود کرده اند...

ولی با یک کالبدشکافی نه چندان دشوار، می توان دریافت که در تمامی آنها، فراتر از جوراجوری بهانه ها و دعویها، یک هدف نهفته بوده است و نهفته است و آن حفظ چهار دیوار قدرت و استبداد است.

پاپ اینوسان سوم (یا پاپ معصوم) (۱۱۹۸ تا ۱۲۱۶ میلادی) که از او بعنوان یکی از نیرومندترین و در عین حال خشن ترین و بی رحم ترین رؤسای مسیحیت یادشده است، جواز قدرت بی رقیب خود را در این «آیات» خودساخته اعلام می داشت:

«ما (پاپ ها) را خداوند مأمور کرده است تا بر کلیهٔ مردمان و کشورهای جهان حکومت کنیم»

و بر این باور اصرار داشت که:

«پاپ فقط یک شخصیت روحانی نیست، بلکه وظیفه دارد بر پادشاهان نیز حکم براند» و «دلیل» می آورد: «همچنان که ماه از خورشید نور می گیرد، سلاطین نیز نیرو و اقتدار خود را رهین حضور پاپها یند.» بیاد می آوریم دستمایهٔ آیت الله خمینی را که در اثبات حقانیت «اصل ولایت مطلقهٔ فقیه» به حدیث «الفقها حُکام علی السلاطین» استناد می کرد که دقیقاً با دعوی پاپِ قرون وسطایی همخوانی داشت؛ چندانکه می توان علی رغم قدمت زمانی گفت، «امام مسلمین» بی کم و کاست به همتای مسیحی خود اقتدا کرده است.

در راستهٔ مشابهتها بویژه در توجیه سرکوبها و ترکتازیها، حتی حواریون و بطور کلی عملهٔ استبدادی که در خدمت «امام اسلامی» و «مقتدای مسیحی» قدم برداشته اند برغم فاصلهٔ بعید زمانی و اختلاف در باورهای مذهبی گاه چنان همخوانیها نشان داده اند که گویی یکی از دیگری الگو گرفته است.

در سال ۱۳۰۸ میلادی، در تب و تاب جنگ پر کشتار و وحشیانه ای که بر ضد «رافضی ها» براه افتاد و هزاران هزار اهالی شهرها و روستاها به تیغ «عساکر مسیح» بخاک و خون کشیده

شدند، سفیر پاپ در برابر این سوال که شاید میان این مردم، بیگناهانی باشند که بدینگونه نابود میشوند، سرنوشت آنها چه خواهد شد؟ گفته بود:

«همه را بقتل برسانید - خداوند در آن جهان دوستداران خود را تشخیص خواهد داد»- یعنی همین عاقبت به خیری، آنها را کفایت می کند. قرنها بعد، یعنی بروزگار ما - احمد صدر حاج سید جوادی وزیر دادگستری دولت موقت، در گفتگویی با نشریهٔ خلق مسلمان (۱۳آبان ۱۳۵۸) چگونگی عمل قاضی القضات شرع، حجة الاسلام صادق خلخالی را چنین شرح داده است:

«..شنیدم آقای خلخالی به کودک ۱۶ ساله ای که دستور اعدامش توسط هم ایشان داده شده بود، گفته بود اگر گناهکار باشی به جزای اعمالت می رسی و اگر بیگناه باشی خوشحال باش که شهید می شوی.»

وزیر دادگستری دولت مستعجل مرحوم بازرگان هم چنین در مصاحبهٔ مزبور بی آنکه از مسؤولیت خود و وزارت عریض و طویلی که زیر نام «دادگستری» بعهده دارد سخنی بگوید، ظاهراً خود را به توضیحاتی از این دست «تبرئه» می کند که:

«من وقتی عکس کودک ۱۲ ساله ای را دیدم که در کردستان اعدام کرده اند و عکس افراد مجروحی را دیدم که آنها را با همان حال به میدان تیر برده اند بسیار ناراحت شدم، زیرا انقلاب ما برای آن بود که دیگر شاهد چنین صحنه هایی نباشیم ... مادر جوانی به نام علی احسن ناهید که اعدام شده بود عکسهایی را که در هنگام غسل میت و در سردخانه از وی گرفته بودند به ما نشان داد که معلوم می کرد پای این جوان در گچ بوده و هنگام اعدام حتی نمی توانسته سرپا بایستد.»

همچنان در ردیف مشابهت ها، باز هم به قرون گذشته باز می گردیم و سنخیت و خویشی اصحاب جوراجورِ استبداد را دنبال می کنیم.

در قرن پانزدهم میلادی یک کشیش فلورانسی بنام ساوو نارلا بر آن شد تا با ایجاد یک جمهوری مذهبی، «حکومت عدل الهی» را در کرهٔ ارض شالوده بریزد. او موفق شد مردم ناراضی را به نویدهای شیرین زیر علم خود بیاورد و سرانجام در سال ۱۴۹۵، درست در سالروز ولادت مسیح، باشارهٔ وی شورایی که دقیقاً به «شورای انقلاب اسلامی» ما میمانست، تأسیس حکومت خدایی فلورانس را بریاست «عیسی مسیح» و نیابت ریاست (ساوو نارلا) اعلام کرد و مقرر داشت «قوانین حاکم بر جمهوری فلورانس، از آن پس قوانین لایتغیر و لایزال الهی است و کلیهٔ قوانین موجود که زادهٔ اندیشهٔ انسان خاکی است باطل و غیر قابل پیروی است.»

افاضات «امام خمینی» در این زمینه، بی درنگ متبادر به ذهن می شود که سالها قبل از تصرف قدرت نوشته بود:

«قوانین اسلام را خداوند جهان برای همیشه فرستاده و برای همهٔ اقوام بشر نازل کرده ست، دین اسلام تمام قوانین دیگر عالم را که از مغزهای سفلیسی مشتی بیخرد درآمده باطل کرده است و هیچ قانون دیگری را در جهان قانون نمی داند — صفحه ۲۹۲ کشف الاسرار»

بموجب عدالتی که کشیش فلورانسی سالها بشارت آنرا داده و هیجان مردم بستوه آمده از فقر و اختناق را به دستاویز و سلاح خود بدل کرده بود فلورانس به دوزخی تبدیل شد که در آن اگر زنی زیوری با خود داشت معاند دین لقب می گرفت و عذاب می دید — مأموران مذهبی در مقام «پاسداران» شرع آزاد بودند که بخانه های مردم وارد شوند و با شکستن آلات موسیقی و سوزاندن کتابهای ضاله و حتی نابود کردن وسایل آرایش، احکام الهی را مجری دارند — بر اساس قوانین جدید جمهوری، زناکاران و زنان متهم به فاحشگی و لواط طعمه آتش می شدند. در محافل وعظ و خطابه (که بنا بر وصف مورخین شباهت کاملی با نمازهای جمعه در احوال امروزی ایران داشته است) ابتدا مردم با شوق و امید و رفته رفته بزور حاضر میشدند و در پایان ناگزیر در نمایشهای بزرگ خیابانی زیر شعار «سلطان ما، عیسی مسیح» شرکت می جستند.

قوانین جمهوری «خدایی» فلورانس، هرگونه تفریح و مشغولیتی را زیر عنوان «حرکات حیوانی» حرام میشمرد. زن و مرد وظیفه داشتند بیشترین ایام هفته را روزه بگیرند و زنان موظف بودند با مقنعه های سیاه در کوی و برزن ظاهر شوند. هرگونه اثر هنری که ظن بی عفتی بر آن میرفت به آتش سپرده می شد. چنین بود که صدها اثر نقاشی و مجسمه کار استادان نامدار ایتالیا که نمایندهٔ سیما و پیکر زنان زیبا بود از میان رفت.

و اما اقبال مردم فلورانس بلند بود که آن وانفسا آنقدرها دوام نیاورد، کمتر از چهار سال از عمر آن نگذشته بود که شورای شهر فلورانس پایان فاجعه را اعلام داشت و ساوونارلا را در برابر دیدگان هزاران اهالی شهر در آتش سوزاند و خاکسترش را به رود آرنو سپرد.

و باز در خطهٔ شباهتها، تاریخ از سرنوشت کودکان معصوم در چنگ شقاوت و سیاه دلی متولیان قدرت طلب مذهبی، نمونه های جانگدازی بدست میدهد.

در جریان جنگهای ایران و عراق از تکه تکه شدن کودکان خردسال، در زمینهای پوشیده از مین نقلهای چندش آوری شنیده و خوانده ایم. بیاد داریم که چطور بفرمان بازیگران صحنهٔ «نخستین حکومت الله در کره ارض» کودکان ده دوازده ساله را با سربندهای مخصوصی که «جواز ورود آنها به بهشت» نام داشت روانهٔ زمینهای پوشیده از مین می کردند که پیداست از اعضاء و جوارح سوخته و پاره پارهٔ شدهٔ آنها نیز اثری باقی نمی ماند و اگر می ماند طعمه مور و ملخ و جانوران بیابانها بود.

نظیر این «تدبیر خدا پسندانه» را تاریخ در نقل حوادث جنگهای صلیبی ثبت کرده و این مربوط است به زمانی که اوضاع ارتش صلیبی ها بویژه در سوریه و فلسطین چنان وخیم شده است

که تصرف اورشلیم تقریباً غیر ممکن می نماید. رؤسای کلیسا در اروپا شایع می کنند که تصرف امکنۀ مقدسه بوسیله عناصری که آلوده به گناهند نامقدور است و لذا باید از نیروی کودکان که معصومیت آنها محرز است استفاده شود، در پی این «راهجویی نبوغ آمیز» است که در آلمان و فرانسه گروه گروه اطفال بی گناه بی خبر از همه جا را گرد می آورند و بسوی فلسطین براه میاندازند و نتیجۀ آن می شود که کثیری از این کودکان بر اثر طوفان در دریای مدیترانه غرق می شوند و بسیاری دیگر از آنان بدست صاحبان کشتی ها در بازارهای برده فروشی افریقا بفروش میرسند.

این یادآوری لازم است که شباهت فوق العادۀ روشها و بهانه ها در روند اختناقی که درون مایۀ حکومتهای مذهبی است، در بسیاری موارد تمامی انواع سیستمهای استبدادی را بدیهی است که با غلظت های متفاوت در بر می گیرد. شرح این نکته را به میلواس جیلاس اندیشمند معروف یوگوسلاوی وامی گذاریم که در کتاب پر ارزش خود «طبقۀ جدید» تفتیش عقاید در جوامع کمونیستی زمان خود را با شیوه های قرون وسطایی بدینگونه قیاس میکند:

«افراد در کشورهای کمونیستی همواره از شک و تردید دربارۀ معتقدات خویش نسبت به خط مشی حزب و وحشت از اتهام، رنج میبرند. آنها همواره از این بیم دارند که مبادا نتوانند ثابت کنند که در واقع دشمن سوسیالیسم نیستند. این درست همانند روزگار قرون سطایی است که مردم همیشه ناگزیر بودند مراتب اخلاص خود را نسبت به کلیسا به ثبوت رسانند. طبقه جدید - ترجمۀ عنایت الله رضا.»

با شناخت ماهیت اختناقی که هم اکنون در سایۀ هولناک متصدیان امر بمعروف و نهی از منکر رژیم در ادارات، مدارس و کوچه و بازار و حتی د راندرون خانه های مردم ایران حاکم است می توان سخن جیلاس را با اندک تغییر در پاره ای از اصطلاحات و کلمات، شرح کامل و بی نقص از استبداد فقاهتی و در عین حال وجه مشترکی در جوهر و سنخیت تمامی نظامهای خودکامه تلقی کرد.

شایان توجه است که در همین زمینه غالباً مصطلحات ویژه ای خلق میشوند که هرچند ظاهر متفاوتی دارند ولی در عرصۀ کاربرد و مثلاً در کار تعقیب و توقیف و قتل و حبس مخالفان، نقش واحدی بازی می کنند:

در آلمان دورۀ هیتلری «نژاد مخرب» از قبیل نژاد یهودی و بطور کلی سامی و کولیها و همجنس بازان و مارکسیستها و سوسیالیستها - و در روسیۀ شوروی «دشمن ملت» که بنا بر گزارش نیکیتا خروشچف، اول بار بوسیلۀ استالین اختراع شد و در ایران اسلامی کلمات «منافق»، «محارب با خدا»، و «ضد انقلاب» و امثال آنها، برچسب هایی بوده اند و هستند که برای زندانی کردن هر کس و حتی کشتن او کفایت کرده است.

گفتنی است که در تمامی این رژیمهای استبدادی و هم چنان تفاوت نمی کند اعم از بی خدا و باخدا، شگردهای تزویرآمیز، دورنگی و خدعه بخصوص در شرایطی که خطری موجودیت رژیم را تهدید می کند، بنحو شگفت انگیزی مشابه است:

در این باره به دو مورد مشخص و کاملاً یکسان، در رژیم «الهی» آقای خمینی و رژیم ضد خدایی «رفیق استالین» بصورت مشتی که نمونهٔ خروار است استناد میکنیم:

آقای خمینی، پس از انقلاب، یعنی آن گاه که حواریون غیرمذهبی و باصطلاح ملی و طرفداران دموکراسی و پیروان خلقی و انقلابی «غرب زده» را وا پس میزند و جای پای خود رامحکم می یابد دیگر سببی نمی بیند که باورهای اصلی خود را پنهان دارد. آیت الله اینک امام شده حتی احساس می کند که نوبت به سرکوب کسانی رسیده است که دفاع از «ملت» و «حکومت ملی» را عنوان کرده اند و لذا پروایی ندارد از اینکه آشکارا اعلام کند:

«این حسابها که پیش مردم مادی مطرح است که ما ایرانی هستیم و برای ایران چه باید بکنیم، این حسابها در اسلام نیست، این قضیه ای که شاید صحبتش در همه جا هست که به ملت و ملیت کار داشته باشند این یک امر بی اساس است در اسلام — بلکه متضاد با اسلام است — سخنان آقای خمینی در ملاقات با خانوادهٔ موسی صدر ۶ شهریور ۱۳۵۹»

و اما در قبال این «متحدالمآل» صد در صد اسلامی بیاد بیاوریم که چطور در جریان جنگ ایران و عراق، خاصه در ایامی که اوضاع بسود حریف چرخیده است، رادیو تلویزیون اسلامی، زیر گوش امام ضد ملی و ضد ایرانی سرود «ای ایران» را که نمادی از تعلق خاطر به مرز و بوم اجدادی و حکایتی از «مرز پرگهری» است که «خاکش سرچشمهٔ هنرها» است و دعاگونه ای است برای «دورماندن» این خاک از «اندیشهٔ بدان» و طلبی است بر «جاودانگی» آن... نه یکبار که چند بار در روز و شب پخش می کند گویی که پیش از این حکایتی از این قبیل در میان نبوده است که این «حرفها را استعمارگران ساخته اند» چرا که متولیان «ولایت مطلقهٔ فقیه» و مبشرّین انترناسیونالیسم اسلامی احساس کرده اند کار بجایی رسیده است که از کشاندن مردم به دعای ندبه و ختم انعام و سفره های قمر بنی هاشم و «اجتماعات عبادی نماز جمعه» گرهی گشوده نخواهد شد و تنها با برانگیختن آن احساس درونی و به جان نشستهٔ مردم که عنوانش وطندوستی است می توان بر خطر سررسیده مهار زد و این شگفت آور نیست چرا که سالها قبل از آن همین شگردخدعه آمیز در نظام بی خدا و ضد خدای استالینی نیز تجربه شده است.

میلوان جیلاس در همان اثر خود «طبقهٔ جدید» چند و چون این چرخش را بدرستی وصف کرده است:

«مقاومت غریزی و خودبخودی و عدم رضایت مداوم و روزمرهٔ مردم نه چیزی است که کمونیستها یارای از بین بردن آنرا داشته باشند، این نکته ای است که در دوران جنگ شوروی و المان به

ثبوت رسیده است. هنگامی که آلمانی ها به اتحاد شوروی حمله ور شدند، مردم شوروی چندان اشتیاقی به مقاومت از خود نشان ندادند ولی چندی نگذشت که هیتلر نشان داد هدفش انهدام روسیه و از میان بردن استقلال آن کشور و تبدیل اسلاوها و دیگر مردم اتحاد شوروی به بردگان فاقد شخصیت بوده است. در چنین حالتی بود که آتش عشق جاویدان و خاموشی ناپذیر به میهن که در دلهای مردم به زیر خاکستر نهفته بود، دیگر بار شعله ور شد. در تمام مدت جنگ، استالین حتی یک بار برای مردم از دولت شوروی و سوسیالیسم سخن نگفت، بلکه سخنان او همه در حول یک واژه دور میزد و آن واژۀ میهن بود. با وجود «سوسیالیسم استالینی» میهن ارزش آن را دارد که انسان، جان خود را در راه آن فدا کند — میلوان جیلاس — طبقه جدید — ترجمه عنایت الله رضا.»

انگیزه و استعداد قدرت طلبی در ادیان و آیین های شبه مذهبی:

از روایات متقن و حکم مانند تاریخ، یکی این واقعیت است که ادیان گوناگون — همانند ایدئولوژیهای جزمی در عصر جدید — خواه ادیانی مانند دین یهود و دین اسلام که از آغاز نطفه های «حکومت» و چنگ انداختن بر امور اداری و اجتماعی و حتی سلطه بر زندگی خصوصی افراد جوامع را هدف داشته اند و خواه دین هایی نظیر مسیحیت و مخصوصاً آئین بودایی که اصولاً مبشر آن خود را نه پیامبر و نه خالق مذهبی می خواند و بیشتر به یک معلم اخلاق شبیه بود در مراحلی از گسترش، یعنی آنگاه که در منافذ جامعه نفوذ کرده و نفوس قابل ملاحظه ای را زیر چتر خود گردآورده اند، بدون هیچ استثناء، دستیابی به قدرت فائقه را در دستور عمل خود قرار داده اند. در این زمینه تکلیف بحث دربارۀ دیانت اسلام روشن است چرا که پیامبر اسلام، از همان آغاز و بویژه پس از هجرت به مدینه و کسب قدرت، حکومت دینی را مطرح ساخته است. آیت الله خمینی در قبال همۀ سیاست گریهای خود که به شمه ای ازآن اشاره شد، در بیان این واقعیت از دیدگاه اسلام بدرستی قضاوت کرده است.

«این قانون خدایی است که از قبل از ولادت تا پس از مردن و از تخت سلطنت تا تختۀ تابوت هیچ جزیی از جزئیات اجتماعی و فردی را فروگذار نکرده است، اینجا قانونگذار خدای داناست که غفلت از هیچ چیز بشر ندارد — صفحه ۲۸۲ کشف الاسرار.»

و یا:

«پیغمبر برای مستراح رفتن و مجامعت کردن و شیر دادن چندین حکم خدایی و فرمان آسمانی آورده برای هیچ چیز کوچک و بزرگ نیست که تکلیف معین نکرده باشد.»

و یا:

«قانونهای کلی اسلام مانند قانون مالیات و قضا و نظام و قانون ازدواج و طلاق و قوانین مجازات عمومی مانند حدود و قصاص و قانون جلوگیری از ساز و نواز و زنا و لواط و قوانین تطهیر و تنظیف و وضو و غسل و امثال آنها قوانین ثابت لا یتغّیر الهی است— کشف الاسرار صفحه ۳۱۵»

آقای خمینی بر اساس این برداشتها که آنقدرها هم دور از واقع نیست، شالودهٔ ولایت مطلقه فقیه را می ریزد و اصولاً معتقد است که قواعد اسلامی باید جهانی شود:

«چون خداوند اطاعت از اولوالامر را بر تمام امت اسلام واجب کرده است ناچار باید حکومت اسلامی در جهان یک حکومت بیشتر نباشد و بیش از یک تشکیلات در کار نباشد.»

آقای خمینی با اتکأ به این نظریات است که نتیجه می گیرد:

«اینها که با ولایت فقیه مخالفند با آن چیزی مخالفند که خدای تبارک و تعالی فرموده است و اینها از آن می ترسند — اینها از یک مطلب می ترسند و آن اسلام است — از سخنان آقای خمینی در ملاقات با جمعی از روحانیان قم، ۳۰ مهرماه ۱۳۵۸.»

اصولاً اساس خلافتی که بیدرنگ پس از درگذشت پیغمبر نهاده شد مبتنی بر جنبهٔ «حکومت اسلامی» بود و از این بابت باید به آقای خمینی حق داد. معدود کسانی که در کسوت روحانیت و چه بسا با حسن نیت و درک الزامات زمان مسئلهٔ حاکمیت را مطرح کرده اند و نیز افرادی نظیر شریعتی که تلاش داشتند تا بر اسلام جامهٔ نوی بپوشانند و «همیشگی» آنرا با مقتضیات زندگی جدید تضمین کنند، مسلماً با جوهر درخواستهای اسلامی بیگانه بودند و یا دست کم با شیوهٔ پروتستانهای مسیحی، به خط تجدید نظر افتادند و این مبحثی است که ما بطور مستقل در فصول بعد به آن اشاره خواهیم داشت.

میل به قدرت در دیانت موسی که پیداست در زمینه های بسیار دیانت اسلامی از آن متأثر بوده است، از همان آغاز مطرح بوده است. به سخن دیگر، دیانت موسی علاوه بر احکام بسیار سنگین و طاقت سوز عبادی اش در قلمرو «مجازات – قصاص» و مضامین دیگری دربارهٔ قواعد زناشویی، حقوق زوجین و قوانین راجع به برده داری و ... شامل مقرراتی است که معمولاً در ردیف وظایف «حکومت» قرار میگیرد.

به بعضی از قواعد مربوط به قصاص در مذهب یهود، آنطور که در باب بیست و یکم و بیست و دوم از سفر خروج آمده است اشاره می کنیم:

«..هر که انسانی را بزند و او بمیرد، هر آینه کشته شود — هر که پدر و مادر خود را زند، هر آینه کشته شود، هر که پدر و مادر خود را لعنت کند، هر آینه کشته شود— اگر دو مرد نزاع کنند و یکی دیگری را به سنگ یا به مشت زند و او نمیرد و لیکن بستری شود، زنندهٔ او خرج معالجهٔ او را بدهد ... جان به عوض جان بده — چشم به عوض چشم و دندان به عوض دندان، دست به عوض دست و پا به عوض پا... اگر کسی چشم بنده یا کنیز خود را بزند که ضایع شود

او را به عوض جشمش آزاد کنند ... هرگاه گاوی به شاخ خود، مردی یا زنی را بزند که او بمیرد گاو را البته سنگسار کنند و گوشتش را نخورند و صاحب گاو بیگناه باشد ... اگر گاو غلامی یا کنیزی را بزند، سی مثقال نقره، به صاحب او داده شود و گاو سنگسار شود...»

این همه حاکی از این واقعیت است که دیانت موسی، یک دیانت «حکومتی» است زیرا تصدی امر مجازات و قانونگذاری از وظایف مدیریت و حکومت در یک جامعه است.

چنانکه پیشتر آمد، این تازه بخشی از احکام دینی یهود است زیرا دیانت موسی (و نیز دیانت اسلام) بر حیات آدمیزاد از آن زمان که نطفه ای در رحم مادر بسته میشود تا زمان مرگ، خود را ناظر و حاکم می داند و بعبارت دیگر با قیاس نسبت به حال و هوای جوامع مدنی امروز شخصی ترین مسائل انسان را نیز دربرمی گیرد، آنگونه که می توان آن را نه (حکومت ساده) که (سوپر حکومت) تلقی کرد.

شایان توجه است که دیانت مسیح نیز که در بنیاد «آیینی» مبتنی بر مدارا و گذشت و طبعاً شامل یک سلسله احکام اخلاقی است از روند قدرت طلبی مصون نمی ماند.

عیسی سفارش میکند:

«بنی نوع خود را مانند خویش دوست خواهی داشت، شنیده اید که گذشتگان (در تورات) گفته اند چشم را به عوض چشم و دندان را به عوض دندان قصاص کنید، من به شما می گویم در مقابل آدم فاسد و شریر مقاومت نورزید — بر عکس اگر کسی گونهٔ راست تو را سیلی بزند گونهٔ دیگر را بسوی او بگردان — اگر کسی خواهد با تو بستیزد و قبای تو را بگیرد، عبای خود را نیز باو واگذار ... اندیشه نکنید که چه خورید و چه آشامید و یا چه پوشید، مرغان نه می کارند، نه می دوزند و نه ذخیره می کنند، پدر آسمانی شما آنها را می پرورد. نه آنچه به دهان شما فرو می رود انسان را نجس می کند، بلکه آنچه از دهان بیرون می آید (کلام زشت) ....» شگفت نیست که قدرت جویی در این دیانت «صوفیگرانه و خاکسارانه» از زمانی نطفه می گیرد که مسیحیت بویژه در توده های ستم دیده بصورت مسکّنی نضج میگیرد ولی رفته رفته بمقامی میرسد که در اعمال قدرت و سلطه برهمان توده (مستضعفان) به هیولایی خونریز تبدیل می شود.

البرت بایر پرفسور فقید دانشگاه سوربن در اثر پرقدر خود (تاریخ آزاداندیشی) در پس وصفی از چگونگی شکنجه های موحشی که در امپراتوری روم بر پیروان عیسی مسیح، بخصوص پس از فرمان امپراطور دیوکلتن جواز پیدا میکند، از ذکر این نکتهٔ بسیار مهم نیز غفلت ندارد که هرچند: «در این زمان یهود و عیسوی (در قلمرو امپراطوری روم) در یک شکل واحد معرّف آزاداندیشی هستند و آن را مطالبه می کنند ولی باید دانست آزاداندیشی آنها با مفهوم جدید فلسفه ای که ما امروز از ان سخن می گوییم تفاوت دارد زیرا آنها آزادی را تنها برای خود طلب می کنند و می

خواهند که آزادیِ راه و رسم مذهبی آنها محترم و برسمیت شناخته شود و تلویحاً طالب آنند که این احترام و رسمیت دربارهٔ مذاهب دیگر موقوف شود.»

بایر، با این برداشت محققانهٔ خود، در حقیقت، پایه ها و مایه های استبداد مسیحی در قرون وسطا را کشف می کند و باعتباری پرده از دیانت سیاسی و سیاست دینی برمیدارد.

بظاهر شگفت انگیز، سرنوشت آیین بودا در خط این مقوله است زیرا اصولاً آنچه بودا آورد یک دین یا مذهب نبود، تنها یک الگوی سلوک و اخلاق بود.

بودا آشکارا از هرگونه گفتگو دربارهٔ ابدیت - جاودانگی روح و یا خدا پرهیز دارد، بباور او «بی نهایت فقط یک افسانه است، افسانهٔ فیلسوفانی که آنقدر فروتنی ندارند که اقرار کنند یک ذره، جهان را نمی تواند درک کند.»

بودا رسم قربانی کردن حیوانات را محکوم می کرد، پرستش موجودات مافوق طبیعت و جمیع ریاضت ها و عبادتها را مردود می شمرد، راه و رسمی را تبلیغ می کرد که از جزمیت و کهانت مبرا باشد و برای رستگاری راهی را می‌نمود که بر روی کافر و مؤمن هر دو گشاده است — اندیشهٔ عبادت به خدای مجهول را به تبسمی بسخره می گرفت و می گفت «این فکر که اسباب خوشبختی و بدبختی ما را موجود دیگری تنظیم میکند، اندیشه ای جاهلانه است زیرا سعادت و بدبختی همیشه محصول سلوک و امیال خود ماست.» — در تبلیغات بودا سخنی از بهشت و دوزخ در میان نیست و به روح نیز اعتقاد ندارد، هرچند به تناسخ باور دارد (که البته این خود نمایندهٔ تضاد اشکاری در معتقدات اوست.)

و گفتیم «شگفت انگیز» — زیرا آئینی چنین بندگسل، در مراحلی که وسعت می گیرد و طبعاً متولیانی پیدا می کند، بچنان احکام شداد و غلاظی می آمیزد که بازیگری پاپهای قرون وسطا را در زمینه هایی تداعی میکند. میدانیم که زادگاه آیین بودا هند بود ولی بدلایلی در این سرزمین به نوعی دگردیسی مبتلا شد.

جواهر لعل نهرو دولتمرد و اندیشه گر بزرگ هند می نویسد:

«آیین بودا به عنوان یک مذهب تا مدتی در هند رواج زیاد پیدا نکرد و پس از آن مدتی در مذهب برهمنی یا هندویی جذب شد، معهذا باید گفت که آیین بودا در مذهب برهمنی تاثیر زیادی داشت و دست کم بسیاری از خرافات و تشریفات بیجای مذهبی را ازآن دور ساخت.»

آیین بودا که بدینگونه در زادگاه خود نضجی نیافت،، در سرزمینهای دوردست (آسیای دور) و چین فرصت رشد پیدا کرد و در این سرزمینها بود که میل به سیاست و قدرت و حکومت در آن نطفه بست، برای مثال در قرن دهم میلادی متولیان مذهب بودا در سیلا (کرهٔ امروزی) بدرجه ای از قدرت رسیدند که حتی پادشاهان مجبور بودند برای جلوس به تخت سلطنت گاه سالها در معابد

بودا یی تمرین کنند و بعبارت روشنتر در این مدت بیاموزند که چگونه از رهبانان بودا یی راه و روش تبعیت از آنان را بیاموزند.

با توجه به این گونه دگردیسی هاست که نهرو با وجود آنکه خود از سلالۀ رهبران مذهبی است (خانوادۀ نهرو اساساً از کشمیر بوده و از برهنمان آن ناحیه محسوب می شده اند که حدود سیصد سال قبل در زمان آخرین پادشاهان مغول هند به دهلی و بعدها به الله آباد منتقل میشوند و در آنجاست که وی بدنیا می آید. این کلمۀ پاندیت که گاهی بر اسم جواهر لعل نهرو اضافه میشد نشانۀ نسبت طبقاتی و برهمن بودن او بوده است هرچند خود او کاربرد این کلمه را خوش نداشته است) — به این نتیجۀ منطقی میرسد:

«مذاهب و بنیان گذاران آنها در تاریخ جهان نقش بزرگی ایفا کرده اند. اغلب در تاریخ می بینیم که مذهب هر چند برای تکامل ما و بهتر ساختن ما و نجیبانه تر شدن ما بوده است عملاً مردم را به صورت حیوانات پست درآورده است، بجای آنکه د رمردم روشن بینی به وجود آورد، اغلب آنها را در تیرگی نگاهداشته است، بجای آنکه وسعت ذهن و فکر در آنها ایجاد کند اغلب موجب تنگ فکری و کوته نظری و تحمل نکردن دیگران شده است. با کمک مذهب، کارها و چیزهای بسیار عالی و بزرگ انجام گرفته است، اما به نام مذهب هزاران هزار و میلیونها نفوس بشری کشته شده اند و جنایات مهیب و تصورنا پذیر صورت گرفته است.

پس تکلیف ما با مذهب چیست؟

برای بعضی اشخاص مذهب به معنی یک دنیای دیگر، دنیای پس از مرگ، بهشت و دوزخ یا هرچه اسمش را بگذاریم تلقی شده است، اینها به امید اینکه پس از مرگ به بهشت بروند مذهب را دنبال میکنند و بعضی از مراسم و اعمال را انجام می دهند — این اشخاص مرا به یاد کودکان می اندازند که به امید دریافت نقل و شیرینی خود را مودب و معقول جلوه می دهند. آیا در باورهای مردان بالغ و بزرگی که به این شکل کودکانه فکر و عمل می کنند چه باید گفت؟ زیرا سرانجام میان آن نقل و شیرینی که به کودکان وعده میشود و بهشتی که در آخرت وعده داده شده است تفاوت اساسی و عمده ای وجود ندارد. پیروان مذهب هرکدام چیزی می گویند، یکی میگوید چنین باید کرد و دیگری می گوید که چنان. اغلب هر یک از آنها دیگری را ابله و بدکار و کافر می شمارد. آیا کدام یک حق دارد و چه چیز صحیح است؟ از آنجا که آنها دربارۀ چیزها یی حرف میزنند که نمی‌توان دید و ثابت کرد، خیلی دشوار است که بتوان در این زمینه قضاوتی کرد. اما به‌نظر می رسد که در هر حال، نادرست و بیجا است که با یقین و بطور قاطع دربارۀ چنین مسائلی صحبت کنند و بخاطر اختلاف خود به سر یکدیگر بکوبند. بیشتر ما بسیار کوچک فکریم و عاقل نیستیم. ما چه حق داریم آنقدر گستاخ باشیم که تصور کنیم که فقط ما از حقیقت کامل باخبریم و به این جهت گلوی همسا یۀ خود را بفشاریم و او را از گفتن حقیقتی که

به آن معتقد است بازداریم. ممکن است که در آنچه می گوییم حق داشته باشیم. اما ممکن هم هست که همسایهٔ ما نیز حق داشته باشد... تا آنجا که به شخص من مربوط است دنیای پس از مرگ برایم جالب نیست ... اگر وظیفه ای که من در اینجا دارم برایم روشن باشد دیگر به هیچوجه خود را برای یک دنیای دیگر به دردسر نمی اندازم و ناراحت نمی کنم»

سخن نهرو، کلام مولوی ما را تداعی می کند:

این حقیقت دان نه حقند این همــــه	نی بکلی گمرهان این همـــــه
چونکه حق و باطلی آمیـــــــــختند	نقد و قلب اندر حرمدان* ریختند
پس محک می بایدش بگزیده ای	در حقایق امتحانها دیـــده ای
تا شود فاروق این تزویرهــــــــــــا	تا بود دستور این تــدبیرهــــــا

در پی این مقدمه، هر چند کاوشی زودگذر انگاشته شود، می توان به این نتیجه رسید که مسئلهٔ طلب جدایی حکومت و دین که در قالب مکتب «لائیسیته» و بعنوان یکی از درخشانترین دست آوردهای عصر روشنایی مطرح شد و در قوانین اساسی ملتهای پیشرفته بصورت یکی از پایگاههای نظام جای گرفت و امروز هم از خواستهای بحق ترقیخواهان ایرانی شده است؛ دست کم در قبال مذاهب (از پیش قدرت گرا) یک ارتداد است، منتهی ارتدادی که نه فقط ناشی از الزامات زمان بلکه هم چنین ضرورتی است که پاسخ به آن حتی بسود بقای «توکل» که از عناصر اصلی مذاهب است، تمام خواهد شد.

یادآور می شویم که این مبحث را دست کم به عنوان یکی از هدفهای این رساله، در رهگذار منطق و واقع بینی دنبال خواهیم کرد.

---

* حرمدان: کیسهٔ چرمی

فصل دوم

نقش روحانیت در ترکیب هرم استبداد
(همچنان جدا از پیوند آن با مذهب یا دیانت خاص)

روابط متولیان دینی که گویا تنها به امر آخرت و آمرزش مردم نظر دارند با سایر اجزاء قدرت در هرم استبداد (شاهان، درباریان، امیران، فئودالها و بروزگاران تازه تر: گردانندگان احزاب و دولت ها و ...) که قاعدتاً امور دنیایی را تصدی می کنند، در تمامی طول تاریخ تا عصر جدید و در این زمان در بسیاری از جوامع عقب مانده و جهان سومی (گذشته از استثناء ها که طبعاً ناقض اصل نیست) در سه حالت اساسی قابل تشخیص است:

- حالت همسازی و مشارکت در تصرف و اِعمال قدرت.
- حالت رقابت به قصد دستیابی به سهم بیشتر از بنای قدرت و یا تمامی قدرت.
- حالت دستیابی به قدرت فائقه و بندی شدن دیگر اجزأ هرم در دست یک گروه.

گفتنی است که این تقسیم بندی را نباید بصورت کاملاً انتزاعی و مرزبندی شده و امری مدام حتی در یک برههٔ تاریخی تلقی کرد زیرا که در مسیر روزگاران کاهش و افزایش سهام هر گروه از بنای قدرت استبدادی امری است طبیعی در عین حال که این موجها، خللی در جوهر رابطه ها پدید نیاورده اند. گروهی پیش و پیش تر افتاده و گروهی عقب و عقب تر مانده و گاه نیز بلحاظ تصرف مواضع، دو طرفِ یک معادله قرار گرفته اند. ماکوشش خواهیم کرد که با گزینش مثالهایی هرچند گسیخته و متعلق به ادوار مختلف تاریخی، چگونگی مطلب را که اساس منظور ماست بشکافیم. در زمینهٔ تداخل نیروها و در همان حال دوام رقابتها، سیاست شاپور اول، دومین پادشاه ساسانی یک نمونهٔ روشن کننده است زیرا او علیرغم وصایای پدر (اردشیر) برای جلوگیری از نفوذ روزافزون موبدان زرتشتی، زمانی برآن شد تا به مانی و «آیین جهانی» او فرصت تظاهر ببخشد. از این رو، در روز تاجگذاری خود به مانی که در آن زمان جوان ۲۵ ساله ای بود، اجازهٔ حضور داد. طبیعی است که چنین اقدامی بر روحانیت زرتشتی که خود را سهامدار بزرگ در پیکرهٔ هرم قدرت می دانست، گران می آمد ولی از آنجا که قدرت فائقه با شاه بود، موبدان چنان جسارتی درخود نیافتند که آشکارا در برابر تصمیم وی ایستادگی کنند، اما همینکه شاپور زندگی را وداع گفت و سلطنت به بهرام منتقل شد، متولیان دیانت زرتشتی برهبری

(کریتر) با شتاب توطئه ای را که از سالها پیش بدان اندیشیده بودند، بکار بستند و آن قدر به گوش شاه خواندند و اصرار ورزیدند که بهرام به محاکمهٔ مانی رضا داد و بدینگونه موبدان موفق شدند، با کسب امتیاز تازه ای بخش قابل ملاحظه ای از نظام قدرت را بچنگ آورند. و اما کیفیت حالت «همسازی» در قبال این عقب نشینی شاهانه و پیشی جستن موبدان، همچنان برقرار ماند، بطوریکه می توان گفت، عهد ساسانی در اکثر سالها متناسب با ظرفیت و پیمانه خودکامگی پادشاهان و یا متولیان مذهبی، در کلیتش نماینده حالت همسازی و تقسیم «مسئولیت» میان شاه و روسای دیانت زرتشتی و سایر اجزاء قدرت بود.

بگفته فردوسی در این دوره:

چنان دین و دولت به یکدیگرند — تو گویی که در زیر یک چادرند
نه بی تخت شاهی بود، دین بجای — نه بی دین، بود شهریاری بپای

بنظر می رسد که مایه دست اندیشه گر طوس در این ابیات وصیت اردشیر سرسلسله ساسانی به فرزندش شاپور اول بوده است:

«بدان! دین و شاهی برادرانی توامانند و بی تخت شاهی دین نمی پاید و شهریاری بی دین بر جای نمی ماند. دین بنیاد شاهی است و شاهی ستون دین.»

در دوره قباد شهریار ساسانی جلوه ای دیگر از رقابت میان این دو جزء مهم از هرم قدرت مجال ظهور پیدا می کند. در این زمان که پیداست متولیان دیانت زرتشتی دست بالایی یافته اند، وقتی متوجه می شوند که شاه، گوشه چشمی (مسلماً برای کاهش قدرت موبدان) به مزدک نشان داده است بیدرنگ به قصد خلع و حتی مکافات «کژروی» او دست بکارمیشوند. طبری می نویسد:

«چون دهسالی از سلطنت قباد بگذشت، موبد موبدان و بزرگان کشور بر عزل وی متفق شدند. او را خلع نمودند و به زندانش افکندند، زیرا وی از مردی مزدک نام و پیروان او متابعت می نمود. مزدک و مزدکیان می گفتند: خداوند ارزاق را در بین مردم قرار داد. تامردم آنها را مابین خود به مواسات قسمت کنند.»

بدیهی است مبحث ما، جدا از بررسی و تحلیل رویدادهای این چنانی تاریخ است و لذا از این که در چنین ماجرایی سرنوشت و سرگذشت قباد چه بود و به کجا کشید، درمیگذریم و تنها در خط منظور خود اضافه می کنیم که موبدان زرتشتی دست در دست سایر قشرها و طبقات ممتاز، با فروکشیدن قباد از تخت سلطنت ظاهراً بنا بر یک پیمان ضمنی یا غیر ضمنی و صریح فرزند او خسرو اول معروف به انوشیروان را به پادشانی بر می کشند.

صاحب مروج الذهب می نویسد: «او (خسرو انوشروان) مردم مملکت را بر دین مجوس هم سخن کرد و تأمل و اختلاف و مباحثه دربارهٔ ادیان را ممنوع ساخت.»

و این می رساند که انوشیروان در ازاء جلوس به تخت سلطنت با یاری موبدان تا پایان برتعهد خود پا برجا می ماند. چگونگی سرکوب مزورانه و در عین حال سفاکانهٔ مزدکیان بوسیله انوشیروان را در کتب متنوع تاریخی می توان دنبال کرد -برخی بر این باورند که انتساب صفت «عادل» به خسرو انوشیروان که همچنان در تاریخ بیادگار ماند، از جمله پاداشهایی بود که در عوض وفای بعهد از سوی موبدان بوی ارزانی شد. ادوارد براون می نویسد:

«اقدامات شدیدی که (انوشیروان) بر ضد زنادقه (مزدکیها) به عمل آورد موافقت و ستایش موبدان مجوس را جلب نمود و تواریخ ملی نیز به دست همین موبدان تنظیم شد» بخش آخر این نظر دقیقاً پیداست اشاره به همان پاداش جانانه ای است که موبدان به پادشاه ساسانی پرداخته اند.

دنبالهٔ کلام براون، این عقیده را در جهت دیگر نیز تقویت می کند:

«... نام یزدگرد از آن جهت لکه دار و معروف به بزهگر شده است که نسبت به سایر ادیان به دیدهٔ گذشت و اغماض می نگریست و به موبدان زرتشتی اعتنایی نداشت و شهرتی که به بزهکاری پیدا کرد نه از آن رو بوده است که در زندگانی خود شرارت خاصی مرتکب شده باشد...»

پیشتر یادآوری کرده ایم که ما در بیان نظر، استمرار و نظم زمانی حوادث را محض پرهیز از طول کلام، رها می کنیم و تنها به دست چینی از میان مثل ها هرچند در تعلق دوره های متفاوت بسنده می شویم.

در دوره های اسلامی، (حالت دستیابی به قدرت تعیین کننده از سوی پادشاهان و تبدیل روحانیت به ابزار قدرت) خاصه در دوران سلطنت دو پادشاه صفوی (شاه اسمعیل سرسلسله) ونیز در عهد شاه عباس اول موصوف به «کبیر» و معکوس این حالت (تمرکز قدرت در بساط روحانیت و تبدیل پادشاه به «وسیله» و عنصر عاجزی در چنگ روحانیت) بویژه در زمان سلطنت سلطان حسین که شکست فضیحت باروی از افغانها در کوتاه مدتی به انقراض سلسله صفوی انجامید .... اشکال زنده ای از روند «آونگ گونهٔ» انتقال قدرت در پهنهٔ استبداد بدست میدهند.

با آغاز سلسله صفوی تشیع بعنوان دین رسمی امپراطوری اعلام می شود و این در ذات خود یک چرخش مطلقاً سیاسی برای ایجاد نوعی «وحدت» با ملاط سخت تعصب بر ضد خلافت عثمانی است. این تأکید لازم است که چنین چرخشی منحصراً به دست پادشاه و مخصوصاً بوسیلهٔ اسمعیل اول انجام می گیرد و روحانیت شیعی در آن فضایی که بنحو اساسی در تعلق اهل سنت است، نقش ابتکاری ندارد.

جالب توجه این است که شیخ صفی الدین جد اعلای صفویه و جانشین او شیخ صدرالدین بنا بر نقل حمدالله مستوفی صاحب تاریخ گزیده، اصولاً سنی مذهب بوده اند و طبعاً ادعایی هم بر

«سیادت» نداشتند ولی شاه اسمعیل و به تبع او اکثر شاهان صفوی در همان حال که به سلسله نسب خود تا شیخ صفی می نازیدند و خود را بنا بر میراث او در هاله ای دروغین از صوفیگری «مرشد کامل» می خواندند و حتی مبالغهٔ شاه عباس در این بازیگری بجایی میرسد که بر مراسلات رسمی خود با عنوان «کلب آستان علی، عباس» امضأ می گذاشت ... ناگهان بر آن شدند که در صف «سادات جلیل القدر» ظاهر شوند و سلطنت خود را آمیخته به «قطبیت صوفیگری» و «تشیع سیاسی» رنگ و جلایی بخشند و شنیدنی است که در این بازیگری مجموعهٔ «علما» و باصطلاح زمان «بیضه داران اسلام» بنا بر فرمایش، دست بکار میشوند و این «مهم» را تمام میکنند.

این یادآوری نیز سودمند است که جمیع شاهان صفوی، باستثنأ سلطان حسین که بحق از مظاهر بی فرهنگی و بن سستی بشمار آمده است و یکی دو تن دیگر که در خردسالی بصورت عروسکی بر تخت نشانده شدند، یکایک نمادهایی از شقاوت و سفاکی و بی رحمی و توحش بودند.

حکایاتی که از خلق و خوی بهیمی بسیاری از این پادشاهان حتی در تاریخهای رسمی و «سلطان فرمودهٔ» آن زمان مانند جامع عباسی بعنوان شرح افتخارات نقل شده است، بروشنی گواهی می دهد که این سلاطین هرچند در ریخت و هیئت آدمیزادگان ظاهر شده ولی حتی از وحوش مبتلا به بیماری هاری نیز درنده تر و سفاک تر بوده اند. بنابر این شایسته است دعوی تاریخ نویسان دروغزنی که در گذشته و حال این موجودات را ستوده و مبتکر «وحدت ملی» و پاسدار «استقلال وبزرگی ایران» معرفی کرده اند؛ جز مظهری از تملق و گزافه نخوانیم و نشماریم.

قتل عام های موحش همراه با شکنجه های رعشه آور و از آن قبیل: بدن انسانی را با عسل پوشانیدن و به نیش هزاران زنبور، آنهم در قفس آهنین سپردن — قورچیان قزلباش را فرمان دادن که بزمین افتند و لاشهٔ دشمن شکست خورده ای چون شیبک خان ازبک را با دندان تکه پاره کنند و ببلعند — بیست هزار مردم تبریز را از پیر و جوان و کودک و زن و مرد را به یک فرمان از دم تیغ گذراندن و استخوانهای آنها را سوزاندن و انواع فجایع همچون میل در چشم کشیدن — زنده زنده آدمیزادی را پوست کندن و سرب گداخته در گلوی او ریختن — انسانی را به سیخ کشیدن و در برابر چشمان شاهنشاه «مرشد کامل» کباب کردن و ... در حکم مشتی بنمونهٔ خروار و خروارها — از جمله شاهکارهایی است که بفرمان سرسلسله صفوی (شاه اسمعیل) رواج می گیرد. شاه اسمعیل دوم همچنان در کسوت «مرشد کامل» از فرط سؤظن اکثر شاهزادگان قوم خود را از پای درمی آورد و حتی به طفل دوساله ای از آن میان (محمد باقر میرزا) ابقأ نمی کند و او را با ساطور بقتل میرساند تا آنکه خود او در ٤٤ سالگی با افراط در شرابخواری و

کشیدن بنگ و چرس زمین خدا را از وجود منحوس خویش طهارت می بخشد (قابل توجه است که اکثر پادشاهان صفوی در میگساری تا پای مرگ افراط می کرده اند). بدنبال او سلطان محمد خدا بنده که نابیناست بکرسی پادشاهی می نشیند و در خط جنایت تا قتل خواهر و برادر و سرانجام حتی فرزند خود پیش میرود — جانشین او شاه عباس موسوم به کبیر که همچنان مورخان متملق کوشیده اند تا او را در صفّهٔ سلاطین عادل و «رعیت نواز» بنشانند، بسهم خود تا می تواند، تمامی انواع جنایت را تجربه می کند. گروه «درویشان زنده خوار» که تشکیل آن از جمله ابتکارات «مرشد کامل شاه اسمعیل اول» محسوب شده است، سخت مورد پسند اوست بطوریکه در اغلب مراسم شاهی و «تفریحی» برای آنکه عیش خود و حاضران را به کمال برساند، فرمان میدهد تا درویشان آدمی خوار «زنده خوار» را حاضر کنند تا در مقابل او و میهمانانش «گناهکاران» را به دَرَند و به بلعند و بدینگونه سرسپردگی خود را در برابر «مرشد کامل» و «کلب آستان علی» گواه بیاورند.

در این میان نقش روحانیت شیعی در تایید و تکریم و باد کردن این جانوران، شنیدنی است.

در این دوره است که صدها و صدها «روحانی» و فقیه و مسئله ساز و مسئله گو مثل علف هرز از زمین خدا می رویند و حتی «متخصصین» ویژه ای مانند شیخ بهاءالدین عاملی که سوغاتی از جبل عامل لبنان است و پس از او شاگردش (شیخ الاسلام اعظم المحدثین) علامه ملامحمد باقر مجلسی صاحب (بحار الانوار) که تا امروزِ روز در محافل روحانی شیعه از اجلهٔ فقها و علمای دین شناخته شده اند مجموعه ای از دستگاه باصطلاح روحانیت را ترتیب می دهند که ظاهراً به انجام وظیفهٔ «اسلام پناهی» و «اشاعهٔ طریقهٔ مرضیهٔ تشیع» مشغولند و باطناً و اساساً، بکاری جز اجرای فرمایش و تحکیم موقع «مرشدان کامل» نمی پردازند. چنانکه بنا بر اشارهٔ بسیاری از این «مرشدان کامل» است که ناسزا به خلفای سه گانه (ابوبکر و عمر و عثمان) در سلسلهٔ ادعیهٔ صفابخش و مایهٔ آمرزش جان قرار می گیرد و حتی عید سرورانگیز و پرهیاهوی «عمرکشان» به یکی از مهمترین اعیاد رسمی واصلی کشور بدل می شود. برای آنکه صف شیعیان علی از صف کفار سنی مذهب قابل تمیز باشد، حتی اذان نیز که تا آنزمان یکنواخت از منارهٔ مساجد به گوش می رسیده است، به فرمان شاه اسمعیل و فتوای «بیضه داران اسلام» با افزایش دوپارهٔ «حی علی خیرالعمل» و «اشهد انّ علی ولی الله» دگرگون می شود.

ظاهراً یکی دو تنی پیدا میشوند که آنهم از ترس شورش مردم به شاه اسمعیل در این باره هشدار می دهند که: «قربانت شویم دویست سیصد هزار خلق که در تبریز است چهاردانگ آن همه سنی اند و از زمان حضرت تا حال این خطبه را کسی در تبریز برملا نخوانده است و می ترسیم مردم بگویند که پادشاه شیعه نمی خواهیم و نعوذبالله اگر رعیت برگردند چه تدارک در این باب توان کرد؟»

پادشاه می فرماید:

«مرا به این کار باز داشته اند و خدای عالم و حضرات ائمهٔ معصومین همراه من اند و من از هیچکس باک ندارم، بتوفیق الله تعالی اگر رعیت حرفی بگوید شمشیر میکشم و یک کس زنده نمی گذارم» (نقل از ادوارد براون تاریخ ادبیات ایران)

طبیعی است که آن چند تن نیز خاموش می شوند و به خیل روحانیت خدمتگزار دربار دین پناه «مرشدان کامل» می پیوندند.

در میانهٔ مطلب مروری در «افاضات» آیت الله خمینی «پیشوای انقلاب اسلامی» در اکرام و تجلیل از این «بیضه داران اسلام» محض رسیدن به یک نتیجهٔ جنبی ضرورت دارد.

آقای خمینی در مراحل اولیه تدارک، یعنی آنگاه که تازه خودنمایی را آغاز کرده و کمابیش قدم در عرصهٔ سیاست نهاده است، در جهت اشاعهٔ باصطلاح فرهنگ اسلامی و رد و نفی یکپارچهٔ تمدن غرب که بقول او آکنده «از غرض های فاسد مسموم اروپاییان» است با تاکید بلزوم نشر و گسترش «معارف» ملایان صفوی سفارش می کند:

«خوب است کتابهای فارسی را که عالم بزرگوار و محدث عالیمقدار محمد باقر مجلسی برای مردم پارسی زبان نوشته بخوانید تا خود را مبتلا به یک همچو رسوایی بی خردانه نکنید ...» — از کشف الاسرار تألیف روح الله خمینی، ص۱۲۱.

این یادآوری لازم است که آقای خمینی این کتاب را در رد و نفی فحش آمیز شخصی که به بعضی از خرافات ایراد داشته، نوشته است.

بنظر میرسد که رهبر انقلاب با اخلاص مومنانه ای که به «بیضه داران اسلام» در عصر صفوی می ورزیده است همچنین مبانی «سیاست» و افکار انقلابی خود را نیز دقیقاً از همانها آموخته است، در این باره شواهد گونه گونی در دست است که به یکی دونمونه از آنها استناد می کنیم:

آقای خمینی در مراحل بعد از دورهٔ تدارک، یعنی در زمانی که عصر سواری را نزدیک و کم و بیش محتوم می یابد — مقابله با نظم سلطنتی عموماً و سلطنت پهلوی را خصوصاً در مرکز توجه و ابرام قرار می دهد: «سلطنت از اصل رژیم غلطی بوده است» (از سخنرانی آیت الله در نوفلوشاتو ۲۲ آبان ۵۷)

«بمحض آنکه شاه برود، بحرانهای سیاسی و اقتصادی در ایران رفع میشود» (از مصاحبه با تلویزیون فرانسه ۲۷ اکتبر ۱۹۷۸)

ممکن است خوانندهٔ این سطور حیرت کند و دچار تردید شود که آیا آقای خمینی نخوانده و ندانسته «اظهار فضلی» کرده و خلایق را به خواندن آثار «محدث عالیمقدار و عالم بزرگوار» فراخوانده است؟ چرا که هم مجلسی و هم استاد او علامه شیخ بهایی گذشته از اختراع انواع خبر و حدیث و طرح انبوه مسائل و احکام فقاهتی که غالباً در قالب نقلهای هذیان گونه ردیف

شده اند، عمده رسالتی که برعهده داشتند، دفاع از سلطنت عموماً و سلطنت خونریز و قهرآمیز صفوی خصوصاً - بوده است.

به این «اخبار واثق» از بحارالانوار و اثر دیگر مجلسی حلیه المتقین نظری می گردانیم:

«به سند معتبر از حضرت رسول اکرم منقول است که خداوند عالمیان میفرماید: منم آفرینندهٔ پادشاهان و دلهای ایشان با من است پس مشغول مگردانید خود را به دشمنی با ایشان و با بدگویی و توبه کنید تا دلهای آنها را بر شما مهربان گردانم.»

خبر دیگر:

«نقل است از حضرت رضا که اگر شطرنج حرام است، از آن است که در آن گویند شاه مات شد و بخدا قسم که شاه مات نمی شود زیرا که شاه از اسامی خدا یتعالی است» و... پس چگونه است که آقای خمینی در یکسو، خواندن آثار «محدث عالیمقدار و عالم بزرگوار، محمد باقر مجلسی» را برای تزکیهٔ نفس و نجات از «اغراض مسموم» غربیان توصیه میکند و در سوی دیگر برنااصل بودن اساس سلطنت، فتوا می دهد؟

حیرت نباید کرد، مسلماً آقای خمینی بحارالانوار و حلیهٔ المتقین و دیگر از این دست کتب را که سازندهٔ فرهنگ اوست نه یکبار که چند بار خوانده و بتحقیق از آن احادیث «شاه پرستانه» نیز بی خبر نبوده است. بنابراین، حل تناقض ذهنی و «معرفتی» او را نه در محفوظات او بلکه در درسهای سیاسی وی از آن «بزرگواران» باید یافت که بتکرار می گوییم «گذشته از استثناء ها» الگوی تقریباً بخش بزرگی از لایه های روحانیت شیعی واقع شده اند و اضافه باید کرد که رهبر انقلاب اسلامی که تا گردن در تالاب چنین سیاستها فرورفته، بیش از دیگران از آن سرمشقها بهره گرفته است.

بنابراین تناقضی که در «سفارش» آقای خمینی و گفتارهای قبلی او به چشم می خورد در وجه سیاست و بازیهای سیاسی وی قابل درک می شود، خاصه با این توجه که او اگر در آستانهٔ انقلاب چنان سخت و آشتی ناپذیر بر اساس سلطنت تاخته، در روزگاران «تدارک» نه تنها بر این خط نرانده، بلکه بعکس در توجیه «اساس سلطنت» — «حجت ها» جور کرده است.

در این باره از کتاب کشف الاسرار که از نخستین آثار اوست مدد می گیریم:

«اگر فقها و مجتهدین گاهی با شخص سلطانی مخالفت کردند، مخالفت آنها با همان شخص بوده از باب آنکه بودن او را مخالف صلاح کشور تشخیص دادند وگرنه با اصل اساس سلطنت تا کنون از این طبقه مخالفتی ابراز نشده بلکه بسیاری از علمای بزرگ عالیمقام در تشکیلات مملکتی با سلاطین همراهی کردند مانند خواجه نصیرالدین و علامه حلّی و محقق ثانی و شیخ بهائی و محقق داماد و مجلسی و امثال آنها و هرقدر هم دولت یا سلاطین با آنها بدسلوکی کردند و به آنها فشار آوردند باز با اصل سلطنت و حکومت مخالفتی از آنها بروز نکرده و تواریخ همه در

دست است و پشتیبانیها یی که مجتهد ین از سلاطین کردند در تواریخ مذکور است»—صفحات ۱۸۶ و ۱۸۷ کتاب کشف الاسرار.

و باز از همان کتاب:

«ما نگفتیم که شاه باید فقیه باشد -شاه باید نظامی باشد و فقط از قانون رسمی تخلف نکند.»

همین جا بیرون از قلمرو اصلی این رساله بیک استنتاج فرعی میرسیم و بعداً به بسط آن می پردازیم و این استنتاج که آیت الله خمینی پیش از آنکه یک روحانی و فقیه وآنهم «بلند پایه ترین فقیه زمان خود» تلقی شود، یک عنصر سیاسی است و البته پیرو آن سیاستی که در آن معلق و واروزدن از مایه های اصلی و جوهری ریاست و رهبری است و با همین قیاس است که می توان اولاً تئوری ولایت فقیهی را که او برخلاف نظر بسیاری از «علمای» سابق و لاحق مطرح ساخت و ثانیاً «ولایت مطلقهٔ» خود او را در ترازوی سنجش قرار داد...

همین روند تغییر در باورهای (سیاسی - مذهبی) آقای خمینی که از تاکید «بر اصل اساس سلطنت» آغاز می شود و به نفی قاطع و بی چون و چرای آن می انجامد، بسهم خود نمونه ای است که از روند جابجائی اجزاء در هرم استبداد روایت می کند.

حکومت نادری، نمونه ای از تفوق نیروی غیر مذهبی در هرم استبداد.

این صحیح است که در دورهٔ صفوی نیز تا قبل از سلطان حسین مهار اصلی قدرت درکف پادشاهان است و روحانیون شیعه نقش ابزار و حد اعلا، نوکران گوش بفرمان پادشاه را بعهده دارند ولی این واقعیت را نباید از نظر دور داشت که روحانیت در همان مرتبهٔ فرمانبرداری نیز بویژه با استفاده از نفوذ فوق العاده ای که کسب کرده است موفق میشود در هرم استبداد سهام قابل ملاحظه ای بچنگ آورد و رفته رفته چنان ریشه ای بدواند که در یک فرصت مناسب و مثلاً در عصر پادشاه زبونی مانند «سلطان حسین» بتواند زمام واقعی کشور را بدست گیرد.

اما نادر اولاً به پشتوانه جربزهٔ شخصی و ثانیاً باتکاء پیوندها یی که با بسیاری از طبقات ممتاز و فئودالها و سرداران نظامی و حتی قشرها یی از روحانیت یافته است موفق می شود گام به گام با واپس راندن حریفان و آن گاه با خلع شاه طهماسب دوم و انتقال سلطنت به فرزند هشت ماههٔ او (شاه عباس سوم) راه را بروی سلطنت غیر روحانی خود هموار کند و در فرجام با برپا داشتن یک شورای نمایشی در دشت مغان بکرسی پادشاهی بنشیند.

نادر در همان مرحلهٔ فراخوانی «بزرگان» در دشت مغان نشان می دهد که نسبت به «متولیان تشیع» بی التفات است. بهمین دلیل هرچند شورا چیزی جز یک نمایش و ترفند برای تصرف قدرت نیست ولی در آن علاوه بر مجتهدین شیعه و امامان جماعت، اسقف بزرگ (ابرام

کرتاسی) و چند تن از معتبرین ارامنه و خوانین و امیران فئودال و کثیری سیاهی لشکر از کدخدا یان و کلانتران و سران عشا یر را شرکت می دهد.

نادر در سخنرانی افتتاحی خود پس از ذکر خدمات و فداکاریها یی که در سرکوب معاندین انجام داده است، سیاست مآبانه اعلام می کند که بر اثر تلاشهای سنگین و مستمری که داشته است سخت خسته است و لذا از حاضرین می خواهد که هرکس را شا یسته می دانند بسلطنت برگزینند و اما اغلب شرکت کنندگان بروشنی می دانند که ا ینهمه فقط یک بازیگری است و نادر خود از اعماق دل بر آن است که تاج و تخت شاهی را تصرف کند، بدین ترتیب پس از سه روز «شور و مهلت» که آن نیز نما یشی است او را یگانه ای می یابند که شا یسته مقام سلطنت است.

جالب توجه است که نادر به نوبهٔ خود، متقابلاً سه شرط اساسی برای قبول این پیشنهاد مطرح می کند:

۱- پادشاهی در خاندان او موروثی شود

۲- سبّ سه خلیفه ابوبکر و عمر و عثمان و تشکیل مجالس سوگواری برای امام سوم ممنوع گردد.

۳- چون بر اثر «اختلاف شیعه و سنی خونهای بسیار هدر رفته، علمای دین بنشینند و برای رفع این عارضه چاره ای بیند یشند.»

پیداست روحانیان شیعه نمی توانند با اجرای دو شرط اخیر موافق باشند زیرا چنین توافقی دکان آنها را متزلزل می کند. در عین حال که می دانند طرف دست بالا را دارد و چون و چرا با او نه فقط آسان نیست بلکه سخت خطرناک است. سرانجام موافقت می کنند که مسأله را به ملاباشی (باعتبار درجات امروزی آیت الله العظمی زمان) واگذارند و به حکم او گردن نهند و همه امیدشان این است که ملاباشی با «ابهت و جاه و جلال» خود شا ید بتواند، صاحب قداره را به تخفیف نظر قانع کند. او را به نما یندگی نزد نادر می فرستند تا با نامزد پادشاهی بگفتگو بنشیند. ملاباشی که ظاهراً بعمق ماجرا وارد نیست با جسارتی تمام می گوید: «پادشاهان حق ندارند بگویند که خدای عالم را چگونه با ید پرستید. قوانین ماازطرف خدا بر پیغمبر نازل شده و راهنمای ماست و از آنجا که هر تغییر در مسائل مذهبی، عواقب خطرناکی در بر دارد، امیدارم اقدامی نکنید که مخالف مصالح مومنین باشد و از ارزش فتوحات شما بکاهد.» ولی ملای بیخبر، ثمر جسارت بی هنگام خودرا می چشد و سا یر «بیضه داران اسلام» نیز متوجه می شوند که «برهان قاطع تری» در برابر «برهان الهی» آنان ظاهر شده است، پس زبان درمی کشند و اطاعت را همتای عبادت می شمارند. بدینگونه نادر از آغاز شیوهٔ صفوی را ترک می گوید و رضا نمی دهد که روحانیت حتی در مقام تنها ابزار و وسیلهٔ خدمت نیز در عرصهٔ اقتدار باقی بمانند.

بدنبال همین اندیشه است که در اولین قدم بر اوقاف که در واقع شیشهٔ عمر روحانیت است چنگ می اندازد. بدنبال «شورای مغان» بمحض ورود به قزوین تمام علمای شهر و نقاط پیرامون را فرامی خواند و از آنها سوال میکند که عوایدِ اوقاف به چه مصرف می رسد؟ علما پاسخ میدهند که خرج علما و مدارس و مساجد شهر می شود و در مساجد برای پیروزی ارتش پادشاه دعا می کنند. نادر می گوید: «مسلم است که شما در وظایف خود قصور ورزیده اید و خداوند از کار اشخاصی مانند شما ناراضی است. نزدیک پنجاه سال مملکت رو به انحطاط رفت و عاقبت گرفتار شدیدترین فقر و فاقه شد تا آنکه سربازان فاتح ما با جانبازی خود در راه دفاع از مملکت وضع را به حال اول بازگرداندند. این سربازان علمایی هستند که ما مدیون آنها هستیم، پس عواید اوقاف باید به آنها اختصاص یابد...»

معروف است که گاه نادر در جهت تخفیف «علما» خود را با پیغمبر نیز قیاس می کرد و گویا وقتی گفته است، من چه از پیغمبر اسلام و امامان شیعه کم دارم؟

البته این را نباید به دفاع از کل خصایل نادر گرفت که او نیز در خط قدرت طلبی و استبداد تا مرحله ابتلا به جنون و پارانویایی که به کور ساختن فرزندش انجامید، پیش رفت و جز این یادگارهای شومی از کشتار و غارت و سبعیت از خود بجای گذاشت. منظور ما بیان کیفیت رابطه ها میان اجزاء قدرت و استبداد است. اگر سلطنت نادر شکل تمام عیار تفوق جزو غیر مذهبی بر سایر اجزاء و خصوصاً پیکرهٔ مذهبی هرم استبداد بوده است معکوس آن را نیز تاریخ در حافظهٔ خود ثبت کرده است که بگمان ما — نمونهٔ کاملاً معکوس در این زمینه، حضور جمهوری اسلامی است که عملاً اسباب قدرت و حکومت استبدادی را یکسره به «روحانیت» واگذار کرده و طبعاً نیاز به بحث بیشتر مطلب را از ما گرفته است.

فصل سوم

ناسیونالیسم افراطی و افراط بر «فضیلت قومی»

هرچند بحث و بررسی درباره ی چگونگیِ ظهور و پاگیری تشیع در متن جوامع اسلامی از قلمرو کار ما بیرون است ولی از آنجا که بنیاد کار بر شناخت نقش «روحانیت شیعه» در تحولات اجتماعی عموماً و نهضت ملی ایران خصوصاً تعلق دارد، ناچار هراندازه موجز و مختصر بر آن زمینه نیز تتبعی خواهیم داشت ولی پیش از آن ناگزیر به توضیحاتی جنبی خواهیم بود:

ناسیونالیستهای افراطی ما را به دو دسته می توان تقسیم کرد: گروهی که اصولاً سلطه ی اسلام بر سرزمین های ایرانی را بنیادی ترین علل تیره بختی و عقب ماندگی مردم این سامانها تلقی کرده اند و می کنند و به تبع این نظر و در واقع با گسترش این عقیده خصومت خود را تا «اثباتِ» عقب ماندگی و «حتی توحش و سرشت نامیمون قوم عرب» تسری میدهند و گروه دوم در عین پذیرش اسلامیت و قبول حقانیت شریعت محمدی، تنها شیعی گری را مذهب حق و اسلام ناب و جوهر الهامات الهی بر پیامبر اسلام میدانند و در این میان جماعتی هستند که در عین حال بر نقشِ عنصر ایرانی در ایجاد و ظهور تشیع اصرار می‌ورزند و بر این باورند که اصولاً ایرانیان شیعی گری را شالوده ریختند و آنرا بهانه و وسیله ای بر ضد سلطهٔ عَرَبان ساختند و بدینگونه بقصد مقابله با خلافت و حاکمیت مذهبی عرب پایگاهی متقابلاً مذهبی دست و پا کردند.

در گروه نخست پیداست که احساسات محض بر هرگونه تتبع و تجسس علمی پیشی گرفته است، زیرا که با معیارهای قضاوت امروزی نه قومی را می توان یکسره و از بنیاد، از جهان «انسانیت» جدا ساخت و نه قومی را بر کرسی فضیلت ذاتی نشاند و تافتهٔ جدا بافته تلقی کرد. گفتن ندارد که این گرایش نژادپرستانه هرچند هنوز جای جای هواخواهان و پیروانی دارد، نه با مدنیت دنیای مدنی امروز تطابق دارد و نه اصولاً با هیچ تفحص واقعاً علمی سازگار است.

گذشته از این، هر چند در جهان کنونی تقریباً تمامی جوامع اسلامی به درد عقب ماندگی و رکود و «عوالم جهان سومی» مبتلایند معهذا دلیل قاطعی نمی توان جست که در این کیفیت نوعی رابطه ی علت و معلولی برقرار است، بسخن دیگر بنا بر معیارهای پژوهشی نمی توان پذیرفت که ظهور و بقای اینگونه عوارض تنها ناشی از ذات اسلام و اسلامیت این جوامع بوده است و یا هست.

در این باره آشنائی با سرگذشت و سرنوشت قوم یهود که خواه از دیدگاه نژادی و خواه از منظر قواعد دینی در بسیاری زمینه ها با قوم عرب خویشی و هم خوانی دارند، استدلال را غنی میکند.

پیشتر متذکر بوده ایم که میان دو دیانت یهود و اسلام قرابت های نظرگیری وجود دارد بدان درجه که پاره ای از پژوهشگران بر این باور استوار مانده اند که اسلام در برداشت ها و «دستچین های» خود عمدتاً نظر بر احکام و آداب یهود داشته است.

اینک با توجه به این قرابت ها و مخصوصاً خویشی های نژادی میان عرب و یهود و بویژه با توجه با ین نکته ی اساسی که در دیانت اسلام، بسیاری از احکام یهودی خاصه در زمینه ی قصاص با سهل گیری بمراتب بیشتری مطرح شده است و سرانجام با شناخت این واقعیت که قوم یهود علی رغم پراکندگی سه هزار ساله ی خود نه فقط این استعداد را داشتند که «فرهنگ قومی و مذهبی» و حتی زبان کهن خود را حفظ کنند بلکه این قابلیت را نشان دادند که در همه ی زمینه های علمی و هنری نخبگان بی همتا و یا کم همتائی به جامعه ی انسانی عرضه کنند، در خط مستقیم می توان با ین نتیجه رسید که عقب ماندگی جوامع اسلامی را در ویژگیهای قومی و یا در مورد اقوام و مللی نظیر ایرانیان، در ذات باورهای اسلامی آنها نباید جستجو کرد، بلکه باید در پی علل و اسباب گونه گونی رفت که بی تردید یکی از عمده ترین آنها دوام نقش مذهب و خاصه متولیان قدرت طلب مذهبی در نظامهای حکومتی است که غربیان در نیمه راه و در مسیر یک انقلاب صنعتی و تجدید حیات فرهنگی توانستند تخته بند چنین نظامهائی را بشکنند و جای مذهب و جای حاکمیت را بنا بر اقتضاهای زندگی تازه مشخص کنند و اسلامیها خصوصاً در این باره واماندند و لنگ زدند تا جائیکه امروز، در آستانه ی هزاره سوم و عصر اتم و فضا و اطلاعات (information) نیز در جمع خود با عناصری روبرو هستند که کلید نجات را در بازگشت به عوالم هزار و پانصد سال پیش توصیه می کنند. بعبارت روشنتر غربیها، با در هم کوفتن و رها کردن شرائط «قرون وسطائی» راه پیروزی را کشف کردند؛ حالیکه در سرزمین های اسلامی درست در جهت مخالف، عواملی دست بکار شدند که عقب گرد بسوی شرائط ماورأ قرون وسطائی را آخرین علاج ناکامیها و تیره بختیها معرفی می کنند.

این یادآوری ضرورت دارد که اولین مظاهر ناسیونالیسم افراطی و یا بهتر است بنا بر حال و هوای زمان عتیق (که ملت = nation، بمفهوم امروزی آن مطرح نبود) بگوئیم، «اصرار بر فضیلت قومی» از همان سالهای سلطه ی عرب، بویژه با حاکمیت خونریز و نژادی بنی امیه در سرزمین های ایرانی، زمینه پیدا کرد که «نهضت شعوبی» جلوه ی پر اثر و پر دوام آن بود.

استدلال استاد فقید همائی درباره ی چند و چون پاگیری نهضت شعوبی، هرچند در زمینه هائی قابل بحث و تأمل است ولی در جوهر خود، شایان استناد است. می نویسد:

«در استیلای عرب بر ایران همه ی شوون و حیثیات ایرانیان بر باد رفت و تنها با این خرسند و خشنود بودند که قانون جدید مبتنی بر حریت و مواسات و برادری میان آنها و سایر ملل، حاکم و برقرار خواهد ماند و در حقیقت، مایه ی سکوت و آرامش آنها و خضوع در برابر سطوت عرب، این بود که جان و مال و جلال خود را فدای راه دین و قانون محکمی ساخته اند و خواه ناخواه دین حق و مذهب و آیین حق را به خونبهای قربانیهای قادسیه و نهاوند پذیرفته بودند ولی فرمانروایان ستمکار عرب بساط مذهب را برچیدند و قوانین دین را زیر پا گذاشتند و برخلاف پیغمبر و خلفای راشدین رفتار کردند و آن مایه ی تسلیت را هم از دست ایرانیان ربوده آنان را به قیام و نهضت بر ضد عرب وادار ساختند. از اواخر عهد اموی نهضت های ایرانی به اشکال گوناگون ادبی و سیاسی و علمی و مذهبی وغیره شروع شد و هر روز به رنگی تازه درآمد و منظور اصلی آنها برانداختن دولت و سیادت عرب بود. نهضت های سیاسی و انقلابی ایرانیان و قیام ابومسلم اصفهانی معروف به خراسانی اگر چه به سلطنت بنی امیه و آل مروان خاتمه داد ولیکن سیادت و حکومت را بکلی از دست عرب نگرفت.

بزرگترین نهضت ایرانیان که بالاخره دولت و سیادت عرب را بکلی منقرض و ریشه کن ساخت نهضت شعوبیه بود که از اوایل قرن دوم هجری بلکه پیش از آن هم شروع و دنباله ی آن تا سده ی پنجم هجری بلکه بعد از آن هم کشیده شد. پیدایش مسلک شعوبیه جنبشی در عالم اسلام و عرب ایجاد کرد و تمام شوون اجتماعی و سیاسی و فکری و ادبی عرب و اسلام را تغییر داد. قائدین این نهضت بزرگ ایرانیان بودند و در اثر تبلیغات آنها جمع کثیری از هر طبقه و هر ملتی حتی از جنس عرب داخل این فرقه شدند و در ضمن کتب تواریخ و ادب، به نام بسیاری از علما و دانشمندان مشهور و شعرا و نویسندگان بزرگ و هم چنین وزراء و امرا و سرکردگان نامی هر قومی، خاصه خود ایرانیان بر می خوریم که دارای عقیده ی شعوبی و از هواخواهان و طرفداران جدی این مسلک بوده اند.

شعوبیه در تمام امور و همه ی شعب علم و فنون و معارف اسلامی دست داشتند و در هر قسمت آثار بسیار از عقاید باطنی خود باقی گذارده اند و در دفتر تمدن اسلامی صفحه ای بل سطری نیست که عبارتی از نمونه ی شعوبیه در آن نگاشته نشده باشد - نقل از مجله مهر - تتبعات در پیرامون نهضت شعوبیه.»

اضافه می کنیم که «شعوب» جمع «شَعب» بمعنای قوم یا ملت است. شعوبیه در آغاز مبانی اسلامی را پایه و اساس استدلال و حجت نظر خود میساختند و از آن جمله به آیه ی دهم از سوره ی حجرات مراجعه میکردند: (انما المؤمنون اخوه فاصلحو بین اخویکم = مومنین برادران یکدیگرند پس میان برادران خود صلح برقرار کنید) و نیز همچنان از سوره ی حجرات آیه ۱۳: (یا ایها الناس انّا خلقنا کم مِن ذَکر و انثی و جعلناکم شعوباً و قبائلاً لتعارفوا انّ اکرمکم عِنداله

اتقیکم ان الله علیم خبیر = ای مردم ما شما را از دو جنس مرد و زن آفریدیم و بر شما اقوام و قبائلی قرار دادیم تا یکدیگر را بشناسید، [بدانید] که بزرگوارترین شما نزد خدا پرهیزگارترین شما است، بدرستیکه خداوند دانا و آگاه است»

بسیاری بر این باورند که اصولاً کلمه ی «شعوبی» از متن همین آیه بعاریت گرفته شده و مایه دست شعوبیه شده است (و جعلنا قبائلاً و شعوباً...)

شعوبیه هم چنین برای اثبات نظر مبنی بر مساوات و مواسات میان مسلمانان و طبعاً در جهت رفع ادعای عرب مبنی بر فضیلت آنها نسبت باقوام دیگر، علاوه بر آیات قرآنی به احادیث نبوی نیز استناد میکردند و مثلاً به این حدیث: (لیس لعربی علی عجمی فضل الاّ بالتقوی = هیچ عربی بر عجم برتری ندارد، و برتری تنها ناشی از پرهیزگاری است.)

ولی از آغاز پیدا بود که حُکام عرب، خاصه از سنخ بنی امیه بهیچ روی آمادگی ندارند از مرتبه ی جنون سیادت و قیادت خود درگذرند بهمین دلیل نه تنها به احکام قرآنی و احادیث رایج و قطعی اعتنائی نداشتند بلکه هر زمان بر طبق مقرراتی دیوار ضخیم میان عربِ گویا صاحب فضیلت و عجم گویا (ساخته شده برای فرمانبرداری) را بالا و بالاتر می بردند.

فصل چهارم
نخستین زمینه های شکل گیری تشیع

حضور انبوه ایرانیان در قیام مختار بن ابی عبیده ثقفی که به بهانه ی خونخواهی حسین بن علی برخاسته بود و بویژه اتکاء اساسی مختار به نیروی ایرانیان، به احتمال قوی در استحکام پیوند میان ایرانیان و علویان نقشی اساسی داشته است. نقل تاریخ در این زمینه خواندنی است:

«گویند اردوی ابراهیم مالک اشتر سردار مختار، چنان از ایرانیان آکنده شد که یک سردار شامی وقتی برای مذاکره با ابراهیم به اردوی او میرفت، از جائی که داخل اردو گشت تا جائی که به خدمت سردار اُردو رسید، یک کلمه عربی از زبان سپاهیان نشنید. وقتی اشراف عرب به مختار پیام فرستادند که «ما را از برکشیدن موالی آزار رسانیدی، آنها را بر خلاف رسم بر چهارپایان نشاندی و از غنائم جنگی که حق ما است به آنها نصیب دادی» مختار به آنها جواب داد که «اگر من موالی را فرو گذارم و غنائم جنگی را به شما واگذارم آیا به یاری من با بنی امیه و ابن زُبیر جنگ خواهید کرد و در این باب سوگند و پیمان توانید به جای آورد؟» آنها جواب منفی دادند - بنقل از دو قرن سکوت صفحه ۱۵»

گفتنی است که در آن بخش ها از سرزمین ایران که یا هرگز به سلطه ی عربان تن درندادند و یا دیرتر ناگزیر از پذیرش اسلام شدند، «دگردیسی» اشان در جهت اسلامیت، بیشتر با قبول همین تشیع (جانبداری از آل علی) صورت کمال یافت. از جمله مناطقی که در خط پایداری در برابر سلطه ی خلفا حماسه ها آفرید، منطقه ی مازندران و دیلمستان بود که تا قریب ۲۵۰ سال پس از پاگیری اسلام، مأمن مهمترین و سرسخت ترین دشمنان اسلام محسوب می شد و این در دورانی است که «عساکر اسلامی» تا میانه ی آسیا از یکطرف و قلب اروپا از طرف دیگر تاخته بودند.

آن سو ترکستان را فتح کرده و این سو از کوههای پیرنه گذشته و تا کرانه رود لوار در خاک فرانسه پیش رفته و شگفت آور است که نتوانسته بودند مردم طبرستان و دیلمان را در زیر گوش خود بزیر سلطه درآورند.

کسروی در اثر خواندنی و محققانه ی خود (شهریاران گمنام) در این باره توضیحی دارد:

«نتوان گفت که تنها سختی کوهستان دیلم و انبوهی جنگلها بود که مسلمانان را عاجز و درمانده می ساخت، چه تازیان در همه جا از این کوهها و جنگلها بسیار دیده و درنوردیده بودند. باید گفت علت عمده، همانا مردانگی و دلاوری دیلمان و قهرمانیها و جانبازیها بود که آن مردم در راه نگاهداری مرز و بوم خود و دفع دشمنان بیگانه آشکار می ساختند - صفحه ۷ - شهریاران گمنام»

اجمالاً در آن روزگار که روزگار ترکتازی و پیروزی عربان و اسلامیان است، نام دیلم بنابر نوشته ی طبری و سایر مورخین، با معنای دلاوری و بی باکی و تسلیم ناپذیری در سراسر امپراطوری اسلامی از زبانها و قلمها جاری است.

چنانکه طبری و نیز ابوالفرج اُمَوی نقل کرده اند که در ماجرای کربلا و شهادت حسین بن علی، امام، روز نهم محرم از عمربن سعد یک شب مهلت خواست و عمر در دادن مهلت تردید داشت، تا آنکه یکی از سرکردگان لشکر بوی گفت: «سبحان اله اگر اینان دیلمی بودند و این خواهش از تو میکردند تو بایستی بپذیری.» طبری هم چنین در شرح حوادث سال ٦٠ هجری می نویسد که عبیداله بن زیاد خیال گرفتن عبداله بن الحُرّ نامی از بزرگان کوفه کرد، او از این قصد آگاهی یافت و از شهر بیرون رفت و قصیده ای در تهدید ابن زیاد سرود که ترجمه ی یک بیت آن، این است.

«دست بردارید وگرنه به دفع شما برخیزم، با دسته هائی که در حمله و هجوم سخت تر از دیلمان اند.»

جالب توجه است که شهرت دیلمان به ایستادگی و پرهیز از تسلیم، سابقه ای طولانی داشته و حتی به عرصه ی افسانه ها و داستانها نیز راه یافته است.

در مثنوی معروف ویس و رامین که گفته شده است اساس آن به عصر اشکانی بازمیگردد و نیز مسلم است که فخرالدین اسعد گرگانی خود آن را از زبان پهلوی به پارسی دری برگردانده و بنظم آورده، حکایتی از چگونگی فرار رامین با ویس به کوهستان دیلم آمده است که چندی از ابیات آنرا نقل می کنیم:

ز قزوین در زمین دیلمان شد
درفش نام او بر آسمان شد
زمین دیلمان جائی است محکم
برو دَر لشکری از گیل و دیلم
بتاری شب از ایشان ناوک انداز
زنند از دور مردم را به آواز
بیندازند ژوپین را گه تاب

چـو انـدازد کمـان وَر تـیر پرتـاب
از آدم تـا کنون شـاهان بـی مَـرّ
کجـا بودنـد شـاه هفـت کشـور
نـه آن کشـور بـه پـیروزی گشـادند
نـه بـاژ خـود بـه آن کشـور نهـادند
هنـوز ان مـرز دوشـیزه بمـانده اسـت
بـرو یـک شـاه کـام دل نرانـده اسـت

«ویس و رامین تصحیح مجتبی مینوی»

این توجه لازم است که از چند و چون اعتقادات مذهبی دیلمان پیش از قبول اسلام (شیعی) متأسفانه اطلاع دقیقی در دست نیست.

مسعودی در مروج الذهب می نویسد:

«دیلمان و گیلان ازنخست که بودند دینی نپذیرفته، آئینی را دوست نداشتند.»

بقول کسروی اگر این دعوی راست باشد:

«باید گفت دیلمان دین زردشتی را که پیش از اسلام دین رسمی ایران بود نپذیرفته از نخست مردم آزاد و وارسته بوده اند.»

حمداله مستوفی مؤلف تاریخ گزیده درباره ی دیلمان و گیلان و طالشان می نویسد:

«چون کوهیند، از مذهب فراغتی دارند، اما به قوم شیعه و بواطنه نزدیکترند - تاریخ گزیده، تصحیح عبدالحسین نوائی».

این سخن پیدا است که برخی بگذشته ی دور این اقوام و پاره ای بدوران پذیرش شیعه تعلق دارد و بهر تقدیر هرچند نمی توان گفت که آنها بهیچ آئینی پیوند نداشته اند، از مجموع این اخبار می توان پذیرفت که بدوران قبل از روی آوری به اسلام به هیچ یک از ادیان و آئین های معروف و شناخته شده ی قدیم نگرویده و با معتقدات بومی خود سر کرده اند.

و اما چگونگی راهیابی علویان به دیار دیلم، خود حکایتی طولانی دارد که کیفیت آنرا در تاریخ باید دنبال کرد، همینقدر پیدا است که نفوذ علویان در دیلمستان معلول همان علتی است که آنها را نزد ایرانیان محبوب و موجه میداشت و ما در این باره پیشتر توضیح داده ایم. اینک به نقل نکته ای از کسروی می پردازیم که صحت آن قابل درک است و در عین حال مدعای قبلی ما را اثبات میکند:

«داستان علویان و عباسیان معروف است که علویان خلافت را حق خود دانسته یکی پس از دیگری بیرق دعوت می افراشتند و خلفای عباسی همیشه از دست ایشان در زحمت بودند.

ا یرانیان از نخست هواخواه علویان بودند ولی بعبارت معروف «لا لِحُبِ علی، بل لِبغض معاویه» چه عمده مقصود ا یرانیان آن بود که بنیاد عباسیان بدست علویان کنده شود، تا مگر ا یران نیز به استقلال خود بازگردد، بویژه د یلمان که آنهمه دشمنی ها و خونریزیها با تازیان کرده، یگانه آرزویشان بود که بنیاد خلافت اسلامی - بهر دستی که بود- نداخته شود، از آن سوی چون سختی و محکمی د یلمستان و دلیری و مردانگی د یلمان در سراسر عالم اسلامی معروف شده بود علویان نیز غنیمت می شمردند که از ا ین سرزمین و مردمانش فائده بردارند و نخستین علوی که رابطه با د یلمان پیدا کرد، یحیی بن عبداله از نوادگان امام حسن بن علی بود که در سال ۱۷۵ (زمان خلیفه هارون الرشید) پناه بد یلمستان آورده و در آنجا بیرق خروج و دعوت برافراشت - شهر یاران گمنام صفحات ۱۸ و ۱۹»

ا ین یادآوری بی سود نیست که دو برادر یحیی، یعنی محمد و ا براهیم در زمان منصور خلیفه عباسی یکی در مد ینه و د یگری در بصره خروج کرده و هر دو کشته شده بودند و خود یحیی «گر یزان و پنهان زیسته از ترس هارون جائی آرام نداشت تا پناه بد یلمستان آورد - همان کتاب صفحه ۱۹».

همدستی علویان و د یلمان در ا ین مرحله ی خاص د یری نپائید زیرا یحیی پس از چندی، از د یلمان گسست و «از کوهستان د یلم فرود آمد و به بغداد تسلیم شد» دلا یل ا ین ماجرا را در تاریخ با ید پی گرفت که از حوصله ی ا ین مقال بیرون است. کسروی معتقد است:

«د یلمان اگرچه از همدستی با علویان به نتیجه ای که می خواستند نرسیدند، یعنی نتوانستند خلافت عباسیان را بدست علویان براندازند ولی به آرزوی اصلی خود که آزادی ا یران از یوغ فرمانروائی تازیان بود کامیاب شدند، چه ا ین همدستی با علویان سرانجام آن شد که د یلمان اسلام پذ یرفته از کوهستان خود که دو قرن و نیم محصور بودند بیرون آمده با مسلمانان درآمیختند و در اندک مدتی پادشاهان بزرگی از آنان برخاسته، ا یران را زیر فرمان خود درآوردند و در حقیقت از اواسط قرن چهارم که خاندانهای بویه ای یان و زیاریان و د یگر خاندانهای د یلمی بنیاد گذارده میشود تا استیلای سلجوقیان کشور ا یران آزادی و استقلال خود را داشت و از خلفا جز نامی در میان نبود - شهر یاران گمنام صفحه ۲۰»

بد یهی است روی آوری د یلمان به اسلام، در عین حال امری در جهت شیعی گری بود و طبعاً حال و هوای مقاومت در برا بر خلافت عربی و میل به استقلال طلبی را با خود داشت -ا ین تذکار لازم است که وقتی سخن از «تشیع یا شیعی گری» میرود شعبه ها و شاخه هائی را در بر میگیرد که از همان آغاز کار بدلا یل گوناگون ظهور و بروزشان زمینه یافت ولی ما هرچند که ورود در ا ین جبهه سازی ها را خالی از سود نمیدانیم، از ذکر جزئیات آن چشم می پوشیم زیرا که ما را از مقصد اصلی خود که اصولاً شناخت نقش روحانیت تشیع در تحولات تاریخی و عمدتاً «نهضت

ملی ایران» است دور مـی سازد. همینقدر اضافه می کنیم که تشیع در این دوره ی صباوتش از عوارضی که بویژه از عصر صفوی بدان مبتلا شد، فاصله داشت و بعبارت روشنتر، آنقدرها بـه آن آفاتی مبتلا نبود که بویـژه از عصر صفوی بدانها مبتـلا شـد. بـرای حکومتهای شیعی مذهـب دیلمستان و طبرستان و سایر نقاط، در این دوره هـای نخستین، تشیع بهانـه استقلال و جدائی از حاکمیت خلفا بود، هرچند حضور همین سایه ی مذهب در حکومـت عـوارض خـود را داشت ولـی تکرار میکنیم: نه آن اندازه که بعدها متولیان شیعه خود را به هرم قدرت وارد کردند و در حـاکمیت صاحب سـهم شـدند. اجمالاً در همـه حال از این واقعیت روشـن دور نیفتیم که هـر جا مذهـب و حکومت بهم آمیخته است، مفاسدی چه در قلمرو اختناق و غامض تـر و سـهمگین تـر کـردن آن و چه در جهت ویرانی و ویرانگری پدید آورده است، بدانگونه که مضرات این تلفیـق (مذهـب و حکومت) بصورتی استثناء ناپذیر، در سلسله ی یافته ها و احکام قطعی تاریخ درآمده است.

البته در همان دوره ها یکی از شاخه های شیعه گری یعنی «شیعه ی هفت امامی» که به اسمعیلیه نیز مشهورند، در مصر چنان قدرتی بهم زدند که خلافتی در مقام قیاس نظیر خلافت بنی امیه و بنی عباس پدید آوردند که بنای اصلی آن، همان مذهب بود.

خلافت این شعبه ی شیعی از سال ۲۹۷ هجری که عبداله به نام مهدی بر تخت قـدرت نشسـت، آغاز شد و تا سال ۵۶۷ دوام آورد و بدست مغول از میان رفت.

در دوره ی خلافت شـصت سـاله ی عبدالـه، فعالیت اسـمعیلیان در سراسـر امپراطوری اسـلام، در اشکالی بسیار دقیق و سازمان یافته وسعت گرفت.

خلافت اینان در تاریخ با عنوان «خلافت فاطمی» رقم خورده است. زیرا آنها خود را از اعقـاب فاطمه فرزند پیامبر اسلام معرفی می کردند و مدعی بودند که وجه تسمیه اسمعیلیه از آن اسـت کـه آنها اسمعیل فرزند بزرگ امام جعفر صادق امام ششم را، امام میداننـد، هرچنـد او پیـش از وفـات پدر، چشم از جهان پوشیده بود.

بهر حال فاطمیون مصر با تاکید بر مقام مذهبی خویش شبکه ی گسترده ای از داعیـان و مبلّغان خود را به چهارسوی جهان اسلام آنروز روانه میکردند و آنها با تحمل شدا ید و رویاروئی با خطرات سخت، متعصبانه بفعالیت خود ادامه میدادند. داستان زندگـی پرماجرای حسـن صبـاح از داعیان مشهور اسمعیلیه و نیز تلاشهای شاعر و حکیم نامدار ایران ناصرخسرو در عصـر غزنـوی در این زمینه، فصل زنده و قابل توجهی از چگونگی نفوذ اسمعیلیه در یکطرف و مقابله با بنـی عبـاس در طرف دیگر بدست می دهد که چند و چون آنرا نیز از زبان تاریخ باید شنید.

نکته ی گفتنی در این باره همان حضور ناصرخسرو در این شبکه ی تبلیغی اسـت کـه در جهـات گونه گونی قابل تأمل است. این مرد حکیم و فرهمند، پس از گردشی در اقطار اسلامی و مطالعـه در ادیان و مذاهب مختلف، چون با خلفای فاطمی مصر روبرو شد، بنحوی شگفت انگیـز بدانها

پیوست و در اندک زمان در سلسله مراتب مذهبی به درجه ی «حجت» که رتبه ای بیدرنگ بعد از مقام خلیفه است، دست یافت و بهمین علت او را «حجت جزیره‌ی خراسان» میخواندند. جدائی او از خلافت عباسی را می توان در رهگذار ذکاء و دانش و حق طلبی او توجیه کرد ولی همچنان نامعلوم است که او با آنهمه خردمندی و حق جوئی، چرا به فاطمیان ایمان آورد که در زشتکاری و بدعهدی و قدرت طلبی هیچ کم از بنی امیه و بنی عباس نداشتند.

شاید رواست که در این باره به حجت دکتر عبدالحسین زرین کوب بگرویم و بپذیریم که ناصرخسرو:

«در مصر البته مدت زیادی نماند - اگر بیشتر از سه سال مانده بود با آن ذهن حقیقت جوئی که داشت، بی شک، آن چنان تا پایان عمر مفتون فاطمیان نمی ماند لابد خیلی زود درمی یافت که خلیفه در همه جا خلیفه است - نقل از با کاروان حلّه تالیف دکتر عبدالحسین زرین کوب چاپ ۱۳۴۳ صفحات ٦٧ و ٦٨»

و این دعویِ بحقی است زیرا ناصرخسروی که آنهمه ناسزا بر شاعران مدیحه سرای غزنوی بار میکرد و آنها را «شعرفروشان خراسان» می نامید و در ذمّشان میگفت:

دل تان خوش گردد به دروغی که بگوئید ای بیهده گویان که شما از فضلائید

چه بر سر عقل خود آورده بود که خلیفه بدکاری چون المستنصر فاطمی را با چنین الفاظی می ستود؟

بشتاب سوی حضرت مستنصر ره را ز فخر جز به مــــژه مسپر
آنجا است دین و دنیا را قبلــــه وآنجا است عزّ و دولت را مشعر

و باری از خلفای فاطمی مصر که «مشروعیت» حکومت خود را به مذهب اختراعی خود بسته و «حکومتی مذهبی» برپا داشته بودند، بنا بر همان گواهی تاریخ چه زشتکاریها که برنیامد و چه جنایات هولناک که ارتکاب نشد. «مستعلی فرزند مستنصر، برادر خود، نزار را که به نص اول به جانشینی مستنصر انتخاب شده بود با دو پسرش به اسیری گرفت و محبوس ساخت تا برادر در زندان او درگذشت — از زبدة التواریخ تالیف ابوالقاسم کاشانی» و یا «حافظ» دیگر از خلفای فاطمی که برای حفظ خلافت خود و خاموش ساختن مدعیان دستور داد حسن فرزندش را مسموم کنند و بدینگونه آشوب را بنشاند.

درباره ی بازیگریهای مرسوم در حوزه ی خلافتِ خلفای فاطمی که گفتیم تمامی مشروعیت خود را از ادعای «حقانیت مذهبی» خود بیرون میکشیدند این نکته شنیدنی است:

«با آنکه اسمعیلیان و از جمله خلفای فاطمی دلیل جدائی خود را از دیگر شیعیان شیعه ی اثنی عشری(در این امر میدانند که چون امام جعفر صادق، امام ششم، در زمان حیات خود به نص اول اسماعیل را به جانشینی برگزیده بود، پس از درگذشت اسماعیل در زمان حیات پدر، امام حق

نداشته است فرزند دیگر خود، موسی بن جعفر، را به امامت انتخاب کند، خود به چنین عملی مبادرت ورزیدند. داستان از این قرار است که مستنصر بالله خلیفه فاطمی و ممدوح ناصرخسرو فرزند خود نزار را به جانشینی برگزید ولی پسر امیرالجیوش بدر که مقام وزارت مستنصر را یافته بود و دختر خود را به مستعلی، پسر دیگر خلیفه، به زنی داده بود تصمیم گرفت مستعلی را که انعطاف پذیرتر از نزار بود به جانشینی مستنصر برگزینند، پس خلیفه ی فاطمی را در بستر مرگ واداشت مستعلی داماد او را به جانشینی برگزیند و نزار را معزول نماید، این کار انجام پذیرفت و خود دو دستگی بزرگی در کار اسمعیلیان بوجود آورد — تاریخ ادبیات ایران جلد اول، فرقه ی اسمعیلیه».

استنتاج دکتر جلال متینی از این مقوله یادآوردنی است:

«ادعای بر طریق پیغامبر اسلام و ائمه اطهار رفتن، از طرف خلفای فاطمی فقط وسیله ای بوده است برای جلب توجه همه ی مخالفان خلفای عباسی و تمام کسانی که خلافت عباسی را بر حق نمیدانستند - بنقل از مجله ی دانشکده ی ادبیات و علوم انسانی دانشگاه فردوسی شماره ۲ سال دهم - تابستان ۱۳۵۳»

گذشته از مواضع «مذهبی - حکومتی» فاطمیان از این نکته نباید غفلت کرد که شیعی گری خاصه در شعبه ی وسیع و پایدار آن «دوازده امامی» حتی در زمینه های اعتقادی در قریب دوازده قرن، چنان دگرگونیها یافته که اصولاً شیعه ی امروزی (که عمدتاً میراث عصر صفوی است)، از شیعه ی قرون اولیه، از زمین تا آسمان فاصله گرفته است. نظری بر شعب گوناگون تشیع از بدو تولد و چگونگی پاگیری هر یک از آنها، بطوریکه در فصول گذشته نیز به آن اشاره کرده ایم، جلوه ای از رقابت های سیاسی برای تصرف قدرت بود:

—شعبه ی «کیسانیه» را در واقع مختار ثقفی زمینه ساخت با این توضیح که مختار پس از قلع و قمع قاتلان امام حسین، محمد حنفیه ی را خلیفهٔ مسلمین اعلام کرد و این محمد، فرزند علی بن ابی طالب و یکی از همسران او بنام «خوله بنت جعفر بن قیس» بود. گفتنی است که محمد بن حنفیه علی رغم اصرار مختار هیچگاه خود بتصرف مقام خلافت رضا نداد، زیرا اولاً مردی گوشه گیر بود و از ماجراجوئی پرهیز میکرد و ثانیاً بمردم کوفه که از یاری پدر و برادرانش تن زده بودند، اعتماد نداشت. معهذا مختار در خط مقاصد خود میخواست از وجود او بهره بگیرد و اما اینکه این فرقه را کیسانیه خوانده اند، بدان دلیل بود که مختار آنرا شالوده ریخته بود و او را کیسان میخواندند. شایان توجه است که محمد حنفیه یا (ابوالقاسم محمد بن علی بن ابیطالب) بخلاف شیعیان دوازده امامی و امروزی خلافت ابوبکر و عمر و عثمان را نیز بر حق میشمرد و بهر حال وقتی او مرد، جماعتی گفتند که او نمرده بلکه غیبت کرده و در روز رستاخیز ظاهر خواهد شد.

—گروه دیگر «زیدیه» بودند که وجه تسمیه آنها از «زید» یکی از فرزندان امام چهارم «زین العابدین» است با این توضیح که «زیدیه» امامت محمد بن علی معروف به امام باقر را باین دلیل نپذیرفتند که او اهل انزوا بود و حتی با شیعیان پدر قطع ارتباط کرده بود - زیدیه میگفتند امامت (و خلافت) حق کسی است که در راه دین جانفشانی کند، پس محمد بن علی بکار امامت نمیاید، حالیکه زید در این رهگذر شایستگی دارد زیرا که اهل قیام و تقلا است و راستش این است که او در سال ۱۲۱ بر هشام بن عبدالملک خلیفه ی اموی شوریده بود.

نکته ی قابل توجه این است که هرچند زمزمه ی مخالفت و اعلام غاصبیت سه خلیفه ی اول در قبال علی بن ابیطالب در زبان شیعیان آغاز شده بود، زید از سَبّ خلفا پرهیز داشت و حتی آنها را بر حق میشمرد. شرح این ماجرا را در این سطور دنبال می کنیم:

جماعتی در جریان جنگ با هشام به زید میگویند:

«تا نگوئی رأی تو درباره ی ابوبکر و عمر که بر جدّت علی بن ابیطالب ستم کردند چیست ترا بر دشمنانت یاری ندهیم، زید گفت: که من آن دو را جز به نیکی یاد نکنم و از پدرم (امام زین العابدین معروف به سجاد) جز سخن نیک درباره ی آنان نشنیدم و بر بنی امیه از آنروی شوریدم که جد من حسین را کشته و در نبرد حره مدینه را غارت کردند و سپس با منجنیق بخانه ی خدا سنگ و آتش افکندند - شیعیان چون این سخن از وی بشنیدند، او را با دشمنان رها کردند و از وی جدائی گزیدند - بنقل از کتاب الفرق بین الفرق صفحات ۲۸ و ۲۹.

این مضامین میرسانند که در بین شیعیان دوره های نخست وحدت کلامی نبود بلکه رفته رفته از سالهای پایان قرن سوم و مخصوصاً نیمه ی قرن چهارم بود که تشیع خاصه در خط دوازده امامی شکل گرفت و برای خود «فرهنگ» مشخصی ساخت و از عصر صفوی بود که روابط شیعه و سنی نزد هرکدام به روابط «مسلمان و کافر» تعبیر شد.

خلاصه این که آنچه امروز از زبان شیعه فی المثل درباره ی خلافت غاصبانه ی سه خلیفه اول حتی با ذم و ناسزا شنیده میشود، در زبان شیعیان علی در اعصار اولیه جاری نبود و رفته رفته جاری شد.

شنیدنی است که در نهج البلاغه (منسوب به علی بن ابیطالب) مضامینی هست که نشان میدهد امام اول شیعیان نیز هرچند خود را برای خلافت افضل میدانسته ولی خلافت خاصه ابوبکر و عمر را نابحق نمی شمرده است.

خوانندگان را با این نامه ی علی بن ابیطالب به معاویه، مأخوذ از نهج البلاغه توجه می دهیم:

«آن گروهی که به ابوبکر و عمر و عثمان دست دادند (بیعت کردند) بمن دست دادند و کس را نرسیدی که نپذیرد و گردن نگزارد. برگزیدن خلیفه مهاجران و انصار راست (حق مهاجران و انصار است) اینان هرکس را برگزیده امام نامیدند خشنودی خدا نیز در آن خواهد بود — نقل

از ترجمه کسروی که عین متن عربی آنرا نیز در صفحه ۹ رساله ی خود «شیعیگری» آورده است.»

کسروی بدنبال این گواهی، این پرسش را مطرح میکند:

«کسی که این نامه را نوشته چگونه توانستی در زمان خلافت ابوبکر و دیگران ناخشنودی نماید و ایستادگی نشان دهد؟ اگر کرده بودی آیا همکار معاویه شمرده نمیشدی؟» از آن سو تاریخ نیک نشان میدهد که علی با آن سه تن با مهر و خشنودی زیست، چندانکه دختر دوازده ساله ی خود ام کلثوم را بزنی به عمر داد، در کشتن عثمان نیز در آشکار ناخشنودی نمود و پسر خود حسن را برای نگهداری عثمان بدرون خانه ی او فرستاد.»

بتکرار میگوئیم، پاگیری تشیع و دفاع از بنی هاشم خاصه از سوی ایرانیان، شکلی از اشکال متنوع مقاومت در برابر حاکمیت عربی بود و بدین سیاق شکل پذیری شیعه که بویژه پس از ادعای معروف به غیبت امام دوازدهم، در فضائی آکنده از اخبار و احادیث و تألیفات بیشمار فقاهتی رو به گسترش نهاد و نیز جبهه گیری خصمانه میان اهل سنت و شیعه که عمدتاً از عصر صفوی قوت گرفت، در جزء و کل انگیزه سیاسی داشت.

یادآوری می کنیم که در این خط سیر، تشیعی که از آغاز با روح مقاومت و میل به جدائی از خلافت بیگانه نضج گرفت - چنان به کژاندیشی و خرافات و مخصوصاً چنان با افراط در قدرت طلبی متولیانش آمیخته شد که در مجموعه ی عوامل و عللی که ایران را در عقب ماندگی و ضعف و درماندگی حبس کردند مکان موثر و مشخصی یافت بدان پایه که در دو قرن اخیر، هر نوآوری که در صحنه ی سیاست ظاهر شد و هر زمینه ای که بسود ترقی ایران و خلاصی از زندان درماندگی پدید آمد، بدست متولیان این مذهب (گذشته از استثناء ها که در این باره نیز بدانها خواهیم پرداخت) راهها و حتی کوره راههای نجات نیز مسدود ماند.

بعبارت روشنتر: تشیع در چنگ متولیان خود از یکسو به ابزار قدرت طلبی و یا دفاع از قدرتهای حاکم و از سوی دیگر به عاملی بر ضد هرگونه تحول و نوجوئی تبدیل شد و این مطلبی است که بخشی از این رساله را مبتنی بر اسناد و شواهد استوار تاریخی، بتمامی در بر خواهد گرفت.

فصل پنجم

مواضع ملایان شیعه در دورهٔ صفوی

پیشتر گفته ایم که لشکریان اسلام در اوج قدرت و نصرت در حالیکه در شرق تا ترکستان چین و در غرب تا کناره ی رود لوار در فرانسه را در تصرف داشتند، بیش از دو قرن در برابر پایداری سکنه‌ی ایالات مجاور دریای خزر، نتوانسته بودند در این نواحی قدم بگذارند و وقتی هم از رهگذار دین موفق شدند به سرزمین های گرگان و طبرستان (تپورستان) راه یابند، نفوذ خلفا در این مناطق هرگز بنیه و زمینه ی استواری نیافت، گفتنی است که حتی نوشته ی روی مسکوکات در آنجا به زبان پهلوی بود. بخش دیگر از سواحل جنوبی دریای خزر یعنی گیلان و دیلم که از موقع نظامی برتری برخوردار بودند هرگز به‌حاکمیت خلفای بغداد تسلیم نشدند و نیز یادآوری کرده ایم که ورود دیانت اسلام در این سامان در قالب شیعی گری خود بهانه ای بود برای گریز از سلطه ی خلفا و تدبیر هوشمندانه ای برای پاسداری از استقلال.

این تذکر لازم است که اصولاً شیعی گری تا اوایل قرن سوم هجری مبتنی بر مکتب و فرهنگ مشخص نبود و شیعیان تنها به دوستداری علی و خاندان علی شهرت داشتند. غالباً گفته شده است که پایه گذار فقه شیعه، امام جعفر صادق (امام ششم) بوده و این بلحاظ مجالس درس و فحص که او بیش از امامان دیگر شیعه داشته و طبعاً در آنها از حقانیت آل علی سخن میرفته، تا حدودی صحیح است ولی باید قبول کرد که فقاهت شیعی، با طرح غیبت امام دوازدهم (مهدی) و «توقیعات» و یا نامه هائی که چهار تن مدعیان رابطه با امام غایب (عثمان بن سعید - محمد بن عثمان - ابوالقاسم حسین بن روح نوبختی و علی بن محمد سمری) در میان مردم می پراکندند، رفته رفته شکل گرفت با این توضیح که شایع شد که محمد بن حسن عسکری (یعنی فرزند امام یازدهم) ملقب به مهدی یا امام عصر و یا قائم آل محمد، ٤ سال قبل از فوت پدر (در سال ٢٥٦) متولد شده و بیدرنگ برای مصونیت از گزند دشمنان و حفظ سُلاله ی امام غیبت کرده است — این دوره را در محافل شیعه غیبت صغرا خوانده اند زیرا طی آن «امام» بوسیله ی نواب چهارگانه ی خود که قبلاً از آنها نام آمد، مواعظ و دستورهای خود را برای ارشاد مردم ابلاغ میداشت. از تعالیم شیعه ی دوازده امامی است که غیبت صغرا بمدت قریب ٧٠ سال از دویست و شصت هجری قمری تا سیصد و بیست و نه ادامه یافته و آنگاه امام به رابط چهارم خود (محمد سمری)

گفته است که پس از او ارتباطی در کار نخواهد بود و غیبت کبرا تا «اذن خداوند» ادامه خواهد یافت.

محمد باقر مجلسی آخرین سفارش امام را در «توقیعی» که بگفته ی او به محمد سمری (آخرین رابط) ابلاغ شده در جلد سیزدهم بحارالانوار در این عبارات آورده است:

«بنام خداوند بخشنده ی مهربان - ای علی بن محمد سمری خداوند اجر و پاداش برادرانت را در مصیبت مرگ تو زیاد گرداند. تو تا شش روز دیگر از این جهان خواهی رفت - پس به کارهایت رسیدگی کن و بعد از خود به کسی وصیت نکن تا اینکه جانشین تو باشد. زمان غیبت تامّه واقع شده و ظهوری برای من نیست مگر به اذن خداوند یکه نام او بزرگ است و آنهم بعد از مدتی طولانی و [و بسط] قساوت قلب های جهانیان و پرشدن ظلم و ستم در کره ی زمین خواهد بود.»

لازم بیادآوری است که درباره ی اساس فرزندی امام یازدهم بحث ها درگرفته و حتی برادر امام یازدهم (جعفر) گواهی داده است که برادر وی هرگز صاحب فرزندی نشد تا چنان ماجراها درگیرد ولی مدعیان شیعه ادعای او را نفی کرده و بی توجه به اینکه او نیز خود فرزند امام بوده است وی را مرتد خوانده و مشتهر به «جعفر کذاب» ساخته اند.

با آغاز «غیبت کبری» بنا بر وصیت امام، اداره ی امور شیعیان و راهنمائی آنان به «علما» و «فقها» و «بیضه داران اسلام» سپرده شد و از این زمان است که «فرهنگ شیعه ی دوازده امامی» رو به تالیف و نشر و تبلیغ گسترده نهاد.

نخستین اقدام در این باره تدوین ۵ اصل بعنوان اصول دین بود که عبارتند از: توحید - عدل - نبوت - امامت و قیامت که اهل سنت پیش از آن، سه اصل (توحید و نبوت و قیامت) را انشاء کرده بودند و بعد از آن نیز هرگز بر آن نیفزودند و بویژه اصل امامت را نادرست خواندند و بجای آن به اصالت خلافت از طریق اجماع مسلمین پای بند ماندند.

اجمالاً در پی (غیبت کبرا) بود که با تصدی «علما» تدوین معتقدات و معارف شیعه وسعت گرفت. و مخصوصاً «علم حدیث» بعنوان متکای دستورعملهای شیعی رونق یافت. یکی از نخستین گردآورندگان حدیث که معروفیت بسیار یافت محمد بن الحسن القمی (متوفی بسال ۲۹۱ هجری) بود که در این باره بنوعی راهگشائی دست زد ولی با حضور محمد یعقوب بن اسحق کلینی و مخصوصاً نشر کتاب مشهور او بنام (کافی) که از کتب اربعه ی شیعه شناخته شده است تدوین فرهنگ و فقه شیعه ی دوازده امامی بمرحله ی تازه ای وارد شد و پی در پی فقها و محدثین شیعی از قبیل (ابن بابویه یا شیخ صدوق) و شیخ مفید معروف به ابن معلم، ابوجعفر طوسی ملقب به شیخ الطایفه، شیخ طبرسی، علامه حلی و دیگران ظاهر شدند و خرینه ی «فرهنگ

تشیع» را پر کردند تا عصر صفوی که مسئله ی «مذهب رسمی» بدانگونه که پیشتر شرح داده ایم فرا رسید.

تذکار این نکته لازم است که تا قبل از روی کار آمدن صفویه، با آن که معارف شیعه رو بتوسعه داشت و مهمترین کتب فقاهتی و حدیثی پدید آمده بود ولی تشیع هنوز چنان ظرفیت و توانی نداشت که تار و پود فرهنگ زیستی و زیربنای اعتقادی کل جامعه را درنوردد و بهمین دلیل معارف سنی در ایران هم چنان غلبه داشت. عرفائی هم که تا قبل از قرن هفتم و هشتم، در اعماق جامعه نفوذ داشتند بلحاظ سابقه ی مذهبی غالباً اهل تسنن بودند و اینکه بعضی کوشیده اند تا آنها را متمایل به تشیع معرفی کنند، از گذرگاه تعصب و بیخبری است. بزرگان عرفان ایران، از قبیل، حلاج و بوسعید و بایزید و سنائی و عطار و مولوی، هرگز شیعی مذهب نبودند، هرچند مانند دیگران برای علی چهارمین خلیفه راشدین حرمت فراوان قائل بودند.

مولوی که بر اخلاص علی تاکید داشت و می آموخت که «شیر حق را دان منزه از دغل» – در داستان «پیر چنگی»، برای خلیفه ی دوم نیز چنان مقامی قائل است که او را در عالم رویا، صاحب پیوندی با ملکوت معرفی می کند.

فریدالدین عطار حتی کسانی را که زبان به ذم خلفا میگشایند، بسختی نفی میکند و در مقدمات منطق الطیر، بدنبال نعت پیامبر، فصولی را جداگانه به مناقب چهار خلیفه باصفت امیرالمومنین اختصاص میدهد و بیدرنگ در ابیاتی در رد و طرد «تعصب» یادآوری می کند:

ای گرفتار تعصب مانده ای
روز و شب در بغض و در حب مانده ای
گر تو لاف از عقل وز لُبّ میزنی
پس چرا لاف از تعصب میزنی
در خلافت میل نیست ای بیخبر
میل کی زیبد ز بوبکر و عمر؟
ور کنی تکذیب اصحاب رسول
قول پیغمبر نکردستی قبول
گفت هر یاریم نجمی روشن است
بهترینِ قرنها قرن منست

خلاصه آنکه تشیع با اعلام رسمی بودن در سراسر ایران، در عصر صفوی و ظهور فقها و محدثین جوراجور در این دوره است که مشخصات کامل (و امروزی) خود را کامل میکند و از آن زمان است که بصورت مذهبی مستقل و معارض در برابر چهار تیره ی اهل سنت جبهه میگیرد و

متولیان آن فرصتی می یابند تا با دستاویزهای فقاهتی در مسامات جامعه نفوذ کنند و افکار مردم را در بافته ها و ساخته های خاص خود از قبیل حدیث و خبر و سایر مقولات مذهبی محبوس دارند و با دگرگونیهائی حتی در صلوه و اذان و احکام فقهی، مذهب جدیدی را پایه بریزند. در حالیکه پیش از آن، یعنی در دوره هائی که شیعه گری به سرزمین های جنوبی دریای خزر راه می یافت، در اندیشه و عمل چیزی نبود مگر یک بهانه ی جدائی از سلطه ی خلافت بغداد و پاسداری از استقلال و این واقعیتی است که روی آوری امیران و پادشاهان طبری و گیلی و دیلمی با اعتقادات راسخ به تشیع و اصولاً اسلام همراه نبود. آنها میخواستند صف خود را از صف خلفا جدا کنند و رنجیر سیطره ی بیگانه را بشکنند گرچه در این باره پیش از این به تفصیل سخن رفته است ولی توجهی به شرح حال یکی از برجسته ترین سرداران دیلم، یعنی مردآویز پسر زیار بحث را زنده میکند.

مردآویز (بلغت عرب – مردآویج) روستائی فقیری بود از اهالی دیلم که وقتی تصمیم گرفت از کار زراعت دست بردارد و به جرگه ی سپاهیان مزدور به پیوندد در راسته ی همین تغییر حرفه بود که بزودی راه قله ها را پیش گرفت و به نیروئی عظیم دست یافت و رفته رفته سودای بازسازی ایران امپراطوری را در سر پخت و دنبال کرد:

«... مردآویج به حکومت ولایات کم ثروت مجاور خزر اکتفا نکرد و لشکری بزرگ از سپاهیان مزدور گردآورد و در فاصله ی بین سالهای ۹۳۲ تا ۹۳۵ میلادی (۳۲۰ تا ۳۲۴ هجری قمری) بخش اعظم مغرب ایران و شهرهای بزرگ ری و قزوین و همدان و اصفهان و شیراز را متصرف شد ولشکریان خلیفه را از آن نقاط بیرون راند و بدین طریق حکومت خلفای عباسی در مغرب ایران نیز عملاً سقوط کرد. با اینکه مردآویج بظاهر خود را از طرف خلیفه حاکم آن نقاط میخواند ولی بهیچوجه اعتنائی به او نداشت و حتی آماده ی حمله به بغداد می گشت = نقل از تاریخ ایران از دوران باستان تا پایان سده هیجدهم»

برای آگاهی به «فضای مذهبی» و نیات باطنی حکام این نواحی، توجه به آنچه مورخین در شرح احوال مردآویز نوشته اند ضرورت دارد.

در «تاریخ مفصل ایران» آمده است:

«مردآویج که مثل برادرش وشمگیر و مخدوم او لیش، اسفار بن شیرویه که یا اصلاً مسلمان نبودند و یا با وجود قبول ظاهری اسلام، باطناً تعلق به آداب ایرانی و مراسم آئین زرتشتی داشتند، از خلیفه ی عباسی و عمال عرب او سخت متنفر بود و در این خط سیر میکرد که دولت از دست رفته ی ساسانی را احیاء نماید و بغداد را ویران و مداین و عمارات شاهنشاهان ایران را تجدید کند و خاندان خلفا را براندازد، بهمین خیال تاجی مرصع به وضع تاج انوشیروان بر سر

می گذاشت و بر تختی زرین می نشست و در اقامه ی آداب قومی ایرانی سعی بسیار به خرج می داد.

در زمستان سال ۳۲۳ موقعی که در اصفهان بود، در شب جشن سده امر داد که در دو طرف زاینده رود هیزم فراوان گرد آورند و وسایل چراغانی و آتش افروزی و سور و سرور عظیمی را که شایسته ی چنین جشن باستانی و چنان پادشاهانی باشد فراهم نمایند...»

ناگفته پیداست که چنین تدبیرهائی در جهت احیاء آنچه خود بدلایل گوناگون منقرض و نابود شده بود، نمی توانست اثری نیرومند و زنده کننده داشته باشد ولی بهر حال هرچه بود در حفظ استقلال و جدائی از سلطه ی بغداد و مخصوصاً در جهت بقای هویت فرهنگی اقوام ایرانی بسهم خود نقش بزرگی ایفا میکرد.

تا اینجا به درک این واقعیت رسیده ایم که تشیع در آن دوره ها، مذهبی نیست که بصورت بخشی از پیکره ی قدرت و حاکمیت جلوه کند، چنین خصلتی تنها در سایه ی سیاستهای ضد عثمانی و طبعاً ضدسنی است که رفته رفته در عصر صفوی قوت میگیرد.

قبلاً نقل این مطلب را ضروری میدانیم که برداشت ما از تشیع و نیز متولیان تشیع، مطلقاً با برداشت کسانی نظیر شریعتی که برخی کوشیده اند تا آنها را در ردیف اصلاحگران دیانت مسیح همچون لوتر و کالون بنشانند — سنخیتی ندارد. بگمان ما آنچه را که فی المثل شریعتی در تعارض و تناقض «تشیع علوی» و «تشیع صفوی» — نخستین را باعنوان شیعه خالص و واقعی و دومی را نماینده ی عدول از اصالت تشیع مطرح میساخت، تلاشی بود که به ژرفاها نمیرسید و بالطبع در سطح متوقف میماند، بهمین دلیل مواعظ او پیش از آنکه به نوعی پالایش مذهبی بیانجامد در حد خود بوسیله ای بسود خیزش سیاسی مذهبی ها تبدیل شد. (ما در این زمینه، در جلد دیگری نقش عناصری نظیر شریعتی را که خواسته و ناخواسته به سیاسی تر شدن مذهب و تولد آشکار مذهب سیاسی و سیاست مذهبی و داعیه ی حاکمیت فقاهتی انجامید — بنحو مستقل و مفصل خواهیم پرداخت) تاریخ گواه است که سیاست ضدعثمانی و ضدسنی صفوی، از جانب نیرومندترین پادشاهان صفوی از یکطرف و ظهور تعصبات سخت و خونبار حکومت سنی مذهب عثمانی از طرف دیگر در بستر دریائی از خون فجایعی ببار آورد که آثار آن نسل بعد نسل باقی ماند. تأملی در پاره ای از پی آمدهای این خصومت دوجانبه بی مناسبت نیست:

در تمامی قرن نهم هجری (پانزدهم میلادی) دولت عثمانی با ملل بالکان از یکسو و ایرانیان از سوی دیگر در جنگ بود. سلطان سلیم اول در عثمانی، همانند همتایان ایرانی اش، خود را به سلاح تعصبات مذهبی بند ساخت و در تدارک حمله به ایران ببهانه ی دفاع از «مذهب حقه ی تسنن در برابر مذهب شیعه «بد دین» ابتدا چهل هزار از شیعیان آسیای صغیر را قتل عام کرد، تا باصطلاح خنجری در دست دشمن و در قلمروی حکومت وی نماند که از قفا بر او وارد آید و

آنگاه که از این «مهم» فارغ شد جنگ با شاه اسماعیل را آغاز کرد. چند و چون این نبرد و فرجام آن حکایت تاریخ است و از حوزه ی کار ما بیرون. همینقدر برای فهم ژرفای دشمنی میان دوطرف به نقل بخشی از نامه ای که سلطان عثمانی بامضاء خود برای شاه اسمعیل فرستاده است بسنده میشویم:

از سلطان سلیم به شاه اسمعیل:

«... امارت بلاد شرق را متصدی گشتی و از کُنج مذلت فرمانبری بـه صُفّه ی با حشمت فرمانفرمائی قدم نهادی. ابواب ظلم و بیداد را بررر روی مسلمانان باز کرده، زندقه و الحاد را با یکدیگر ازدواج و امتزاج دادی و اشاعه ی فتنه و فساد را شعار و دثار خود ساخته، عَلَمهای ستمکاری برافراشتی، مقابح افعال و مَساوی احوالت چون اباحت فروج محرمه و اراقت دماء مکرمه و تخریب مساجد و منابر و احراق مراقد و اهانت علما و سادات و القاء مصاحف کریمه در قازورات و سب شیخین کریمین، رضی اله عنهما، همه به حد تواتر پیوست، ائمه ی دین... کفر و ارتداد ترا فتوا دادند. بناء علی ذلک ما نیز به جای حریر و پرنیان، زره و خفتان پوشیدیم... به آن نیت که به سرپنجه ی قوت، دست و بازوی ستمکاریت بر کنیم... و از آتشی که در خانمهانها زده ای، دود از دمارت بر آریم...»

در چنین فضائی است که شیعی کشی در یکطرف و سنی کشی در طرف دیگر به مهمترین بخش از طاعات و عبادات «اسلامی» بدل میشود و در عین حال تشیع بصورت یک مذهب مستقل شکل میگیرد که در حال مایه ی درونی آن خصومت با اهل سنت است.

رشد متولیان شیعه در پس قدرت فائقه سلاطین صفوی:

پیشتر به این مطلب پرداخته ایم که متولیان مذهب شیعه در بیشترین سالهای عمر دویست سالهٔ سلسله ی صفوی، در اتصال با امر حاکمیت از مقامی افزون تر از دستاویزهای سیاسی سلاطین برخوردار نیستند و این را هم اضافه کنیم که رفتار تمامی پادشاهان صفوی نه فقط نسبت به متولیان مذهب شیعه، بلکه در برابر نفس شیعی گری نیز یکسان نیست. بدین توضیح که مثلاً اگر شاه اسمعیل در شیعی گری تعصب را بقله ها رساند ولی هرگز قدرت فائقه ی خود را که پشت بدریائی از خون مخالفان داشت، با متولیان مذهبی تقسیم نکرد و یا اگر شاه عباس در دشمنی با اهل سنت کوتاه نمیامد چرا که اهل سنت را یاران بالقوه و بالفعل ازبکان و ترکان عثمانی میدانست، ولی با سایر ادیان مخصوصاً با اسقف های ارمنی و کشیشهای کاتولیک روشی دوستانه و یا دست کم ارفاق آمیز داشت:

«در دوران او پیروان همه ی ادیان از عیسوی، یهودی و زردشتی در هر شهر محله های مخصوص خود داشتند و در آنجا با کمال آزادی مطابق آداب و رسوم ملی و دینی و اجدادی خود

زندگی میکردند حتی حق داشتند که دعاوی و متهمان حقوقی و جزائی ملت خویش را نیز محاکمه و مجازات کنند و محاکم شرعی و عرفی ایران جز در موارد خاص، در کار ایشان مداخله نمی کردند - زندگانی شاه عباس اول - نصراله فلسفی»

ما قبلاً از استبداد و خشونت های گاه بهیمی شاه عباس، تا آنجا که ضرورت مراجعه به حوادث تاریخی جواز داده است، شاهد آورده ایم الزاماً این نکته را اضافه می کنیم که او مخصوصاً در قیاس با شاه اسمعیل، موجودی مداراگرتر و رحیم تر بوده است. این تقریباً قضاوت تمامی مورخین است که شاه عباس از حضور در جوامع مردمی و حشر و نشر با اهالی کوچه و بازار لذت می برد، مدارای او با اصحاب مذاهب غیرسنی فوق العاده آزادمنشانه بود و در این جهت گاه به اعمالی دست میزد که بگفته نصراله فلسفی (که تحقیقات او خاصه دربارهٔ عصر صفوی بی پایه نیست) - «با توجه به معتقدات مذهبی و میزان رشد فکری مردم ایران در آن دوران بسیار عجیب» می نمود. چنانکه «در نیمه رمضان سال ۱۰۱۷ هجری قمری که مصادف با روز میلاد مسیح در سال ۱۶۰۸ بود با جمعی از سران لشکری و کشوری و چند تن از علمای روحانی به صومعه ی کاتولیک های اصفهان رفت و در آنجا در روز رمضان با حضور روحانیون شیعه شراب نوشید. یک روز پیش از آن نیز چون شنیده بود که عیسویان در روز میلاد مسیح گوشت خوک می خورند، برای ایشان چند خوک فرستاد.»

نقل از کتاب زندگی شاه عباس اول - نصراله فلسفی

و اما شاه اسمعیل دوم اصولاً به مذهب تسنن تمایلی داشت و «میخواست که آن مذهب را دوباره در ایران رواج دهد به همین سبب درصدد برآمد که از قدرت و نفوذ علمای بزرگ شیعه بکاهد و از تظاهرات و تبلیغاتی که در ایران بر ضد مذهب تسنن می شد و مایه ی اختلاف بزرگ داخلی و خارجی و خونریزیهای فراوان بود جلوگیری کند. همیشه در مجالس خصوصی از اختلاف شیعه و سنی و لعن خلفای سه گانه و اصحاب پیغمبر انتقاد می کرد... نخست علمای متعصب شیعه را از دربار دور کرد و کتب ایشان را ضبط کرد و چند تن از روحانیان را که متهم به تسنن بودند طرف مشورت و مورد لطف و عنایت ساخت. سپس فرمان داد که مردم لعن ابوبکر و عثمان و عمر و عایشه و امثال آنان را در مساجد و معابر و مجامع عمومی ترک کنند و هرکس را که از اطاعت این امر خودداری می نمود به سختی سیاست کرد. مبلغی نیز از خزانه ی شاهی تخصیص داد تا به کسانی که در تمام عمر زبان به لعن خلفای سه گانه و سایر اصحاب پیغمبر مخصوصاً عشره ی مبشر نگشوده اند داده شود... همان کتاب»

کسروی بنا بر مشرب خاص خود که عمدتاً بر نفی اختلافات مذهبی (خاصه میان شیعی و سنی) و اصولاً بر رد شیعی گری بمقیاسات مرسوم تعلق داشت درباره ی سیاست های مذهبی شاه اسمعیل دوم و بنیاد مخالفت او با تعصبات ضد تسنن می نویسد:

«اگر اسمعیل (شاه اسمعیل دوم) زود نمی مرد و باندازه ی دیگران پادشاهی میکرد، شاید معروفترین پادشاه صفوی میگردید و یادگارهای بسیار از خود باقی می گذاشت. اگرچه او مرد خونخواری بود و در این باره پای کم از نیای همنام خود (شاه اسمعیل اول) نداشت، ولی همچون دیگران از شاهان صفوی پای بند بدعتهای مذهبی نبود و بلکه کوشش می کرد که زشتکاریهائی که نیا و پدرش (شاه طهماسب) رواج داده بودند از میان بردارد و این بود که میان مردم به سنی گری شهرت یافته بود - نقل از تاریخ پانصد ساله ی خوزستان - احمد کسروی»

اینهمه میرساند که پادشاهان زورمند صفوی، حتی آنها که خود را پای بند شیعه معرفی می کردند — به روحانیت شیعه (بیضه داران اسلام) چندان رو نمیدادند که پا از گلیم خود بیرون بگذارند - تا جائیکه شاه عباس در برابر «علما و بیضه داران اسلام» در محفل کفار ارمنی! شراب می نوشد و برای آنان خوک به ارمغان میفرستد و علما نیز دم بر نمیاورند و هم چنان به پابوسی «کلب آستان علی» ادامه میدهند. منتهی واقعیت دیگر این است که هرچند متولیان شیعی در ادوار سلطنت پادشاهان مقتدر صفوی ناگزیر به اطاعت و سرسپردگی هستند ولی از آنجا که وظیفه دارند، با تماس پیوسته و روزمره با مردم، زمینه های عاطفی و فکری جامعه را در جهت سیاستهای ملوک تصدی کنند - خرده خرده و از زیر - در اعماق جامعه به نفوذ خود مایه میدهند و عملاً بر قوه ی مفکره ی مردم مسلط میشوند، بهمین سبب وقتی زمینه های زوال سلسله ی صفوی خاصه پس از شاه عباس قوت میگیرد، این آنها هستند که فرصتی می یابند تا با اتکاء به حمایت توده ها تمامی قدرت را تصرف کنند؛ تا زمانیکه نوبت به سلطان حسین پسر شاه سلیمان میرسد (۱۱۰۶ تا ۱۱۳۵ هجری قمری) و در عصر اوست که از انبان قدرت هرچه هست به تعلق ملایان بازیگر «بیضه داران اسلام» در میاید.

در دوران این موجود ضعیف و سست عنصر است که ثمرات آن سموم خرافه پرستی و جهل و بیخبری که طی سالها بدست ملایان به عروق آحاد جامعه تزریق شده است، ظاهر میشود. حالا دیگر شاه برده ایست در اختیار ملای چیره دست و خبره در ریاکاری چون محمد باقر مجلسی و همان کسی که آیت الله خمینی برای پرهیزدادن نسل جوان از فساد غرب، خواندن کتابهای فارسی او و به تعبیر آیت الله «عالم بزرگوار و محدث عالیمقدار» را موکداً توصیه میکند و آنرا پادزهر «غرض های فاسد مسموم در بین جوانان» و برانگیزنده ی «روح شهامت و جوانمردی» در آنان میخواند.

واقعیت تعب انگیز این است که رویش بیدریغ ملایان این چنانی و سیل بنیان کن آثاری که زیر عنوان حدیث و فقه و «علوم مذهبی» و همه بنام تشیع در این دوره بخورد مغزها داده میشود درست مقارن است با خیزش های تجددطلبی و تلالو علمی و ریشه گیری نهضت رنسانس و غلغله کشف سرزمین های ناپیدا در مغرب زمین بدان گونه که هر کس با درّاکه ای نه چندان نیرومند

می تواند حدس بزند که نتیجه ی این افول فکری در قبال آن طلوع همه جانبه ی اندیشه در غرب چیست و از این ماجرا نصیب ایرانیان چه می توانست بود؟ شادروان عیسی صدیق در کتاب خود «تاریخ فرهنگ ایران» تصویر روشنی از این فاجعه بدست میدهد:

«در دوران صفوی جوانان با استعداد تدریجاً همگی متوجه علوم دینی شدند و از رشته های دیگر چون علوم طبیعی، ریاضی، فلسفه و ادب روی گرداندند و همین مسئله یکی از موجبات اصلی تأخیر و عقب ماندگی در عصر جدید شد. در داخل مملکت نیز تعصبات جاهلانه باعث کشتن و نفی بلد عرفا و متفکران گشت. کتابهائی که برای ترویج عقاید شیعه به فارسی تالیف شد باندازه ای در جزئیات زندگی وارد شده و دستور به مردم داده است که آنان را از فکر کردن بازداشته و راه ابتکار را بکلی مسدود ساخته، جمود و رکود و تحجر را در دماغ مردم تولید کرده است، مثلاً مجلسی یک فصل تمام از باب دوم حلیه المتقین را صرف این موضوع کرده است که انسان باید انگشتری را در دست راست بکند یا در دست چپ...»

فصل ششم

اروپا در جوشش علمی و فلسفی
ایران در گیر «معارف» محمد باقر مجلسی

جستجو برای آگاهی به علل عقب ماندگی ایران، کار سترگی است که متأسفانه معطل مانده است.

در منطقهٔ شرقی امپراتوری اسلام، عمدتاً اقوام ایرانی پس از حملهٔ تازیان در خط به خود آمدن، از همان قرون اولیه نه تنها در زمینه های نظامی و جنبشهای استقلال طلبانه و تأسیس دولتهای مستقلِ خودی که برخی حتی خلافت بغداد را به زیر سیطرهٔ خود گرفتند، بلکه در قلمرو امور فرهنگی از زبان و شعب مختلف ادب گرفته تا رشته های گونه گون علمی، فلسفی و عرفانی و اخذ معارف یونانی نیز کارهای درخشانی از پیش بردند ولی متأسفانه این جوشش فرهنگی بیش از چهار قرن دوام نیاورد و آن گاه با یورش مغولان و پیش از آن با عوارض عصر خوارزمشاهیان وضع بکلی دگرگونه شد: البته پژوهندگان ما دربارهٔ آثار حملهٔ مغول بیش از اندازه غلو کرده و بیش از اندازه کاسه کوزه ها را بر سر آنها شکسته اند، هرچند خسارات هنگفت و جبران ناپذیری را که به دست این قوم پدید آمد نمی توان ازمحاسبه دور داشت.

این را بدانجهت یادآوری می کنم که عوامل دیگری سوای حملهٔ مغول نیز در کار افول و عقب ماندگی ایرانیان سهم داشته اند. در این باره رأی دکتر یارشاطر عالمانه و طبعاً پذیرفتنی است:

«گاه تصور خطایی رواج می یابد، مردم آن را می پذیرند و تکرار می کنند و به نسل بعد از خود می سپارند، بطوری که حتی دانشمندان و اهل پژوهش نیز این گونه اشتباهات را مسلم می گیرند و بر آن بنا می کنند. بدین گونه اندیشه ای که از آغاز نادرست بوده و یا جز اندک حقیقتی نداشته جزء لوازم زندگی ما می شود.

یکی از غلطهای مشهور تأثیر حملهٔ مغول و نتایجی است که گمان می رود از آن برخاسته است. هر کتاب تاریخی را باز کنید که موضوعش به بعد از مغول بکشد می بینید جمله ای از این قبیل در آن مندرج است:

« پس از حملهٔ خانمانسوز مغول شهرهای ایران در طی آن ویران شد ... ایران دیگر نتوانست قد راست کند و رونق پیشین خود را بازیابد.

هر کتاب تاریخ ادبیاتی را بگشائید، می بینید که انحطاط ادبی ایران در قرنهای اخیر، نتیجهٔ حملهٔ مغول شمرده شده، منتهی گاهی تعصب و خشونت مذهبی صفویه نیز بر آن افزوده می شود ... در حقیقت حملهٔ مغول ترجیع بند سرود ناکامیهای ما شده است و همه گمان داریم که اگر سپاهیان مغول به ایران نتاخته و شهرها را نسوخته بودند ما امروز حیات مرفه و خوشرنگ و بویی داشتیم و در راه پیشرفت قدم می زدیم. البته یک حسن بزرگ چنین تصوری این است که ما را از رنج تفکر می رهاند و علت ساخته و پرداخته ای شبیه «توطئهٔ دول استعماری» و یا «تقدیر» و یا «حکمت بالغهٔ الهی» در اختیار ما می گذارد و ما را از زحمت تردید و تأمل معاف می دارد و چهرهٔ حق به جانبی که مخصوص دارندگان رموز تاریخ و تحول جامعه ها است به ما می بخشد.» (بنقل از مجلهٔ ایرانشناسی، سال هفتم، شمارهٔ ۲).

دکتر یارشاطر در پی توجیهی دقیق نسبت به زمینه هایی از پیشرفت و ابداعات هنری در عصر مغول و از آنجمله آشنایی ایرانیان با نگارگری چینی و ظهور نقاشان چیره دستی چون آقامیرک و بهزاد و همچنین با یادآوری سیر تکامل در هنر خط نستعلیق (که هنر مخصوص ایرانیان است) و نیز با اشاره به هنر معماری و فنون کتاب سازی و تجلید و صحافی و نیز کتیبه سازیها و تذهیب های جمیل و دلربا و حتی شیوه های تازهٔ تاریخ نویسی ... که عموماً دست آوردهایی است که در دورهٔ مغول حاصل شد و یا راه کمال پیش گرفت، باین نتیجه می رسد:

«در مورد جمود فکری و رکود علمی پس از هجوم مغول در مقایسه با پیشرفتهایی که پس از رنسانس بتدریج نصیب اروپاییان گردید نیز باید گفت که آثار این رکود پیش از حملهٔ مغول و از اواخر دورهٔ سلجوقی و دوران سلطنت خوارزمشاهیان در ایران آشکار شده بود و استیلای کلام اشعری به دست غزالی و نظایر او آغاز گشته بود ...»

یارشاطر، همچنین به نکتهٔ مهمی در تشخیص ثمرات یورش مغولان اشاره می کند که قابل تاکید و تأمل است:

«همچنین نباید تصور کرد که فقط مغولان غارتگر و خون آشام بوده اند. تازیان نیز کم از آنها نبودند. غارت و تاراج مدائن معروف است و شرح آن را طبری و دیگران آورده اند. اسیر گرفتن مغلوبان و تقسیم آنها مثل سایر غنائم جنگی میان سربازان عرب یا «مقاتله» از اصول فتوحات نخستین عرب بود ...»

یارشاطر پس از شرحی هرچند مختصر ولی دقیق از «کشتارهای بی امان» و «سوختن ها و غارت های» اقوام سکائی در گذشته ها و قتل و ویرانی و چپاول که در روزگاران نزدیک تر به دست افغانها و ازبکها صورت گرفت و ... به برداشت دیگری می رسد و این که: «اصولاً معلوم نیست که کشت و کشتار بخودی خود مانع پیشرفت و موجب رکود می شود. اقوام یونانی پیش از آنکه متحد شوند و سرانجام خاورمیانه و مصر را در تصرف خود درآورند، شب و روز، چنانکه از

«تاریخ هرودوت» پیداست، در کار ستیز و کشتن یکدیگر بوده اند و بطوریکه زنده یاد مهدی بدیع در کتاب «ایرانیان و بربرها» به درستی نشان داده است نسبت بهم سخت بی ترحم بودند. اعراب نیز پیش از اسلام مشغلهٔ عمده شان جز جنگ و خونخواهی نبود و اینها، هیچکدام مانع فتوحات یونانیان و تازیان نشد.»

اصولاً باید گفت که این شیوهٔ اتکأ به «علت واحد» و بعبارت دیگر «تک علتی» شناختن حوادث و پدیده های روزگار یکی از عارضه های قدیمی در کارهای پژوهشی ماست که تاکنون نیز ادامه یافته است. تازه ترین نمونه از این طرز باصطلاح تحقیق، در مورد نزدیکترین و مهمترین حوادث عصر ما یعنی انقلاب سال ۵۷ قابل یادآوری است:

جماعتی آن را یکسره به توطئهٔ خارجی می بندند و با این برداشت ساده به خیال خود، واقعه ای چنان مهم و سرنوشت ساز را اینگونه تفسیر می کنند:

«ایران که می رفت در خط ترقیات پرشتاب خود به یک ژاپن دوم تبدیل شود و حتی از آن نیز درگذرد به دسیسه و حسد خارجی و خیانت مشتی ویرانگر داخلی از پای افتاد و بدین روز سیاه نشست.» گروهی که ظاهراً میخواهند قضیه را با فلسفه بافی بیامیزند و نظریهٔ خود را با بَزَک «روشنفکرانه تری» بیارایند، میگویند:

«تضاد میان پیشرفت های سریع اقتصادی بدون توجه به فضای سنتی حاکم بر ایران، انگیزهٔ منحصر بفرد انقلاب شد.»

دسته ای، موضوع را یکسره به «خیانت روشنفکران» می بندند و نیز کم نیستند آنها که شاه را به تنهایی عامل بی رقیب پیشی گرفتن مذهبی ها می دانند و سرانجام عده ای مطلقاً در این باور طلسم شده اند که «ملت ایران، اصولاً سزاوار برخورداری از یک نظام بهنجار مردمی نیست و لابد به همین «دلیل» است که لااقل در یکصد سال گذشته تنها هنری که از خود نشان داده، روند از چاله درآمدن و به چاه غلتیدن بوده است.» اینگونه «تحلیل ها» تنها زادهٔ ذهن هایی است که با راز و رمز پژوهش علمی آشنا نیستند و در نتیجه به آسان ترین و بی زحمت ترین شیوه ها که همانا چرخیدن به دور یک علت و یا یک عامل ظاهراً «اصلی» است اکتفا می کنند و خود را از دردسرهایی که لازمهٔ یک تحقیق واقعی است میرهانند.

ذهن علمی به عکس در شناخت هر مقوله و هر پدیده ای خواه طبیعی و خواه اجتماعی و تاریخی و سیاسی و خواه نفسانی اولاً می کوشد تا رشته های ارتباطی میان موضوعات و ثانیاً عوامل گونه گونی را که می توانند در شکل گیری آنها اثر داشته باشند، کشف کند و آنگاه از درون این پیچیدگیها مطلوب خود را بازیابد و تازه در این مرحله نیز از صدور هرگونه حکم پژوهش ناپذیر می پرهیزد و حجت قاطع را از آن خود نمی شمارد. اینک بازگردیم به مطلب خود:

این واقعیتی است که در دورۀ اسلامی از اواخر قرن دوم تا قرن ششم نه تنها در قلمرو مایه گیری زبان و ادب فارسی (دری)، خصوصاً با ظهور شاهکارهایی عمدتاً در قالب شعر و نظم و از آنجمله تدوین اثر گرانقدر حکیم توس، ابوالقاسم فردوسی (شاهنامه) ... حرکتی عظیم سر گرفت، بلکه در زمینه های علوم و فلسفه نیز تلاشهای پر قدر و پرثمری انجام شد.

یکی از نخستین کتب علمی که در مسیر تتبعات علوم طبیعی تألیف شد کتاب «الابنیه عن حقایق الادویه» اثر ابومنصور موفق الهروی (۹۷۰ میلادی – ۳۶۰ هجری) دربارۀ دانش داروگری بود، از آن پس نیز چهره های درخشانی در خطۀ فلسفه و تاریخ و علوم ریاضی و طب و نجوم و جغرافیا و حتی موسیقی نظیر بوعلی، محمد زکریا، فارابی (موسوم به معلم ثانی)، خیام (شاعر، فیلسوف و ریاضی دان)، بیرونی و ابراهیم و اسحق موصلی (در موسیقی) و دهها و دهها از این قبیل ظهور کردند. مراکز علمی و کتاب خانه های بسیار در این دوره تأسیس شد.

شمس الدین مقدسی صاحب کتاب احسن التقاسیم دربارۀ کتابخانۀ عضدالدوله در شیراز می نویسد:

«در ساختمان بزرگ عضدالدوله در شیراز محلی به کتابخانه اختصاص دارد که چند نفر از عدول مردم شیراز به عنوان وکیل، خازن و مشرف در آن به خدمت اشتغال دارند. هر کتابی که تا زمان عضدالدوله دربارۀ هر علمی و هر چیزی تألیف شده در این کتابخانه وجود دارد. کتابهای مربوط به هر علم و فن در حجرۀ جداگانه ای قرار دارد. فهرست ها ترتیب داده اند که نام کتابها در آنها ثبت گردیده اند.»

در آن قرنها است که مراکز فرهنگی و مدارس از نوع متوسطه و عالی در اکثر شهرها پدیدآمدند. کتابخانه های نیشابور و ری و اصفهان و شیراز و نظامیه های گونه گون شهرت فراوان یافتند، چنانکه مثلاً رصدخانۀ شیراز در قرن چهارم از مراجع معروف زمان محسوب می شد.

دربار سامانیان بخودی خود به یکی از مهمترین مراکز داد و ستد علمی تبدیل شده بود. در دربار امیرنصر، صاحبان ادیان و عقاید مختلف در حضور امیر با یکدیگر به مناظره می نشستند و آزادانه از آراء خود دفاع می کردند. البته بحث تفصیلی در این زمینه ها از حوزۀ کار ما بیرون است، همین اشارات شاید کافی باشد که در آن قرنها، در تمامی زمینه های فکری و تجربی در سرزمین های ایرانی، نوعی شکوفایی و تحرک جریان داشته است.

پرسش این است که چه شد این جنبش عظیم و پرجنبۀ فرهنگی متوقف ماند؟

مسلماً همانطور که پیشتر یادآوری شد، در این باره نمی توان و نباید بدنبال یک علت، براه افتاد، چرا که عاملها و علتهای بسیار چنین توقفی را باعث شده اند. منتهی در کار تحقیق، به هر متفکری باید این حق را داد که بنا بر تخصص خود در یک زمینۀ مشخص به تتبع بنشیند و در

واقع بنوعی انتزاع بپردازد؛ صد البته نه بدان صورت که علل دیگر را فروگذارد و کشف خود را به عنوان «تنها سبب» و «تنها علت» تحمیل کند.

ما کوشش خواهیم کرد مباحثمان دربارهٔ «نقش روحانیت شیعه» از چنین انتزاع مطلقی مصون ماند. با اینهمه بر این باور استواریم که در شمار مجموعهٔ علتها، یک عامل مهم که بسهم کلانی سبب شده است که بویژه ایرانیان بیش از پیش در سراشیب سقوط به غلتند، پاگیری تشیع در عصر صفوی است که به نحو کاملاً محسوسی راه را بر روی هر ورزش فکری سد کرد و اضافه می کنیم که متأسفانه میراث چنین پدیده ای تا امروزِ روز دوام آورده است و به تکرار می گوییم که چنین تأکیدی هرگز جوازی نمی تواند باشد که دیگر علتها و عاملهای عقب ماندگی در پرده بماند.

پیشتر یادآوری کرده ایم که پاگیری و سلطهٔ نافرهنگ «روحانیت شیعهٔ عصر صفوی» مصادف است با آغاز حرکتهای علمی و فلسفی در اروپا که در ردیف اصطلاحات تاریخی به عصر رنسانس تعبیر شده است. بگمان ما پیگیری این قیاس میان آنچه در پهنهٔ اندیشه گری در اروپا روی میدهد و آنچه در همین زمینه در ایران جاری است، درک مطلب را آسان می کند. سلسلهٔ صفوی در سال ۹۰۵ هجری پاگرفت. اینک به بینیم که در این دوره که مصادف است با قرن شانزدهم میلادی، اروپا در مسیر چگونه تحولاتی قرار دارد؟

با شروع قرن پانزدهم در ایتالیا، در تمامی قلمروهای اندیشه درخششی بتمام معنا ظاهر شد - باعتقاد اندیشه مند برجستهٔ فراسوی (آلبر بایر): «از این قرن دنیای تازه ای آغاز شد و یک جهش بزرگ اجتماعی یعنی رنسانس پاگرفت؛ اما این دگرگونی هنوز اعتلائی در جهت «آزاداندیشی» تلقی نمی شد ولی هرچه بود سایه روشن های آن با شتاب، نقاط دیگر اروپا را فراگرفت و تفکرات جدیدی را مایه‌ساز شد. مسلماً نه لوتر و نه کالون در این راه نبودند که حقوق و حدود آزادی بشر را نامحدود سازند، چرا که از نظر پروتستانها و کاتولیکها حقیقت همان بود که از رهگذار وحی نازل شده بود، و لذا طرفداران کالون و هواداران پاپ راهی جز این نداشتند که اسلحه بردارند و رویاروی از آیین های خود دفاع کنند.»

یاران کالون در بیرون شهر ژنو تحت تعقیب و شکنجه قرار داشتند و او همچنان بخشی از کتاب مقدس را باطل اعلام می داشت:

در این گیرو دار است که (بولسه - Bolsee) بنا بر باورهای جبری اش به تبعید محکوم می شود و (میشل سروه Michel Servet) را که یک عالم برجسته است در آتش می سوزانند و در هلند دوک الب رفرم مذهبی را به خون می کشد و آنطرف، یعنی در انگلستان هواداران (Anglicanisme) کار را بر هواداران پاپ دشوار می کنند. اما با گذشت زمان، نشان می دهند که تحول در جهت آزاداندیشی، توقف نمی پذیرد.

اگوست کنت در آثار پروتستانها نخستین نشانه های فلسفهٔ انقلابی را کشف می کند و میان آئین لوترو (دئیسم – Deisme) یعنی اعتقاد کسانی که فقط به وجود خدا و طبیعت ایمان دارند و آئین کفرآلود بی خدایی (اتئیسم – Atheisme) ارتباطی می یابد و چنین است که لوتر راه را برای کالون و کالون راه را بروی ولتر و ولتر راه را بسود رنان وکوشو (Cauchaud) هموار میکند. در این غوغای خون و آتش از یکطرف و تلألو اندیشه از طرف دیگر است که اندیشه گری مانند میشل دولوسپیتال Michel de L'Hospitale فریادی برمی آورد که رفته رفته همه کس با آن آشنا شده است: «با شمشیر به جنگ اندیشه و روان نباید رفت» و مونتنی (Montagne) در اثرهای خود یک رمان انسانی را منعکس می کند و کلامش بی خریدار نمی ماند:

«قربانی در راه اختلافات مذهبی بس است – افق دید را چندان باید وسعت داد که به بهانهٔ فرضیات پیکر انسانها را به آتش نکشند و معابد را به خون نیالایند.» بدین گونه است خرده خرده روحیهٔ مدارا غلبه می کند و بجایی میرسد که شارل نهم (کلیینی – Caligny) پرتستان را «پدر من» خطاب می کند.

هانری چهارم در سوم آوریل ۱۵۹۸ بر منشور «نانت» امضاء می نهد که بموجب آن همزیستی و آشتی میان پروتستانها و کاتولیکها تاکید شده است. هر چند در این منشور نشان صریحی به دفاع از آزاداندیشی نمی توان یافت ولی اینهمه در متن خود، بمنزلهٔ یک فتح باب در راه قوام و گسترش این موهبت بزرگ محسوب می شود و صحنهٔ زندگی را بسود «فکر آزاد» شکل می دهد.

خواه ناخواه پرسشهایی از این دست در ذهن مردمان جوانه می زند: مسیح که هواداران خود را بقصد اشاعهٔ افکارش به «تمام نقاط زمین» گسیل داشته بود، هیچ به آنها گفته بود که بین اروپای غربی و چین یک سرزمین بسیار بزرگ دیگر هم وجود دارد؟

آیا ساکنین سرزمینهای مجهول و فراموش شده که از تعالیم مسیح محروم مانده اند گناهکار و گمراه محسوب می شوند؟

بزودی کشف می شود که این مردمی که در آن سرزمینهای ناشناخته زندگی می کنند و هرگز ندای مسیح را نشنیده اند بمراتب افزون تر از تمام عیسویان روی زمین هستند.

رفته رفته دانش فزایندهٔ بشر در برابر افکار و معتقدات عتیق و گویا لایزال، جبهه ای نیرومند می سازد.

در سال ۱۵۴۳ کپرنیک لهستانی اعلام می کند:

«زمینی که پیشتر بنام مرکز بی حرکت افلاک شناخته می شده است علاوه بر آنکه به دور خود می چرخد به دور خورشید نیز گردش می کند، در صورتی که بموجب کتاب مقدس یعنی بنا بر نص کلام خدا این خورشید است که به دور زمین می چرخد.»

آیا کتاب مقدس ممکن است خطا کند و اشتباه بگوید؟

نکتهٔ مهم این است که به مرورِ سالها (و بلکه ایام) - به قول آلبر بایر: «جایگاهی که تا دیروز مکان تدریس و موعظهٔ مذهبیون افراطی نظیر: ترتولیس و سن آمپر و سن آگوستن و سن توماس و دن اسکوت بوده است به جایگاه افاضات امثال مونتی بدل می شود.»

بحث و تحلیل دربارهٔ اصلاح مذهب بالا می گیرد - تفکرات تازه به عرصهٔ ادبیات، شعر و قصه و نمایشنامه راه می یابد. رابله هرچند در پرده و با سخنی که آکنده از راز و رمز است، ذوق سرشار خود را آمیخته به هجو و کنایه بر ضد افکار عتیق سوق می دهد ولی در برابر معتقدات سن آگوستین که: «جستجوی خوشبختی در پهنهٔ این جهان را دیوانگی» خوانده و در این پندار تا آنجا رفته است که میگوید: «خدا کند که دیگر کسی ازدواج نکند و زندگی بدینگونه در روی زمین پایان گیرد» و نیز در برابر صومعهٔ عیسویت — صومعهٔ ایدآلی تِلِم Theleme را بنیان می نهد و برسر در آن اصل «انجام دهید آنچه را که شایسته و دلخواه می دانید» قرار میدهد.

جدال میان تاریکی و روشنایی ادامه دارد.

قرن هفدهم فرامیرسد، هرچند دشمنی با «آزاداندیشی» خشن تر می شود ولی پیداست که کار از کار گذشته و طرفداران نهضت آزاداندیشی دیگر به هیچ روی حاضر نیستند صحنه را ترک گویند.

پیشتر کپرنیک حرف خود را زده ولی در عین حال کوشیده است که زندگی را در راه آشتی با مسیحیت بپایان برد ولی گالیله چنان آشتی جو نیست وقتی دادگاه تفتیش عقاید (Inquisition) او را دستگیر می کند و به جرم اندیشه هایی که از عقاید کپرنیک مایه گرفته است به زندانش می افکند و به توبه اش میخواند، چنانکه معروف است او به زبان توبه می کند ولی با پای خود بر زمین می نگارد که «معهذا زمین می چرخد». آری جنگ میان حق و باطل - دانش و جهل - اندیشه آزاد و استبداد فکر توقف نمی گیرد ولی محور حرّیت همچنان استوار و استوارتر می شود. لویی چهاردهم بیهوده سر به خشونت بر ضد پروتستانها سپرده است، بیهوده منشور برادری نانت (Nante) را باطل اعلام می کند و بیهوده به سرکوب پروتستانها کمر می بندد، زیرا همهٔ حال و هوا بزیان تاریک اندیشی میل کرده است.

بیهوده است که به فرمان رم گالیله را محکوم می کنند زیرا حالا دیگر اگر او خود هر روز بیاید و در کوچه و بازار جار بزند که زمین ساکن است، کسی باور ندارد.

«اندیشه» رو به اوج نهاده است - دکارت نیز مانند پاسکال از معتقدات مذهبی خالی نیست، هرچند در یک حالت خلوص و ارادت می نویسد که: «... آنچه را که خداوند نازل کرده مسلم تر و استوارتر از تمام آن چیزهایی است که وجود دارند» ولی هنگامی که دربارهٔ یکی از اصول

قضاوت و آموزش عمومی بحث میکند، اندیشهٔ خود را از قلمرو مذهب و معتقدات دینی اش فراتر می برد و مسائلی را پیش می کشد که دیر یا زود مثل بمب ساعت شمار منفجر خواهد شد.

او میگوید:

«هیچ باوری را بنام واقعیت محض نباید پذیرفت مگر آنکه به محک معرفت سنجیده شود و با عقل سازگار آید.»

هنوز قرن هیجدهم نیامده و سخن از قرن هفدهم است.

هنوز امثال سن اوروموند Evromond و نینون Ninon و فون تنل Fontenelle نمی توانند آن طور که در قرن بعد از اصول آزاداندیشی دفاع می شود به سود آزادی موضع بگیرند ولی امواج اندیشه ای که از گالیله به نیوتن می رسد، به طور اجتناب ناپذیری با سدّ آنچه «واقعیت های مسلم» شمرده شده است برخورد می کند.

خرده خرده در اغلب آثار نویسندگان، اخگرهای آزاداندیشی بچشم می آیند.

مولیر در نمایشنامهٔ (میهمانی پیِر Festin de Pierre) که غالباً از آن استنباط درستی نکرده اند، صحنه ای درخشان در دفاع از تعقل و آزاداندیشی می آفریند.

دون ژوئن (یکی از قهرمانان نمایش) می گوید:

– به خدا و ابلیس و جهان دیگر اعتقادی ندارد.

و اسگانارل Sganarelle دیگر از اشخاص نمایش از او می پرسد:

– سرانجام باید به چیزی ایمان داشت، آیا شما به چیزی ایمان دارید؟

جواب می شنود:

– من ایمان دارم که دو دو تا می شود چهار و چهار و چهار می شود هشت.

قاعدتاً چنین موجودی مطابق معیارهای کلیسایی باید فردی کریه و بدسرشت و گناهکار شناخته شود ولی مولیر پس از آن که او را با چنین کوله باری از «کفر و الحاد» معرفی می کند، بیدرنگ گواهی میدهد که این مرد تا چه اندازه رحیم و پاکدل و انساندوست است و چه سخاوتمندانه به بینوایان کمک می کند و برای نجات کسی که بطور غیر عادلانه ای گرفتار آزار و زندان شده است با همه وجود تقلا دارد. در روشنایی چنین فضایی است که استبداد مخوف حتی امثال لوئی چهارده نیز نمی تواند راه بر شکوفایی اندیشه سد کند.

در ۱۶۹۹ دوشس اورلئان می نویسد:

«هیچ جوانی را نمی بیند که تمایل به لامذهبی نداشته باشد» درخشش تمایل به آزاداندیشی بحدی است که حتی مالبرانش متفکر مذهبی نیز بی آنکه بخواهد مذهب کاتولیک را نفی کند، با آثار خود عملاً به مقابله با آن برمی خیزد.

در نمایشنامهٔ معروف سید (CIDE) اثر کورنی بخلاف رسوم حاکم، نامی از کلیسا و مسیح نیست:

سراسر قصهٔ عشق و انتقام و «وظیفه شناسی» در میان است. راسین اندیشه گر و نویسنده در آثار خود همه جا خویشتن را در جمع سست مذهبان می یابد. آلبرباير می گوید:

« بدین صورت فلسفهٔ آزاداندیشی در تمامی جهات قوت می گیرد و حتی شکنجه و ترس از زندانهایی نظیر باستیل هم نمی تواند از بسط آن مانع شود. آنها که هودج آزاداندیشی را بر شانه های خود حمل میکنند هرچند از پیکرشان خون می چکد ولی از پای نمی نشینند و چنین است که اروپا راه تعالی را پیش می گیرد.»

اینک که تا حدودی و به مصداق مشتِ نمونه خروار از چند و چون فضای غرب در خط صعود فرهنگی و بویژه رونق بازار آزاداندیشی در گذرگاهی هرچند آکنده از عذاب و استبداد و سرکوب سخن آوردیم، ولو بتکرار یادآوری می کنیم که این همه درست مقارن است با حاکمیت بی رقیب روند تاریک اندیشی بدست متولیان مذهبی در عصر صفوی که هرچه می سازند بر شالودهٔ جهل و افسون و ظلمت است. بدینسان در غرب: کشف سرزمین های تازه، ظهور بدایع علمی و طلوع نظریات جدید در قلمرو فلسفه و حکمت و دانش های طبیعی و اصرار برتولد اندیشهٔ آزاد که خود مادر هرگونه ترقی و شکوفایی است مطرح است و در ایران، حد اعلای «فضیلت و دانش و معرفت انسانی» در ترهاتی از این قماش ترسیم شده است:

– «از حضرت امام صادق (ع) منقول است که برای معالجهٔ زکام پنبه ای را به روغن بنفشه آلوده کنند و در وقت خواب در مقعد گذارند – بنقل از باب نهم، فصل ششم کتاب حلیه المتقین تألیف محمد باقر مجلسی.»

– «شخصی به حضرت امام رضا(ع) شکایت کرد از بواسیر فرمود که سورهٔ یاسین را با عسل بنویس و بشوی و بخور – باب نهم از همان کتاب.»

– «چند کس هستند که به ایشان سلام نمی باید کرد. جهود و ترسا و گبر و کسیکه در بیت الخلا باشد و کسیکه نرد یا شطرنج بازی کند و کسیکه عود یا طنبور نوازد و مردی که مردم با او لواط کنند — باب یازدهم، فصل اول)

در باب علم آموزی – مجلسی در کتاب خود «عین الحیات» خلایق را چنین راهنمایی می کند:

– «علم نافعی که سبب نجات شود فقط توحید و امامت و علومی است که از حضرت رسول الله به ما رسیده است. از سایر علوم آنچه برای فهمیدن کلام اهل بیت رسالت لازم است مانند زبان عربی و صرف و نحو و منطق باید خوانده شود و غیر آن یا لغو یا بیفایده و تضییع عمر یا احداث شبهه است در نفس که موجب کفر و ضلالت شود.»

- «از حضرت امیرالمؤمنین(ع) منقول است که شش چیز است که از اخلاق قوم لوط است: کمان گلوله انداختن و سنگریزه انداختن به یکدیگر و قَندَران خائیدن در راهها و جامه بر زمین کشیدن و بندهای قبا را گشودن - باب اول فصل دهم، حلیه المتقین»

- «....... هر که با یکتای کفش راه برود، یعنی یکپا در کفش و پای دیگر برهنه، شیطان بر او دست یابد و دیوانه شود - باب اول، فصل دوازدهم همان کتاب.»

یک تجویز پزشکی و در عین حال اشاراتی به مایه های «خوشحالی» پیامبر بنا بر روایت «محدث عالیقدر محمد باقر مجلسی»:

«از حضرت صادق منقول است که پیغمبیری از پیغمبران به حق تعالی شکایت نمود از ضعف و کمی قوت جماع. حقتعالی او را امر فرمود که هریسه (نوعی حلیم) بخورد و در حدیث دیگر از آن حضرت منقول است که خداوند عالم هدیه فرستاد برای رسول الله (ص) هریسه ای را از هریسه های بهشت که دانه اش در باغهای جنت روییده بود و حوران بهشت بدست خود آورده بودند. پس حضرت رسول(ص) آنرا تناول فرمود، قوت چهل مرد بر قوت آن حضرت افزوده شد و این چیزی بود که خدا می دانست پیغمبرش را با آن خوشحال خواهد کرد.»
(از باب سوم، فصل هفتم حلیه المتقین)

همچنان در راستۀ پزشکی:

«از حضرت امیرالمومنین(ع) منقول است که خوردن انجیر برای بادهای قولنج نافع است و دفع میکند بواسیر و نقرس را و قوت مجامعت را می افزاید» - باب سوم، فصل هشتم، همان کتاب.

فرصتی بیشتر خواهیم داشت تا دربارۀ این قبیل «معارف» که تاکنون به جوهر «فضیلت» در پیکرۀ بزرگی از جامعۀ روحانیت شیعه تعبیر شده است، بیشتر بدانیم و قیاس خود را کامل کنیم. این سفارش آیت الله خمینی «رهبر انقلاب اسلامی» و پایه گذار «نخستین حکومت الله در کرۀ زمین» هرچند مکرر است، یادآوردنی است.

«خوب است کتابهای فارسی را که عالم بزرگوار و محدث عالیمقدار محمد باقر مجلسی برای مردم پارسی زبان نوشته، بخوانید تا خود را مبتلا به یک همچو رسوایی بیخردانه نکنید — نقل از کتاب کشف الاسرار تألیف آقای خمینی، صفحۀ ۱۲۱ و در رد پرسشهای کافرانه.»

فصل هفتم

نگاهی زودگذر به پاره ای از آثار شیعی

در بخش پیش با شرح هر اندازه موجز دربارهٔ تحولات و پرشهای فکری اروپاییان در عصر رنسانس به این نتیجه رسیدیم که درست در آن هنگام که حرکتها و جوششهایی بنشانهٔ یک دگرگونی اجتماعی و اقتصادی و در جهت شکستن سد افکار عتیق و عمدتاً در مقابله با جمود ناشی از سلطهٔ مسیحیت قرون وسطایی، پهنهٔ وسیعی از قاره اروپا را فراگرفته است، ایران با شتاب در تالاب تاریک اندیشی که خود زادهٔ ارتجاعی است که بنام و بهانه تشیع رونق و رواج یافته است، غرق می شود.

اینک اضافه می کنیم که اروپا از قرن پانزدهم و طلوع رنسانس بموازات بروز ارزشهای جدید فکری، طبعاً در قلمرو دگرگونیهای اقتصادی و اجتماعی نیز با افقهای تازه ای روبرو می شود به اعتباری می توان این گونه قضاوت کرد که ضرورت دگرگونیهای اقتصادی به توسعهٔ ارزشهای جدید فکری و اجتماعی مایه می دهد و متقابلاً ارزشهای فکری جدید که نقش آن دگرگونیها را نمایندگی می کنند، توسعهٔ اقتصاد را سبب می شوند.

در قرن شانزدهم انگلستان کشوری است که نفوس آن از سه میلیون متجاوز نیست و جمعیت این کشور در مقام قیاس تنها به یکسوم جمعیت اسپانیا و یک پنجم نفوس فرانسه میرسد، معهذا از قرن مزبور انگلستان صاحب چنان رونق اجتماعی و صنعتی است که بر دیگر ممالک اروپایی پهلو می زند و در بیش از سه قرن بعد بعنوان شاخص ترین قدرت استعماری جهان سیطره خود را حفظ می کند. در این سرزمین کوچک، طبقهٔ جدید بورژوازی با شتاب میکوشد تا در تمامی منافذ قدرت حاکم راه یابد و نتیجه اینکه در نیمهٔ دوم قرن شانزدهم این طبقهٔ نوخاسته صاحب چنان نیرو و نفاذی است که به او اجازه میدهد تا قدرت کلانسال فئودالها را درهم شکند. از این زمان است که در صحنهٔ اقتصاد، کمپانیهای تجاری و صنعتی یکی پس از دیگری ظاهر میشوند و عملاً مهار قدرت را در دست می گیرند. در زمان ملکه الیزابت (۱۶۰۳– ۱۵۵۸) پیشرفت تجارت و صنعت در عین مبارزه ای سخت با اسپانیای رقیب و کلیسای کاتولیک، ابعاد تازه ای می یابد.

در فرانسه اگرچه رشد صنعتی و بازرگانی بپایه توسعهٔ انگلیس نیست ولی در آنجا نیز علیرغم نظام سلطنت مطلقه آثار دگرگونی هویداست.

بحق باید گفت که هلند اولین سرزمین اروپایی است که انقلاب بورژوایی در آن بثمر می نشیند، گرچه کار ما در این رشته بررسی ها ورود در جزئیات تاریخ نیست ولی بویژه دربارهٔ تحولات هلند که خود نمونه ای جلودار در ظهور ارزشهای تازهٔ اقتصادی و اجتماعی است لازم است یادآور شویم که این کشور تا قرن شانزدهم عملاً بخشی از مستملکات اسپانیا محسوب می شد در حالیکه بخودی خود از دیدگاه مناسبات اقتصادی سرزمینی بود پیشرفته که در آن بورژوازی نیرومندی بوجود آمده و اشرافیت فئودالی را واپس زده بود.

انقلاب بورژوایی هلند خاصه پس از جلوس فیلیپ دوم بر تخت پادشاهی اسپانیا زمینهٔ جدید می یابد زیرا که فیلیپ نابخردانه تصمیم می گیرد که هلند را به طور قاطع به یکی از ایالات اسپانیا تبدیل کند و همین تصمیم، مقاومت بورژواها را که از حمایت مردم برخوردارند برمیانگیزد و ماجرا در فرجام، به رهایی هلند از قید حاکمیت اشراف و سلطنت اسپانیا می انجامد و از آن پس در پی وقایعی که شرح تمامی آنها از حوصلهٔ این مقال بیرون است، هلند خود به یکی از قدرتهای مسلم سیاسی و اقتصادی اروپا تبدیل می شود.

در آلمان نیز رفورمهای اجتماعی و فکری تقریباً پابپای رشد صنعتی و تجاری و ظهور بورژوازی انجام می گیرد. نارضایی از کلیسای کاتولیک در آلمان را در کنار رشد بورژوازی، عمدتاً روشنفکران نمایندگی می کنند و در همین خط است که نهضت «اومانیسم» مانند ایتالیا رواج می گیرد و توجه استادان و دانشجویان دانشگاهی را بسوی خود می کشد..

عقاید اِراسم (Eraseme) از نمایندگان برجستهٔ اومانیسم که اهل رتردام است در آلمان نشر فوق العاده ای پیدا می کند: او در طنزنامهٔ خود (ستایش از جنون) کتابی که ظرف چند سال بیست و هفت بار به چاپ می رسد بر نظامات موجود می تازد - اساس این طنزنامه به خرده گیری از پاپ و استبداد کلیسا تعلق دارد - در یکی از محافل اومانیستی، هجویه ای با عنوان «نامهٔ بی خردان» نشر می یابد که ضمن آن با اشاره به روش یادداشتهای کشیشان عامی، تزویرها و «آموزش‌های» ابلهانهٔ کلیسای کاتولیک مورد تمسخر قرار می گیرد. در تهیه این کتاب شاعر معروف اولریخ فن هوتن (Ulrich von Hotten) شرکت دارد - اولریخ همواره آرزو می کند که آلمان با فرو کوفتن دشمن خود (پاپ) به یک حکومت نیرومند خودی دست یابد. در چنین فضایی است که مارتین لوتر (۱۵۳۶- ۱۴۸۳) ظهور می کند و با اعتراض به سیاست پاپ مبنی بر «فروش آمرزش گناهکاران» در همه جای آلمان هواخواهانی در کنار می یابد.

در سال ۱۵۱۷ یک کشیش عامی بنام «تتسل» (Tetsel) بنمایندگی از سوی پاپ اینجا و آنجا براه می افتدو بتمام کسانی که خواهان آمرزش گناهان خویشند نوید می دهد که پول فروش معاصی آنها به محض اینکه در صندوق او به صدا درآید، گناهانشان بخشوده و روان فارغ از معصیتشان روانهٔ بهشت خواهد شد. لوتر بر ضد این تجارت ریاکارانه قد علم می کند و با نشر

ردیه ای شامل نود و پنج اصل، در آستان کلیسای (وی تمبرگ) که خود در آن، سالها به موعظه و تدریس پرداخته است، عملاً خط خود را از پاپ جدا می کند و وقتی پاپ به طرد وی از کلیسا فرمان میدهد، او نامهٔ «پدر مقدس» را به آتش می اندازد و بدینگونه است که حرکت رفورمیستی او با باری از خشم سراسر آلمان را می پوشاند.

در راستهٔ چنین دگرگونیهاست که جنبشهای اجتماعی نیز سر می گیرند که مهمترین آنها قیام دهقانان تهیدست و بینوایان شهری به رهبری توماس مونتسر (Thomas Munszer) است که قصد او اصولاً ایجاد نظمی است که در آن بهره کشی انسان از انسان موقوف می شود. طبیعی است که چنین قیامی خاصه در شرایط آن روزگار نمی تواند موفق شود ولی هرچه هست از وجود یک تب دگرگونی روایت دارد.

به ایران بازگردیم:

در تمام این قرن و قرنهای بعد آن که سراسر اروپای مخصوصاً غربی به مَطلع افکار نو وتحولات ریشه دار اقتصادی در قلمرو صنعت و تجارت و کشف سرزمینهای ناپیدا و حرکتی در جهت دستیابی به سرزمینهای شرق و تکوین نظام مستعمراتی تبدیل شده است، در ایران، دنیای اندیشه زیر تسلط تاریک اندیشان مذهبی و عوالم قدرت در تعلق پادشاهانی است که به جز جنگ و غارت و سرکوب مقصد و مقصودی ندارند.

این صحیح است که در عصر صفوی خاصه در دوران شاه عباس روابط ایران و غرب گسترشی بیسابقه یافته است و این نیز صحیح است که در زمان همو، با کمک فرستادگان خارجی از قبیل برادران شرلی در جهت ایجاد یک ارتش منظم و برخوردار از اسلحهٔ آتشین اقداماتی بعمل آمده و در زمینهٔ تجارت و تأسیس بنادر جدید و تا حدودی راه سازی کارهایی در خورتوجه انجام گرفته است ولی باید دانست، اساس روابط خارجی میان سلاطین صفوی و قدرتهای اروپایی، در یکطرف به طرد رقیبان دیرین چون عثمانی و مقابله با متجاوزین نوظهور نظیر پرتقالیها و در طرف دیگر بر مطامع استعماری اروپاییان شالوده گرفته است و مثلاً انگلیسی ها اگر شاه عباس را در طرد متجاوزی یاری میدهند، بدان دلیل نیست که دل و دین به چشم و ابروی «کلب آستان علی» بسته اند. و اجمالاً روابط میان پادشاهان صفوی و اروپاییان نه مایهٔ تحولی در اندیشه هاست و نه حکایتی از ظهور یک نظم اقتصادی تازه بدانگونه که بدست بورژوازی اروپا زمینه یافته است.

آخر مگر نه اینست که تحول، به اندیشهٔ سازگار با تحول نیاز دارد؟

مگر نه این است که خواستهای ترقیخواهانه با آن نیرو که بر مناسبات اقتصادی و اجتماعی اثر گذارد، الزاماً با پرشهای فکری و شکستن قالبهای رکود گره خورده است؟

–در ایران آن روزگار اندیشه به اسارت خرافاتی است که روحانیت نوخاستهٔ شیعه مهار آن را در دست دارد. و پیشتر گفته ایم، فضا چنان است که گروه گروه جوانان به سوی محافل آنچنانی

مذهبی روی می آورند، چرا که تنها در کنار دکانداران دینی است که می توانند نه فقط به آب و نانی بی زحمت دست یابند بلکه، احساس خودنمایی خویش را نیز ارضا کنند.

در بخش پیشین به شمه ای از «معارف» متولیان (و در واقع بازرگانان) مذهب اشاره داشتیم که تنها مسطوره ای بود و مشتی از خروار. اینک با نقل گزیده ای دیگر از «احکام و آداب علوم مذهبی» دوران همچنان در غایت اختصار اشارتی خواهیم داشت؛ مضامینی که با معیارهای زمان، مسلم ترین و آخرین دستمایهٔ فلاح و آمرزش و خوشبختی نوع بشر و تا امروزِ روز نیز مهمترین پایگاه دیانت نزد «علما» و «بیضه داران اسلام شیعی» و معتبرترین دانش در حوزه های «علمیه» تلقی شده است.

پیشتر نوشته ایم که پس از «غیبت کبری» و نشر سفارش امام غایب بوسیلهٔ آخرین رابط مبنی بر ختم ارتباط و احالهٔ امور مردم به فقها و مجتهدان، عرصهٔ ظهور حدیث و حدیث پرداز فراخ و فراختر میشود. متأسفانه تا کنون بدقت محاسبه نشده است که دراین سودا شمار محدثان و تعداد احادیثی که برای هدایت خلق الله صادر شده به چه ارقامی رسیده است، همین قدر از رهگذار گمان و حساب احتمالات می توان گفت، این ارقام بلحاظ شمار محدثان از صدها و صدها و باید گفت تعداد احادیث از دو میلیون در می گذرد.

ابوجعفر محمد بن یعقوب بن اسحق کلینی مشتهر به شیخ المشایخ که قبلاً نیز به او اشاره ای داشته ایم، مسلماً اولین کسی است که در ردیف این جماعت «اعلمیت» و «مرجعیت» قاطع پیدا می کند و باید دانست که در کتاب «اصول کافی» او که مهمترین کتاب در سلک کتب اربعهٔ شیعه محسوب میشود، تا کنون بعنوان غنی ترین و معتبرترین کتاب مذهبی پس از قرآن و نهج البلاغه مورد بحث و فحص حوزه های علمیه بوده است و هست.

سه کتاب دیگر - یکی با عنوان «من لایحضره الفقیه» تألیف ابن بابویه (متوفی در سال ۳۸۱) و دو دیگر بنامهای «تهذیب الاحکام» و «استبصار» اثر ابوجعفر محمد بن حسن بن علی طوسی (متوفی ۴۸۰ هجری) در حوزه های «علمیه» در مراتب بعد از «اصول کافی» تدریس شده است و می شود.

اینک در خط آگاهی به«ارزش اطلاعات» مندرج در اصول کافی که به تأیید شیخ مفید «اجل کتب اسلامی و اعظم مصنفات شیعه» بشمار آمده است نقل نمونه هایی از این کتاب کار را آسان می کند:

«احمد بن محمد و محمد بن یحیی از محمد بن الحسن و او از یعقوب بن برید و او از ابن عمیر و او از کسی که نامش را نیافتم(!!) و او از ابی عبدالله نقل کرده است که حضرت امام حسن مجتبی علیه السلام فرمود خدا دو شهر دارد که یکی از آنها در مشرق ودیگری در مغرب است. گرداگرد آنها دیواری از آهن است و هریک ازآنها هزار هزار دروازه دارد و آن جا به

هفتاد هزار لغت حرف می زنند که تکلم هر لغتی با لغت دیگر فرق دارد و من همهٔ آن لغات را و آنچه را که در آن دو شهر و در ما بین آنها است میدانم و جز من و برادرم حسین کسی این را نمی داند - از کتاب کافی، کتاب الحج».

و این همان دو شهر افسانه ای جابلقا و جابلسا است وما توضیح خواهیم داد که آقای خمینی نیز در کتاب کشف الاسرار خود، بر وجود محتوم این دو شهر تاکید کرده است.

همچنان در کتاب «اصول کافی یا اعظم مصنفات شیعه» آمده است:

«جابر رحمة الله علیه گوید: حضرت امام محمد باقر علیه السلام فرمود، هنگامی که امیرالمؤمنین علیه السلام بر منبر بود از طرف یکی از درهای مسجد اژدهایی داخل شد. مردم آهنگ کشتنش را کردند، اما امیرالمؤمنین علیه السلام آنان را از این کار بازداشت. او (یعنی اژدها) سینه کشان آمد تا پای منبر رسید، برخاست و روی دمش ایستاد و به امیرالمومنین علیه السلام سلام کرد، حضرت اشاره فرمود که بنشیند تا خطبه اش تمام شود. پس از خطبه فرمود: تو کیستی؟ گفت: من عمرو بن عثمان خلیفهٔ شما برطایفهٔ جنّم. پدرم مرد و به من سفارش کرد خدمت شما آیم و رأی شما را برای جانشینی او بدست آورم. اکنون آمده ام تا چه دستور فرمایی؟ — امیرالمومنین علیه السلام فرمود: بازگرد و به فضل خدا در میان جنّیان بجای پدرت باش که توخلیفهٔ من هستی برایشان. عمرو با امیرالمومنین علیه السلام خداحافظی کرد و بازگشت. من (راوی حدیث) عرض کردم قربانت، عمرو به خدمت شما می آید و آمدن بر او واجب است؟ فرمود آری.»

باز هم از کتاب اصول کافی (کتاب العشره):

«محمد بن یحیی ... روایت می کند که حضرت امام ابی عبدالله جعفر صادق علیه السلام فرمود: هرکه عطسه زند، سپس دستش را بر استخوان تیغهٔ بینی نهد و بگوید: الحمدالله العالمین حمداً کثیراً — از سوراخ چپ بینی او پرنده ای کوچکتر از ملخ و بزرگتر از مگس بیرون آید و یکسر برود تا به عرش رسد ودر آنجا تا روز قیامت برای او استغفار کند.»

مسلماً باید مجموعهٔ مندرجات این کتاب را بتمامی خواند تا درجهٔ کمال مالیخولیایی که بر اوراق آن منعکس شده است دریافت و طبعاً با ژرفای «تعالیمی» که در این «اعظم مصنفات شیعه» جمع آمده است آشنا شد.

گرچه کلامی مکرر است ولی نقل آن لازم است که این اثر و میلیونها حدیث و خبری که در سایر کتب این چنانی نسل بعد از نسل منتقل شده است، تا عصر صفوی که تشیع به عنوان دین رسمی اعلام می شود، جز در محافل شیعهٔ امامیه (اثنی عشری) که اقلیت محض محسوب می شوند بردی ندارد و نیز پیشتر گفته ایم که تشیع رایج در قلمرو آل بویه و آل زیار و سایر حکمرانان ساحلی دریای خزر نیز هرچند که غالباً بیشترین مناطق ایرانی نشین رادر تصرف

داشتند، مذهبی در آن پا یه مصلحتی بوده است که به اجماع مورخین، غالب این سلاطین و از آنجمله مردآویز و اسفار و دیگران بظاهر مسلمان بودند و بباطن هواخواه دیانت پیشینیان خود. از دورهٔ صفوی است که بر مجموعهٔ «معارف» یاد شده انبوه تازه ای از کتب فقهی و حدیث سیل وار افزوده می شود و کل اندیشهٔ جامعه را فرا می گیرد.

در جمع گردآوران این «خرمن دانش» نام شیخ بهایی مؤلف «جامع عباسی» و بیش از ۷۰ اثر دیگرش و نیز نام شاگرد او محمد باقر مجلسی (بقول آقای خمینی محدث بزرگوار و عالم عالیمقدار) صاحب بحار الانوار و ۵۹ اثر دیگر او از همه مشهورترند و کلّ آثار آنها، در مراجع و حوزه های علمیهٔ تشیع از متون غیر قابل احتراز محسوب می شوند.

در صفحات پیشین از برخی آثار مجلسی نمونه هایی آورده ایم و اینک اضافه می کنیم که در این کتب که برخی مانند بحار به عربی و پاره ای چون حلیة المتقین به فارسی تالیف شده است، از جزیی ترین مسائل زندگی مانند قواعد ناخن گیری و نوره بستن تا «جدی ترین» امور مربوط به روابط اجتماعی و قضایی مثلاً در قلمرو مکافات و تعزیر و نکاح و معاملات مورد «بررسی» قرار گرفته و در هر زمینه احکام قطعی صادر شده است.

در ترجمهٔ بحارالانوار راجع به چگونگی ظهور حضرت قائم و فرارسیدن روز قیامت می خوانیم:

«... و از علائم دیگر ظهور بادی است در بغداد - سپس زلزله شود و ستارهٔ دنباله دارظهور کند از مشرق ... ماه و آفتاب گریه کنان از مغرب برآیند و آن دو را روشنایی نباشد و مانند دو شتر سیاه باشند... از علائم دیگر، ایستادن آفتاب است از وقت ظهر تا عصر و نمایان شدن روی و سینهٔ مردی در روی جرم آفتاب که خلایق را با حسب و نسب می شناسد ...»

اینکه گفتم در این کتب از هر مقولهٔ قابل تصوری در جزئیات و کلیات زندگی، سفارش و تعبیر و حکمی آمده است، بی مناسبت نیست که به پاره ای از تجویزهای پزشکی به نقل از نسخه های ائمه نیز توجهی داشته باشیم تا بیش از پیش به ژرفای معرفت متولیان دینی آگاه شویم. در حلیهٔ المتقین اثر مجلسی آمده است: بنقل از حضرت علی(ع):

«... یکی از پیغمبران به خدا شکایت کرد که امت من بسیار جبون است. وحی بر او نازل شد که امرکن امت خود را که اسفند بخورند - به سند صحیح از حضرت علی(ع) منقول است که:

- هر کس که چهل روز گوشت نخورد کج خلق می شود و باید در گوشش اذان بگویند.

- و فرمود که روغن بنفشه سید روغنهاست و فضیلت روغن بنفشه بر سایر روغنها مثل فضیلت ما اهل بیت است بر سایر مردم.

- و فرمود که بول شتر نافع تر است از شیر او.

- شخصی به ان حضرت عرض کرد که مادهٔ طاعون در بدن من ظاهر شده است. فرمود که سیب بخورد. آن شخص خورد و عافیت یافت.»

در این میان گفتنی است که آدم مستعد و هوشمندی نظیر شیخ بهایی که بصورت قابل توجهی با علوم غیر مذهبی نظیر جبر و مقابله و حساب و هیئت آشناست و همچنین از ذوق شعری و ادبی نیز خالی نیست، در جاذبهٔ چنان فضایی بسوی اباطیلی آن چنان کشیده می شود و کتاب «جامع عباسی» را بفرمان شاه عباس می‌نویسد که به تنهایی از مظاهر مسلم پرت گویی و پرت نویسی است.

کتاب جامع عباسی را شیخ بهایی در گردهٔ همان اخبار و احادیث مرسوم فقاهتی تهیه کرده و به همین دلیل مایه دست شاگرد او محمد باقر مجلسی شده است.

به برخی از تجویزهای پزشکی مندرج در کتاب «جامع عباسی» توجه می کنیم:

از باب پانزدهم دربارهٔ منافع اطعمه و میوه ها:

- «بدانکه جو خوردن از شعار پیغمبران است و در حدیث است که در هیچ شکمی قرار نگیرد الاّ هر مرضی که در آن باشد بیرون کند و جو قوت پیغمبران است»

هم او اضافه میکند:

«... کدو باعث زیادتی مغز و دماغ می شود و سیب نافع است جهت زهر و سحر و دیوانگی وسنجد بواسیر را زایل می سازد و تقطیر بول را نافع است - چغندر شفای مرض هاست و شلغم جذام را می برد و پیاز قوهٔ باه میدهد»

در جامع عباسی هرجور مضمونی از قواعد مربوط به قصاص تا احکام راجع به دارالخلا و کفش پوشیدن و غذا خوردن و نوشیدن می توان جست. توجه داریم که وقتی مهار از گردن این متولیان ظاهرا دینی گسسته می شود تا کجاها پیش میروند و چه عرصه هایی را بتصرف می کشند و اجمالاً اینهاست که نافرهنگ غالب در عصر صفوی را وسعت می دهد و فرصت تفکر را از مردم می دزدد و مایهٔ اسف آنجاست که با همان شکل و محتوا بعنوان معارف مقدسه شیعه تا روزگار فعلی، برحذر از هرگونه تغییر جزیی (چه رسد به نوآوری) ادامه می یابد و بتکرار می گوییم که این توقف مصیبت بار عمدتاً از دوره ای زیان موحش خود را ظاهر میکند که اروپاییان در مسیر نوآوری بر مبانی زندگی و تفکر عتیق پشت کرده و راه نجات را در جهت نواندیشی و ترک رسوم ابله تراش، بازیافته اند. برای آنکه با خصلت عقب ماندگی مزمن در پیکرهٔ اصلی و متنّفذ دستگاههای باصطلاح ارشاد مذهبی و عناصر راهبر این دستگاهها آشنا شویم اولاً لازم است که به فهرست دروس «حوزه های علمیه» و ثانیاً به آثار «آیات الله العظام» لااقل در صد سال اخیر (فارغ ازمعدود استثناء ها) رجوع کنیم. در مورد آخرین به دو سفارش از دو مرجع اثرگذار تقلید در چند سال گذشته می پردازیم و بقیه را به قیاس وامی گذاریم.

سفارش اول از آقای خمینی مبنی بر ضرورت تدریس و مطالعهٔ آثار «عالم بزرگوار و محدث عالیمقدار محمد باقر مجلسی» و بقصد غلبه بر فساد دامنگیر نسل جوان است که در فصلهای

پیشین عیناً نقل کردیم و حاجتی به تکرار نیست. سفارش دوم از آیت الله معتدل تر یعنی «آیت الله العظمی شهاب الدین الحسینی المرعشی النجفی» است که در معرفی کتاب جامع عباسی اینگونه قلمفرسایی کرده است:

«کتاب جامع عباسی اثر مرحوم مغفور علامهٔ دوران شیخ بهاء الدین عاملی رضوان الله علیه که حدود سیصد و اندی سال از تألیف آن می گذرد شامل احکام فقهیه از طهارت تا دیات است که مدتهاست جزء رسائل علمیه آیات عظام سابق قرار گرفته و بر آن حواشی بسیار نوشته اند. امیدوار است جمیع مومنین از چاپ این کتاب مستطاب بهره مند شده و این جانب را از دعای خیر فراموش نفرمایند. والسلام علی من اتبع الهدی. خادم علوم اهل بیت علیهم السلام، شهاب الدین الحسینی المرعشی نجفی.»

در پایان این بخش برای آنکه با صورتی از این جمود مزمن و غالب آشناشویم، شایسته است بپاره ای از «افاضات» آیت الله خمینی رهبر و درفشدار انقلاب اسلامی، همچنان بمقیاس قطره ای از دریا اشارتی داشته باشیم، تا معلوممان شود «امامی» که در غوغای انقلاب او را، یک روحانی مترقی و آگاه به معارف شرق و غرب و حتی شخصیتی معرفی می کردند که با احاطه به چند زبان زندهٔ دنیا توفیقی داشته است تا فرهنگ غرب را مستقیماً از منابع اصلی آن دریابد - جز نسخهٔ بدلی از «معارف» کلینی ها و مجلسی ها و طبرسی ها و شیخ صدوق ها و ... در چنته نداشته است و بعبارت ساده تر دانستنی های او همان بوده است که در آثار و قصه های عامیانه و حداکثر تالیفاتی مندرج است که ما بپاره ای از آنها اشاره کرده ایم.

آقای خمینی در کتاب کشف الاسرار خود صفحهٔ ۳۲۰ دربارهٔ دو شهر «جابلسا و جابلقا» اینگونه افاضه کرده است:

«تردید درباره جابلقا و جابلسا وارد نیست، زیرا ما نمی دانیم در مشرق و مغرب دنیا چنین شهرهایی هست یا نیست (پس چرا تردید وارد نیست؟) - شاید هم در کرات دیگر یا درمنظومه های شمسی دیگر چنین شهرهایی باشد»!!

مشتهر بود که آقای خمینی در حوزه علمیه قم بتدریس فلسفه و اخلاق اشتغال داشته است. بدنیست از همان کتاب کشف الاسرار، بمیزان اطلاعات فلسفی ایشان نیز واقف شویم:

- «سقراط فیلسوف عظیم الشان الهی از حکمت و فنون آن به الهیات و اخلاقیات پرداخت و در کوهی و غاری اعتزال گزید و مردم را از بتان و از شرک به خدا نهی کرد - کشف الاسرار صفحهٔ ۳۳»

- «انباذ قلس فیلسوف بزرگ در زمان داود نبی بوده (!!) و حکمت را از او آموخته است (!!!) - کشف الاسرار صفحهٔ ۳۲)»

– فیثاغورت حکیم در زمان سلیمان نبی بود (!!) و حکمت را از او اخذ کرد. کشف الاسرار صفحه ۳۲».

در تطابق زمانها پیداست که «امام» به سیر و سفر آدمیزاد به قرون ما بعد و ماقبل نیز باور داشته است که انباذقلس را بکنار داود نبی و فیثاغورت را در کلاس سلیمان نبی با فاصله های قرون و اعصاری یافته و یا با وسعت اطلاعات خود! ناسخ التواریخ کل فلسفه ها شده و سقراط را فیلسوفی الهی خوانده است. و اما از اطلاعات علمی آقای خمینی:

«اروپاییان کوره راهی به عالم غیب پیدا کرده اند و با خواب مغناطیسی یا منیاتیزم غیبگویی (!!) میکنند و علمای روحی انگلستان و آلمان و امریکا و فرانسه و روسیه و دیگر ممالک آنجا این ادعا را از حد گفتار به وجدان و حس رساندند و با احضار ارواح کشف مغیبات می کنند. از کشف الاسرار صفحهٔ ۹۹».

از مدرکات آیت الله خمینی در زمینه دانش پزشکی:

«باید دید چه کسانی طب قدیم را که برای علاج کلیه امراض مزاجی بهترین وسیله بوده و با سهلترین راه مطابق اقتصاد این خدمت را بهتر از طب امروز اروپا انجام می داد از بین بردند و چنین خیانت بزرگی به کشور ایران کردند. در این اواخر که طب اروپایی به ایران آمد دولت مشتی جوانان بی تجربه را با تحصیلات بسیار ناقص بر آن دسته کمی که یادگارهای طب قدیم بودند چیره کرد و امروز که دکترهای بزرگ کشور بر خطای خود آگاه شدند و پیش آنها ثابت شد که علاجهای اروپایی خدمت شایانی به بسیاری از مریضها نمی تواند بکند جز افسوس و ندامت راهی ندارند. کشف الاسرار صفحات ۲۸۰ و۲۸۱».

البته کسی را جرأت و جسارت بیان این مطلب نبود که از ایشان و حواریون ایشان سوال کند، پس از چه روست که کمترین عارضه ای به پیکرشان و دیگر آیات عظام درگاهشان دست می دهد بیدرنگ با سریع ترین وسایل نقلیه از اروپای مفسده انگیز، اطبای گرفتار ندامت و افسوس را ببالین میاورند و از آن بیخردان تقاضای عافیت دارند؟

و باری به «توضیح المسائل» یعنی رسالهٔ اجتهادی «امام» که فارغ از هرگونه مبالغه سطر به سطر می تواند جایگزین جُنگی از فکاهیات شود نمی پردازیم که مایهٔ اطالهٔ کلام می شود – هرچند خواندن آن برای آگاهی به معارف امام معاصر شیعه و پیشکسوت علمای حاکم و متولی اسلام ناب محمدی و قائد جنبش جهانی اسلام و ... ضرورت قطعی دارد، خاصه از این جهت که روشن خواهد ساخت که مدرکات متولیان شیعی (دست کم اکثریت نافذ و اثرگذار آنان) چگونه در تخته بند جمودی گرفتار است که طی قرنها و قرنها حتی تکانی نخورده است.

بتکرار می گوییم – عقب ماندگی ایران، همانند بسیاری دیگر از ملل مشرق زمین علل و اسباب گوناگونی داشته و اجمالاً پدیده ای است «چند علتی» ولی چنین توقف قرون و اعصاری

را خاصه از قرن پانزدهم و شانزدهم، روزگار فروزش علم و اندیشه در غرب همراه با این واقعیت که در چهار قرن اخیر لااقل تا آغاز جنبش مشروطه خواهی چنین نافرهنگی سلطهٔ وسیع داشته است - آیا نباید یکی از عمده ترین علل رکود اقتصادی و اجتماعی و فرهنگی جامعه خود بشماریم؟

فصل هشتم

مقابله روحانیت شیعه با هر گونه نوگرایی

نهضت ملی ایران را غالباً تحلیل گران تاریخ از پاگیری جنبش مشروطه خواهی رد گرفته اند و این با توجه به مفهوم امروزی (ملت - Nation) و نیز با توجه به مفاهیم «استقلال» و «آزادی و آزاداندیشی» و مقولهٔ «حق مردم در تعیین سرنوشت خویش»، برداشتی صحیح و واقع بینانه است، چرا که این همه را جنبش مشروطه خواهی با خود داشت و یا بهتر است گفته شود، با خود مطرح ساخت. و اما از آنجا که برای علل و انگیزه های اجتماعی در هر مورد قابل تصور، مرز مشخصی نمی توان ترسیم کرد، متقابلاً می توان ریشه هایی را که به ظهور و نمو افکار مشروطه طلبی غذا رسانده اند، تا دوره های دورتری از سالهای آخرین قرن نوزدهم و سالهای نخستین قرن بیستم دنبال کرد (یادآوری می کنیم که قانون اساسی مشروطه در سال ۱۹۰۶ تدوین و تصویب شده است).

این سخن که تمایل به استقرار مشروطه و نظام پارلمانی ارمغانی بود که از غرب به ایران رسید، واقعیتی است مسلم و بی گفتگو و بیدرنگ اضافه کنیم که علیرغم دعوی کج اندیشانی که کوشیده اند تا آن جنبش ملی و آزادیخواهانه را بهمین دلیل، با صفت پوچ و بی معنای «غربزدگی» طرد و نفی کنند، چنان گرایشی بسوی دست آوردهای پرارزش مغرب زمین، بخودی خود از هوشمندی و درایت و مخصوصاً وطن خواهی مردمانی روایت می کرد که با کیاست و شهامتی تحسین انگیز، باطل السحر عقب ماندگی و تیره روزی ملت خود را شناختند و برای دستیابی به آن از جان و مال و هستی خود مایه گذاشتند. ما در دومین جلد این رساله محتوای ضد ملی و ضد آزادی اتهاماتی را که زیر عنوان «غرب زدگی» و امثال آن به جنبش مشروطه خواهی ایران بسته اند، برملا خواهیم کرد. اینک مطلب را به مسیر خود برمی گردانیم یعنی به جستجو برای یافتن ریشه ها و ریشک هایی که به جنبش آزادیخواهی ایران آب رساندند و در فرجام به انقلاب مشروطیت منتهی شدند. محقق شایسته فریدون آدمیت در اثر خود (فکر دموکراسی اجتماعی در نهضت مشروطیت ایران) - هویت این نهضت را در این عبارات شرح کرده است:

«نهضت ملی مشروطیت از نوع جنبشهای آزادیخواهی طبقهٔ متوسط شهرنشین بود. مهمترین عناصر تعقل اجتماعی و ایدئولوژی آن نهضت را دموکراسی سیاسی یا لیبرالیسم پارلمانی می ساخت...»

و در جای دیگر:

«روشنفکران که جملگی در زمرهٔ درس خواندگان جدید بشمار می رفتند، نمایندهٔ تعقل سیاسی غربی بودند، خواهان تغییر اصول سیاسی و مروج نظام پارلمانی. تکیه گاه فکری این گروه در درجه اول انقلاب بزرگ فرانسه بود.»

همو در استدلال نظر از کتاب خاطرات و خطرات مخبرالسلطنه هدایت مدد می گیرد:

«در اوایل نهضت، جوانان پرشور «هرکدام رساله ای از انقلاب فرانسه در بغل دارند و میخواهند رل ربسپیر و دانتن را بازی کنند... گرم کلمات آتشین اند» و در پی این نقل اضافه می کند: «شگفت نیست که در اوان مشروطیت هم دو کتاب در انقلاب فرانسه ترجمه شده باشد.»

با این تعبیر که از هر زاویه ای به آن بنگریم با منطق و تعقل جور در می آید، یعنی با قبول این واقعیت که فکر مشروطه خواهی و میل به نظام پارلمانی از غرب بسوی ایران کشیده شد - نتیجه می گیریم که ریشه های مشروطه گری به زمانهایی بازمی گردد که نه فقط ارتباط با مغرب زمین وسعت گرفته بلکه در گذرگاه همین ارتباط، توجهی برای دسترسی به دست آوردهای غربی به عنوان تنها وسیلهٔ غلبه بر ذلت عقب ماندگی، در دلهایی جوانه زده و از این دیدگاه است که بگمان ما ریشه یا ریشک هایی که آب رسانی به اندیشهٔ مشروطه گری را میسر ساخته اند تا دورهٔ فتحعلیشاه قاجار که مصادف با جنگهای توسعه طلبانهٔ ناپلئون اول و انتقال جبری افکار و هوای تازه انقلاب فرانسه در سراسر اروپا است، کشیده میشوند. البته، ارتباط با غرب کم یا بیش از دورهٔ گورکانیان گرمایی یافته و در دورهٔ صفوی خاصه در عصر سلطنت شاه عباس اول با وسعت بیشتری همراه با داد و ستدهای تجاری و بهره گیری از کارشناسان غربی نظیر برادران شرلی ادامه پیدا کرده بود ولی همانطور که در فصول قبل توضیح داده ایم، این مراوده ها تنها در سطح تجارت و مخصوصاً در لابلای مطامع استعماری غرب نوخاسته و جدالهای نظامی جریان داشت و بهیچ روی حامل اندیشه های تازهٔ اجتماعی که در بستر رنسانس در آن سامان رو به رشد نهاده، نگشته بود. از زمان فتحعلیشاه و عمدتاً تحت تأثیر عقاید فرزند و نایب السلطنه او (عباس میرزا) و وزیر با کفایتِ ولیعهد (میرزا بزرگ قائم مقام) است که توجه به دستاوردهای غربیان با دید تازه تری مطرح می شود. البته انگیزهٔ اساسی نگاه به غرب در این دوره و بویژه از اواسط عصر سلطنت فتحعلیشاه همچنان ناشی از بسط روابط ایران و کشورهای پیشرفتهٔ اروپاست که این بار در پی حوادثی به عمیق تر شدن آشنایی ایرانیان با برکات رستاخیز غرب کمک داده است، بنابراین قصد ما این نیست که آن زمینه های فکری را در «نبوغ» دو تن خلاصه کنیم - منظور انعکاس آن

آشنایی‌هاست که طبعاً در مواضع مهم افرادی نظیر عباس میرزا و قائم مقام، جلوه و اثر بیشتری یافته است.

در دورهٔ اول جنگهای ایران و روس که از سال ۱۲۱۸ تا ۱۲۲۸ هجری قمری بطول انجامید. عباس میرزا در مقام فرماندهی عالی ارتش ایران، با وجود دلاوریهایی که از خود نشان داد و حتی جای جای قشون عظیم روس را شکست داد، در فرجام بدلایلی که چند و چون آن را از زبان تاریخ باید خواست، ناگزیر از قبول شکست و تسلیم شد و ماجرا به معاهدهٔ گلستان انجامید و تجزیهٔ بخشی از سرزمینهای ایرانی – اما این شکست در ذهن او و وزیر کاردانش قائم مقام به درک درستی مبدل شد که منشاء کاستیها کجاست. آنها بیش از پیش متوجه شدند که با تکیه به وسایل ابتدایی آنهم در جامعه‌ای علیل و خرافات زده که بویی از برکات تعقل و تفکر جدید نبرده است، کاری از پیش نخواهد رفت، خاصه اگر آن کار، مقابله با همان پیشرفتگان بوده باشد.

مسلماً هم عباس میرزا و هم وزیر او قائم مقام با تمام توجهی که در این زمینه داشتند به آن درجه از دریافت و شناخت نرسیده بودند تا بپذیرند شکوفایی مغرب زمین خود حاصل جهادی است در رهگذار غلبهٔ آزاداندیشی بر تاریک اندیشی – جهادی که از استمرار در بستر قرنها و مبارزات گاه خونبار مایه داشت. بنابراین اگر ما در ریشه یابی نهضت ملی ایران، نظر را تا آن دوران امتداد می‌دهیم، تنها بدانجهت است که در آن زمان با قدمها و عملهایی مواجهیم که نه عامداً، بلکه غایتاً به بسط افکار جدید اجتماعی در ایران یاری رسانده اند.

از اقدامات برجسته و پر اثر عباس میرزا و قائم مقام یکی استخدام گروهی معلم و خبرهٔ فنی و نظامی است و دیگر – مهمتر از آن – اعزام گروههای دانشجویی به اروپاست، که طبعاً نه تنها با تخصصهای رایج اروپایی، بلکه با فضای فکر حاکم بر آن سامان آشنا شدند و آنها را با خود به ایران آوردند.

در سال ۱۲۲۶ هجری قمری دو جوان یکی بنام کاظم فرزند نقاش باشی عباس میرزا و دیگری میرزا حاجی بابا فرزند یکی از افسران شاهزاده، روانهٔ انگلستان شدند. کاظم که برای آموختن نقاشی براه افتاده بود پس از قریب یک سال و نیم بر اثر ابتلا به بیماری سل درگذشت ولی دومی یعنی حاجی بابا با تحصیل در رشته‌های طب و شیمی به وطن بازگشت.

در سال ۱۲۳۰ بار دیگر و این بار یک هیئت پنج نفری از جوانان ایرانی همچنان بهمت عباس میرزا برای یادگیری علوم جدید راهی انگلستان شدند که عبارت بودند از:

۱. میرزا سید جعفر پسر میرزا تقی وزیر تبریز که در رشتهٔ مهندسی تحصیل کرد و پس از بازگشت به ایران با لقب مشیرالدوله متصدی کارهای باارزشی شد و در دوران سلطنت محمدشاه و ناصرالدین شاه به مراتب عالی دولتی دست یافت.

۲. میرزا صالح شیرازی برای آموزش زبان و حکمت طبیعی و تاریخ رفت و این همان کسی

است که اولین روزنامه را در تهران تأسیس کرد.

۳. میرزا محمد جعفر، طب و شیمی خواند.

٤. میرزا رضا در فنون توپخانه تخصص یافت.

۵. استاد محمد علی چخماق ساز، از شاگردان جُبه خانهٔ تبریز به آموختن فن آهنگری و کلیدسازی و چخماق سازی پرداخت.

قابل توجه است که این هیئت تنها در خط فنون نظامی درس نخواندند، بلکه اغلب در رشته هایی تحصیل کردند که در زمینهٔ نیازمندیهای عمومی کاربرد داشت و این میرساند که مسئلهٔ مقابله با عقب ماندگی از دید عباس میرزا و قائم مقام، با ابعاد گسترده تری در مقابل کاستیهای نظامی مطرح بوده است. لذا عقیدهٔ مجتبی مینوی که طی مقاله ای در مجلهٔ یغما (مرداد سال ۳۲) زیر عنوان (کاروان معرفت) ثمر تحصیل این هیئت را به پراکندن «تخم ترقی و تجدد در سرزمین نیاکان» تعبیر کرده است، حاکی از یک واقعیت است.

اینک ببینیم در برابر این تقلای کم سابقه در راه غلبه با رکود و عقب ماندگی چه نیروهایی به مقابله برخاستند.

دو گروه بسیار مقتدر یکی شامل فئودالها، درباریان و اشراف وابسته به دربار و دیگر بدنهٔ اصلی «روحانیت» شیعه که بویژه با استفاده از زبونی و خصلت خرافی فتحعلیشاه جان تازه ای یافته و عملاً در عرصهٔ قدرت مرجعیتی برای خود دست و پا کرده بود، بطور طبیعی با هرچه از اسباب تسلط در اختیار داشت، در برابر این زایشهای فکری موضع گرفت.

علت العلل خصومت و توطئهٔ گروههای مزبور، بویژه ملایان با عباس میرزا و قائم مقام را در این زمینه باید رد گرفت. بیهوده نبود که عباس میرزا در نامه ای به وزیر خود هشدار داده بود: «علما مانند گرد و خاکی هستند که به لباس می نشینند و وجود انسان را آلوده می کنند، سعی کن وجود خودت را از این گرد و خاک نجات دهی و بجای آنها از افراد لایق و صلاحیتدار و وطندوست استفاده نمایی. علما مانند اسبهای پرخوری هستند که از پرخوری وظیفهٔ دویدن را فراموش کرده اند.» (نقل از مخزن الانشأ تألیف محمد صاق حسینی).

از آنجا که این رساله عمدتاً به «نقش روحانیت شیعه در تحولات تاریخی و نهضت ملی ایران» تعلق دارد، ما جهت اساسی بحث خود را به کیفیت این نقش ویرانگر و ذلت آور اختصاص می دهیم ولی محض پرهیز از یک اشتباه در داوری و مخصوصاً برای توجه به تمام واقعیت و حذر از «خلط مبحثی» که غالباً از سوی ملایان شیعه در خط این گونه مباحث وارد شده است ناگزیر مسیر سخن را هرچند انحرافی از راستای نوشته تلقی شود، بیک موضوع تاریخی پیوند می دهیم، مسلماً خوانندگان، خود ضمن آن دلیل این حاشیه روی را متوجه خواهند شد.

پس از سقوط دولت صفوی و گذر از یک دورهٔ فترت کوتاه که ناشی از سلطهٔ افغانها بود، نوبت به عصر نادری رسید - دورانی که هر چند بساط قدرت حکومت عاری از سلطهٔ متولیان مذهبی بود ولی از یکطرف بدلیل ذات استبدادی و بویژه هویت ماجراجویی اش و ازطرف دیگر بسبب سختگیریهایی که نسبت به حال و روز مردم داشت و عملاً متولیان دینی را در صف مظلومین می نشاند، نه فقط راهگشای تمدن و تجدد نشد، بلکه خود به مانعی سخت در برابر نفوذ این ارزشهای مدنی تبدیل گشت.

«خلط مبحثی» را که پیشتر به آن اشاره کردیم همین جا بشکافیم و آن احتجاج ملایان در ذم دولت نادری غالباً بسبب غیرمذهبی بودن آن است که بدینگونه کوشیده اند از راه یک مغلطه مشروعیتی برای خود دست و پا کنند. این صحیح است که نادر از آغاز و بیدرنگ پس از کنگرهٔ نمایشی «مغان» دست ملایان را عم از سنی و شیعی (با آن که بارها گفته بود، اسلام واقعی همان اسلام تسنن است) از دستگاه حکومت کوتاه کرد و کمترین جوازی حتی در حد اظهار نظر به آنها نداد. و این صحیح است که نظم قدرت فردی نادر از هر جهت غیر مذهبی و در مواردی ضد مذهبی بود - ولی این همه نه او را که در دورهٔ یازده سالهٔ سلطنتش قدمی که سهل است، حتی نیمقدمی به سود دستیابی به خمیرمایه های تجدد و تمدن برنداشت، تبرئه می کند و نه سکهٔ مشروعیتی به کیسهٔ ملایان که منفور او واقع شدند، می ریزد و این در واقع دنبالهٔ همان باور ماست که پیشتر نوشته ایم، عقب ماندگی ایران خاصه در آن روزگار که مغرب زمینی ها با سرعت به عرصه های پیشرفت و خلاقیت وارد می شدند - یک پدیدهٔ «تک علتی» نیست. استمرار نظم (فئودالی و استبداد سلطنتی) در یکسو و جمود و ارتجاع متولیان دینی در سوی دیگر از اجزاء مهم این رکود مزمن بوده اند و بنابراین، واقع نگری و بی غرضی که عمده خصلت هر تجسس علمی است، حکم می کند که فارغ از هر گونه عصبیت، سهم این عوامل و عناصر احتمالی دیگر هرچه دقیقتر و موشکافانه تر محاسبه و شناخته شوند.

ما با همهٔ ارج و عزتی که در زمینه های بسیار برای شادروان احمد کسروی قائل هستیم، در این مورد خاص، با برداشتهای یکسویهٔ وی که پیداست تحت تأثیر نقش ویرانگر ملایان شیعی از عصر صفوی به بعد، شکل خصومت آمیزی بخود گرفته اند موافق نیستیم. زیراکه او بجای ارزیابی تمامی اجزا معادلهٔ عقب ماندگی ایران و ایرانیان، همه کاسه کوزه ها را بسر مردم نگونبخت می شکند و ناپخته تر اینکه تمامی زشتیهایی را که تاریخ بحق در شیوه های جهانداری و جهانگیری نادر یافته است، یکسره به حساب توطئهٔ ملایان شیعی رقم می زند. مینویسد:

«بی گفتگو است که رفتار نادر ستمگرانه بوده ولی هیچ دانسته شده که مردم نافهم ایران با آن پادشاه رفتار بسیار ستمگرانه تری می کرده اند؟، تاکنون کسی این را ننوشته است...»

و بدنبال آن به نقش نادر در احیای استقلال ایران می پردازد و حتی «نمایش» و پایان ازپیش تدارک شدهٔ «دشت مغان» را شاهدی بر احترام وی نسبت به «توده های مردم و بزرگان کشور» میشمارد و افسوس می خورد که چرا آن مردم «نافهم» «به نام و آبرویی که دولت ایران (بدست نادر) در جهان پیدا کرده بود ارج نمیگذارند» و سرانجام به این نتیجه میرسد، یکی از علل ناسپاسی مردم نسبت به نادر این بود که او: «میخواست شیوهٔ زشت دشنام و نفرین را که کالای بسیار پست دستگاه شیعی گری است از میان بردارد» و پس آنها، یعنی ملایان «رنجیدگی از او مینمودند، به خاندان بیکارهٔ صفوی دلبستگی نشان داده، بسیار میخواستند که پادشاهی با آن خاندان باشد، بدبختان نمی اندیشیدند که پادشاه برای نگهداری کشور است و هرکس بهتر توانست کشور را نگه دارد و مردم را آسوده گرداند به پادشاهی شایسته تر است...» - ظاهراً کسروی این پژوهشگر صمیمی و ایران دوست به این واقعیت عنایتی نداشته است که سلطنت یازده سالهٔ نادر سراسر به جنگ و خونریزی و غارت و سرکوب و فشار در خطهٔ فرمانروایی خود او و فجایعی از آن قبیل که در یغما و کشتار دهلی ببار آورد، تعلق داشت و تنها جنگ و جنگ و جنگ و جمع ثروت و مال و جواهر بود که او را در نشئهٔ شادی و سرزندگی فرو میبرد.

بنظر میرسد که کسروی ما از سر بغض که بحق نسبت به نقش فلاکت ساز ملایان شیعی داشته است، از نقلهایی چون حکایت محمد مهدی اصفهانی از مداحان دربار نادر دلشاد میشده و بنای قضاوت خود را بر این دلشادی بالا میبرده است:

محمد مهدی اصفهانی روایت کرده است که «موقعی یکی از ملاها از نعمتهای بهشت برای نادر شرح و تفصیل میداد که چنین و چنان است، نادر میپرسد آیا در بهشت جنگ هم هست که بر دشمنان خدا پیروز شویم؟ ملا میگوید، جنگ و جدال در بهشت روی نمیدهد. نادر با خنده میگوید پس چنین بهشتی لذت ندارد و بدرد ما نمی خورد، برای شما ملاها خوب است.»

مایهٔ شگفتی است که روشنفکر روشنگری مانند کسروی که خود دستی توانا در پژوهشهای تاریخی داشته است، در این باره ناگهان به سلک کسانی می پیوندد که کوشیده اند و میکوشند سراسر تاریخ را در سرگذشت و سرنوشت قلدران و بزن بهادرها خلاصه کنند و اصولاً برای تحولات و علل تحولات سیاسی و اجتماعی در قبال قصه های پرطمطراق از این قبیل «یکه تازان» و «دلاوران» ارزش تحقیقی قایل هستند، البته این صحیح است که نادر باجسارت و ارادهٔ نیرومند خود به تعرض دشمنان گونه گونی که از چهار جهت چشم طمع به سرزمینهای ایران دوخته بودند پایان داد و بار دیگر در پیرامون سلطنت خود مرکزیتی بوجود آورد ولی بدین دو سؤال نیز باید پاسخ گفت:

این مرکزیت با چه بهایی دست داد؟ - و چرا چنان پرشتاب از هم درید و فروپاشید؟

ما از آنجا که قصدی به تتبع تاریخ در ابعاد عمومی آن نداریم - از میان همهٔ کشتارها و غارتهایی که به حالت یک اعتیاد و بدست نادر صورت پذیرفت تنها به شرح قتل عام و غارت دهلی که بدنامی ابدی برای او و ایرانیان به جای گذاشت، آنگونه که بوسیله یک بازرگان انگلیسی بنام (هنوی جونس) نقل شده و بتایید شاهدان و ناظران بسیار دیگر نیز رسیده است، اکتفا می کنیم. می نویسد:

«این قتل عام از ساعت ۸ صبح تا سه بعدازظهر ادامه یافت و در طی آن چهارصد نفر ایرانی و در حدود ۱۱۰ هزار تن از هندیان به قتل رسیدند. تمام جواهرفروشی ها و زرگریها غارت شد. کسانی که به شرافت خود پایبند بودند زنان خود را به قتل رسانیدند و سپس خود را کشتند. وحشت و نومیدی چنان بر مردم مستولی شده بود که در حدود ده هزاراز زنان مجبور شدند خود را به چاه بیاندازند...»

میدانیم که این عشق به خونریزی و جنگ که تا پایان عمر نادر را رها نکرد، در فرجام گریبان خود او را نیز گرفت و «سردار جهانگشا» را به نوعی بیماری پارانویا مبتلا ساخت تا جایی که بدنبال یک سؤقصد که بهنگام گذار از جنگلهای سوادکوه بر ضد او ترتیب یافته و به دست و گردنش آسیب رسانیده بود، به همه کس، حتی به فرزند خودرضاقلی میرزا بدگمان شد و او را در پی یک گفتگوی تند (که چگونگی آن دقیقاً در تاریخ آمده است) از دو چشم محروم ساخت و دست آخر جان خود را نیز بر سر توطئه ای از کف داد. توطئه ای که بکمک سران ازبک و ترکمان برای کشتن سربازان ایرانی خود ترتیب داده بود که پیش از اجراء بوسیلهٔ یک غلام گرجی لو رفت و چهار سردار ایرانی او را ازپای درآوردند.

اینجاست که عقلاً و منطقاً باید بجای داوریِ آمیخته به احساساتِ کسروی به قضاوت جواهر لعل نهرو اندیشه گر و دولتمرد برجسته هند اقتدا کرد که نوشته است:

«نه فقط نادر بلکه اسکندر و ناپلئون (که بیرحمی نادر را هم نداشتند) بزرگ و قابل احترام نیستند زیرا این جهانگشایان در راه سعادت و نیکبختی مردم و تخفیف آلام بشری قدیم برنداشتند.»

براستی اگر قرار باشد که برای همچو مردی که فقط یازده سال چرخ سلطنتش را ببهایی چنان گزاف باانهدام شهرها و کشتار هزاران و هزاران انسان بیگناه و ساختن کله منارها حتی از هموطنان خود، گرداند، و آنچه «ساخته» بود در فرجام بر سرش فرود آمد، احترام و عزتی قایل شویم، آن گاه دربارهٔ بزرگمردی چون کوروش که دو هزار و اندی سال قبل ازاو با قدرت زیست و با جوانمردی جهانداری کرد، چگونه باید به داوری نشست؟

ذکر نکته ای در این میان بی مناسبت نیست و اینکه: اگر پای قضاوتی همراه با موشکافی و نازک بینی در میان باشد بین آن کشتارها و ویرانیها که به دست نادر صورت گرفت در یک

طرف و آن گزند و پوسیدگی مستمر و مزمنی که بر اثر القاء خرافات و تاریک اندیشی بوسیله متولیان مذهبی بر جانها نشست و ملتی را در بحبوحهٔ رستاخیز اروپاییان علیل و ناکار ساخت در طرف دیگر، می توان داوری کرد که نادر دست کم از برداشتهایی که حکایت از هوشمندی او داشت، خالی نبود. لااقل می دانست که اختلافات مذهبی که خود زادهٔ خرافات و اباطیلی است که بدست دکانداران دین به مغزها تزریق شده است – سهم مهمی در نابسامانیهای کشور او داشته اند.

کالوشکین نمایندهٔ ثابت روسیه در ایران نقل می کند که نادر در یکی از گفتگوهای خود با پیشوایان مذهبی گفته است:

«خدا در قلب ما بینش بوجود آورد که اختلاف بین اینهمه آیینها را ببینیم و از میان آنها انتخاب کنیم و ایمان نوی بسازیم که هم خدا خشنود شود و هم برای ما وسیلهٔ نجاتی باشد... آئین هایی که یکی دیگری را لغو می کند و هر یکی فقط خودش را ارزشمند می داند، این آیینها یکی نیستند، در صورتی که خدا یکی است و آیینها هم باید یکی باشد»

البته خصومت ملایان با نادر و عباس میرزا، به علل متفاوتی بسته بود. آنها عباس میرزا را حتی با داشتن اعتقادات استوار مذهبی اش تاب نمی آوردند زیرا او کم یا بیش با راز و رمز عقب ماندگی و راه و رسم ترقی آشنا بود ولی نادر هستی را در عرصه های سلطه گری وپیروزیهای جنگی و یغما و غلبه بر دشمن و بی بها شمردن جان انسانها خلاصه کرده بود. پس این توضیح لازم است که اگر ما قدرت روزافزون و دولت طلبی وقفه ناپذیر و تأثیر بد متولیان مذهب شیعی بویژه از دورهٔ صفوی را یکی از دلایل عمدهٔ عقب ماندگی ایران میدانیم، این هرگز به آن معنا نیست که الزاما هر حکومت غیر مذهبی بخودی خود می تواند مبشر و مبلّغ پیشرفتهای یک جامعه باشد. سیاست غیر مذهبی و حتی در مواردی ضد مذهبی نادر از آنجا که پشت به دریایی از اشک و خون بیگناهان خودی و بیگانه داشت و به یکی از هولناکترین انواع استبداد آمیخته بود، در عقب ماندگی ایران از قافلهٔ تمدن و تجددسهمی داشت بااین تفاوت که سهم نافرهنگ ملایان در این امر تأثیری عمیق ترو پایاتر بجای گذاشت.

شادروان کسروی احتمالاً این واقعیت را به محاسبهٔ خود وارد نساخته است که کشش دوبارهٔ مردم به سوی صفوی و ملایان پاسدار آن سلسله، بنا بر اصطلاحی که خود او باری به کار برده است، بر بنیاد (لالحب علی بل لبغض معاویه) بوده است. اتفاقاً بنا بر گزارش مورخین، مردم در پی ویرانیها و ستمگریهایی که با حملهٔ افغانها نصیبشان شد درآغاز، ظهور نادر را بفال نیک گرفتند ولی هرچه گذشت و روشهای نابخردانه او در دوام خونریزی و ستمکاری شدت گرفت، بیش و بیشتر از او دل کندند و به دفع افسد به فاسد راضی شدند.

فارغ از هرگونه تعصب، این واقعیت را تاریخ گواهی داده است، متولیان شیعی در عصر صفوی و چه بسیار دکانداران دین که پس از آنها و به تبع آنها، مهار باصطلاح «طاعات و عبادات» مردم را همراه با دولتخواهی و سیاست پیشگی به دست گرفتند، هیچ گاه درد دین نداشتند، کافی بوده است که سوروسات و سیادت آنها تأمین گردد و (سهم آنان) در حاکمیت رعایت شود، تا آنها حتی به هر نامسلمانی جامهٔ مسلمانی بپوشانند و فی المثل اگر شاه مقتدری چون شاه عباس، در کنار آنان و در مجلس ارامنه آشکارا شراب بنوشد، چشم برهم بگذارند و (کلب آستان علی) را در کار مسلمانی بی خلل بیابند.

اظهار دشمنی آنها (البته پس از نادر) با نادر در آن بود که حضرات «بیضه داران اسلام» را اصولاً بحساب نمی آوردو حتی به ریشخند میگرفت و خصومت آنها با عباس میرزا و قائم مقام که هر دو در مسلمانی مخلص بودند و گفته شده است حتی عباس میرزا نشد و نیامد زمانی که نماز خود را ترک کرده باشد - از این بود که با گشودن درهایی بر روی مغزها بساط دکان این (سکانداران دین) را به خطر انداخته بودند. عباس میرزا و قائم مقام تا می توانستند کوشش میکردند، از وسوسه و توطئه ملایان که رفته رفته خود را در شرکت حکومت صاحب سهم و سیاست می دیدند، مانع شوند.

- گناه عباس میرزا آن بود که جوانان را بجای احاله به درس ملایان و نافرهنگ آنها (از آن قماش که در جامع عباسی و حلیه المتقین و بحار الانوار و.... منعکس شده است و ما در فصول پیش، بشمه ای از آنها که فقط مشتی از خروار بود اشاره کردیم) به فرنگ میفرستاد و با دنیای دگرگون شدهٔ پس از انقلاب فرانسه و بهره‌مند از میوه ها رنسانس آشنا می کرد.

- کفر عباس میرزا از دیدگاه ملایان، در آن بود که بهنگام تصدی نیابت سلطنت در تبریز، این شهر را در کار برخورداری از صنایع و فنون جدید، به رنسانس کوچکی سوق داده بود.

در دورهٔ دوم جنگهای ایران و روس که به معاهدهٔ ذلت بار ترکمانچای و استقرار کاپیتولاسیون انجامید. عباس میرزا به دلیل تجربه و آگاهی به کاستیهای ارتش ایران در تقابل با ماشین جنگی روس و فتحعلیشاه، این پادشاه زبون و خرافی بسبب خست و پرهیز از دست به کیسه بردن، با جنگ موافق نبودند ولی وسوسه های ملایان کار خود را کرد و پادشاه بیمقدار که سخت تحت تأثیر ملایان بود بنا بر وعده های پوچ آخوندی به جنگ تن در داد. ماجرا از زبان تاریخ شنیدنی است:

بنا بر نوشتهٔ محمد بن سلیمان تنکابنی، صاحب کتاب «قصاص العلما» علما وقتی احساس کردند که شاه از ورود به جنگ ناراضی است - سید محمد باقر بهبهانی (از اجلهٔ علمای زمان) شخصاً از کربلا وارد تهران شد و بر اثر اصرار او فتحعلیشاه آمادگی خود را به جنگ اعلام داشت. قرائنی در دست است که نشان میدهد در آن زمان روسها نیز سرسازش داشتند ولی

متأسفانه طرف آنها ضعیف و از عاقبت اندیشی خالی بود و باری بتحریک آسید محمد، علمای شهرستانها نیز براه افتادند تا شاه را در تصمیم به جنگ بیش از پیش ترغیب کنند و آن هنگامی بود که فتحعلیشاه، تابستان خود را در سلطانیه می گذراند. روز ٤ ذیقعده ۱۲٤۱ یک گله از ملایان همچون آقا سید نصرالله استرابادی و سید عزیزالله طالشی و حاج ملا محمد جعفر استرابادی و حاج سید محمد تقی برغانی بسرکردگی آسیدمحمد بهبهانی به سلطانیه رسیدند - جمعی دیگر از نقاط دیگر کفن پوشیده به آنها پیوستند تا فتحعلیشاه را در عزم خود راسخ کنند. در سفرنامهٔ ویلوک آمده است:

«فتحعلیشاه از آقا سید محمد تقاضا کرد، یک نوشتهٔ کتبی مبتنی بر اقدام او در ورود به جنگ با روسیه صادر کنند و تحویل دهند تا هرگاه در شب اول قبر نکیرین دربارهٔ علت ورود او به جنگ با روسیه سؤال کنند، نوشته آنها را ارائه دهد.»

بدین ترتیب است که آن جنگ خانمانسوز در می گیرد که کیفیت و نتایج آن را در تاریخ باید دنبال کرد. اما شنیدنی است که پس از انهزام ارتش ایران وقتی شاه از ملای برغانی سوال می کند پس ثمر جهاد علما چه شد؟ او میگوید: دلیل آن را باید در بی ایمانی عباس میرزا جستجو کرد. در «تاریخ ایران از آغاز تا انقراض قاجاریه، تألیف حسین پیرنیا و عباس اقبال» مجموعهٔ این احوال در این سطور نقل شده است:

«.... تا آنجا که شاه بقصد پس گرفتن ولایات از دست رفته و علمای تهران به عزم جهاد برای جنگ حاضر شده بودند، ولی عباس میرزا با تجاربی که از جنگهای دورهٔ اول داشت زیاد به جنگ مایل نبود اتفاقاً روسها هم بعلت فوت الکساندر اول با جوش و خروشی که در ایرانیها مشاهده می کردند از دادن بهانه‌ای بدست ایران برای تجدید جنگ احتراز می کردند. به همین علت برای حل اختلافات سفیری به تهران فرستادند و عباس میرزا هم ماموارنی برای همین کار به تفلیس پیش یرملوف روانه داشت و خود او نیز بسرحد طالش رفت و در آنجا با یرملوف ملاقات کرد و تا حدی اختلافات این حدود به مسالمت انجام پذیرفت. اما این اقدام عباس میرزا را نه خوانین طالش پسندیدند و نه علمای طرفدار جهاد و عباس میرزا به ساختن با روسیه و خودداری از امر جهاد متهم شد و از عراق عرب واصفهان و طهران جمعی به جهاد به طرف آذربایجان حرکت کردند و قیام ایشان مصادف شد با ورود سفیر روسیه به سلطانیه که برای ختم اختلافات حدود طالش و نوقان بنفع ایران مخصوصاً مأموریت یافته بود». در جریان جنگ، در خط خیانت ملایان حادثه ای روی داد که بهتر است آن را عیناً از تاریخ روضه الصفا جلد ۹ نقل کنیم که چطور ملای اعظم شهر تبریز (میرفتاح) به تسلیم شهر به روسیان اقدام کرد:

«آصف الدوله سواری بجهت خبرگیری روانه کرده و بازآمد و محقق شد که لشکر روسیه در قریهٔ صوفیان رسیده اند و عزم تبریز دارند. خاطر او پریشان شد با هر کس مشاورت کرد اتحاد

کلمه نشنید و مقارن این حال شهر بهم برآمده، هیاهو برخواست(برخاست) مازندرانیان دل بر قلعه داری نهادند و آقامیرفتاح ولد جناب علامه العلما حاج میرزا یوسف تبریزی که بعد از فوت پدر بزرگوار بحکم وراثت امام و پیشوای اهل تبریز بود و ساغر خاطرش از باده غرور و جوانی لبریز در حفظ شهر و شهریان(!) اطاعت نیارال (سردار روس) را اولی و انسب و بصرفهٔ وقت اقرب دانسته تن به متابعت آصف الدوله درنداد و از تسلیم و تمکین روسیه سخن راند و عموم اهالی شهر را با خود مطابق و موافق کرد...»

فصل نهم

انجماد فکری و جعل تاریخ

در فصول قبل، با اشاراتی هرچند فشرده به این نکته پرداخته ایم که کلیهٔ ادیان، مانند مسیحیت و پیش از آن دیانت یهود و در امپراطوری ساسانی، دیانت زرتشتی و حتی آئینهایی نظیر بودایی (در خاور دور) که هرگز در قالب یک «دین» شکل نگرفت و آورندهٔ آن (بودا) هیچگاه به پیامبری ادعایی نداشت، همگی در مسیر رشد و توسعه خود به خط قدرت طلبی افتادند و هرکدام بنوعی از خشن ترین انواع استبداد مبتلا شدند. طبعاً اسلام نیز که همچون دیانت موسی از آغاز قواعد ادارهٔ زندگی و حکومت را با خود داشت، از چنین روندی دور نیفتاد و با طرح مسئلهٔ خلافت در قالب یک نظم حکومتی و مالاً سیاسی شکل گرفت.

در این میان واقعیتی است که نباید از حوزهٔ یک تحلیل واقع گرا خارج بماند و این واقعیت که در مورد اسلام، عوارض قدرت طلبی و استبداد دینی تقریباً بهمان صورت اولیه خود پابرجاماند و بنا بر اصطلاح مجتهد بزرگ عصر مشروطه - میرزا حسین نائینی غروی - «شجره خبیثه استبداد دینی» همچنان دوام یافت و ما اضافه می کنیم، هرگز اجازه نداد که دیانت اسلام بطور اعم و مذهب تشیع بطور اخص، خود را با اوضاع متغیر زمان تطبیق دهد، در حالی که ادیان و مذاهب دیگر، در بستر تاریخ خواه به جبر و خواه باختیار هر یک بنوعی رفرم در جهت پاسخگویی به الزامات روزگار تن در دادند. مسیحیت جبار قرون وسطایی، پس از پایداریهای سرسختانه و غالباً خونبار، در مقابله با دست آوردهای عصر روشنایی سرانجام سپر انداخت و گام بگام خود را با ارزشهای فرهنگی و اجتماعی جدید سازگار ساخت تا جاییکه امروز نماینده یکی از مهمترین شاخه های آن، یعنی پاپ درست در موضع مخالف پاپهای قرون وسطی مانند هیلدران یا گرگوار هفتم (۱۰۸۵-۱۰۷۳) و اینوسان سوم (۱۲۱۶-۱۱۹۸) که استبدادهای موحش خود را با شکنجه گاهها و قتل عامهای پی در پی تضمین می کردند، اصرار دارد تا درهر فرصت بر «حقوق بشر» و حتی «آزادی در انتخاب دین» تاکید کند، کاری که در کمتر از دو قرن پیش، از کفریات مسلم محسوب می شد. گفتنی است که پاپ چندی پیش، به رغم دهه های متوالی ایستادگی در برابر آراء چارلز داروین، به صراحت اعلام داشت که واتیکان با اصل تکامل (Evolution) داروینی مخالفتی ندارد. بدیهی است که پیشوای کاتولیکهای جهان از سر

هوشمندی بر این امر آگاه شده است که اگر بقای حرمت خود و حوزه دیانت خود را طلب می کند، باید با اقتضاهای زمان همخوانی نشان دهد - همچنین بتازگی کلیسای انگلیکان به سنت شکنی دست زد و بر حق زنان در ارتقاء به مرتبه کشیشی صحه گذاشت و نیز چندی قبل دالائی‌لاما رهبر بودائیان جهان در یک محفل مشترک مسیحی - بودایی اعلام کرد: «بودیسم برای من بهترین طریقهٔ زندگی است، اما نمی گویم که برای تمام مردم جهان نیز چنین است». و بدینگونه بر حق انتخاب دینی مردمان تاکید کرد. البته درون مایه «آئین» بودایی مانند مواعظ مسیح بخودی خود عاری از خشونت و تحمیل است ولی همانطور که قبلاً گفته ایم، در مراحلی از توسعه، این آئین مداراگر نیز تحت تاثیر قدرت طلبی متولیان خود با عوارض قدرت و «سیاست» آلوده شد. سخنان دالائی لاما حکایت از آن دارد که آن تمایلات عارضی، در مسیر اقتضاهای زمان محو شده است. کلیمیان نیز با همه تعصب و ثباتی که در حفظ سنتها و یادگارهای دینی خود بخرج داده اند، از روند غیر قابل احتراز (تطبیق با شرایط زمان) غافل نبوده اند تا جایی که امروز، در کشور اسرائیل، اگر گروههای دست راستی و سنت گرا نیز مانند حزب لیکود و حتی سایر فرقه‌های ارتدکس یهودی به کرسی زمامداری دست یافته، در عرصه های عمل دست کم در چهار دیوار دولت یهود خود را ناچار از رعایت ارزشهای دموکراتیک دیده اند. برای مثال، می دانیم که در دیانت یهود قواعد «قصاص» که بی تردید قصاص اسلامی برداشته ای از آن است، در این کشور منسوخ شده و حتی مجازات اعدام باستثنای موارد مربوط به امحاء جمعی (genocide) از میان رفته است (اعدام آیشمن دژخیم معروف دوره های هیتلری بنا بر همین استثناء صورت گرفت). متأسفانه این دیانت اسلامی ما و دقیقتر بگوییم، این «روحانیت» اسلامی است که هیچگاه به کمترین نوآوری و (رفرم) و تطبیق رضا نداده است: قصاص بهمان سیاق است که بود - نابرابری حقوق زن و مرد بنا بر همان قواعدی است که قریب هزار و پانصد سال پیش جاری بود - حذف جسمانی مرتدان (کسانی که از مسلمانی رویگردان شده و به دیانت دیگری پیوسته اند) به «اعتبار» عتیق باقی است... البته این توجه بدان معنا نیست که در پهنه زندگی روحانیت اسلامی هیچ بارقه ای از نوخواهی و هماهنگی با حال وهوای متغیر زمان پدید نیامده است، در این زمینه مسلماً بدرجات مختلف باچهره هایی نظیر نائینی، اسدآبادی و آشیخ هادی نجم آبادی و عبده و مجموعهٔ «علمایی» که بهر تقدیر به خط مشروطه خواهی افتادند و همچنین جنبش بابیه (که به تفصیل دربارهٔ آن خواهیم نوشت) روبرو می شویم که هرکدام بتفاوت در جهت نوعی سازگار ساختن مذهب با اوضاع و احوال روزگار حرکتی داشته اند ولی گروهها و افراد اینچنانی در عمل از یکسو بدلیل قدرت پاگیر شدهٔ روحانیت سنتی و از سوی دیگر ضعف و نارسایی دیدگاههای خود و بخصوص عدم آشنایی به عمق الزامات زمان، یا راه بجایی نبرده و یا در تخته بند «اقلیت محض» مجال تکان خوردن و اشاعهٔ نظر نیافته اند. و یا

بویژه آنها که در صف روحانیت نظیر (نائینی) قدمی بسوی تعبیر و تفسیر برداشته، در نیمه راه و یا در انتها، باز بسوی «حکومت شرعی» و «حق مسلم متشرعین در قانونگذاری» روی کرده و اجمالاً به همانجا رسیده اند که قشریون و متولیان سنتی رسیده اند.

نظری هر اندازه زودگذر به برنامه دروس «حوزه های علمیه» یعنی مراکزی که تربیت مبلغین و پیشوایان مذهبی را بعهده دارند، به تنهایی ژرفای جمود و واپسگرایی روحانیت شیعه را برملا می کند - می دانیم هم امروز، در «حوزه های علمیه» تعلیم کتب اربعهٔ شیعه و نیز آثار «علمای» عصر صفوی از اساسی ترین مراتب آموزش محسوب می شود. ما در فصول قبل نمونه هایی از این رسالات دینی را نقل کرده ایم و نیازی بتکرار نیست. اما این نکته گفتنی است که «مجتهدین» و «پیشوایان» مذهب شیعی در شرایط کنونی نیز - در فضای دنیایی که با دست آوردهای پی در پی و حیرت انگیز تکنولوژی وصف می شود - همچنان منادی احکام و مضامینی هستند که به هذیان و عوارض ناشی از ناهنجاریهای روانی میمانند و همین خود میرساند که روحانیت شیعی دست کم در پیکرهٔ اصلیش همچنان جامد و فسیل شده باقی مانده است. در اثبات این دعوی یکی از کتب جدید الانتشار در جمهوری اسلامی که بوسیلهٔ آیت الله مشکینی تألیف شده است استشهاد می کنیم. عنوان این کتاب (نصایح و سخنان چهارده معصوم(ع) و هزار و یک سخن) و اصلاً بزبان عربی است و بعداً بوسیلهٔ آیت الله جنتی گویا برای (استفادهٔ) فارسی زبانان به این زبان برگردانده شده است. این نکته قابل یادآوری است که آیت الله مشکینی جامعهٔ مدرسین را سرپرستی می کند و آیت الله جنتی (مترجم) از فقهای عضو شوای نگهبان یعنی نهادی مافوق قوهٔ مقننه است و بهر تقدیر هر دو از ارکان فرهنگی و سیاسی رژیم اسلامی حاکم بر ایرانند. نقل مطلبی از این کتاب آشنایی خوانندگان را با «گسترهٔ معلومات» آیت الله ها کفایت می کند. می خوانیم:

«علی علیه السلام فرماید: از پیغمبر صلی الله علیه و اله و سلم پرسیدم: حیوانات مسخ شده کدامند؟ فرمود: سیزده تا: فیل، خرس، خوک، میمون، مارماهی، سوسمار، شب پره (یا پرستو)، کرم سیاه آبی، عقرب، عنکبوت، خرگوش، سهیل، و زهره (نام دو حیوان دریایی است).

پرسیدند علت مسخ اینها چه بوده؟ فرمود:

فیل: مردی لوطی (اهل لواط) بود.

خرس: مرد مأبونی بود که مردها را به خود می خواند.

خوک: عده ای نصرانی بودند از خدا خواستند غذای آسمانی بر آنها بفرستند و با این که خواسته شان عملی شد بر کفر خود افزودند.

میمون: کسانی بودند که روز شنبه بر خلاف دستور دینشان ماهی گرفتند.

مارماهی: مرد دیوثی بود که همسرش را در اختیار مردم می گذاشت.

سوسمار: بادیه نشینی بود که سر راه حاجیان را می گرفت و اموالشان را می ربود.
شب پره: دزدی بود که خرماهای مردم را از سر درختان سرقت می کرد.
کرم سیاه: سخن چینی بود که میان دوستان جدایی می انداخت.
عقرب: مرد بد زبانی بود که هیچکس از نیش زبانش آسوده نبود.
عنکبوت: زنی بود خیانتکار به شوهر.
خرگوش: زنی بود که غسل حیض و غیره نمی کرد.
سهیل: گمرکچی ئی بوددر یمن (!!)
زهره: زن نصرانی بود و این زن همان است که هاروت و ماروت را فریفت...»

گفتن ندارد که مصنف این اثر و مترجم آن که کتاب خود را به «دوستان علوم اهل بیت(ع) و حکم و معارف اسلامی تقدیم کرده‌اند» در مواضعی هستند که «علمای» آینده دنیای تشیع در زیر دست و مکتب «علمی» ایشان پرورش می یابند.

در فصلهای پیشین متذکر این مطلب بوده‌ایم که زیان این جمود و ارتجاع مزمن بویژه از عصر صفوی بنحو اسف انگیزی بافت جامعه را فراگرفت و راه را بروی زایشهای فکری بست و نیز شرح داده‌ایم که چطور بموازات رونق بازار روحانیت شیعه، دامنهٔ این عوارض وسیع و وسیع تر شد و رفته رفته به عرصه‌های حکومت و سیاست راه یافت. در کنار آگاهی به این واقعیتهای تاریخی است که می توان به علل دشمنیِ بخش مهمی از روحانیت شیعه با جنبش مشروطه خواهی پل بست.

در تکمیل شناخت فضایی که بدینگونه به تحجر و جمود آلوده میشد، جا دارد کمی بعقب بازگردیم. گفته‌ایم یکی از اساسی‌ترین دلایل خصومت ملایان با شاهزاده عباس میرزا روی آوری او به خط نوجویی بود، هرچند اندیشهٔ شاهزاده هرگز بمراحل متعالی آزادیخواهی و تفکرات جدید سیاسی و اجتماعی راه نیافت. برای او تغییر نظام مطرح نبود، خواستهای او از این مرز تجاوز نمی کرد که با دستیابی به برخی از یافته‌های علمی و صنعتی غرب درماندگیها را جبران کند؛ می دانیم آنچه او در این زمینه انجام داد، چنان ژرف و گسترده نبود که کشوری در آن حد از عقب افتادگی را بسوی تحول و ترقی بکشاند ولی در همان اندازه هم ملایان شیعی را آرام نمی گذاشت و لاجرم به مقابله وامیداشت. این را هم باید اضافه کنیم که تازه عباس میرزا خیلی دیر، یعنی پس از شکستهای هولناک جنگی از روسیان به ماهیت زیانکار ملایان پی برد. زیرا در آن زمان ملایان بر تار و پود نظام و حوزه سلطنت چنگ انداخته و بکمال به بخش مهمی از پیکرهٔ قدرت و استبداد تبدیل شده بودند. راستش این است که عباس میرزا خود در مراحلی به نفوذ ملایان میدان داده بود و بهرحال آنروز که بیدار شد، فرصتها سوخته بود و طبعاً چوب این دیربیداری را هم خورد.

خلاصه این که دشمنی روحانیت شیعی با هرگونه حرکت نوآور و ترقیخواه، باشکال متفاوتی بروز کرده است که: جعل تاریخ - دگرگون جلوه دادن حوادث - نفی شخصیتها و عناصری که در وجود آنان میلی به نوجویی سراغ می گرفتند - توسل به اتهاماتی نظیر «بیدینی»، «بابیگری» و امثال آن صورتهایی از این خصومت بوده است.

در شناخت این اتهامات ساختگی، بی مناسبت نیست از پاره ای حوادث گواه بگیریم و برای نمونه به دوران سلطنت محمدشاه قاجار و صدراعظم او «حاج میرزا آقاسی» بازگردیم که یکی از بیرحمانه‌ترین انواع دروغ و اتهام و تحریف نصیب آنها گشته است. شگفت انگیز است که چنین تحریف و تقبیح ناجوانمردانه و غیرمنصفانه که در اساس متوجه حاج میرزا آقاسی بوده تا امروز روز نیز از سوی بسیاری مورخین دنبال شده و جایگزین یک تحقیق بیطرفانه و علمی گشته است.

خوانندگان ما، مسلماً از طریق تاریخهای دم دست و حتی کتب تاریخ مدارس دربارۀ «نادانی» و «سبکسری» و «بیمایگی» و «ویرانگری» حاجی میرزا آقاسی حکایات فراوان خوانده یا شنیده اند. بطوری که حتی نام «حاج میرزا آقاسی» تحت تاثیر این قبیل روایات در ذهن بسیاری، حال و هیئت یک دلقک و مسخره را تداعی می کند.

داستان معروف «توپ و قنات» و باصطلاح لطیفهٔ «چاه و چاه کن و حاج میرزا آقاسی» برای لجن مال کردن حاجی که (جدا از نقایص و عیوبی که به او می توان بست) و (به چه کس نمی توان بست) بسهم قابل ملاحظه ای در آبادانی کشورش و استقرار یک نظم عاری از خشونت و سیاستی در حد خود مستقل خدمت کرده، بیش از آن مشهور است که چند باره نقل شود. و بیدرنگ بیفزاییم که قصد ما بهیچوجه بیش از اندازه جلوه دادن کارهای میرزا آقاسی نیست - بر آن نیستیم که حتی مقایسه‌ای میان او و مردانی نظیر امیرکبیر و مشیرالدوله و دولتمردان آزادیخواه صدر مشروطیت بعمل آوریم. مقصود ما منحصراً شرح یک نمونه تاریخی از توطئه‌هایی است که بدست عوامل استبداد، از شاهزادگان و فئودالها گرفته تا ملایان چیده شده و به سرکوب هر عنصری انجامیده که خواسته است قدمی در راه تعالی کشورش بردارد.

ما کوشش خواهیم کرد با بهره گیری از بیغرضانه ترین و در عین حال علمی ترین تتبعات تاریخی درباره آن دوره خاص روشن سازیم که چگونه جبهه استبداد حکومتی و ارتجاع مذهبی در یک اتحاد نامقدس فصلی از تاریخ را به غرض و دروغ دگرگون جلوه داده و حقانیت مردمان صاحب حق را لگدمال مطامع و اغراض خود ساخته اند.

در این باره تحقیقات پر ارزش مورخ صالح و تیزبین خانم هما ناطق که بحق باید او را از پیشاهنگان «بازنگری در تاریخ» لقب داد، بحد کفایت آگاه کننده است.

هما ناطق در اثر گرانبهای خود زیر عنوان (در راه یابی فرهنگی ۱۸۴۸-۱۸۳۴) ضمن بررسی علمی و عمیق در اسناد متقن ایرانی و غیر ایرانی، واقعیتهای ناگفته و ناجور گفته و تحریفهای مورخین سهل انگار و مغرض را برملا کرده است. نقل عباراتی از مقدمات این کتاب که در واقع شارح انگیزۀ مورخ در کار تحلیل این دوره تاریخی است، هم کار نگارنده این سطور را آسان می کند و هم ولو در حد ناچیز، ادای دینی خواهد بود. می نویسد:

«در میان دولتمردان ایران کمتر کسی است که به میزان حاج میرزا آقاسی، صدراعظم محمد شاه طعن و لعن شده باشد. افسانه هایی که برایش پرداختند و پرونده ای که ساختند، آنچنان رنگین و رنگارنگ است که اگر بخواهیم وارسیم، باید از بررسی دیگر جنبه ها بگذریم وانگهی اسناد و گزارشهایی که در ربط با وضع اقتصادی و سیاسی و فرهنگی بدست خواهیم داد ناگزیر برهر چه ناروا ست خط بطلان خواهند کشید. اینهم بدیهی است که قصد ما در این نوشته توجیه میرزا آقاسی نیست زیرا که تاریخ تکبیر و تکفیر برنمی دارد. بلکه کوششی است در پاسخ این پرسش که آبشخور و انگیزه این طرد همه سویه از کجاست؟ علتی باید که در تاریخ معاصر ایران بر این دوره نه کشیده اند و به افسانۀ «توپ و قنات» دلخوش داشته اند، بویژه که هرچه جستم و هرچه پوییدم به این واقعیت دست یافتم که آن درویش [حاج میرزا آقاسی] که برخلاف سنت بـه حکومت رسید، نیندوخت، نگرفت و نکشت و ساخت و آباد کرد. اگر در افتاد، با اقتدار اهل دین درافتاد - اگر جنگید به جنگ دشمنان ایران در مرزهای کشور رفت...»

حاج میرزا آقاسی از سلسله درویشان نورعلیشاهی بود، اما نه از آن قماش درویشان که بقول سعدی «بصورت درویش»اند و «بر سیرت» نادرویش.

دوست و دشمن گواه بر این اند که حاجی تا آخر عمر بسادگی زندگانی کرد و بجای غرق شدن در عشق به کبکبه و دبدبه دولتمردان، تنها به سعادت و راحت مردم اندیشید.

می دانیم که عباس میرزا تعلیم و تربیت فرزند خود «محمد میرزا» را به حاجی سپرده بود و محمد شاه نیز قطعاً در پرتو تعالیم حاجی بود که تا پایان عمر به زرق و برق پادشاهی دل نبست و در حوزه پادشاهی به مدارا و گذشت و عدالت در حق ناس روی آورد. محمد شاه، طبعاً تحت تاثیر تعالیم صدراعظمش تا توانست در راه نجات از چنبره نفوذ و تسلط روس و انگلیس، تقلا کرد و بهمین دلیل در بسط ارتباط هرچه بیشتر و عمیقتر با فرانسویها قدم برداشت. بیهوده نبود که او و مخصوصاً صدراعظمش از دیدگاه ماموران این دو حکومت هدف شدیدترین اتهامات قرار داشتند.

لرد کرزن در کتاب خود (ایران و قضیۀ ایران) از ادای هرگونه ناسزا در حق حاجی دریغ ندارد و محمد شاه را به «سخره» می گیرد که گویی «نادرشاه ثانی» است. مامور دیگر انگلیسی لایارد (Layard) که از سال ۱۸۴۱ برای شوراندن بختیاریها بر ضد حکومت به ایران آمده است در

کتاب خود (Early Adventure in Persia) حاجی را به اشاعهٔ «فساد و ستمگری» متهم می کند و حتی او را ویرانگر و «خونخوار و آفرینندهٔ فلاکت و رنجدیدگی مردمان» میخواند.

و سومی همچنان از ماموران دولت فخیمه (R. Wiberham) در کتاب خود (سفر به ایالات روسی ماوراء قفقاز) – در حق حاجی می نویسد: «همهٔ گفتار و کردارش آمیخته به جنون واقعی یا تظاهر به جنون است.»

چرا؟ – زیرا حاجی و به تبع او پادشاه متبوعش دخالت تبهکارانهٔ دولت فخیمه را برنمی تابند.

این که مامور انگلیسی حاجی را «ویرانگر» لقب می دهد، لابد دلیلش آن بوده است که با کوشش او، ایران میرفت تا دست کم در زمینه های کشاورزی بنوعی خودکفایی برسد و از این باب سلطه بیگانگان را بشکند. بنا برنوشته تمامی مورخین وقت که غالباً از دشمنان سوگندخورده میرزا آقاسی بودند، شمار روستاهای آباد شده و احیاء اراضی موات در آن دوره و بهمت حاجی بیسابقه بود. لسان الملک سپهر که از بدخواهی و بدگویی در حق میرزا آقاسی دریغ نداشت نوشت: «هر ده و قریه و مرتعی که در ایران حاجی آقاسی بدست کرده بود به طریق شریعت غرا سجلی کرده و به شاهنشاه غازی هبه نمود و این جمله در صفحه اداره نگاران و مستوفیان دیوان یک هزار و چهارصد و سی و هشت قریه بود – نقل از ناسخ التواریخ».

رضا قلی خان هدایت نیز در روضه الصفای ناصری گواهی داده است که میرزا آقاسی ۱۴۳۸ قطعه را آباد کرد. جالب توجه است که سفیر فرانسه شیوهٔ ده سازی ایرانیان را برای الجزایر و حتی فرانسه توصیه کرده است (بنقل از کتاب: رساله دربارهٔ شیوهٔ دهسازی در ایران Notice sur mode construction des villages en perse تالیف Sartiges.)

جالب توجه است که حاجی با این مکنتی که برای آبادانی در اختیار داشت، خود تا پایان عمر اجاره نشین بود و این در زمانی است که ملایان و شاهزادگان و فئودالها مالکیت ایران را در اختیار داشتند.

حاجی و محمدشاه از آغاز مبارزهٔ وسیعی را بر ضد ملایان تدارک دیدند و تا توانستند از مداخلهٔ آنها در ادارهٔ مملکت کاستند. سرکوب شورش تبریز که به هدایت یکی از ملایان سر گرفته بود و انگاه جنگ واقعی با مجتهد پر نام و پر زور زمان (شفتی) که عملاً اصفهان را به خطه حکومت خود و «لوطیان و آدمکشان» حامی خود مبدل کرده بود، از دیدگاه مورخین بی غرض، بزرگترین زورآزمایی بر ضد ملایان محسوب می شد. ما یکبار دیگر، بخصوص از عصر نادری چنین برخوردی را سراغ داریم ولی تفاوت در این است که در عصر نادر، زورمندی جایگزین زورمندی می شد و در عصر محمد شاه، این میل به آسایش توده ها بود که ملایان را بسرجایشان می نشاند. چگونگی جنگ با شفتی، ملایی که از دورهٔ فتحعلیشاه، بالاترین مقام «روحانی» را تصرف کرده بود –و سرانجام سرکوب و ابراز زبونی وی پس از شکست، بقلم گوبینو، شرح

شده است. بنا بر نقل گوبینو پس از سرکوب شفتی مردم جان می گیرند و گروه گروه به «دیوانخانه ای» که برای رسیدگی به جنایات او برپا شده است روی می آورند و حتی «زنان با بی پروایی و هیجانی باورنکردنی از تجاوزات و کامجوییها و جنایتهای» این ملا آشکارا سخن می گویند و از آنجا که مجال دادرسی در قبال رسیدگی بکار آن انبوه تبهکاران نیست مردم خود به جان لوطیان می افتند و بدست خود از اغلب آنها انتقام می گیرند.

از مشخصات این دوره (حکومت حاج میرزا آقاسی) - مداراگری، پرهیز از خشونت و احترام به پیروان سایر ادیان و طبعاً مقابلهٔ دائم با ملایان و سایر زورمندان در هرم قدرت است.

اعتماد السلطنه درذکر خصایل حاجی میرزا آقاسی می نویسد:

«حاجی میرزا آقاسی در اغلب اوقات از افراد واجب القتل شفاعت می نمود و آنان را از کشتن نجات میداد. او ابداً میل نداشت خون مردم ریخته شود و مثل سایر صدور در برچیدن خانمانها و دودمان کشی اقدام نکرد - نقل از صدور التواریخ».

گفتنی است که دراین دوره بنا بر توصیه حاجی، محمد شاه طی دستخطی مجازات اعدام و اعمال شکنجه و آزار متهمین را ممنوع می کند و این در تمامی قبل و بعد از آن دوره امری بی سابقه است. درست در مقابل روشهای ستیزه گرانه و ملاپرور عصر فتحعلیشاه در این دوره آزاداندیشی و آزادگی رونقی تمام پیدا می کند:

گوبینو بر این باور است که در خط نوآوری و حتی غرب گرایی و تجدد، درویشان و صوفیان (منظور حاجی میرزا و پیرامونیان او هستند) بسی فراتر از حکومت و اصلاح گران رفته اند. نسبت به مسیحیان حسن نظر دارند و برخی «نام ولتر را شنیده بودند و از او بعنوان یک مرد بزرگ یاد می کردند.»

فضای بازی که در دوره صدارت حاجی پدید آمد به مردم اجازه داد تا بنیاد نظر خود را نسبت به قشر تبهکار باصطلاح روحانی آشکارا ابراز دارند.

گوبینو یادآوری می کند که از عهد محمدشاه مردم «آمخته شدند که به ملایان احترام نگذارند و احترام نمی گذاشتند.»

یک افسر انگلیسی (کلنل استوارت) در ۱۸۳۶ با تعجب بسیار نوشته است:

«آزادی بیان در ایران بی نظیر است» بنوشته او مردم فقیر هرچه در دل دارند. میگویند، آزادی بیان بحدی است که حتی شاعری «طنزنامه ای» بر ضد شاه ساخته است که در کوچه و بازار بر سر زبانهاست.

(نقل از Journal of a Residence in Northern Persia اثر C. Stuart)

یک سیاح روس بنام بارون دوبُد Baron de Bode می نویسد آن نفوذ روحانیت که در دورهٔ فتحعلیشاه حاکم بود، از میان رفته است و «سیاست عرف» بر آن می چربد. مسلماً یکی از دلایل

ظهور و گسترش بابیگری در این دوره همین سیاست مدارا و مبتنی بر آزاداندیشی حاجی و به تبعیت او پادشاه است.

در زمینه کشورداری، افسر معروف فرانسوی (ژنرال فریه Ferrier) در کتاب خود (وضع ایران در سال ۱۸۵۰ - situation de la perse en 1850) می نویسد:

«او (حاج میرزا آقاسی) اقدامات پر ارزشی انجام داد تا وحدت حکومتی را در ایران پابرجا کند... او مانند لوئی یازده و ریشیلیو قدرت فئودالها را در هم شکست و صد نفری از شاهزادگان را برکنار کرد.» خانم هما ناطق در بیان روحیهٔ حاکم زمان می نویسد:

«اقتدا بر تعقل به جای تفال را در نوشته های سرآغاز این دوره می توان بازشناخت، نمونه رساله‌ای بود عارفانه که جعفر ابن اسحق به سال ۱۸۳۲ برای فرزند فتحعلیشاه پرداخت، از آن رساله بوی بابیگری می آمد و جعفر بن اسحق تصریح کرد که در این جهان نه کسی سایه خداست و نه خلیفهٔ خدا و نه مباشر خدا بدان معنا که امر «خلافت» نه بر عهده یک فرد بلکه بر دوش انسانها نهاده شده، پروردگار عالم نیاز به «مباشر» و «ظل الله» ندارد.» - می توان گفت صوفیه که دراین دوره جای متشرعین را گرفتند آن «آزادگی» را که در مشرب عرفان قدیم موج می زد بنحو درخشانی با روح زمان گره زدند - جالب توجه است که در این دوره، رجوع به آیین زرتشتی و تعلق خاطر به ایران باستان در بسیاری از درس خواندگان زمینه پیدا می کند - چنین گرایشی را شگفت نیست که در آثار بابیه آن دوران بروشنی می توان جست. یک نمونه یغمای جندقی است که به زنده ساختن زبان پارسی عشقی دارد و سفارش می کند که «پارسی گو، ارچه تازی خوشتر است» - او در قلمرو فکری کارش حتی به طرد آشکار مسلمانی می رسد. خانم هما ناطق بر این باور است که ظاهراً «حکومت وقت خود در زنده داشت زبان پارسی و زبانهای باستانی ایران مشوق» بوده است و در این زمینه به سندی از «انجمن زرتشتیان بمبئی» رجوع می کند که در آن آمده است:

«شاه مبرور ثراه (محمد شاه) برای زیردست پروری و بنده نوازی به فرمانفرمای یزد که نظام الدوله بود فرمان شده بود که زبان پیشین این گروه که پهلوی است و این زمان نویسنده و خواننده آن پیدا نیست، از دیوان اعلی روزی دو تومان بدهند که چند کس از ایشان این زبان را آموخته و آگاهی بدست آرند. تا چند ماه بلکه از یک سال بیشتر دریافت داشتند ولی کسی الف و بای متن های آن زبان را دسترس نگردید.»

بیهوده نیست که دولتمردان خوش اندیش عصر بعد (ناصری) که برآمده از عصر محمد شاه بودند همواره از دوره قبل به نیکی یاد و آن را با دوره ناصری مقایسه می نمودند و از این یک به بدی یاد می کردند. ملک زاده در (شرح حال عباس میرزا ملک آراء) مطلبی از میرزا حسین خان مشیرالدوله آورده است که خواندنی است. ملک آرا میگوید هنگامی که شاه (ناصرالدین شاه) و

وی به سفر فرنگ می رفتند «من در کالسکه میرزاحسین خان سپهسالار دخول کردم... میرزا حسین خان به شاه فحش داد... می گفت تو نمی دانی چقدر حرامزاده است یک صفا از شاه مرحوم (محمد شاه) ندارد، از آدم معقول بدش می آید... این پسر محمد شاه نیست، نمی دانم از کدام قراول یا کدام شاگرد بزاز بیرون آمده است.»

با قاطعیت می توان گفت بسیاری از دولتمردان ترقیخواه ادوار بعد، از آن جمله میرزا تقی خان امیرکبیر و میرزا حسین خان مشیرالدوله و نیز سرآمدان جنبش قانونمندی و مشروطه خواهی نظیر ملکم خان پرورد گان عصر محمدشاه و حاج میرزا آقاسی بودند

پیشتر به اشاره ای گذشتیم که در زمینه های عمرانی، دوران محمد شاه و حاج میرزا آقاسی نسبت به تمامی دوره‌های قبل و بعد از آن (در عصر قاجاریه) امتیازات نظرگیری دارد. باید اضافه کرد در قلمروهای دیگر اقتصادی و از آن جمله تجارت خارجی نیز پیشرفتهای این دوره بسیار قابل توجه است. اجمالاً آنها که قصهٔ «توپ و قنات» را برای حاجی ساختند هرگز نگفتند و نخواستند بگویند که بکوشش هم او بود که بیش از هزارده آبادان شد و چه بسیار اراضی موات احیاء گشت و چگونه فی المثل تبریز به یک شهر معتبر تجاری تبدیل شد. سفیر فرانسه (SARTIGES) نوشته است: «هرچه از اهمیت بازرگانی شهر تبریز بگویم کم گفته ام» - «افزایش تدریجی واردات، فراوانی ارتباطات میان این شهر و استانبول، پیوند مستقیم با اروپا گرایش بازرگانان اروپایی به در دست گرفتن انحصار پارچه های نخی، نزدیکی مراکز ارتباط، برپایی شرکتها جملگی آینده پرباری برای شهر تبریز پیش بینی می کنند» - توجه محمدشاه به توسعه و تقویت تولیدات داخلی بحدی است که وقتی دستور میدهد که درباریان لباس از پارچه‌های ایرانی بپوشند و تا آنجا که معلوم است، تصمیم جدی داشته است که اصولاً کالاهای خارجی را تحریم کند. کلنل استوارت در ۲۱ سپتامبر ۱۸۳۶ نوشته است:

«شاه در شوری که برای تشویق تولیدات ملی دارد، دربار خود و نیز افراد خانواده اش را از خرید کالاهای آقای برگس منع کرده است (برگس بازرگانی بوده است که بیاری عباس میرزا شرکتی تجاری برپا داشته بود) - محمد شاه گفته بود «هرکس این تحریم را بشکند قرمساق است» (همچنان نقل از کلنل استوارت).

با این نشانه ها می توان دریافت که اساس علل دشمنی خارجیان خاصه انگلیسها و نیز دلایل خصومت ملایان و پاره‌ای از شاهزادگان و اصحاب قدرت با حاج میرزا آقاسی و پادشاه متبوع او از کجا ریشه می گرفته و سر به چه سوداهایی داشته است.

یک نمونهٔ روشن از مخالفت به خیانت آلودهٔ ملایان با این پادشاه و مخصوصاً صدراعظمش را در واقعهٔ معروف محاصرهٔ هرات می یابیم که انگلستان آن را یک اقدام خصمانه و «آشکارا مورد انزجار» خود خوانده بود. در اوضاع و احوالی چنان خطیر که انگلستان با نیروهای نظامی و

سیاسی خود به مقابله آمده است، این سید باقر شفتی (که عملاً سروری ملایان را بدست دارد) و همراه او سایر «علما» هستند که پا بپای انگلیس‌ها درفش مخالفت برمی افرازند و یکبار دیگر به عملهٔ استعمار مبدل می شوند. رابطهٔ تنگاتنگ «علما» با سیاستهای استعماری از آن فصول مبرهن تاریخی است که خاصه در دورهٔ مورد بحث زمینه های گوناگون یافته و واقعیت این است که بدست همان ملایان و سایر اصحاب استبداد و استعمار و نیز به نقل مورخین سرسپرده و یا سهل انگار، آنطور که شایسته است چنین زمینه های عبرت آموزی از دیدگاه مردم مکتوم مانده است.

همانگونه که پیشتر گفته‌ایم، تحلیل عالمانهٔ خانم هما ناطق که ما در این فصل بیشترین بهره ها را از آن داشته‌ایم، راهگشایی است که اذهان حقیقت طلب را با حوادث دوران محمد شاه خصوصاً و با ضرورت یک بازنگری اساسی در تاریخ (دست کم) معاصر عموماً آشنا خواهد ساخت.

در پایان این فصل سزاوار است هرچند باختصار، نقلی از حال و قال سید باقر شفتی داشته باشیم که باعتبار اصطلاحات امروزی، آیت الله العظمی، مرجع تقلید شیعیان جهان، ولی فقیه و امام مسلمین در آن روزگار محسوب می شد و طبعاً حسب حال او می تواند در آگاهی باحوال سایر متولیان دینی زمان ما یه دستی تلقی شود.

یکی از شاگردان سید باقر شفتی، تنکابنی در کتاب خود قصص العلماء مینویسد: «از زمان ائمه اطهار تا آن عهد، هیچ یک از علمای امامیه به آن اندازه ثروت و مکنت نداشتند» که شفتی داشت. گفته شده است ثروت سید در سال ۱۸۴۳ به دو میلیون و پانصد هزار فرانک معادل ۲۰۰ هزار تومان می رسید. تا آنجا که معلوم است، شفتی از خانواده تهی دستی بود، بعضی بر این باورند که از دستبرد به اوقاف به چنین مکنتی دست یافت، عده ای بالطبع از پامنبریها گفته اند از «خزانه غیب» نصیب گرفت، جمعی هم ادعا کردند که گنجی در خانه یافت ولی واقعیت این است که ثروت او پشت به غارت مردم داشت. بنا بر تحقیق عباس اقبال: شفتی از راه اغوا و زور چنین ثروتی را گرد آورد. می نویسد: شفتی «متهمین را ابتدا به اصرار و ملایمت و به تشویق این که، خودم در روز قیامت پیش جدم شفیع گناهان شما خواهم شد به اقرار و اعتراف وامیداشته، سپس غالباً به گریه ایشان را گردن می زده و خود بر کشته آنان نماز گزارده. گاهی هم در حین نماز غش می کرده است - نقل از مقاله اقبال در مجله یادگار.»

پیشتر گفتیم که شفتی، این محصول دوران ملاپرور فتحعلیشاه، رفته رفته کارش بدانجا کشید که در اصفهان با کمک انبوه لوطی ها و آدمکشان، ادعای استقلال کرد و حتی به نام او خطبه خواندند و سکه زدند و تنها ایستادگی و مقابله آشتی ناپذیر حاج میرزا آقاسی و محمد شاه بود که او را با ذلت و خواری فرود کشید. وقتی به فرمان محمد شاه بکمک توپخانه دروازه های شهر

اصفهان را گشودند، لوطیان روبفرار گذاشتند و به قول یک ناظر فرنگی مجتهد بکنجی خزید - بعضی از ملایان به زندان روانه شدند و سیصد لوطی گرفتار آمدند و بدینگونه غائله ختم شد و اموال غصبی به صاحبان آنها بازگشت.

شواهدی در دست است که گواهی می دهند، مرگ شفتی با آنکه ریاست فائقه مذهبی را بعهده داشت، سوکی در مردم برنیانگیخت و حتی مجلس یادبودی برای وی برپا نشد. کنسول فرانسه به وزیر خارجه وقت فرانسه گزارش کرد: «مجتهد اصفهان در ۲۲ آوریل درگذشت و مرگ این مقام عالیرتبه مذهبی برای شاه کاملاً علی السویه بود.»

فصل دهم

حادثه ای اثر گذار در خط نهضت ملی

در مراتب مختلف این بررسی، به تکرار یادآوری کرده ایم که قصد ما پژوهش در تاریخ به معنای عام آن نیست. مسلماً تاریخ مهمترین دستمایهٔ ما است ولی تنها در راستهٔ مشخصی که بالطبع تمامی حوادث آنرا در بر نمی گیرد. کار ما به تحلیل دربارهٔ نقش روحانیت شیعه محدود می شود و در این رهگذر کوشیده ایم با پرش های گاه بلند و دهها ساله از مراحل مختلف تاریخ به حوادث و دوره هایی بپردازیم که در اتصال با درون مایهٔ بحث ما جنبهٔ کلیدی دارند، بدیهی است سیر تحلیلی در وقایع پیوسته تاریخ بعهده پژوهشگران تاریخ است و کار ما بهره گرفتن از یافته های آنان، فاصلهٔ چند ده سالهٔ محتوای این بخش با بخش قبلی تکرار این یادآوری را ضروری ساخت. بحث ما در این قسمت پیرامون واقعه ای است از وقایع عصر ناصری که بلحاظ پیچیدگی نقش ملایان شیعه در آن و بویژه برای بیرون کشیدن واقعیت از پیلهٔ جعلیات و دروغها و مبالغه های گزاف توجه به آن لازم است: پیشاپیش ذکر این نکته ضروری است که از حوادث یکصد و چند سال اخیر ایران، دو حادثهٔ البته بسیار مهم و سرنوشت ساز در خط نهضت ملی ایران ثبت در تاریخ شده است که خاصه متولیان شیعه کوششی داشته اند و دارند که تمامی ارزش و درخشش آنها را بعنوان نمادی از نقش انحصاری و بی رقیب خود در عرصهٔ مبارزات ضد استعماری و حتی «ضد استبدادی» ملت ایران، بحساب خویش واریز کنند.

اولین از این دو، مقابله با امتیازنامهٔ رژی است که به لغو آن انجامید و دومین انقلاب مشروطه است:

دربارهٔ نهضت ملی مشروطه گری بحث ما الزاماً مفصل تر و به اعتباری پیچیده تر خواهد بود زیرا علاوه بر تقسیم بندی نه چندان دقیقی که تاکنون از باب نقش ملایان مشروطه خواه و مشروعه خواه در تاریخهای دم دست مطرح شده است بسیاری از ملایان حاکم در ایران و بخصوص شخص آقای خمینی و جمعی از بازیگران معرکهٔ اسلامی و ملایان بی عمامه و عبا نظیر جلال آل احمد، اصولاً مشروطه گری را یک پدیدهٔ زیانبار و مایهٔ بسط عارضهٔ «غرب زدگی» و در اساس حرکتی ساختهٔ بیگانه و مظهری از سلطهٔ استعمار مغرب زمین تلقی و تبلیغ کرده اند. ما در بخشهای بعدی و در جای خود فصولی را به جنبش مشروطه خواهی و مواضع مخرّب ملایان و زیانهای جبران

ناپذیری که بدست حتی ملایان ظاهراً مشروطه خواه به این خیزش اصیل ملی وارد آمده است، اختصاص خواهیم داد و در این بخش منحصراً می پردازیم به همان قیام بر ضد امتیازنامهٔ رژی.

یک نکتهٔ گفتنی هرچند در فصول پیشین جای جای به آن پرداخته ایم، بویژه در اتصال با مسئلهٔ رژی، این است که: در عین توجه به نقش روحانیت شیعه در تحولات تاریخ و نهضت ملی ایران، نباید از ذکر استثنائاتی که طبعاً ناقض اصل نمی توانند باشند، دریغ کرد.

مسلماً در این حوادث ملایانی هرچند معدود در میدان بوده اند که از نیت خیر و سلامت نظر و حتی درد مردم دوستی و وطنخواهی خالی نبوده اند. بی گفتگو میرزا حسن شیرازی مرجع تقلید شیعیان در بخشی از دورهٔ ناصری یکی از آنهاست. در شرح احوال او تمامی یادآوران بر صداقت و دینداری و مخصوصاً پرهیز او از دکانداری و خودنمایی اتفاق نظر داشته اند. میرزا مردی بوده است متقی، کوششی داشته است تا خود را به عوالم سیاسی نیالاید. از آن قماش رهبران دینی بوده است که بشدت از شرکت در بازیگریهای سیاسی و بندو بستهای مرسوم «علما» با اصحاب قدرت می پرهیزند تا آن جا خود را از تماس با دغلکاریها و عرض اندامهای فریبکارانه کنار می کشد که حتی وقتی ناصرالدین شاه در سال ۱۲۸۷ به زیارت کربلا و نجف می رود، از استقبالش چشم می پوشد. چنان است که شاه نیز او را به وارستگی و آراستگی فضایل می ستاید. میرزا معتقد است «تعرض داشتن به آنچه از وظایف دولت باشد» بیرون از تکلیف اوست یعنی به مداخله در کارهای حکومت مایل نیست و اما چه می شود که ملای عالیقدر از اعتقاد اصولی خود مبنی بر احتراز از سیاست چشم می پوشد و به مداخله در کار «رژی» و دقیق تر بگوییم به همصدایی با مردم و خاصه تجار و دهقانان کشتکار توتون و تنباکو برمیخیزد؟

آن خلط مبحثی را که پیشتر گفتیم بسی از ملایان دیروز و امروز در جهت اثبات پیشوایی خود در مبارزات ضد استعماری پیش کشیده اند و می کشند از این پس دنبال خواهیم کرد تا فارغ از هرگونه جانبداری و جبهه گیری، درستی یا نادرستی این دعوی را کشف کرده باشیم.

نخست لازم است از چگونگی ماجرا و دادن امتیاز دخانیات به خارجیان در عصر مورد بحث، هرچند مختصر، اطلاعاتی داشته باشیم.

«انحصارنامه» و یا «امتیازنامهٔ» معروف به رژی در ۲۷ رجب سال ۱۳۰۷ مطابق با ۲۰ مارس ۱۸۹۰ به یک انگلیسی بنام تالبوت داده می شود. بموجب این امتیازنامه تمامی توتون و تنباکوی تولیدی در ایران برای مدت پنجاه سال از آنِ تالبوت و شرکای اوست، بدینگونه که «به جز صاحبان امتیازنامه، احدی حق نداشته و نخواهد داشت که به جهت خرید و فروش توتون و تنباکو و سیگار و سیگارت و انفیه و مثله، اجازه کتبی به احدی بدهد.»

صاحبان امتیاز تعهد می کنند که سالانه پانزده هزار لیره به خزانهٔ ایران بپردازند، مضافاً کمپانی می پذیرد که یک چهارم از عایدی خالص خود را نیز در اختیار دولت ایران قرار دهد. کمپانی همچنین متعهد است که «تمامی مقدار توتون و تنباکو که در ایران حاصل می شود و قابل استهلاک باشد نقداً ابتیاع نماید» و متقابلاً زارعین توتون و تنباکو وظیفه دارند «به نزدیک ترین گماشتهٔ کمپانی از مقدار توتون و تنباکوی محصول خود بی درنگ اطلاع دهند» تا ترتیب خرید آن داده شود. امتیازنامه مقرر می دارد: اگر معلوم شود که کسی بدون اجازهٔ کمپانی توتون و تنباکو و سایر دخانیات را فروخته است مورد تنبیه سخت خواهد گردید و جریمه خواهد شد.

اینک بررسی کنیم که از زمان عقد امتیازنامه تا زمان لغو آن (چهارم جمادی الثانی ۱۳۰۹) - چه حوادثی رویداده؟ - چه نیروهایی بمیدان آمده؟ و خاصه نقش ملایان و ورود آنها در جریان طغیان مردم، چه وقت و تحت تأثیر چه عاملها و فشارهایی صورت گرفته است؟ در این جا اشاره ای به برخی از داوریهای ناپخته و غیرمستند و شعارگونه بی مناسبت نیست که از آنجمله است نقل ابراهیم صفایی که سالها قبل در کتابی زیر عنوان «رهبران مشروطه» نشر داده است.

از لحن صفایی دربارهٔ قرارداد رژی چنین برمی آید که او چنان پیمانی را ناصواب نمی شمرده و مخالفت با آن را توطئه ای از جانب روسها می دانسته است. می نویسد:

«... بازرگانان توتون و تنباکو که (براثر قرارداد) سودشان نقصان می جست حاضر به همکاری با کمپانی نشدند - این بازرگانان که در تمام ایران پنجاه نفر نمی شدند دست به تحریکات شدیدی زدند. حاج کاظم ملک التجار که از بازرگانان متنفذ و در عین حال عامل سفارت روس بود با حاج میرزا حسن آشتیانی و بعضی از روحانیان تماس گرفت و حاج میرزا آلت اجرای مقاصد روسها شد».

این قضاوتی است که از سر تا پا از واقعیت و حقیقت فاصله دارد. درست این است که طغیان رژی، در عین حال که از منافع تجار و زارعین ایرانی مایه می گرفت، با همهٔ ثمرات (خوب وبدی) که ببار آورد و ما در جای خود به آن خواهیم پرداخت، یک خیزش مردمی و ضد استعماری بود.

نکته ای که در این میان نباید از آن به آسانی گذشت همان مغلطهٔ ملایان است که بدون توجه به مقدمات خیزش به تصویری ضد استعماری از خود می پردازند و این جعل را پشتوانهٔ جعل دیگری از باب هویت خود در متن نهضت ملی ایران قرار می دهند.

بخلاف رأی ابراهیم صفایی، در آن دوران، بورژوازی ایران (صدالبته نه به پایه رشد بورژوازی در غرب) بویژه در صنف تجاری که با تولیدات داخلی پیوند داشتند، رو به بلوغ بود.

باعتقاد صحیح و مستند فریدون آدمیت: «طبقهٔ فعال تجار در مرحلهٔ رشد و تشکل اجتماعی جدید، از هشیاری طبقاتی استثنائی برخوردار بود با تکیه به پیوند صنفی خویش اعتقاد داشت که

اتفاق تجار، اتفاقی است یا جمیع ممالک محروسه به سبب اینکه رشتهٔ تجار به یکدیگر بسته است») این طبقه با تاکید به نیروی تشکل اجتماعی خود معتقد بود که «عمده امورات ممالک محروسه با تجار است که این طایفه همه جور قوه در آنها متصوراست، اسباب آبادی مملکت هستند») این طبقه با فعالیت اقتصادی و بازرگانی همراه با آگاهی سیاسی بر نفوذ استعماری غرب حمله می برد که: «چه جهت دارد خارجه بر داخله مسلط شده است؟ و این رواج امتعهٔ فرنگ «سیل بنبان کن» ثروت مملکت و عامل فقر مردم است ... نقل از رسالهٔ شورش بر امتیاز نامه رژی تألیف فریدون آدمیت.»)

برای آنکه اهمیت نقش بورژوازی رو برشد آن روزگار را ردبگیریم، یک شاهد مثال، شمار افرادی است که در کار زراعت و تجارت توتون و تنباکو و سایر مواد دخانی دست داشته اند - امین الضرب درنامه ای به امین السلطان صدراعظم تعداد این جماعت را دویست هزار تخمین می زند که این با توجه به جمعیت ۹ تا ۱۰ میلیونی ایران آنروز رقم فوق العاده قابل توجهی است.

ناصرالدین شاه در یک برخورد عامیانه با مسئله می گوید: «غلیان یا چپق از ضروریات زندگانی نیست. به خلاف نان و گوشت و برنج و آب که مایحتاج انسان است» - پیداست که او دراین برداشت ساده اندیشانه به اهمیت دستهایی که در این مهمترین رقم صادراتی کشور بکار بوده اند توجهی نداشته است، گذشته از این قول کتابچی خان رئیس کل گمرکات که به کمپانی رژی گزارش کرده بود:

«شمار مصرف کنندگان داخلی دخانیات به دو میلیون نفر می رسد» - از محاسبهٔ شاه بدور مانده است.

و اما آغاز طغیان:

گفتنی است که اعتراض به قرارداد، اول بار از تهران و از سوی صنف تجار آغاز شد (ماه رجب ۱۳۰۸) — کندی شارژدافر انگلیس طی تلگرامی گزارش می کند: «تجار تنباکو عرضحالی در اعتراض به انحصارنامهٔ رژی توسط امین الدوله برای شاه فرستاده اند.» - جالب توجه است که این اعتراضیه حتی یک هفته قبل از انتشار امتیازنامه در روزنامهٔ رسمی، نشر یافته است. در همان حال شبنامه هایی نیز بر ضد قرارداد و سیاست دولت منتشر می شود که بر سر در کاروانسراها، سفارتخانه ها و مساجد بچشم میخورد.. در خاطرات حاج سیاح آمده است که در این شب نامه ها عباراتی از این قبیل درج شده است:

«تنباکو مال ایرانی، خریدار، استعمال کننده ایرانی، به چه دلیل فروش و خرید منحصر به اجانب شده است؟»

بدینگونه نطفه ی عصیان در تهران بسته می شود. در این میان کم نیستند از تجار و روشنفکران که مسئله را از دیدگاههای اقتصادی و سیاسی پیش می کشند. حاج محمد رحیم اصفهانی از آنهاست که زیانهای اقتصادی رژی را گوشزد می کند و از تبریز به امین الضرب می نویسد هرچند سالی ۵۰ هزار تومان از بابت امتیازنامه به خزانه می رسد «لکن وقتی که اقدام در این کار نمودند، آنوقت ملتفت خواهند شد که برای دولت و ملت ضرر کلی دارد» و در جهت اثبات زیانی که به مردم می رسد اضافه می کند: «این تجارت که دست رعیت و تجار ایران بود، او را هم فرنگی ها بردند. بعد از این مردم بیکار یا این است که باید فعلگی نمایند؛ یا این است که راهزنی و دزدی بکنند. دیگر کاری که ندارند. فردا فلان آدم هم خواهد آمد تریاک، پشم، کتیرا، گندم و برنج را هم منحصر خواهد کرد...» پس «چنانچه ممکن باشد رفع این فقره را بفرمایید خدمتی به دولت و ملت و اسباب دعاگویی مردم است.»

شاه و کمپانی در قبال این اعتراضات همچنان بر عهد خود پایدارند. شاه به تالبوت پیغام میفرستد که «از پشتیبانی جدی دولت ایران مطمئن باشید و امتیازنامه کاملاً معتبر است» و امین السلطان به ارنستین مدیر عامل رژی که به تهران آمده است اطمینان خاطر می دهد که شاه و خود او «به موفقیت رژی علاقه مند هستند.»

اما جنبش اعتراض علیرغم سیاست ارعاب و تحبیب دولت با شتاب در حساس ترین مناطق مملکت اوج می گیرد و رفته رفته جنبه های سیاسی آن نیز ظاهر می شود.

روزنامه اختر ضمن مقالاتی که به گمان قریب به یقین از میرزا آقاخان کرمانی است به مسایل اقتصادی و سیاسی تواماً می پردازد و در یکی از آنها به شدیدترین وجهی حکومت ایران را سرزنش می کند و مدعی میشود که «حقوق هیچ مملکت و ملتی بدین پایه به رایگان فروخته نمی شود» و تهدید می کند که با این شیوه ها «مملکت اصلاح نمی پذیرد، بلکه روز بروز تباهی می گیرد.»

مبارزه با رژی، در رمضان ۱۳۰۸ به فارس سرایت می کند. شارژدافر انگلیس در گزارشی می نویسد: «از شیراز اعتراضهای پی در پی به شاه و امین السلطان می رسد.»

شنیدنی است که مأموران انگلیس بیش از مأموران دولت ایران افزایش وخامت اوضاع را حس کرده اند - مدیر عامل رژی وضع پرآشوب فارس را با امین السلطان در میان می گذارد، ولی جواب می شنود: «هیجان زودگذر است» -حکومت بر شدت سرکوب خود می افزاید ولی وسعت و عمق جنبش نیز روزافزون است.

این یادآوری ضرورت دارد که حتی پیش از حرکت اعتراضی ضد رژیم، یعنی از قرن نوزدهم میلادی و اوایل قرن چهاردهم هجری نه تنها بحث بلکه همچنین اقداماتی در جهت مقابله بانظام

موجود سر گرفته است. مأمور انگلیسی (کندی) به سالیسبوری از «تخم افکار انقلابی» در ایران می نویسد - امین السلطان وزیر حکومت از ابراز وحشت خودداری نمی کند و از «شوریدگی خیالات عامه» سخن می گوید و پنهان نمی کند که دلها از شاه برگشته و «دلتنگی و انفجار مطلق» جای آن را پر کرده است.

فوریه (Feuvrier) پزشک مخصوص شاه در خاطرات خود (سه ماه در دربار ایران - Trois ans a coure perse) پنهان نمی کند که «نشانه های نارضائی به چشم می خورد - نامه های تهدید آمیز بی امضاء تا به اندرون می رسند، شایعاتی در توطئه به جان شاه شنیده میشوند مادهٔ کهن بابیّت جان می گیرد.»

اعتماد السلطنه بسیاق درباری خود جوششهای اعتراض آمیز را اینگونه رقم میزند:

«اجامر و اوباش بعض اعلانات به دیوارها می چسبانند و دم از آزادی میزنند»

در نامه ای خطاب به شاه آمده است:

«ما به جان آمده ایم. این دفعه از آن دفعات نیست تو را (شاه را) پارچه پارچه می کنیم - سهل است نسل قاجاریه را از جهان برمیاندازیم» دکتر فوریه می نویسد: «نگرانی در همهٔ چهره ها هویداست، همه کس بیش از همیشه در گفتار خویشتن دارند. از این می ترسند که مبادا متهم به هم پیمان بودن با ناراضیان شوند.»

در یکی از اعلامیه ها که پنهانی نشر یافته است میخوانیم:

«در هر سری که شور مملکت خواهی و عدل و نظم و وطن پرستی دیده شد چون میرزا تقی خان اتابیک لگدکوب اراذل و وطن فروشان گردید ... با وضع امروز طاقت اطاعت نمانده.... مغرضین آن را عصیان جلوه خواهند داد» و اما «کار به جان و کارد به استخوان رسیده .... طاقت نمانده ما را ...»

مطلب بسیار مهم آن است که در یکی از اعلامیه ها که خطاب به ملایان است؛ سخنی از تمنا و التجا نیست - تهدیدی است که چرا خاموش مانده اید به آنها می گویند: « آقایان چه توجهی به حال ضعیفان کرده اید؟» با لحنی تمسخر آمیز «حضرت آقایان را کجا دل سوخته و بیک اقدامی جلوگیری از این ظلم های بیحساب کرده اید؟»

در این اعلامیه که متن آن در خاطرات حاج سیاح آمده است، زبان شماتت نسبت به متولیان دینی به آنجا میرسد که میگوید:

«می بینیم هرگاه صدای یک دفی در خانهٔ فقیری بلند شود، رگ امر بمعروف حضرات آیت الله به حرکت آمده، لشکر طلاب تا ریختن خون صاحب خانه ایستادگی می کنند. اما فریاد

مظلومان که در زیر چوب و فلک از دربار و حکام به آسمان بلند می شود آقا یان را کیک نمی گزد.»

می بینیم که زبان، زبان طعنه است و درعین حال خبراز آگاهی نویسندگان نسبت به حال و قال ملا یانی میدهد که بقدرت ظالم چسبیده و از مظلوم بریده اند. در دنبالهٔ اعلامیه چاشنی تهدید بازهم قویتر می شود:

«برای تحصیل شما (ملا یان) کرور کرور پول تحمیل آنها (مردم) شده چه نتیجه عاید گردیده؟... نزد آقایان گویا از عادات است که اگر بفرمایید از ما پیشرفت نمی کند اولاً در بسیاری از این کارها خود به ایشان (حکومتیان و اهل ظلم) یاری میکنند، ثانیاً کی شما اتفاق نموده، ملت را به رفع ظلم دعوت نمودید و کسی نشنید؟ ملت را ظالمان گوسفند کرده و سر بریده، از گوشت و دنبهٔ آن هم شما طعمه می برید...»

در بیانیهٔ دیگری خطاب به مردم، اتکأ به نفس و قبول مسئولیت در ردّ و نفی ظالم توصیه شده است. می خوانیم:

«ای برادران مطیع ظالم نشوید تا شما را گوسفند ندانند. اگر پدران ما قبول ظلم نکرده بودند ما الان آسوده بودیم، ایشان تکلیف خودشان را ندانسته یا نکردند ما باید قرض ایشان را ادا کنیم.»

در چنین فضایی است که ماجرای «رژی» پیش می آید و حالت دملی را پیدا می کند که نشتر بر آن نهاده اند و اما در این حرکت که خرده خرده از تهران به فارس و از فارس به تبریز و مشهد و سایر شهرهای کلیدی سرایت کرده است ملایان مدتها خاموشند و مردمی که خود برخاسته اند این خاموشی را تاب نمی آورند.

همینقدر کافی است یادآوری شود که از اعتراضات ضد رژی که حتی یک هفتهٔ قبل از انتشار عهدنامه از سر گرفته و به جوشش عظیم تبدیل شده است تا ورود مجتهد بزرگ (میرزا حسن شیرازی) به صحنه سه ماه و نیم فاصله است (پیشوایی که پیشتر نوشتیم، در عین برخورداری از حسن نیت، بکارهای سیاسی رغبتی ندارد و «وظایف دولت» را «بیرون از تکالیف خود» می داند). در این فاصلهٔ سه ماه و نیم، شواهد بسیاری در میان است که اصولاً ملایان نمی خواهند خود را با حکومت طرف کنند.

در شیراز مردم «بر سر علمای بلد شورش» می کنند و «علمای بلد» به بهانهٔ «صلاح دین و دولت از پذیرفتن اینگونه تکلیف شاقّ... اظهار گرانباری» دارند. ولی مردم دست بردار نیستند و در این میان ملایان در بلاتکلیفی بسر میبرند. اگر جانب مردم را بگیرند، حکومتی ها را که بهر تقدیر با آنها نوعی خویشاوندی در بساط حاکمیت دارند از خودمیرنجانند، اگر به دفاع از

حکومت برخیزند، مردم، به خصوص تجار را که رفته رفته به یک نیروی اجتناب ناپذیر اقتصادی مبدل شده اند و بخشی از درآمد «جامعه روحانیت» را از طریق حق امام و سایر زمینه های باصطلاح مذهبی جواب می گویند، از خود رانده اند. فشار معترضین روزافزون است. در شیراز مردم تدبیری می کنند و سیدعلی اکبرفال اسیری، داماد میرزاحسن شیرازی را هرچند ملای عالیقدری نیست، وامیدارند که به منبر رود و «از دولت بد بگوید و دادن امتیاز را تشنیع کند» – جالب توجه است که از آن تاریخ سید در میان مردم اعتباری بهم می زند و خواسته و ناخواسته به صف صدرنشینان می پیوندد و همین خود زنگ هشداری است بسایر آخوندها – میرزا شفیع تاجر از فعالان جنبش در نامه ای می نویسد «اطراف آقایان را گرفته اند که شما به مسجد نروید، نماز نکنید و درس ندهید.» بدیهی است این تدبیرها خاصه از آن جهت که ملایان رانسبت به آینده و تزلزل در یکی از منابع اصلی درآمد خود بیمناک می کند سخت پراثر است. ناچار باید هرچه سریعتر موضع خود را مشخص کنند. در این میان البته هستند از «روحانیانی» که همچنان مخالفند و باحتمال زیاد بر اساس رقابتهای داخلی، نمی خواهند خود را مطیع هم مسلکانی سازند که ناگزیر به جنبش پیوسته اند.

گفتیم پس از سه ماه و نیم تأمل و توسل به «لیت و لعل» میرزای شیرازی در مقام اعظم مجتهدین قدم بعرصهٔ میدان می گذارد؛ او که تا آن زمان بقولی «در امور و مطالب ملکی و نوعی دولت و مملکت» – «نوبت و مجال تصور و خیال» ندارد – ضمن تلگرامی در ۲۷ ذیحجه ۱۳۰۸ بوسیلهٔ کامران میرزا نایب السلطنه، به شاه پیغام می فرستد که «گرچه دعاگو تاکنون به دعاگویی محض اکتفا نموده، استدعایی از حضور انور همایونی نکرده. اما از جهت توالی وقایعی چند که مفاسد آنها خلاف حقوق دین و دولت است عرضه میدارد که اجازهٔ مداخلهٔ اتباع خارجه در امور داخلهٔ مملکت و مخالطه و تودّد آنها با مسلمین و اجرای عمل بنگ و تنباکو و راه آهن و غیره ها از جهاتی چند منافی صریح قرآن مجید و اخبار و نوامیس الهیه و موهن استقلال دولت و نظام مملکت و موجب پریشانی رعیت است.»

اینهمه میرساند که مجتهد بزرگ وقتی دست بکار میشود که بنا برمندرجات «رسالهٔ دخانیه» – «عرایض شکایت آمیز» به «کثرت» میرسد و او را در برابر کاری قرار میدهد که انجام ندادنش چه بسا مواضع کلّ «روحانیت» را بخطر می اندازد.

اجمالاً – بخلاف ادعای ملایان که با نوعی سرافرازی کوشیده اند تا با اتکاء به عاقبت رژی، نقش ضد استعماری خود را بزرگ و بزرگتر جلوه دهند – وقایع بعدی یکایک گواهی میدهند که این تجار و کسبه و زارعین و بخش مهمی از مردم در مقام (مصرف کننده دخانیات) بودند که ملایان را ناخواسته بحرکت واداشتند و دولت را به قبول تمنیات خود مجبور ساختند.

به ماجرای رقابتهای درون طایفه ای ملایان اشاره ای داشتیم و اینک اضافه میکنم که علی رغم فتوای میرزای شیرازی، برخی از علما نه فقط خود را کنار کشیدند بلکه به مخالفت نیز پرداختند و از آنجمله بودند آقا سید عبدالله بهبهانی مجتهد معروف تهران که بعدها خواهیم دید که چگونه به صف مشروطه خواهان پیوست و حال و قالش چه بود؟ دراین باره به نوشتهٔ ناظم الاسلام کرمانی مؤلف تاریخ بیداری ایرانیان مراجعه می کنیم.

حجت میرزا عبدالله در مخالفت با فتوای منع استعمال دخانیات که گفته شده است ابتدا بوسیلهٔ میرزای آشتیانی تهیه و بعد بامضاء میرزا حسن شیرازی رسانیده شد، چنین است:

«اولاً من (سیدعبدالله بهبهانی) مقلد نیستم و مجتهدم و ثانیاً صورت این حکم که نسبت به جناب میرزای شیرازی میدهند حکم است یا فتوی؟ اگر فتوااست که باید کلیت داشته باشد و فتوا نسبت به مقلدین لازم العمل است نه نسبت به مجتهد» و بدینگونه از اجرای حکم سر می پیچد. منتهی شورش عظیم است و غیرقابل مهار کردن. ما حوادث بعد از صدور فتوا و طغیان جای جای خونباری را که در مقابله با قرارداد صورت گرفته است بجای میگذاریم و خوانندگان را برای آشنایی بیشتر با آن وقایع به تجسس در متون اسناد و مدارک گونه گونی که در این زمینه برجاست و عمدتاً به مطالعهٔ رسالهٔ محققانهٔ پژوهشگر ارجمند فریدون آدمیت زیر عنوان «شورش بر امتیازنامهٔ رژیم» دعوت می کنیم - در این جا فریضهٔ حقگذاری و حقشناسی ایجاب می کند که نویسنده این سطور اعلام بدارد که خود در این بخش سوای انبوه مأخذ و اسنادی که در اختیار داشت، عمدتاً از این اثر گرانمایه نیز بهره گرفته است. خلاصه آنکه لغو امتیاز رژی حاصل حرکتی بود که بدست تجار و زارعین و کسبهٔ جزء وآنگاه مصرف کنندگان دخانیات که قریب یک چهارم نفوس کشور را شامل میشد، انجام گرفت و نقش ملایان در آن، نقشی بود اولاً اضطراری و ناگزیر و ثانیاً امری که ماهها پس از توسعهٔ جنبش اعتراضی سرگرفت. واما اینکه قبلاً با اشاره به رای مورخی پرداختیم که معتقد بوده است، واقعهٔ رژی راروسها دامن زدند و میرزای آشتیانی عملاً وسیلهٔ توطئه روسها شد اینک به توضیحی ناگزیریم:

بنابر رقابت دیرین میان روس وانگلیس و مداخلات آنها در ایران آنروزگار می توان پذیرفت که همسایهٔ شمالی در کل قضایا بی طرف نبود ولی این بهیچوجه از اصالت جنبشی که برضد یک تجاوز استعماری نطفه بسته و رشد کرده بود نمی کاهد. دریغ است که در این داوری از رأی فریدون آدمیت که مبتنی بر یک تحلیل عالمانه و واقع بینانه است چشم بپوشیم. باعتقاد او:

«سیاست خارجی علت فاعلی حرکت علیه دستگاه رژی نبود. عامل تعیین کننده هم نبود گرچه موثر بود.»

این تذکر لازم است که شبههٔ دخالت اصلی روس در جنبش رژی عمدتاً از آنجا ناشی می شود که میرزای شیرازی ابتدا تاکید داشت که تعهد رسمی دولت در الغای امتیازنامه باید از جانب وزیر مختار روس هم تضمین گردد که بقول آدمیت این «پیشنهادی ناشایسته و خیال انگیز بود که دولت آنرا یکسره ردکرد و مجتهد نیز به عقل عرفی که داشت اصرار نورزید.»

چکیده مطلب این است که پس از آن شورش گاه خونبار که عمده ترین شهرهای ایران را فراگرفت، در ٤ جمادی الثانی ۱۳۰۹ لغو امتیازنامه اعلام شد و بدنبال آن دستخط شاه به صدراعظم صادر گردید:

«امتیاز دخانیات داخله که چند روز قبل موقوف شده بود، این روزها امتیاز خارجه را هم موقوف فرمودیم، کلیتاً این عمل بطور سابق شده. به تمام علما و حکام و مردم اطلاع بدهید که مطمئن باشند و به رعایا حالی کنند - بنقل از رساله دخانیه.»

بحث دربارهٔ خیزش عمومی مردم بر ضد رژی که نخستین نطفه های یک تجربه انقلابی بر ضد نظام حاکم را با خود داشت و نیز بحث دربارهٔ آثار مثبت این تجربه در شیوع افکار مشروطه گری و هم چنین بحث دربارهٔ جهات منفی این خیزش عمومی را بدین لحاظ که به مشارکت بیش از پیش ملایان در امور سیاسی میدان داد... در بخشهای بعدی دنبال خواهیم کرد.

فصل یازدهم

جنبش ضد «رژی» یک آزمون موفق و پرکشش

با اتکا به استناد و روایات معتبر تاریخ به این موضوع پرداختیم که در واقعهٔ معروف به رژی که در محدودهٔ خود شکلی تمام از یک خیزش ملی و ضد استعماری بود، ملایان زیر فشار و تهدید مردم ناگزیر وارد میدان شدند، بویژه که خیزش روز بروز وسعت می یافت و با شتاب شهرهای بزرگ را فرامی گرفت و در پاره ای نقاط به جامعهٔ روستایی نیز سرایت می کرد و خلاصه اوضاع چنان چرخیده بود که ملایان احساس کردند اگر به مردم نپیوندند و تهدیدها را نادیده بگیرند، منزوی خواهند شد و پایگاههای مردمی خود را از دست خواهند داد.

و اما از دیگر وقایعی که به تزلزل و بی میلی ملایان به شرکت در حرکت ضد رژی گواهی می دهد و در عین حال ثابت می کند که آنها میخواستند جوری سر و ته ماجرا بهم دوخته شود و «غائله» پایان گیرد، گفتگویی است که در یک اجلاس خصوصی میان دولتیان و سردمداران مذهبی درگرفته است از اینقرار:

روز دهم جمادی الاول جلسه ای با شرکت چندی از وزیران و شماری از «علما» و از آنجمله مجتهد آشتیانی در خانهٔ نایب السلطنه تشکیل میشود. در این اجلاس که جزئیات آن به خط امین السلطان در دست است، دولتیان ازعلما می خواهند که «عجالتاً مردم را ساکت» کنند و «این هیاهوی قلیان حرام شدن و غیره را» موقوف سازند «تا ما برویم میرزا را (منظور میرزا حسن شیرازی است) راضی کنیم.»

ملایان که از پایداری مردم سخت ترسیده و بویژه بو برده اند که اگر خود را با تجار تنباکو و کسبه طرف کنند و آنها را از خود برنجانند، یکی از مطمئن ترین منابع درآمد خود راازکف خواهند داد؛ در جواب دولتیان می گویند:

«وضع طوری است که اگر حالا ما برویم به مردم بگوییم قلیان بکشید، اول ماها را تکه تکه خواهند کرد.»

دیگر از نشانه های این واقعیت که «علما» ناخواسته بدنبال مردم کشیده شدند و تلاش داشتند بلکه ماجرا به نحوی سر هم بندی شود، این است که وقتی زمزمهٔ لغو امتیاز «داخله» به گوشها رسید، با نظریه دولتیان موافقت کردند. امین السلطان در همان اجلاس خانهٔ نایب السلطنه به

«علما» که مدعی بودند مشکل اساسی بر سر کلمهٔ «انحصار» است و اگر این کلمه حذف شود «دیگر فصول و شروطی نمی ماند که اصلاح شود» — قول میدهد این کار را بکند. «انحصار داخله» را از میان خواهد برد ولی به «انحصار خارجه» در دست کمپانی نمی تواند دست بزند.

امین السلطان در گزارش خود می نویسد «علما» یک بیک با مقداری «غمزه و عشوه» گفتند «بسیار خوب است» و جالب توجه است که مجتهد آشتیانی بعداً در پاسخ یک دستخط شاه در اتصال با این توافق خود را «اول المتشکرین» می خواند و اضافه می کند که این موضوع «نصب العین خاص و عام» خواهد بود — تفصیل این ماجرا در رسالهٔ دخانیه و نیز در تاریخ بیداری ایرانیان تألیف ناظم الاسلام کرمانی آمده است.

و اما از آغاز روشن است که مسئلهٔ لغو «انحصار داخله» و بقای «انحصار خارجه» حیله ای بیش نیست و لذا چنین ترتیبی بازرگانان ایرانی را راضی نخواهد ساخت. خواست آنها بازگشت قضیه به حال اول است لاجرم به مخالفت خود با قرار پنهانی و (بعد آشکار شدهٔ) ملایان و دولتیان ادامه میدهند. اینهمه میرساند که «علما» مطلقاً بر آن نبوده اند که پا پیچ حکومت شوند و بیشتر نوشته ایم که اکثریت آنان، خود را وابسته به حکومت و حتی جزئی از حکومت می دانستند و این خود نوعی بلاتکلیفی و درماندگی بود که به کدام سو بچسبند — در کنار متحد خود یعنی حکمرانان بمانند و یا جانب مردم را بگیرند؟ — منتهی این بار زور مردم چربیده بود بهمین دلیل آنها علی رغم میل باطن و توافقهای قبلی و عمدتاً برای این که به دست مردم «تکه تکه نشوند» به همصدایی با تجار و کسبه و مردم رضا دادند و الغاء کامل امتیازنامه را طلب کردند و بدینگونه خیزش عمومی به ثمر نشست.

اینک نتایجی را که هرچند جای جای بدانها اشاره کرده ایم، خلاصه و ردیف می کنیم:

-جنبش رژی یک حرکت مردمی ضد استعماری بود و از هدایت بورژوازیِ نوپیدا توان می گرفت.

- ملایان در ابتدا قصدی به دخالت نداشتند ولی بهراس از انزوا و جدا شدن از مردم و بی‌نصیب ماندن از «مداخلی» نظیر حق امام و تحفه و هدایا و... ناخواسته و با تأخیر به جنبش عمومی پیوستند.

- ادعای ملایان دیروزی و امروزی مبتنی بر ابراز افتخار در هدایت و پیشبرد آن جنبش مردمی کذب محض است. آنها را مردم وادار به عمل ساختند هرچند در باطن بدینکار راغب نبودند.

نتایج منفی جنبش رژی:

در بخشهای گذشته، مواضع متولیان دینی عموماً و متولیان شیعی را خصوصاً در کسب و حفظ سهامداری خود در هرم استبداد و قدرت توضیح داده ایم و نیز متذکر بوده ایم که بویژه از عصر صفوی «روحانیت شیعه» در پوساندن و رکود جامعه نقش اول را بازی کرده است و نیز یادآوری

کرده ایم که هر جا پای این جماعت در صحنه های سیاسی به میدان آمده، زیانها و تیره بختیهای گونه گون نصیب مملکت و ملت گشته است. نتایج مشارکت ملایان در مقابله با رژی نیز درست است که در جهت خواست مردم صورت گرفت ولی از این قاعده خارج نشد. تا آن زمان روحانیت شیعه بنا بر طبیعت خود بخشی از هرم قدرت را (گاه در حد اعلای نفوذ و گاه در مقام شریکی مطیع و خدمتگزار) تشکیل میداد - اما مشارکت آنها در خیزش مردمی ضد رژی بُعد تازه ای به مواضع این طایفه بخشید، بُعدی که از آن پس بر تمامی حرکات ملی و ضد استعماری اثر گذاشت و هر بار خسارات سنگین و جبران ناپذیری ببار آورد.

گفتنی است که جنبش ضد رژی با آنکه بازتابی از منافع اقتصادی گروه و گروههای خاصی از جامعه تلقی شده ولی بدلایل روشن در عرصهٔ مبارزات آزادیخواهانهٔ ملت ایران مقام فوق العاده بااهمیتی احراز کرده است. جنبش مردمی ضد امتیازنامهٔ رژی در عین حال نخستین تجربهٔ شبه انقلابی بود که آشکارا آرمانهای آزادیخواهانه و استقلال طلبانه و حتی رگه هایی از افکار جدید را با خود داشت. مهمترین جنبهٔ آن این بود که به مردم حتی در سطح توده ها آموخت که به ظرفیتهای خود بیندیشند و بپذیرند که در برابر قدرت گویا لایزال حکومت و سلطنت استبدادی، اگر به همت خویش پشت دهند می توانند حریف را بزانو درآورند، بهمین دلیل، واقعهٔ شبه انقلابی رژی را بدرستی یکی از انگیزه های مهم سیاسی در جهت پاگیری جنبش مشروطه خواهی شناخته اند. این یادآوری لازم است که درجریان جنبش، جای جای کنشهای سیاسی بر ضد نظام نیز بچشم می خورد، مثلاً در یکی از اجتماعاتی که درخانهٔ مجتهد آشتیانی برپا می شود ناشناسی برمی خیزد و با تندی خطاب به ملایان میگوید:

- «تاکی از مردم جلوگیری می کنید؟ مگر در بدن شما عصب و در عروق شما خون جاری نیست که مظالم سلاطین را همچنان تحمل می نمایید؟ وقت آن است که ملت را برانگیزید» و آنگاه رو به حاضران اضافه می کند:

«ای احمق ها این کسی که آقای شماست مظهر کیست؟ برای چه از او اطاعت می کنید» - ظاهراً منظورش مجتهد آشتیانی است. (- نقل به اصل و معنا از خاطرات کاساکوفسکی، ترجمهٔ عباسقلی جلی).

هرچند جنجال آن ناشناس با هوشمندی مجتهد آرام میگیرد ولی همین خود جلوهٔ دیگری از این واقعیت است که دستهایی در کار بوده است که میان دوپارهٔ قدرت حاکم نفاق بیاندازد و حرکتهای اعتراضی را بجانب براندازی نظام سوق دهد.

بهر صورت جنبش ضد رژی آزمون موفقی است بسود حرکتهای ضد نظام و مهم آنست که به پیشتازان افکار جدید و ترقیخواهی که انقراض حکومت استبدادی را هدف ساخته اند فرصتی میدهد تا دنبالهٔ کار را بگیرند و نگذارند قضیه سرد شود. در اسناد (ملکم) ضمن نامه ای از

میرزا آقاخان کرمانی استنباط می شود که: گروهی از ایرانیان مقیم اسلامبول باین فکر می افتند که به حرکت موفق ضد رژی ابعاد تازه ای ببخشند و از میرزای شیرازی بخواهند که «به اصلاح حال ایران توجه کامل» و «امور را تا نقطهٔ آخر اصلاح» کنند. بدین ترتیب جمعی از ایرانیان در نامه ای ستایش آمیز به میرزای شیرازی، از وی طلب می کنند که او و سایر پیشوایان دینی «دستگاه ظلم و معاونت ظلم و اطاعت ظلم را جهراً و صراحتاً لعن و تکفیر کنند» - گرچه مجتهد بزرگ به چنین درخواستی پاسخ نمیدهد که پیشتر گفته ایم او مردی به دور از عوالم سیاسی است و به ضرورت «تمکین علما و رعایا» از دولت معتقد است و آن را لازم می شمارد - اما چنانکه گذشت خواه ناخواه پای «روحانیت» بمبارزات آزادیخواهانه مردم کشیده می شود و این را حقاً باید در ردیف جنبه های منفی این پدیده ثبت کرد — ما در تحلیل مفصلی که از جنبش مشروطه خواهی خواهیم داشت، توضیح خواهیم داد که حضور بخشی از «جامعهٔ روحانیت» در این جنبش، اگرچه ظاهراً بسود اندیشهٔ مشروطه خواهی است، ولی عملاً به خراشیدن آن و معطل نهادن پاره ای از ارزشهای جدید که انگیزه و اعتبار نهضت ملی مشروطه است، منتهی میشود.

اجمالاً حوادث بعد از واقعهٔ رژی نشان میدهد که تحت تأثیر پیروزی مردم، زمزمه های تغییر نظام قوت گرفته است.

وزیر مختار وقت انگلیس در گزارشی به دولت متبوع خود تذکر می دهد «در نارضایی مردم تردیدی نیست، یگانه چارهٔ آن تغییر نظام حکومت است - علیه شاه آشکارا اعتراض می شود.»

و در جای دیگر:

«انتقاد از شاه منحصر به طبقات بالای جامعه نیست، بلکه بدگویی از شاه را از همهٔ مردم می شنویم - این ناسزاگویی از پرده برون افتاده و به حدی رسیده که تاکنون در ایران سابقه نداشته است - نقل از گزارش وزیر مختار به لرد روزبری ۹ نوامبر ۱۸۹۲»

و اما باز هم شاهد بیاوریم که چرا حضور ملایان در جنبشهای مردمی مایهٔ افت و انحراف آنها شده است؟

در بخشهای پیشین توضیح داده ایم که روحانیت شیعه خاصه از دورهٔ صفوی با انجماد ذاتی خود و پرهیز از هرگونه نوآوری علی رغم وسیلهٔ «مشروع» و معتبری که زیر عنوان «اجتهاد» در اختیار داشته، جز تلقین خرافات — جز بانحراف کشیدن افکار - جز تمایل به قدرت طلبی و لاجرم جز واپس زدن هرگونه گرایش به قوانین عرفی و سوای سرکوب هر شکلی از اشکال تجدد و تحول، وظیفهٔ دیگری برای خود نشناخته است. گفته ایم که البته معدود استثناهایی در این میان ظاهر شده اند ولی این استثنأ ها هرگز اصل و قاعده را نقض نکرده اند.

این زبان حوادث است که با بلاغت تمام می گوید، ملایان با هر کس که قدمی در راه اعتلاء فکری مردم برداشته و با هر کس طلبی در راستهٔ قانونمندی مملک مطرح ساخته است، با همهٔ قوای خود به مقابله برخاسته اند.

برای آن که بار گناه بر دوش ترقیخواهان آن روزگار نهاده نشود (که چرا به این جماعت میدان داده اند) ذکر این واقعیت لازم است که: در تحولاتی که پاسخ به نیاز آن روزگار محسوب می شد و طبعاً می باید به تغییر نظام بیانجامد، نیروی بورژوازی و وابستگان فکری آن در آن برهه از تاریخ چنان نبود که به تنهایی کار را به سامان برد. انقلاب مشروطیت ایران از آن پشتوانهٔ ممتد اندیشه گری که انقلاب فرانسه با خود داشت محروم بود و لذا دلیل عمده ای که ترقیخواهان را وامیداشت تا «روحانیت» را نیز در جریان خواستهای خود وارد کنند و در عین حال قدرت استبدادی را از درون بشکافند جز وجود آن کاستی ها نبود منتهی همانگونه که بارها متذکر بوده ایم این تدبیر جبری خالی از ضرر نشد. روحانیتی با ان ظرفیت و روحیهٔ منجمد، هرچند می توانست جای جای عصای دستی شود ولی در خط اصول، حضورش در صحنه، زیانهای جبران ناپذیر ببار می آورد، چنان که آورد.

روحانیتی که با هر گام نوی بسوی یک تحول فرهنگی و سیاسی ژرف مخالف بود و آن را مغایر موقع و امتیازات خود می شناخت، چگونه می توانست به ماشین تحول آنهم به اسلوبهای جدید سوخت برساند؟

ما بهنگام، بعلل دشمنی روحانیت با عباس میرزای نایب السلطنه و وزیر خوش اندیش او «قائم مقام» در حدی که فرصت جواز میداد پرداخته ایم، اینک جا دارد که در دوره های بعد نیز این روحیهٔ واپس گرای قدرت طلب را دنبال کنیم:

بی گفتگو میرزا تقی خان امیر کبیر (امیر نظام) - از دیدگاه تحلیل گران شایستهٔ عصر ناصری و نیز بباور بسیاری از خارجیان بی غرض، شخصیت آگاه و برجسته و وطنخواه و ترقی طلبی بود که متأسفانه کمتر نظیر او در عصر قاجار تا طلوع مشروطیت، بصحنهٔ زمامداری راه جسته است.

مؤلف تاریخ ایران، سرپرسی سایکس (سرکنسول انگلستان در خراسان و کرمان) دربارهٔ قتل امیرکبیر می نویسد:

«می گویند هر ملتی شایسته حکمرانی است که دارد. اگر این سخن صحیح باشد باید برای ایران تأسف خورد زیرا این کشور مانند اروپا در قرون وسطی به وسیلهٔ حکامی اداره میشود که یگانه منظور و آمالشان جمع کردن ثروت است. اگر این وزیر [امیرکبیر] مدت بیست سال در مقام خود باقی مانده بود می توانست مردان شرافتمند و وفاداری را تربیت کند که لیاقت جانشینی او را داشته باشند... واقعاً قتل امیر نظام برای ایران مصیبتی بود زیرا جلوی ترقی و پیشرفتهایی

را که به زحمت و با رنج و محنت به آن نایل آمده بود گرفت - نقل از تاریخ ایران - ژنرال سر پرسی سایکس ترجمهٔ فخر داعی گیلانی.»

صدارت امیر از سه سال و سه ماه تجاوز نکرد ولی کارهایی که دراین زمان کوتاه بدست او انجام گرفت چنان درخشان و پر اثر بود که در آن روزگار سیاه به اعجاز می مانست.

بدست او بود که راه «عایدات» نامشروع، دزدیها و دغلکاریها بسته شد.

به همت او بود که مالیهٔ ویران شدهٔ کشور سر و سامانی بی سابقه یافت.

با شجاعت و قاطعیت او بود که «وظایف» و مستمری های گزاف ملایان و شاهزادگان و چاپلوسان درباری از بیخ و بن بریده شد.

حمایت از بازرگانان داخلی، وصول مالیات با نظمی عادلانه، کمک به رونق صنایع، اعزام صاحبان استعداد به اروپا برای آموختن حرفه های جدید و یاری به بسط زراعت از خدمات فراموش ناشدنی امیر بود.

به دستور او بود که القاب و تعارفات پوچ و بی معنی که از عصر صفوی وسیله ای برای اخاذی منشیان و درباریان شده بود منسوخ گشت، تا جاییکه به کسی اجازه نمیداد در موردخود او لقبی بیش از جناب بکار برد.

تأسیس دارالفنون به اسلوب مراکز فرهنگی جدید و آن روزِ اروپا بیگمان برجسته ترین خدمت و نشانه توجه امیر به ارزشهای بارآور مغرب زمین بود، هرچند اتمام بنای مدرسه ورسیدن معلمین خارجی سه ماه بعد از برکنار شدن او صورت گرفت.

در قلمرو سیاست خارجی، امیر، علی رغم عهدنامهٔ ننگین ترکمانچای (میراث عصر فتحعلیشاه) تا توانست از دخالت سفرای روس و انگلیس مانع شد برای نمونه بهنگام فتنهٔ سالار و محاصرهٔ مشهد وقتی مسألهٔ وساطت سفرای روس و انگلیس برای صلح میان شورشیان و دولت مرکزی بمیان آمد، امیر بی پرده جواب داد که «مردم مشهد ترجیح میدهند ۲۰ هزار تن از ایشان کشته شوند تا آنکه شهرشان بوساطت خارجیان به تصرف شاه درآید.»

طبیعی است مردی با چنین کوله باری از وطندوستی و سلامت و شجاعت، باب طبع قدرت طلبان مذهبی و غیرمذهبی نمی توانست بود. به همین دلیل از همان آغاز صدارتش، کانون خصومتی بر ضد وی گرداگرد مهدعلیا مادر شاه و با شرکت درباریان و ملایان و شاهزادگان بیکاره پدید آمد. شواهد بسیار در دست است که روس و انگلیس نیز در خصومت با امیر کوتاه نیامده اند. دراین میان آنچه ملایان را بهمدستی با گروه فشار و قدرت به ضدیت با امیر می کشاند عمدتاً وحشت آنها از راهی بود که امیر بسود نوآوری و بسیج اندیشه های خلاق و تربیت نسل جوان بر بنیاد نیازهای زمان پیش گرفته بود.

بقول فریدون آدمیت: هر چند «میرزا تقی خان امیرکبیر متدین و نمازخوان و روزه گیر» بود «ولی از تعصب مذهبی عاری و مردی متجدد و اصلاح طلب و با دخالت روحانیون در امور سیاسی مخالف بود.»

«امیر معتقد بود تا نفوذ بیحد و حصر روحانیان در ایران قوام دارد هیچ تجدد و اصلاحی سر نمی گیرد باین جهت متزلزل کردن اساس قدرت روحانیان را از مهمترین فصول برنامهٔ سیاسی داخلی خود قرار داد، میرزا تقی خان به کنسول انگلیس گفته بود «دولت عثمانی وقتی شروع کرد اهمیت از دست رفتهٔ خود را احیأ کند که تسلط ملاها را درهم شکست.»

«میرزا تقی خان با تحدید نفوذ امام جمعهٔ تهران - توقیف شیخ الاسلام تبریز شکستن رسم «بست نشینی» و اقدام به منع تعزیه خوانی ضربه های سختی بر پیکر قدرت روحانیان وارد ساخت.»

نمایندهٔ سیاسی انگلستان در یکی از نامه های خود به پالمرستون (وزیر خارجه) - بتاریخ ۱۵ ژوئن ۱۸۴۹ موارد جالبی از اختلاف میان امیر و میرزا ابوالقاسم امام جمعه تهران را شرح کرده است. این یادآوری لازم است که امام جمعه با روسها و انگلیسی ها ارتباطی علن داشت و حتی مستقیماً برای پالمرستون نامه می نوشت. یکی از مواردی که نمایندهٔ سیاسی انگلیس در گزارش خود ذکر کرده است ماجرای انفیه دان الماس نشانی است که از طرف تزار روس بعنوان تحفه به امام جمعه می رسد و امیر او را سخت شماتت میکند. امیر به او گفته است «رفتارش از لحاظ قبول هدیه و اطلاع ندادن به دولت بسیار ناپسندیده و ناشایست بوده است — نقل از گزارش نمایندهٔ انگلیس به پالمرستون وزیر خارجه.»

می دانیم که توطئهٔ عزل و آنگاه قتل جانسوز امیر بوسیله همان کانون فساد که ملقمه ای از پیوند شوم ملایان و درباریان بود، سرانجام بمرحلهٔ اجرا درآمد. امیر وقتی گفته بود: «خیال کنستیتوسیون داشتم مجالم ندادند.» همین یک گناه ولو در مرحلهٔ «خیال» کفایت می کرد که سرنوشت او به سلاخ خانهٔ اختناق محول شود.

با قتل امیرکبیر، نوبت به صدارت میرزا آقاخان نوری رسید که تجسم کامل واپس گرایی و استبداد بود و وجودش از هر جهت با خواست مشترک ملایان و درباریان تطابق قطعی داشت. اصولاً میرزا آقاخان از همان آغاز صدارت امیر نامزد دسیسه گران برای مقام صدارت بود. و او به سهم خود با سرکوب بی امان هرگونه اندیشهٔ ترقیخواهی و نوآوری نشان داد که در پیمانی که با حامیان مذهبی و درباری خویش بسته است سخت پایدار است. او بر این قصد بود که دارالفنون را تعطیل کند و استادان خارجی آن را بازگرداند. وقتی سفیر ایران در روسیه کتابی نوشته و ظاهراً در آن به شمه ای از احوال غربیان اشارتی کرده بود، میرزا آقاخان دستور داد از چاپ آن کتاب و نشر آن در ایران مانع شوند زیرا به عقیدهٔ وی مصلحت نبود که «مردم فرق

اوضاع اروپا با اوضاع ایران» را دریابند و باز بهمین دلیل از نشر کتاب «مخزن الوقایع» اثر میرزا حسین سرابی که شرحی بود از سفارت فرخ خان امین الدوله به اروپا جلوگیری کرد و طی فرمانی یادآور شد که «البته نخواهید گذاشت این کتاب را باسمه نماید که به همه جا منتشر شود و برای مردم، درست آگاهی از اوضاع اروپا حاصل شود که مصلحت نیست.»

پر واضح است که چنین موجود منجمد و تاریک اندیشی مطلوب غائی ملایان و درباریانی بود که بنای سیادت و «اولوالامری» خود را بر شالودهٔ جهل و خفقان بالا برده بودند.

با سقوط دولت فاسد و ارتجاعی میرزا آقاخان بار دیگر فضائی دست داد که در آن حرکتهای ترقیخواهانه و نشر افکار و آثار پر ارزشی از اندیشه گران خودی و اروپایی هر چند به سختی ولی بهرحال زمینه ای پیدا کرد (ما بهنگام بحث از نهضت ملی مشروطه و شرح پایگاههای فکری آن بار دیگر به حوادث این دوران بازخواهیم گشت) و اینک، ولو به اختصار نقش مخرب ملایان و سایر اصحاب قدرت را در مقابله با هر نمادی از اندیشهٔ ترقی و تجدد درسطح حکومت دنبال می کنیم:

با بر افتادن دولت میرزا آقاخان ناصرالدینشاه ظاهراً بقصد جلوگیری از تمرکز قدرت تاچند سال کسی را به مقام صدراعظمی برنکشید و با تأسیس یک شورای دولتی، مسئولیت امور را بین وزرا تقسیم کرد و در همانحال ادای حرف و امضاء آخر را به خود واگذاشت. بدینگونه دو جریان کاملاً متضاد، بموازات یکدیگر پدید آمد — که یکی ظهور بیش از پیش موثر افکار نو و نشر تألیفاتی بود که عناصر مستعد را با ارزشهای جدید فرهنگی وسیاسی و اجتماعی غرب آشنا و آشناتر می ساخت و دیگر دوام سلطنت خودکامه به کمک همهٔ ابزارها و امکاناتی بود که قاعدتاً به کار حفظ استبداد و عقب ماندگی می آیند. این وضع ادامه داشت تا نوبت به صدارت سپهسالار رسید و این هنگامی بود که شیرازهٔ حکومت از هم دریده شده، بخشهایی از کشور عملاً تجزیه گشته و قحط و غلا همراه با نفوذ بی مهار خارجی آثار یک انقراض کلی را بچشم می آورد.

سپهسالار خود، اوضاع و احوالی را که بهنگام قبول مسئولیت، در ایران جاری است در این عبارات به شاه خاطرنشان کرده است:

وضع کشور، «مختل و پریشان بود... خزانهٔ دولت بقدر یک دکان صرّافی اعتبار نداشت و بروات دولت را به قیمت نازلی بیع و شری کرده از اعتبار می انداختند... قشون دولت از بابت نرسیدن جیره و مواجب از عمله های شهر رذل تر و پست تر بودند... اوضاع رشوه و منصب فروشی و ولایت فروشی بقدری رواج داشت که درانظار از درجهٔ عیب افتاده بود. در این احوال بود که قبول مأموریت نموده و زیر بار گران مسئولیت رفتم - برداشت از کتاب اندیشهٔ ترقی اثر فریدون آدمیت»

واقعیت این است که میرزا حسین خان (سپهسالار) از همان هنگام که سفارت عثمانی را بعهده داشت، در نامه های خود، حتی در کاربرد لغات می کوشید تا مصطلحات جدید را جا بیندازد: ناسیونالیسم، مشروطیت، قانون، ترقی مادی و فکری مغرب و حقوق اجتماعی در نوشته های او فراوان آمده است.

سپهسالار تلاشی داشت تا در خط قیاس خود را پیرو امیرکبیر معرفی کند و این درست است که با صدارت وی نه فقط اصلاحات مالی و کوشش در راه قانونمندی مملکت قوت گرفت، بلکه افکار ملی و ترقیخواهانه نیز فرصت رشد یافت.

آدمیت بحق بر این باور است که: «تاریخ قانونگذاری جدید ایران با وزارت عدلیه سپهسالار آغاز گردید و دستگاه عدلیه به کوشش او و میرزا یوسف خان مستشارالدوله تأسیس یافت. قوانین نو وضع شد، دستگاه قضا، استقلال نسبی پیدا کرد و قانون اساسی نوشته شد. نظام قانونی جدید بر اصول موضوعهٔ «عرفی» بر پایهٔ علم و عقل و در جهت عدالت و مساوات بوجود آمد... در اولین تشکیلات عدلیه که درذیحجه ۱۲۸۷ برقرار گردید چهار مجلس یا محکمه تأسیس شد که عبارت بودند از: «مجلس تحقیق» - «مجلس تنظیم قانون» - «مجلس جنایات» و «مجلس اجراء». اندکی بعد دو مجلس دیگر نیز افزوده شد: «مجلس املاک» و «مجلس تجارت»... - به نقل از کتاب اندیشهٔ ترقی»

بموجب این نظام «حبس و هر گونه ایذاء از اشخاص نسبت به زیردستان» متروک اعلام شد و رسیدگی به تقصیرات منحصراً باختیار عدلیه درآمد. «تحدید و تحقیق جنایت (بایستی) به تصویب طبیب عدالتخانه» و یا «به تصدیق طبیب و جراح حاذق دیگر به شرط امضاء طبیب عدالتخانه» صورت پذیرد. اصلاحات تا آنجا پیش می رفت که شرح شرایط زندان را نیز دربر می گرفت. «محبس باید بر وفق شرایط حفظ صحت ساخته شود» نکته قابل تامل بااحتساب شرایط روزگار، تاکید قانون گذار بر ممنوعیت آزار و شکنجه دادن متهمان بود - سپهسالار در سال ۱۲۸۸ ضمن نامه ای به مظفرالدین میرزا حکمران آذربایجان تاکید کرده بود که در مورد مجرمان «به جز حبس حکم دیگر بهیچوجه نکنند» و گزارش جرم را با دلایل رای عدالتخانهٔ عدلیهٔ پایتخت بفرستند تا «حکم مجازات از مصدر خلافت» صادر شود.

فهم این مطلب آسان است که تحولاتی تا این پایه اساسی همراه با نوآوری و شیوه هایی که مسلماً در غرب رایج شده بود، با طبع زورمندان و قدرت طلبان سازگاری نداشت. در این میان اصلاحات خاصه در حوزهٔ قضا بر ملایان نه فقط گران می آمد که سخت آنها را آشفته می ساخت چرا که سهم بزرگ آنها در هرم استبداد و قدرت، عمدتاً از موقع قضایی آنان غذا می گرفت و تثبیت می شد. در این باره نامهٔ خصوصی سپهسالار به مستشارالدوله یادآوردنی است. می نویسد:

«اعتقاد من دربارهٔ حضرات ملاها بر این است که ایشان را باید در کمال احترام و اکرام نگاه داشت و جمیع اموراتی که تعلق به آنها دارد، از قبیل نماز جماعت و موعظه بقدری که ضرر به جهت دولت وارد نیاورد و اجرای صیغهٔ عقد و طلاق و حل مسائل شرعیه و یا متعلق بها را به ایشان واگذار نموده و **بقدر ذره ای در امورات حکومتی آنها را مداخله نداد و مشارالیهم را ابداً واسطهٔ فیمابین دولت و ملت مقرر نکرد والا وسیلهٔ بی انتظامیها می شود، چنان که شده است.**»

روشن بود که با نظم جدید، بار دیگر، عصیان عملهٔ ارتجاع و استبداد سر می گرفت و گرفت. طبیعی بود اگر ملایان در قبال چنین اوضاعی که در آن سخن از قانون و عدلیه و نظم و ممنوعیت ارتشاء و زورگویی پیش آمده بود، با رغبت تمام پیشوایی مقابله را تقبل کردند و به نامه نگاری و شکوه و اعتراض خود ابعادی تازه بخشیدند.

در این دوره ملاعلی کنی، پیشوای پر نام و نشان زمان بیش از دیگران در سرکوب افکار تازه می تاخت چنان که درنامه ای به ناصرالدینشاه نوشت: «کلمهٔ قبیحهٔ آزادی ... به ظاهر خیلی خوش نمااست و خوب و در باطن سراپا نقص است و عیوب. این مسئله برخلاف جمیع احکام رُسل و اوصیاء و جمیع سلاطین عظام و حکام والامقام است (در این باب اتحاد نامقدس ارتجاع مذهبی و حکومت خودکامه قابل یادآوری است) به این جهت دولت را وداع تام و تمام باید نمود... هرکس هرچه بخواهد بگوید و از طریق تقلب و فساد نهب اموال نماید و بگوید آزادی است و شخص اول مملکت همه را آزاد نموده است ودر معنی به حالت وحوش برگردانیده ... حکام و داروغه را خانه نشین و عاجز نموده زیاده خسارت است.»

بدیهی است که پیکرهٔ دیگر این اتحاد نامقدس، یعنی حکام و شاهزادگان و درباریان و فئودالها نیز با «ملای عظیم الشأن» همداستان بودند و در جبههٔ اخیر سرآمد مخالفان دوست علی خان معیر الممالک (نظام الدوله) و نیز عناصری نظیر علاء الدوله و عضدالملک خوانسالار بودند که از نزدیکان شاه محسوب می شدند. سپهسالار در نامهٔ شکوه آمیزی به شاه در قبال تحریکات اینان خاصه نظام الدوله نوشته است:

«دعوای فیمابین فدوی و نظام الدوله و سایرین منحصر به فرد است. فدوی می گویم: دولت، آنها می گویند: اشخاص - فدوی نظم می خواهم آنها اختلال تا مقصود خود را در جلب نفع حاصل نمایند. فدوی خانه زاد می بینم اگر وضع به سبک سابق برود، عنقریب متلاشی، همه به اسارت خواهیم افتاد. آنها کور هستند از این عوالم اطلاع ندارند می گویند مال دولت را به سرقت باید برداشت و خرج گچ بری کرد و لذت برد - حالا مختار اعلیحضرت هستند که سبک و سلیقهٔ آنها را اختیار فرمایند یا عرایض صادقانه و دولتخواهانهٔ خانه زاد را»)نقل از اسناد سپهسالار، نامهٔ میرزا حسین خان به شاه ذیحجه ۱۲۸۹).

و اما اساس بررسی ما مربوط به نقش روحانیت است. اینک ببینیم، این پارهٔ هرم قدرت چه معامله ای با او داشته است.

اگر ملایان عهد امیرکبیر دست در دست مهدعلیا (مادر شاه) داشتند، ملایان دورهٔ سپهسالار خود را به نفوذ فوق العاده انیس الدوله همسر نیرنگ باز او بند کردند.

ملایی بنام آقا میرزا صالح، صدراعظم را نزد شاه زندیق معرفی می کند و ملا علی کنی (سابق الذکر) وی را «مخرب دین» می خواند و سپهسالار دربارهٔ آقا میرزا صالح در نامه ای به شاه می نویسد: «مداخله در امور را به ایشان (ملایان) تجویز نمی کردم ولی همین آقا میرزا صالح که فدوی را زندیق می نویسند در سال قحطی حفظ جان اهل و عیالش را کردم» و یادآوری می کند که در آن هنگامهٔ مرگ و فنا «حاج ملا علی کنی غله انبار داشت و مردم از گرسنگی می مردند و او خرواری پنجاه تومان پول می برد و غله را به امید گرانتر فروختن نمی داد و بندگان خدا تلف می شدند و حالا آنها حافظ شریعت و فدوی مخرب دین است.»

باری این همه، تنها گوشه ای است از موقع و مقام و ذات ارتجاع حاکم در دورهٔ ناصری که تفصیل کامل آن را، از تاریخ باید خواست. بهرحال توطئهٔ کانون ارتجاع مرکب از «روحانیت و دربار و نظم حاکم فئودالی» با مرگ نامنتظر و به شک آمیختهٔ سپهسالار که رفته رفته مغضوب شاه واقع شده بود — بار دیگر بتوفیق استبداد وارتجاع انجامید چرا که قلهٔ قدرت در دست کسی بود که ذاتاً با ارتجاع و استبداد پیوندی ناگسستنی داشت. سپهسالار وقتی دربارهٔ شاه گفته بود:

« یک حرف راست نمی گوید و با هیچکس خوب نیست، غالب میلش به اشخاص رذل و سفله ونانجیب است. از آدم معقول بدش می آید، هیچ کاری را منظم نمی خواهد مگر قورق شکارگاه و امر خوراک خودش را که کباب را خوب بپزند و نارنگی و پرتقال حاضر باشد، قدر خدمت احدی را هم منظور ندارد و آخرالامر من و هر کس را که قاعده دان باشد خواهد کشت، تمام و کالمعدوم خواهد نمود.»

سپهسالار پس از شرکت در تشییع جنازهٔ الکساندر دوم تزار روس و بازگشت به ایران بحکمرانی خراسان و سیستان و تولیت آستان رضوی منصوب شد. چهار ماه بعد مسرور میرزا پیشخدمت مخصوص در ۱۸ ذیحجه به مشهد رسید و خلعت شاه را بوی داد و سپهسالار در شب ۲۱ ذیحجه ناگهان درگذشت، دلیلی پیدا نشد که او را کشته اند ولی تردید همچنان باقی ماند — در نشریات فرنگ این تردید بحق انعکاس یافت ولی اعتماد السلطنه در خلسه یا خوابنامهٔ خود نوشت سپهسالار را « بقول معروف زهر خوراندند » — این ظن بهرحال قویتر می شود وقتی می خوانیم که شاه در حق او گفته بود:

«این مرد به حالتی رسیده بود که جز مرگ برای او چاره ای نبود و ما را همیشه در زحمت داشت بلکه یک نوع حالت «مدحت پاشا» را داشت» که اشارهٔ ضمنی به خیانت به ولینعمت است.

فصل دوازدهم

مشروطیت و روحانیت

با توجه به این واقعیت که استقرار نظام مشروطه در ایران، نخستین و با جلوه ترین تظاهر بالنسبه موفق نهضت ملی ایران بحساب آمده است، سزاوار می بینیم که دربارهٔ آن بویژه در خط آگاهی به موفقیتها و کاستیهای این خیزش ملی بتفصیل بیشتری بپردازیم و دلایل این هر دو جنبه را تا حد مقدور برشماریم.

جنبش مشروطه گری در قلمرو اندیشه و خواستهایی که مطرح کرد، ارمغانی بود که از غرب به ایران رسید و در رهگذار ردگیری مایه ها و زمینه های آن به عصر فتحعلیشاه و عمدتاً به نتیجه گیریهایی می رسیم که خاصه پس از شکست ایران در دو دوره جنگهای ایران و روس در ضمیر عناصر وطنخواه و مستعدی نظیر عباس میرزای نایب السلطنه و وزیر هوشمند او قائم مقام جرقه زد و این دریافت در اندیشه آنها قوت گرفت که راز درماندگی ایران را باید در عقب ماندگی از کاروان تمدن و تجدد زمان جستجو کرد. مسلماً اندیشهٔ امثال عباس میرزا و قائم مقام تا آن مرحله امتداد نیافت و نمی توانست یافت تا علت العلل ناکامیها را در ذات نظام سیاسی و ساختمان جامعه از دیدگاه روابط تولیدی و اجتماعی آن کشف کنند و اما همین که متوجه شدند با معارف کهن و ابزار عقب مانده و ابتدایی قادر نیستند در برابر کشورهای موسوم به «راقیه» و پیشرفته عرض اندام کنند، اقدامشان در جهت آموزش (اعزام محصل به اروپا) و نیز در راستهٔ دستیابی به وسایل پیشرفته و مخصوصاً تهیه این وسایل در ایران، بخودی خود صحنه را برای طرح مسایل جدید اجتماعی و افکار «انقلابی» آماده ساخت، بهمین دلیل بود که جای جای در حرکتها و خیزشهای بعدی، مانند واقعهٔ شبه انقلابی رژی زمزمه هایی بسود تغییر نظام نیز سرگرفت و اینهمه مایه ای شد تا پس از حدود ۷۰ سال، تقاضای مشروطه تحقق پذیرد و دست کم نظام سیاسی کشور به گونه ای تازه شکل بگیرد.

در جنبش مشروطه خواهی طبقات و قشرهای مختلفی با «افقهای اجتماعی گوناگون» شرکت کردند که از آن میان «روشنفکران» آشنا با تحولات غرب، خواه اصلاح طلب و خوان انقلابی و نیز «بازرگانان ترقیخواه» و سرانجام بخشی از جامعهٔ روحانیت، مهار اصلی حرکت را بدست داشتند.

مرکز الهام روشنفکران (بنا بر اصطلاح زمان: طبقـات منورالفکـر) انقلابات و تحولات مغرب زمین بود. آنها، برخی با واسطه و پاره ای بی واسطه و از راه گردش در غرب کم یا بیش با پیشرفتها و افکار نو و دست آوردهای غربیان آشنا شده و نسبت به آنها تعلق خاطری یافته و باطل السحر درماندگی وطن خود را در توسل به آن پیشرفتها و افکار تشخیص داده بودند. از جمله اولین کسانی که ضمن تحصیل در انگلستان به مزایای زندگی غرب نشینان آگاه شدند و یافته های خود را آمیخته به نوعی اعجاب با هموطنان در میان نهادند یکی میرزا صالح شیرازی و دیگری میرزا جعفرخان مشیرالدوله تبریزی بود که پیشتر نوشتیم، بهمت عباس میرزا راهی انگلستان شده و پس از اتمام تحصیل بازگشته و هرکدام سهمی در نوسازی کشور، بعهده گرفته بودند.

میرزا صالح در سال ۱۲۳۵ هجری قمری (۱۸۱۹ میلادی) چاپخانه ای برپا داشت و اولین روزنامه پارسی را در تهران نشر داد (۱۲۵۲ هجری – ۱۸۱۹ میلادی). همو بود که در کتاب خاطرات خود، عمدتاً دربارهٔ زندگی سیاسی انگلستان مطالب تازه ای مطرح کرد که بالطبع برای خواننده ایرانی نه فقط جاذب بلکه حیرت انگیز می نمود.

میرزا صالح در «سفرنامهٔ» خود به شرح نهادها سیاسی و از آنجمله به سند اصلی نظام مشروطه در انگلیس (Magna Carta) اشاره و یادآوری کرده است که یکی از مهمترین مضامین این سند، تامین آزادی برای همه مردم است. او در پی توضیحاتی در زمینه کیفیت نظام سیاسی و دادگستری و وجود انبوه کتابخانه ها و موسسات آموزشی و یتیم خانه ها وحتی چگونگی (واکسیناسیون) در انگلستان، این کشور را «ولایت آزادی» و مجلس عوام را «مشورت خانه» و نمایندگان آن را «وکیل الرعایا» نام نهاده و دربارهٔ کیفیت کار در مجلس عوام توضیح داده است که مردم در انتخاب نمایندگان خود آزادی مطلق دارند و نمایندگان هم با آزادی کامل، مطابق عقیدهٔ خود به رایزنی می پردازند، بی آنکه مقامات حکومتی اجازه داشته باشند محدودیتی در کار آنها بوجود آورند — میرزا صالح ظاهراً با نوعی اشتیاق شرح داده است که «وکیل الرعایا» ها حتی حق دارند، چنانچه فرمان پادشاه را نیز مغایر منافع مردم تشخیص دهند، آن فرمان را معلق بسازند.

بدیهی است که نشر چنین مضامینی، در جامعه ای که افراد آن هرچند معدود، بعلل پریشانی خود خرده خرده راه یافته بودند، سخت تکان دهنده و پرخریدار بود و چنین شد که بنحو روزافزونی در حرکتهای تجددخواه، رگه هایی از افکار جدید اجتماعی و سیاسی و گرایش به اندیشهٔ «تغییر نظام» رونق گرفت.

اینکه نوشتیم، فکر مشروطه گری، از مغرب بسوی ایران روان شد، حالا اضافه می کنیم که این «سرایت» دو شاخه داشت، یکی با چشمهٔ تحولات سیاسی غرب اروپا و مثلاً انگلستان و فرانسه و بلژیک و دیگری با حوادث روسیه و خاصه نهضت سوسیال دموکراسی در آن کشور پیوند

داشت. برای مثال (و دوره های بعد) در صف گروه اول، میرزا آقاخان کرمانی و در گروه دوم میرزا عبدالرحیم طالبوف تبریزی (۱۳۲۹ -۱۲۵۰ هجری قمری) را می یابیم که این دو شاخه را نمایندگی میکردند. آنها که نقطهٔ الهامشان غرب اروپا و کشورهای سابق الذکر بود، در رده های مختلف (خواه در سلک حکومتیان مانند میرزا حسینخان سپهسالار که به قانونمندی غرب علاقه نشان میداد و خواه در ردیف جوانترها که به الگوی انقلاب فرانسه دلبسته بودند) و آنها که مانند طالبوف ودیگران در کنار سوسیال دموکراتهای فقفاز پرورش فکری یافته بودند - مجموعاً تغییر بنیادی نظام را هدف داشتند.

ما دربارهٔ نقش روشنفکران (طبقات منورالفکر) باز هم بحث خواهیم کرد - و اما برای آشنایی مقدماتی با سایر نیروهای (مشروطه خواه) اینک به کیفیت حال و قال دو دسته دیگر یعنی بازرگانان ترقیخواه و بعد روحانیان «مشروطه طلب» همچنان باختصار و آنگاه به ارزیابی نقش هر دو دسته می پردازیم.

انگیزهٔ بازرگانان و بطور کلی (بورژوازی نوخاسته) اصولاً دستیابی به موقع اجتماعی جدید و مسلماً پل بستن به عرصهٔ حکومت بود. این گروه بالطبع می توانست و میخواست از روند نوگرایی که بوسیله روشنفکران مطرح شده بود استفاده کند و لذا در آن مرحله متحد طبیعی روشنفکران بویژه گروههای اصلاح طلب آنان محسوب می شد. در جای خود تشریح خواهیم کرد که این طبقه (از اجزا همان طبقه معروف به متوسط شهرنشین) اگرچه در قیاس با بورژوازی غرب اروپا به رشد مادی و فکری کاملی نرسیده بود ولی بحد خود از هشیاری و حتی انسجام صنفی برخوردار بود و بهر تقدیر نیروی اجتماعی و اقتصادی قابل ملاحظه ای محسوب می شد.

گروه سوم که آن نیز سهم قابل ملاحظه ای در خطه مشروطه گری بعهده داشت، شامل بخشی از روحانیت بود که بنا بر مباحث قبلی ما در مجموع عملاً پیکره ای از هرم قدرت و حاکمیت را تشکیل می داد. پیشتر نوشته ایم، روحانیت شیعی، جدا از استثناء ها، بطور کلی تا قبل از واقعهٔ رژی تنگاتنگ حکومت استبدادی می راند و در روند سه گانه ای که در آغاز این رساله بدان اشاره کرده ایم یعنی در اتصال با سایر اجزاء هرم قدرت - گاه در عالم همزیستی - گاه در خط رقابت و گاه در جهت دستیابی به کل قدرت قدم بر می داشت و یادآوری کرده ایم چنین روندی عامیت داشته و تنها به عصر اسلامی و یا مواضع روحانیت شیعی متعلق نبوده و بنا بر احکام تاریخی، همهٔ مذاهب و حتی آیین ها (نظیر بودیسم) را در همه جا، دربرگرفته است.

و نیز نوشتیم روحانیت شیعی عملاً از واقعهٔ رژی است که ناخواسته به دو پاره تقسیم می شود و بخش قابل ملاحظه ای از آن تحت تاثیر و فشار تجار تنباکو به حرکت ملی میل می کند و چنین است که ملای بزرگی (در موضع مرجع تقلید) چون میرزا حسن شیرازی که اصولاً از دخالت در «سیاست» بیزار است و بقولی «تعرض داشتن به آنچه از وظایف دولت باشد» را «بیرون از

تکالیف مذهبی خود می دیده است» بناچار وارد صحنه می شود که در این باره در بخشهای پیشین نوشته ایم و نیاز به تکرار نیست و اما بهر حال این بازنویسی لازم است که همین مشارکت روحانیان در جنبشهای مردمی که اساساً از واقعهٔ رژی سر گرفت، دو رویه پیدا کرد، یکی مثبت که به دلیل نفوذ معنوی روحانیان، به جنبش وسعت می بخشید و یکی منفی که راه را برای مداخلهٔ روحانیت نه فقط در سیاست بلکه رفته رفته در جهت درخواست حاکمیت هموار می ساخت، تا جایی که در جریان نهضت مشروطه خواهی، این فکر بر آن گروه مشروطه خواه از روحانیت غلبه کرد که خود را اصولاً راهبر و خالق مشروطه گری قلمداد کنند. چنان که یکی از بهترین و خوش نیت ترین آنها یعنی سید محمد طباطبائی رسماً در مجلس شورای ملی گفت:

«ما ممالک مشروطه را که خودمان ندیده بودیم ولی آنچه شنیده بودیم و آنها که ممالک مشروطه را دیده بودند به ما گفتند مشروطیت موجب امنیت و آبادی مملکت است. **ما هم شوق و عشقی حاصل نموده تا ترتیب مشروطیت را در این مملکت برقرار نمودیم.**» (نقل از صورت مذاکرات مجلس شوال ۱۳۲۵).

ملاحظه دارید که در این ضمیر «ما» و فعل «برقرار نمودیم» نوعی «انحصار» نهفته است بدین معنا که گویا این حضرات آقایان «علما» بودند که مشروطه را شالوده ریختند.

تذکار فریدون آدمیت در اتصال با این ادعا، هوشمندانه و منطقی است. می نویسد:

«آن (یعنی عبارات اولیهٔ طباطبائی) صحیح است جز این که «ترتیب مشروطیت» را جماعت روحانیان «برقرار» نکردند بلکه در قیام عمومی سهم مهمی داشتند و در تاسیس مشروطیت موثر بودند — اما نه به حدی که خودشان پنداشته اند و یا تاریخ نویسان مشروطیت تصور نموده اند. **در واقع ملایان که به پیروی آزادیخواهان در حرکت مشروطه خواهی مشارکت جستند، در درجه اول در پی ریاست فائقهٔ روحانیت بودند، نه معتقد به نظام پارلمانی ملی و سیاست عقلی**» (نقل از کتاب فکر دموکراسی اجتماعی در نهضت مشروطیت ایران، تألیف فریدون آدمیت، صفحهٔ ٤)

توضیح کوتاه آدمیت، تمامی واقعیت را در بر دارد. توضیح ما مبتنی بر این یافته است که اتفاقاً شرکت روحانیت در نهضت ملی مشروطه، هرچند به حرکت عمومی توان بخشید ولی در کار ساختمان نظام مشروطه در ایران زیانهای جبران ناپذیر ببار آورد - زیانهایی که در چهار کلمه خلاصه می شوند: «ناکامی مشروطه در ایران» و این همان نکته ای است که ما بهنگام شرح واقعه شبه انقلابی رژی و زیر عنوان «جهت منفی» آن واقعه، پیشتر بدان پرداخته ایم.

ذکر این نکته ضرورت دارد که در طول آن (قریب هفتاد و اندی سال) که از آغاز شیوع افکار نوجویانه و ترقیخواهانه بعنوان انگیزه های اصلی مشروطه گری می گذشت، ترقیخواهان و تجددطلبان، ضمن آن که ناگزیر بودند از نفوذ روحانیت در برانگیختن توده ها یاری بگیرند، کوشش بیدریغی هم داشتند که به نحوی، روحانیت را از شرکت و سهم گیری در نهادهای

مشروطه و نظام قانونی نو مانع شوند و این تضاد عجیب همچنان لاینحل ماند و مایه ای شد که مشروطیت ایران به پایهٔ بلوغ مشروطه های اروپایی دست نیابد. روشن خواهیم کرد که البته این تضاد خود حاصل عقب ماندگی اقتصادی و تولیدی و طبعاً ناشی از عدم گسترش افکار جدید و روند نوجویی در ایران بوده است.

قیاسی میان انقلاب مشروطیت ایران و انقلاب کبیر فرانسه:

مقایسه میان انقلاب مشروطیت و انقلاب فرانسه هرچند از باب وسعت و نیز از حیث دست آورد، به یکدیگر نمی رسند ولی از لحاظ آگاهی به کاستیها و مخصوصاً عیوب مشروطه ایران و دست آورد آن (متمم قانون اساسی) کاریست لازم و در عین حال راهی است که درک مطلب را آسان می کند.

گذشته از این، در کالبدشکافی انقلابات گونه گون که درجوامع مختلف روی داده است، می توان انقلاب فرانسه و انقلاب مشروطهٔ ایران را (بطور کلی) در یک جهت و از یک سنخ و بافت قلمداد کرد. درهر دوی آنها، طبقات متوسط شهرنشین (بورژوازی) در جستجوی پایگاه قدرت بودند– هر دو طبعاً به لیبرالیسم پارلمانی و دموکراسی روی داشتند – هدفهای هر دو هرچند در مورد ایران نقصان داشت (که بعداً شرح خواهیم گفت) و در مورد فرانسه سرانجام کمال یافت، اصولاً به استقرار یک نظام جدید تعلق می گرفت و اجمالاً با این حسابهاست که در طبقه بندی انقلابات هر دو را در زمرهٔ «انقلابات بورژوائی» جای داده اند و اما: انقلاب کبیر فرانسه که بحق آن را (با وجود پاگیری قبلی مشروطه و اصول پارلمانی در انگلستان) یک مبدأ تاریخی شمرده اند، بهنگامی روی داد که زیربنای اقتصادی و جنبش نوآوری و «آزاداندیشی» به حد اعلای آمادگی و پختگی رسیده بود.

ولتر قریب ۲۰ سال پیش از فتح باستیل (١٤ ژوئیه ۱۷۸۹) نوشته بود:

«اوضاع و احوالی که من می بینم بذر یک انقلاب را می پاشد. انقلابی که بدون تردید پیش خواهد آمد و من این سعادت را نخواهم داشت که شاهد آن باشم.»

در سالهای دراز پیش از انقلاب حقاً نویسندگان انسیکلوپدی و سلسلهٔ عظیم نمایندگان نهضت آزاداندیشی بذر نیرومند دگرگونی نظام سیاسی و فرهنگی و اقتصادی جامعه را پاشیده بودند.

در دائره المعارف بعنوان یک قانون خدشه ناپذیر آمده بود:

«باید به حقوق اندیشه و وجدان انسانها، تا جایی که به نظام جامعه آسیب نرسانده است حرمت نهاد – اختلاف نظرها برای حکومت بی تفاوت باشد... پیروی هرچه آزادتر از عقل و وجدان، از جمله وظایف هر انسان است و هیچ کس حق ندارد که عقل و وجدان خود را بر دیگری تحمیل کند.»

قبل از انقلاب، منتسکیو در کتاب جاودانه و بسیار مشهور خود روح القوانین (Esprit des lois) خطوط اصلی یک نظم دموکراتیک را با شرح قوای سه گانه (مقننه - مجریه - قضائیه) و ضرورت استقلال هر یک، رسم کرده بود.

روسو، در آثار خود (قرارداد اجتماعی Contrat Social,۱۷۶۲ و امیل Emile در همان سال) و انبوه کتب دیگرش، طبیعت آزاد انسان را شرح کرده بود و اصولاً قرن هجدهم، قرنی که در آن انبوه نمایندگان جنبش آزاداندیشی ظاهر شدند و به «قرن روشنایی» شهرت گرفت، به انقلاب فرانسه رزق فکری رسانده بود.

آلبر بایر استاد ارجمند و اسبق سوربن پاریس در سلسله درسهای خود زیر عنوان تاریخ آزاداندیشی که بعدها بصورت رساله ای به چاپ رسید قرن هجدهم - قرن روشنایی - قرن انقلاب فرانسه را بدینگونه یاد کرده است:

«این افتخار قرن نور و روشنایی بی زوال ما است که عدم تعصبات مذهبی و مسالمت و مدارا بین تمامی نوع انسان را بمنزله یک اصل بزرگ و انسانی معرفی کرده و قانون برادری را زاده است» گذشته از این، انقلاب فرانسه تجربهٔ انقلابات و روند مشروطه گری در انگلستان را پشت سر داشت و سوای زمینه های مربوط به تفکرات سیاسی و اجتماعی، از دگرگونیهای علمی و صنعتی در مقام زیربنا و زایندهٔ افکار نو بهره می گرفت. در قلمرو اقتصاد، فرانسهٔ عصر انقلاب (۱۷۸۹) هرچند هنوز یک کشور عمدتاً کشاورزی محسوب می شد، در جهت تاسیسات نو نیز به پیشرفتهای تابناکی دست یافته بود.

طول راههای تجاری و خوب فرانسه در سال ۱۷۸۹ به ۴۰ هزار کیلومتر می رسید - ناوگان تجاری این کشور که بین مستعمرات و کشور متروپول (فرانسه) در رفت و آمد بود، در زمرهٔ بزرگترین ناوگانهای جهان قرار داشت. مارسی یکی از مهمترین بنادر بازرگانی دنیا شناخته می شد. نکتهٔ مهم این است که در قرن هجدهم، هرچند روابط و ساختمان فئودالی مبتنی بر اشرافیت مذهبی و درباری برجا بود ولی کادرهای اداری و مالی رژیم را یک قشر نیرومند بورژوازی در تصرف خود داشت.

در دورهٔ انقلاب سه گروه در صحنه بودند.

از جمعیت ۲۶ میلیونی آن روز فرانسه (که بالاترین جمعیت در اروپای غربی و مرکزی محسوب می شد) - از ۱۳۰ هزار روحانی که ظاهراً دست اندرکار امور اخروی بودند فقط سه هزار تن در مقامات عالی روحانیت و عملاً در شمار اشراف محسوب می شدند و امتیازات گوناگونی داشتند؛ از پرداخت مالیات معاف بودند، حدود ده درصد زمینهای مملکت در تعلق آنها بود و درآمد این قشر کوچک تا ۱۰۰ میلیون لیور می رسید که عشریه ای را که هر ساله از دهقانان می گرفتند باید به این مبلغ افزود، مابقی کشیشان و وابستگان کلیسا در نهایت شدت و فقر زندگی می کردند و

در واقع بخشی از طبقهٔ فقیر سوم را تشکیل می‌دادند. روحانیت در تمامی سالهای قبل از انقلاب، بنا بر قاعدهٔ تاریخی که قبلاً شرح داده ایم، عملاً بخشی از پیکره و قدرت و حکومت را تشکیل می دادند.

طبقهٔ دیگر اشراف بودند که شمار آنها تا ۳۰۰ هزار برآورد شده است. افراد این طبقه قسمتی امتیاز «نجابت» را به ارث برده و برخی با پول خریده بودند. استخوان بندی اصلی جامعهٔ آنروزی فرانسه را این طبقه قلیل و خیل میلیونی دهقانان می ساخت و مناسبات آنان با دهقانان بر بنیاد رسوم فئودالی برقرار بود. سهمی از محصول رعایا در تعلق آنها بود، - وارث حقوقی رعایا محسوب می شدند و نسبت به دعاوی دهقانان خود حق داوری داشتند. سطح بالایی این اشراف که از یکی دو هزار تجاوز نمی کرد اشراف باصطلاح با اصل و نسب و صاحب شجرنامه بودند و امور دربار «ورسای» را در اختیار داشتند. و سرانجام طبقه سوم یعنی حدود ۹۸ درصد افراد مردم بودند که کیفیت زندگی قشرهای آن تفاوت کلی با یکدیگر داشت. تجار و صنعتگران و بانکداران و در واقع استخوانبندی بورژوازی و غالباً با ثروتهای کلان در سطح بالا قرار می گرفتند و در سطح بعدی روشنفکران، حقوق دانان و استادان و هنرمندان جای داشتند که وضع زندگی آنها نه با اکثریت توده یعنی روستاییان، خدمتکاران، کارگران مزدور و انبوه فقرا شباهت داشت و نه طبعاً به زندگی اشراف می مانست وجه اشتراک این سه رسته از طبقه سوم فقط در این بود که از صف اشراف بیرون بودند - از دیدگاه خواستها ومنافع، قشر بالنسبه قابل ملاحظهٔ روشنفکران با بورژوازی که هواخواه دگرگونی نظام سیاسی و روابط اقتصادی و اجتماعی بود همخوانی داشتند. افراد قشر پایینی هم هر چند، شم سیاسی نداشتند طبعاً از این دگرگونی سهمی می بردند، خاصه که بورژوازی بنابر خصلت خود به کارگر آزاد در قبال رعیت وابسته به زمین نیازمند بود.

یک اندیشمند انگلیسی که در سالهای پیرامون سال انقلاب از فرانسه دیدن کرده است، مینویسد در نقاطی به روستاییان فقیر و ستمکشی برخوردم که اصولاً از آنچه در پهنهٔ سیاست، در پاریس و شهرهای بزرگ می گذشت اطلاعی نداشتند. وقتی به آنها می گفتم در پاریس کسانی هستند که برای آزادی مبارزه می کنند و اوضاع دیگری را طالبند، آنها ناشنیده و نادیده فقط برای آنها دعا میکردند. اما نکته مهم این است که اگرچه شهرنشینان فرانسوی در عصر انقلاب فقط یک چهارم جمعیت کشور را تشکیل می دادند، ولی بدانگونه که گذشت هم از دیدگاه اقتصادی و هم از دیدگاه فکری صاحب چنان نیرویی بودند که می توانستند بااتکأ به ارزشهای مادی و معنوی خود بدون کسب یاری حتی از ترقیخواهان استثنائی و احتمالی در دو طبقه بالا (روحانیان و اشراف) در بسیج توده موفق شوند و درخواستهای خالص خود را مطرح کنند. حالتی که در مشروطیت ایران وجود نداشت.

اما در ایران، بورژوازی نه در زمینه های مادی بدان پایه ظهور کرده بود و نه نیروهای فکری (طبقات منورالفکر) بدان درجه وسعت و تا آن حد از اندوخته های فکری بهره داشتند که بالاستقلال بتوانند مهار انقلاب را بدست گیرند.

ناکامی مشروطه ما و کاستیهای آن را در این راسته پی می توان گرفت: کاستیهایی که روشنگران مشروطه را درست در جهت مخالف عمل و یارگیری انقلابیون فرانسه، وادار می ساخت تا از نفوذ لااقل بخشی از روحانیت بهره بگیرند و طبعاً زیان این همخوانی را هم تحمل کنند.

این گفتنی است که انقلابیون فرانسه (مگر معدودی) در خط دشمنی با مذهب نبودند و جدایی امر مذهب از امر حکومت و اجمالاً نظارت بر سازمانهای مذهبی را طلب می کردند - چنان که فرمان دادند، از آن پس اسقف های ایالات را نه پاپ بلکه کشیشان محلی باید انتخاب کنند و «اعلامیهٔ حقوق بشر و همشهری» اولین دست آورد انقلاب را بپذیرند و به آن تمکین نمایند و هرکس از این دستورِ عمل تن زند، خلع لباس و خلع مقام گردد.

از این رو - انقلاب فرانسه لائیسیته (غیر مذهبی بودن حکومت) را در خود پرورد و هرچند با گذر از دریایی خون و قساوت و راهی پرنشیب و فراز در درازمدت به مقصود خود رسید. در حالی که انقلاب مشروطه با مشارکت اضطراری ملایان یا بخشی از ملایان - از این موهبت محروم ماند و از آغاز نیم بندماند و هرگز نتوانست «دموکراسی سیاسی» و «لیبرالیسم پارلمانی» را تا دموکراسی اجتماعی امتداد دهد. به همین دلیل بخشی از روبنای سیاسی کشور تا قلمرو قانونمندی و ایجاد پارلمان دگرگون شد ولی زیربنای روابط اقتصادی جامعه به شکل سابق باقی ماند و فئودالیسم تکان نخورد و نظامات درونی آن هرچند تا حدودی سست شد ولی کلاً بر اساس مناسبات رعیت و مالک بزرگ ادامه یافت. از سوی دیگر، ملایان که ذاتاً و بنا بر موقع و منافع دیرپای خود، هرگز نمی‌خواستند، یک نظم قانونی (غیر مذهبی) جایگزین قدرت قضایی آنان شود موفق شدند جای پای سنگینی در سند و دست آورد مشروطه بدست آورند. صد البته این نکته ای است که به بسط و تحلیل بیشتر نیاز دارد و ما در بخشهای بعد، تا حد امکان بدان خواهیم پرداخت.

فصل سیزدهم

ارزیابی اندیشه ها
در نخستین خیزش های مشروطه خواهی

آگاهی به نقش روحانیت در انقلاب مشروطیت بدون آگاهی به درون مایهٔ این انقلاب و بویژه بدون آگاهی به برخورد ملایان با دست آوردهای انقلاب ناقص خواهد بود - بنابراین به تحلیل در این باره ادامه میدهیم.

در خط آشنایی با کاستیهای جنبش مشروطه خواهی، در فصل پیش به قیاسی هر چند مختصر میان انقلاب فرانسه و انقلاب مشروطیت ایران بویژه از دیدگاه سنخیت این دو حادثه به قیاسی دست زدیم با این توجه که از نظر ژرفا و گستردگی طبعاً این دومی به آن اولی نمی رسید. اینک اضافه می کنیم که اگر انقلاب فرانسه خواه بلحاظ پشتوانهٔ «ایدئولوژیک» که ریشه های آن تا دورهٔ رنسانس کشیده می شد و خواه به دلیل آمادگی درزمینه های اقتصادی و ظهور یک طبقهٔ متوسط نیرومند («بورژوازی») - بر انقلاب ایران پیشی داشت؛ این را نباید قضاوتی مبتنی بر ناتوانی بیش از حد نیروهای فکری در جنبش مشروطه خواهی تلقی کرد. زیرا تلاش و تقلای روشنفکران آن دوره و هوشمندی همان طبقهٔ نه چندان وسیع متوسط برای ایجاد یک نظام سیاسی جدید بر شالودهٔ لیبرالیسم پارلمانی و مخصوصاً مقابلهٔ زیرکانهٔ آنها با نفوذ ملایان، در حد خود ستایش انگیز و در عین حال نمایندهٔ شعور والای سیاسی آنها بود.

توضیح دیگری نیز ضرورت دارد: استقرار یک نظم پارلمانی بشیوهٔ غربی درا یران، پس از تحولات سیاسی ژا پن در اواخر قرن گذشته - در سراسر قارهٔ آسیا («نخستین و با جلوه ترین تظاهر بالنسبه موفق نهضت ملی») بود. در تکمیل این دعوی نیز اضافه می کنیم، چنین قضاوتی به معنای آن نیست که در سایر کشورهای اسیایی و برخی افریقایی اثری از فعالیتهای آزادیخواهانه و یا اقداماتی در جهت قانونمندی حکومت در کار نبوده است. میدانیم در پاره ای از این کشورها - از سالها پیش از پاگیری مشروطه در ایران، تلاشهایی در رهگذار تغییر نظامات و گرا یشهایی بسوی دست آوردهای سیاسی و اجتماعی اروپا ییان صورت گرفته؛ حتی در بعضی از این ممالک نهادهای قانونگذاری نیز پدید آمده بود.

مثلاً در سال ۱۸۷٦ به رهبری آزادیخواه معروف ترک «مدحت پاشا» یک قانون اساسی پرداخت شده و بتصویب سلطان عبدالحمید دوم رسیده ولی این قانون پس از کوتاه زمانی بوسیله سلطان ملغی شده بود، در مصر نیز از زمان ورود ارتش ناپولئون، تحولاتی در قلمرو نظامات «قانونی» پدید آمد که عموماً یا فرمایشی بود (نظیر تاسیس مجلس موسوم به دیوان) که در سال ۱۷۸۹ بوسیلهٔ ناپولئون ایجاد شد) یا نهادهایی مانند «مجلس الشوری النواب» که بدستور خدیو اسمعیل در سال۱۸٦۰ بنا شد و یا قانون اساسی ۱۸۸۳ که بوسیلهٔ انگلیسی ها طراحی گردید که خاصه این آخری، در بنیاد، ترتیبی برای حکمرانی خود انگلیسی ها بود.

در هند نیز از نیمهٔ دوم قرن نوزدهم دگرگونیهایی در جهت استقرار نظم قانونی حاصل شدکه این همه تا مرحلهٔ استقلال نرسید و تا استعمار پابرجا بود، هر چند از نیازهای رو به رشد سیاسی مردم هند خبر می داد، ولی هیچ یک در معنای وسیع «دموکراسی» و جابجایی نظم کهنه و نو نمی گنجید. نظام دموکراتیک هند (بشیوه پارلمانی غرب از زمانی شالوده گرفت که بندهای استعمار دویست ساله انگلستان از هم گسیخت و این پس از جنگ جهانی دوم و تامین استقلال هند روی داد.)

البته ایرانیانی که در این کشورها (خاصه مصر، عثمانی و هند) زندگی می کردند از دایرهٔ اثر این حوادث بیرون نبودند ولی همانطور که پیشتر نوشتیم، جناح متفکر و مترقی جنبش مشروطه خواهی در ایران عمدتاً چشم بدست آوردهای اروپایی و از آن جمله تکوین مشروطه در انگلستان و بویژه انقلاب فرانسه داشتند و به مبارزات آزادیخواهان روس بر ضد استبداد تزارها ابراز علاقه میگردند. کوتاه سخن این که: در جهت خواستهای خود، ضمن توجه همه جانبه به ساختهای سیاسی غرب، کل حوادث بین المللی را نیز با دقت دنبال میکردند. در این باره شکست روسیه از ژاپن در جنگ ۱۹۰۵-۱۹۰٤ یادآوردنی است که سخت در روحیهٔ ایرانیان اثر گذاشت. خاصه از این بابت که وقتی می دیدند یک کشور آسیایی موفق شده است یک امپراطوری بزرگ اروپایی را از پا بیندازد، علناً ابراز شادمانی می کردند و نویسندگانی در این باره کتاب و مقاله مینوشتند. کتاب «تاریخ اقصای شرق یا محاربه روس و ژاپن» که در سال ۱۳۳۱ قمری بوسیلهٔ نویسنده ای بنام میرزا باقرخان تبریزی بچاپ رسید - یک نمونه از آن آثار بود.

یک مامور سیاسی انگلیس بنام گرانت داف در گزارشی به ادوارد گری وزیر خارجهٔ وقت انگلستان می نویسد:

«ایرانیِ شهری آگاه است که ملت روس به تحصیل آزادی خویش برآمده و دولت روس در وضعی گرفتار گشته بس دشوار و خطیر. به یقین می دانم که شکست روس از ژاپن تاثیری اینجا گذارده، محو نشدنی و هیچکس نمی تواند نتیجهٔ نهایی آن را پیش بینی کند - تاریخ گزارش ۲۸دسامبر ۱۹۰۵».

همو در گزارش دیگری به رئیس خود دربارهٔ بازتاب خیزشهای ملت روس و شکست این کشور از ژاپن آورده است:

مردم ایران: «مثال روس را در برابر چشم خویش دارند و با اشتیاق مراقب هر پیش آمدی هستند که آنجا رخ بدهد - تاریخ گزارش ۲۸ فوریه ۱۹۰٦».

بدینگونه پیداست که حوادث بین المللی عموماً و شکست روسیه از ژاپن خصوصاً و نیز حرکتهای آزادیخواهانه مردم روس، رسوب آن جادویی را که بر ذهن مردم ایران، به اثبات قَدَر قدرتی اروپاییان تسلط داشت خرده خرده درهم می شکست و به نیروی امیدشان مایه می رساند.

دراینجا لازم است برای جلب دقت و توجه خوانندگان نسبت به میزان داوری مامور سیاسی انگلیس، قضاوت صحیح فریدون آدمیت را به این برداشتها بیفزاییم تا راه بر مبالغه بسته شود:

«در سنجش آن سخنان (منظور گزارشهای گرانت است) همینقدر باید گفت که پیروزی کشور مشرق زمینی ژاپن بر روس و همچنین شورش مردم روس علیه تزاران (۱۹۰۵) افکار عام ایرانیان را ربوده بود - اما در تاثیر عملی آن دو حادثه مبالغه روا نیست - تحولی که محقق بود این است: مسائل «اجتماعی و سیاسی» تازه ای که در ایران مطرح گشته جریان عمومی مملکت را «بر پایه ای نهاده بکلی متمایز» از گذشته - «به حقیقت تغییر افق اجتماعی آن مسائل را بوجود آورد».

اینها در مجموع گواه درستیِ این دعوی است که عنصر تفکر و یا فضای ظهور اندیشه های آزادیخواهانه، در جنبش مشروطه خواهی ایران در حد خود نیرومند بود و در عین حال به کسب اطلاعات تازه استعداد نشان می داد. بار دیگر به برداشتهای آدمیت رجوع می کنیم:

«از دهۀ آخر سلطنت ناصرالدینشاه ببعد - فکر آزادگی و مشروطگی و حمله به اصول مطلقیت مظاهر مهمی دارد. در این دوره برجسته ترین متفکران و مبلغان سیاسی همچون ملکم خان، میرزا آقاخان کرمانی و سید جمال الدین اسدآبادی و میرزا یوسف خان به درجات فعال بودند - این کسان در موارد خاصی اشتراک مساعی هم داشتند. بعلاوه از نسل پیش گروه درس خواندهٔ جدیدی بوجود آمده بود که ایدئولوژی سیاسی اش، ترقی و آزادی بود - نقل از ایدئولوژی نهضت مشروطیت ایران، تالیف آدمیت صفحهٔ ۲۸».

این را متذکر بوده ایم که اصولاً اندیشه مشروطه خواهی و توجه به دست آوردهای سیاسی و مدنی غرب را - گذشته از تقسیم بندیهای مرسوب از بابِ جناح انقلابی و جناح اصلاح طلب یا تندرو و میانه رو - روشنفکران آگاه به زندگانی غربیان ترویج و جانبداری می کردند و جالب توجه است که این گروه همه جا پراکنده بودند و حتی در مصادر حکومتی برخی مقامات عالی داشتند. علاوه بر عناصر اصلاح طلبی نظیر عباس میرزا قائم مقام و امیرکبیر و سپهسالار و امین الدوله (میرزا علی خان امین الدوله مدت یک سال از ۱۳۱٤ تا ۱۳۱٦ در دورهٔ ناصری صدارت داشت) و جماعتی دیگر از این قبیل که بیشتر صفت «ترقیخواه» بر آنها زیبنده است - در دوره ها بعد و

از همان دهۀ پایانی سلطنت ناصرالدین شاه، افرادی از درون دیوان و حتی پاره ای از اشراف صمیمانه به استقرار نظم مشروطه کمک می رساندند، عناصر تحصیل کردۀ غیر اشرافی و غیر دیوانی که جای خود داشتند. در جمع دیوانیان و اشراف که با پشتکار و علاقه به مشروطه گری روی کردند نامهای سه تن: میرزا محمود خان احتشام السلطنه و صنیع الدوله و سعدالدوله با برجستگی خاصی یاد شده است. از این ردیف و برای نمونه به نقش احتشام السلطنه از یکسو در مقابله با درباریان هواخواه بقای استبداد و از سوی دیگر به مبارزات او بر ضد دستبردهای روحانیت، با تفصیل بیشتری توجه می کنیم:

احتشام السلطنه شاهزادۀ آزادیخواه در آلمان تحصیل کرده بود و موثرترین همکار امین الدوله (صدراعظم) بویژه در تاسیس مدارس جدید محسوب می شد. استواری عقیده و صراحت لهجۀ او در خط دفاع از تجدد و آزادی شهرت عام داشت. بگفتۀ یحیی دولت آبادی (در کتاب حیات یحیی) همو بود که به امین الدوله پیشنهاد کرد «پاره ای از کتابهای مفید برای بیداری ملت از زبانهای خارجه» ترجمه و منتشر شود. ما در جای خود از خدمات او و سایر عناصر ترقیخواه و آزادی طلب، در پاگیری مجلس ملی و تدوین قانون اساسی و مقابلۀ شجاعانه آنها با ملایانِ حتی مشروطه خواه که در بزنگاه خود را روی دست خورده یافتند، بتفصیل خواهیم نوشت – در اینجا تنها به شرح واقعه ای رجوع می کنیم که خاصه نشت آن در میان عامه، بیش از پیش باعث معروفیت و محبوبیت احتشام السلطنه شد، از این قرار:

پس از انتشار دستخط مظفرالدینشاه مبنی بر تشکیل عدالتخانه (ذیقعده ۱۳۲۳) مدتها با پافشاری و سنگ اندازی عین الدوله اجرای دستخط معطل ماند. در قبال اعتراضات گسترده ای که در این زمینه ادامه داشت، عین الدوله می کوشید تا موضوع عدالتخانه (که تازه چیزی فروتر از درخواست مشروطه خواهان واقعی بود) فراموش شود و در همان حال برای آن که کاسه کوزه ها بر سر او نشکند و چنین وانمود شود که در این ماجرا تنها نیست در روز دهم اردیبهشت ۱۲۸۵ جلسه ای در باغشاه شامل چند تن از رجال درجۀ اول دربار و وزرا دولت تشکیل میدهد. از گفتگوهایی که در این اجلاس درگرفته است بروشنی استنباط می شود که عین الدوله پیشاپیش افراد موثر را با خود همداستان کرده است. او قبل از آغاز مشاوره از حضار میخواهد که نسبت به «اجرا یا عدم اجراء دستخط» به اظهارنظر بنشینند. در پاسخ او ابتدا همه خاموش می مانند مگر احتشام السلطنه که با صراحت لهجۀ خاص خود می گوید «صلاح دولت بر اجرای دستخط است چه اگر دستخط اعلیحضرت را اجرا ندارید دیگر ملت اعتماد به قول و دستخط شاه نمی کند و نیز شرف دولت می رود.»

در پی نظر او سایرین که روشن است از پیش پر شده اند زبان به اعتراض باز میکنند:

امیر بهادر وزیر دربار - حاجب الدوله - ناصرالملک وزیر مالیه میگویند، مصلحت در معطل گذاشتن دستخط است.

یکی می گوید با اجرای دستخط: «پسر پادشاه و پسر بقال مساوی خواهند بود. راه دخل امنای دولت مسدود خواهد شد» — دیگری میگوید، این امر برای ایران هنوز زود است. سومی با پرخاش خطاب به احتشام السلطنه او را تلویحاً خائن به ولینعمت میخواند ولی احتشام السلطنه همچنان بر رای خود پابرجاست. با تشدد می گوید:

«دیگر بس است، دخل تا کی، ظلم تا چه وقت، مردم را ذلیل و رعیت را به چه اندازه حقیر میخواهید - دخل و جمع مال حدی دارد - خوبست قدری به حال رعیت فکر کنید...»

پیداست که جلسه را طوفان تشدد و اتهام درمی گیرد - عین الدوله که مقصود را برآورده می بیند در پایان می گوید، «من باید این مذاکرات را خدمت اعلیحضرت عرض کنم از خود شاه تکلیف بخواهم» - چند روز بعد احتشام السلطنه را بعنوان رسیدگی به کارهای مرزی روانهٔ کردستان می کنند ولی بگفتهٔ ناظم الاسلام کرمانی، مولف «تاریخ بیداری ایرانیان» که مو بمو گفتگوهای اجلاس باغشاه را شرح داده است - با نشت ماجرای باغشاه به خارج، صد چندان بر اعتبار و نفوذ احتشام السلطنه در میان مردم افزوده می شود. اعتبار و نفوذی که یکبار دیگر - یعنی بهنگام طرح قانون اساسی، و این بار بر ضد توطئهٔ ملایان بکار می آید و بسهم قابل ملاحظه ای از تبدیل مشروطه به مشروعه مانع می شود. اینک برای جلوگیری از یک داوری مغالطه آمیز، در مورد دستخط عدالتخانه به توضیحی ناگزیریم.

ماجرا با فلک کردن سید هاشم قندی، تاجر سالخورده و خوشنام قند بدستور علاءالدوله حاکم تهران آغاز و به بسته شدن بازارها و حرکت گروهی از ملایان منتهی میشود. این دسته از «علما» روز ۲۲ آذر ۱۲۸۴ برای بست نشینی در حرم حضرت عبدالعظیم براه می افتند.

ابتدا قصد عین الدوله و امیربهادر و سایر درباریان بر این است که بنحوی حرکت بست نشینان را سرکوب کنند ولی بعلت گسترش اعتراضات عمومی و مخصوصاً تعطیل بازارها، شاه آنها را از این کار باز می دارد و در نتیجه عین الدوله به «علمای» بست نشسته پیغام میدهد که آقایان نمایندهای تعیین کنند و درخواستهای خود را بدینوسیله برای اعلیحضرت بفرستند. در این حال ملک المتکلمین از حاج میرزا یحیی دولت آبادی تقاضا می کند که با استفاده از دوستی و مراوده ای که با شمس الدین بیک سفیر عثمانی دارد - او را وسیله ای بسازد تا مستدعیات آقایان را به شاه برسانند. دولت آبادی با اصرار ملک المتکلمین این درخواست را می پذیرد و پس از چند بار مذاکره با شمس الدین بیک اورا راضی به این کار می کند، منتهی سفیر عثمانی شرط می گذارد، در صورتی درخواستها را بعرض شاه خواهد رساند که «نوعیت» داشته باشد و غیر این اگر آقایان مشکل شخصی دارند، از این کار معذورم:

برای درک میزان فهم و «ارزش» طلب «علما» و اینکه اصولاً دستخط عدالتخانه از کجا پیش آمد - نقل یحیی دولت ابادی خواندنی است و ضرورت هم دارد.

حاج میرزا یحیی دولت ابادی، پس از شرح ماجرا که چطور سفیر عثمانی را به میانجیگری و ارسال پیامها به شاه آماده کرده است از «علما» می خواهد که مستدعیات خود را روی کاغذ بیاورند.

اینک ببینیم خواست «علما» از چه قماش است:

۱- عزل علاء الدوله از حکومت تهران

۲- عزل نوز (بلژیکی) از ریاست گمرکات و غیره

۳- امنیت دادن به متحصنین بعد از آمدن به شهر

٤- برگرداندن تولیت مدرسه خان مروی به اولاد حاجی میرزا حسن آشتیانی،

۵- تنبیه عسگر، گاریچی راه قم بواسطه شرارتی که کرده

٦- تجلیل از حاج محمد رضا که از طرف حاکم کرمان به او بی احترامی شده بود

۷- برداشتن قیمت تمبر دولتی از مستمریات روحانیون

ملاحظه می شود که در پس آن های و هوی بسیار، تقاضای روحانیان در چه زمینه های مبتذل و خودخواهانه ای خلاصه میشده و تا کجا از مرحله پرت بوده اند. حاج میرزا یحیی دولت آبادی که از یک طرف تصریح کرده است، سفیر عثمانی بشرطی حامل نامه خواهد شد که مستدعیات «آقایان» - «نوعیت» داشته باشد وبعبارت دیگر مسائل غیر اصولی و شخصی را در برنگیرد و از طرف دیگر می بیند که درخواست این «حضرات علما» تا چه پایه فرومایه و حقیر است - سخت حیرت می کند. نوشته خود او در این باره خواندنی است:

«دیدن مطالب آقایان نگارنده را به حیرت فرو میبرد - یکی بواسطهٔ بیفکری و کوته نظری ایشان و دیگر متحیر میمانم که من به سفیرکبیر گفته ام مطالب آقایان «نوعی» است و همه در راه اصلاح عامه و صلاح ملک و ملت است. چگونه میشود این مطالب را به او گفته و از او مساعدت خواست که به شاه برساند. اما ناچار بودم نتیجهٔ اقدام خود را به سفیر اطلاع بدهم - نقل از خاطرات یحیی».

آنگاه دولت آبادی شرح می دهد هنگامی که بدیدن سفیر می رود خوشبختانه میهمانی بر او وارد می شود و سفیر اجازه می خواهد نخست میهمان را بپذیرد و روانه کند و بعد با حاج میرزا یحیی دولت آبادی بگفتگو بنشیند. دولت آبادی می گوید من از این فرصت استفاده کردم و بجای بند ۷ سر خود روی **کاغذ دیگری، تاسیس عدالتخانه را اضافه کردم.**

همین جا می توان فاصلهٔ بعید میان افکار مشروطه خواهان مترقی و متجدد و مجموعهٔ ای روحانیان به مشروطه خواهی روی کرده را بازشناخت. و در عین حال این نکته را دریافت که حتی «دستخط

عدالتخانه» که گفتیم چیزی فروتر از خواست مشروطه خواهان مترقی بود از کجا نشأت گرفته است.

بار دیگر به داوری فریدون آدمیت این محقق دقیق تاریخ مشروطیت بازمیگردیم تا بیش ازپیش ماهیت طلب جامعهٔ روحانیت - حتی آن گروه از ایشان که سرانجام با هزار «اما و اگر» بمشروطه روی کردند آشنا شویم:

«مقایسهٔ حرکت روحانی و حرکت روشنفکری در همین مرحلهٔ تشکیل نهضت شایان توجه است؛ روشنفکران که تغییر نظام سیاست را می خواستند برای طرح پیشنهادی مجتهدان اعتباری می شناختند - به عدالتخانه دولتی هم اعتقادی نداشتند. مشروطه خواهان که در سال ۱۲۸۰ (شمسی) نقشهٔ قیام عمومی را کشیدند و خواستار «پارلمان ملی» بودند اکنون هم در همان جهت قدم برمیداشتند. گذشته از مجمع های سیاسی که فعالیت دامنه داری داشتند - گروهی از همان طبقه ترقیخواه، مرام و مقصد خود را در۲٦ ذیحجه ۱۳۲۳ (۲ اسفند ۱۲۸٤) از این قرار مشخص کردند: مجاهدت در «تحصیل فرمان مشروطیت و برقراری اصول حریّت»، «مبارزه با مخالفان» آزادی، ترغیب شاه در «اعطای فرمان مشروطیت»، برانداختن حکومت عین الدوله و «قلع و قمع» دار و دستهٔ «مخالفین آزادی». یکی از ناظران خارجی وجههٔ نظر روشنفکران را ضمن اشاره به حالت نارضامندی عمومی و هشیاری نسبی طبقات مختلف، اینگونه وصف می کند: «در جمع ناراضیان کسانی هستند که نسبت به آنچه لازمهٔ اجرای رفورم حکومت است، اندیشهٔ روشنی دارند» و باز می آورد: «طبقهٔ تحصیل کردگان در امکان تاسیس حکومتی می اندیشند که برای مردم منشأ خیر گردد... اما تا حدی که آگاهی دارم نقشهٔ عمده ای در برانداختن حکومت فعلی در میان نیست، گفتنی است که در آغاز سال ۱۳۲۳ قمری (۱۲۸٤ شمسی) در تهران، شیراز، اصفهان و یزد کمیته‌هایی شکیل می شود که افرادی را به ناحیه های مختلف گسیل دارند و به مردم تعلیم سیاسی دهند. بعلاوه این نقشه در میان بوده است که با سفر شاه به فرنگستان در سراسر کشور آشوب برپا دارند».

ما - پیشتر توضیح داده ایم - همزمان با دوشاخه شدن جبههٔ ملایان در واقعهٔ رژی -گروه قابل ملاحظه ای از آنها در سطح مجتهدان تراز اول، البته ناخواسته و تنها زیر فشار مردم و تجار و کسبهٔ تنباکو به حرکت عمومی بر ضد امتیازنامهٔ تنباکو به خارجی، می پیوندند و این، دو جنبهٔ مثبت و منفی پیدا میکند - جنبه مثبت آن، در این بوده است که به کمک ملایان قشرهای بیشتری از توده به میدان می آمدند و جنبهٔ منفی و زیانبار آن که تا قلب مشروطه گری کشیده می شود، قشریت ذاتی ملایان است که به عنصر ترقیخواهی و بویژه وجههٔ عرفی دست آوردها صدمه میزد. پنهان نمی توان کرد که در مرحلهٔ پاگیری فکر مشروطه خواهی و تغییر نظام در جمع عناصر مترقی نیز نسبت به ارزیابی استفاده یا عدم استفاده از ملایان توافق نظر نبوده است.

افرادی مانند ملکم هرچند اصولاً افکار مستقلی از افکار اهل شریعت داشت و معتقد بود باید بکمک «نشریات و تبلیغات» مردم را آماده کرد ولی در مواردی با ابراز نظرهایی استقلال نظر خود را متزلزل می کرد. ملکم نشریهٔ «قانون» را با همان فکر بنیادی خود بسود «آماده کردن مردم» دنبال می نمود ولی جای جای به اندیشهٔ میرزا آقاخان که او نیز از جملهٔ ترقیخواهان و طرفداران سیاست عرفی بود تسلیم می شد. میرزا آقاخان بر لزوم انقراض نظام تاکید داشت، نسبت به ملایان بی اعتقادی نشان می داد ولی در جهت تجهیز عامه بر این باور بود که «چون هنوز در مردم فیلاسوفی قوت ندارد و همه مستضعفین و محتاج فناتیزم هستند برای اصلاح آنها پاره ای وسایل بنظر می رسد». به زبان امروزیها معتقد به توسل به تاکتیکهای خاص بود و بدنبال چنین برداشتی نتیجه می گرفت: «اگر از طایفهٔ نیم زندهٔ ملایان، تا یک درجهٔ محدودی معاونت بطلبیم احتمال دارد زودتر مقصود انجام گیرد. از نامه های میرزا آقاخان به ملکم.» -

پیداست که احساس کمبود از باب نیروی روشنفکری و بقول او «نبودن فیلاسوفی» مشروطه خواه مترقی و پرجوشی چون او را وامیداشته است که رو به سیاست بازی بیاورد و کاستیها را (بطور تاکتیکی) با جلب «طایفهٔ نیم زندهٔ ملایان» جبران کند. می نوشت که:

باید به علما «تامینات داد و در قانون نوشت عمل دولت و ملت به دست این علما که امروز خود را عاری از امور سیاسی می دانند، چون صاحب علم و دیانت و حب ملت هستند هزار بار خوبتر و نیکوتر جریان پیدا می کند و دایر خواهد بود [تا] از این حیوانات جاهل سفیه بنگی چرسی که به قدرت خداوند بدیهیات و محسوسات خود را نمی شناسند و به هیچکار جز تضییع و تخریب مملکت نمی پردازند».

ملکم نیز با آن که به یک «مجلس شورای کبرای ملی» و پایگاههای اصلی ترقی و آزادی و فرآورده های غرب باور داشته، پیداست که جای جای به افکار میرزا آقاخان نزدیک میشده و مشارکت عقلا و «علما» را تایید می کرده است و عجیب نیست که این روال در عمل تا پایان کار دنبال شده است.

در این جمع متفکرین و کوشندگانی چون طالبوف تبریزی را می شناسیم که پایه کار خود را عمدتاً بر نشر و تبلیغ مدنیت تازه و آگاه کردن هموطنان به ارزشهای تعقل و ثمرات آزادی نهاده بود. هرچند باقتضای زمان مصلحت میدید که گاه از توافق «شرع شریف» با تمدن جدید سخنی بمیان آورد اما تقلای او با انبوه آثار جانداری که غالباً به خرج خود او اینجا و آنجا به چاپ می رسید، در اساس به نشر افکار آزادیخواهانه و جلب توجه جوانان به دانشهای روزتعلق داشت.

میرزا عبدالرحیم طالبوف از درس خواندگان مدارس نو بود. از طریق زبان روسی که بخوبی آن را آموخته بود نه تنها با جنبشهای آزادیخواهانهٔ روسها آشنایی داشت بلکه به آثار متفکران اروپایی قرن هیجدهم و نوزدهم هم دست یافته بود. طالبوف بخلاف ملکم و مستشارالدوله و

دیگران از دیوانیان نبود، نجارزاده ای بود که از طریق کسب و تجارت به زندگی بالنسبه مرفهی دست داشت. آثار او نظیر: نخبهٔ سپهری (۱۳۱۰ قمری) - کتاب احمد یا سفینهٔ طالبی (۱۲-۱۳۱۱) چاپ اسلامبول — ترجمهٔ فیزیک یا حکمت طبیعیه (۱۳۱۱) در اسلامبول — ترجمهٔ پندنامهٔ مارکوس قیصر روم (۱۳۱۱) اسلامبول — ایضاحات دربارهٔ آزادی (۱۳۲۵) تهران و چند اثر دیگر، عموماً بقصد ارشاد عامه و جوانان و آشنایی آنان با فکر علمی زمان و کاستیهای جامعهٔ ایران و شناخت امتیازات جوامع آزاد تالیف و ترجمه شده است و بحق باید گفت که طالبوف به تنهایی در برانگیختن افکار آزادیخواهانه نقش جانداری بازی کرده و بهمین دلیل در میان مردم شهرت و محبوبیت سزاواری یافته است. «کتاب احمد» شامل دو جلد به تصریح خود او ملهم از «امیل» اثر ژان ژاک روسو است و بازبگفتهٔ او با تالیف چنین کتابی خواسته است «احمد مشرقی و امیل غربی را تطبیق نماید» این کتاب در مدارس آن زمان تبریز تدریس می شد و طالبوف کوشش موفقی کرده بود که در آن اصول علوم طبیعی را به زبان هرچه ساده تر و آمیخته بامطالب تاریخی و اجتماعی و داستانهای دلپذیر بنحوی که ذوق محصلین را برانگیزد شرح دهد.

طالبوف تلاش می کرد تا مفاهیم «وطن» - مسئولیت در قبال وطن و معانی آزادی فردی «آزادی هویت» - «آزادی عقیده» - «آزادی قول» - «آزادی مطبوعات» - «آزادی اجتماع» - «آزادی انتخاب» را توضیح دهد و لزوم این آزادیهای ششگانه را در برقراری یک جامعهٔ آزاد و مدنی شرح کند.

طالبوف بر این باور قطعی بود که حکومت متعلق به مردم است. دربارهٔ «دموکراسی اجتماعی» نیز: اصلاح امور اقتصادی و عدالت اجتماعی و حتی لزوم برافتادن نظام ارباب و رعیتی به ابراز نظر نشسته بود. به سوسیالیسم بقول خود او: «علم سیسوالیسم یا علم اصلاح حالت فقرا و رفاهیت محتاجین» گرایش داشت. معتقد بود که بدون تسلیم شدن مطلق به تمدن غرب باید به دانش و فن و نهادهای اجتماعی و سیاسی جدید تمکین کرد. تعلق خاطرش به وطن «ایران» فوق العاده بود. مفهوم وطن از دیدگاه او شنیدنی است: «دیگر آن زمان گذشته است که بگوییم:

این وطن مصر و عراق و شام نیست این وطن آنجاست کاو را نام نیست

باید بفهمیم این وطن که وظیفهٔ ما در حفظ او و ترقی او هر نوع فداکاری و جانسپاری است «ایران» است که اسامی شهرهای معروفش شیراز و اصفهان و یزد و کرمان و کاشان و طهران و خراسان و قزوین و رشت و تبریز و خوی و سایر ملحقات اوست. غیرت و حمیت بشری فقط در حفظ عزت وطن و ناموس وطن و ازدیاد ثروت وطن و تربیت اولاد وطن و احترام مذهب و رسوم وطن است و بس. - از کتاب احمد».

جالب توجه است که علی رغم تاکیداتی که طالبوف بر حرمت مذهب داشته است، از کینه و بغض ملایان نظیر شیخ فضل الله و حتی پاره ای از روحانیان مشروطه خواه مصون نمانده و بگفته

کسروی، از جانب شیخ فضل الله تکفیر شده است. ولی مهمتر این است که چنین برخوردهایی از احترام و مقبولیت او نمیکاسته است. آدمیت در کتاب «اندیشه های طالبوف تبریزی» می نویسد:

«طالبوف را طبقات گستردۀ اجتماعی می شناختند و تاثیر زیاد بخشیده بود. آثار او را از نوآموزان مدارس گرفته تا مردم طبقۀ متوسط از رده های گوناگون تا اهل دولت و واعظان و خطیبان مشروطه طلب می خواندند و بهره می گرفتند....»

در دوره های مورد بحث، البته متفکرینی مانند میرزا فتحعلی آخوندزاده هم بودند که اصولاً به مذهب اعتنایی نداشتند. آخوندزاده اگر دیانت زرتشتی را منحصراً ستایش می کرد، این ناشی از تعلق خاطر افراطی او به وطنش ایران بود او وقتی بیک دوست خود نوشته بود که «این مذهب (یعنی زرتشتی) باید نگاهداری گردد و کوشش شود تا دیگر یک زرتشتی به دین اسلام نگرود - نقل از اندیشه های میرزا فتحعلی آخوندزاده، فریدون آدمیت».

آخوندزاده می گفت: وطن پرست کسی است که خود را قربانی ملت و کشور خود می کند تا آزادی را بدست آورد و به ملت و وطن خویش سود برساند.... دیگر آنزمان گذشت که کسی زندگانی خود را قربانی مذهب کند.

آخوندزاده، نا برا بری میان مرد و زن - مسلمان و نامسلمان - برده و آزاد در فقه اسلامی و اصولاً قصاص اسلامی را از بیخ و بن غلط می دانست و بر آن به سختی حمله می کرد زیرا معتقد بود که آن قوانین (اسلامی) با روح یک نظام قانونی و دموکراسی منافات دارد - بدیهی است که آخوندزاده با چنان افکار افراطی ضد مذهبی که جای جای بر پیامبر اسلام و دیانت او نیز می تاخته است نمی توانست محبوبیتی نظیر آنچه نصیب طالبوف شده بود، کسب کند، معهذا نمی توان کتمان کرد که در قشرهای روشنفکری تاثیر میگذاشت، همان روشنفکرانی که اندیشۀ مشروطه گری را نشر می دادند.

نکتۀ گفتنی در اینجا آن است که روشنفکران مشروطه طلب، خواه نظایر ملکم و طالبوف و میرزا آقاخان و خواه افرادی چون آخوندزاده، بطور کلی کوشش داشتند تا نظام عرفی را بجای نظام استبدادی آمیخته به قواعد شرعی بنشانند و در برابر نفوذ ملایان از هر قماش سدی بسازند. و این امری طبیعی بود که بویژه در مرحلۀ تاسیس مشروطه و تدوین قانون اساسی، حتی آن گروه از ملایان که سهمی در مقابله با استبداد بعهده گرفته و به مشروطه گری روی کرده بودند - در برابر عرفی شدن نظام عکس العملهای مخالف (هرچند متفاوت) نشان می دادند. زیرا ملایان مشروطه خواه نیز در انتها به نوعی امتزاج میان مشروعه و مشروطه دلبستگی داشتند و بر این باور بودند که قواعد شریعت در قلۀ تعقل بشریت قرار گرفته است و بعضی در این باور تا آنجا پیش می رفتند که می گفتند، غربیها هم مشروطۀ خود را از شریعت شیعی وام گرفته اند و این خود

دلیل قطعی بر بی‌اطلاعی آنان بود و مسلم می داشت که آنها (مگر معدودی‌شان آنهم نه به کمال) از تحولات و انقلابات غرب بویی نبرده اند.

این واقعیت را با آن که مکرر می شود، باز می نویسیم که حضور ملایان در جنبش مشروطه گری هرچند با تشویق و ترغیب و جای جای تهدید عناصر مترقی صورت گرفت ولی از پیکرهٔ مشروطه خراشید.

قضاوت کسروی در این باره صحیح است:

«ملایان که بمشروطه درآمده بودند، بسیاری از ایشان («نه همه شان») معنی مشروطه را نمیدانستند و چنین می پنداشتند که چون رشتهٔ کارها از دست دربار گرفته شود، یکسره بدست اینان سپرده خواهد شد ولی کم کم آخشیج (ضد) آن را دیدند. در تبریز پیدایش مجاهدان و اینکه خود یک نیروی جداگانه شده و به سر خود بکارهایی برمیخاستند، به اینان گران می افتاد... نقل از تاریخ مشروطه ایران تالیف احمد کسروی صفحه ۲۳۹».

و در جای دیگر:

«اگر راستش را خواهیم این علمای نجف (آخوند ملاکاظم خراسانی و حاجی شیخ عبدالله مازندرانی و حاجی میرزا حسین تهرانی و دیگران) و دو سید (سید محمد طباطبائی و سید عبدالله بهبهانی) و کسانی دیگر از علما که پافشاری در مشروطه خواهی مینمودند، معنی درست مشروطه و نتیجهٔ رواج قانونهای اروپایی را نمی دانستند و از ناسازگاری بسیار آشکار که میانهٔ مشروطه و کیش شیعی است آگاهی درستی نمی داشتند، مردان غیرتمند از یکسو پریشانی ایران و ناتوانی دولت را دیده و چاره ای برای آن جز بودن مشروطه و مجلس نمی دیدند و با پافشاری بسیار بهواداری از آن میکوشیدند و از یکسو خود در بند کیش بوده و چشم پوشی از آن نمی توانستند، در میان این دو در می ماندند - تاریخ مشروطه ایران، کسروی، صفحهٔ ۲۸۷».

در بخشهای بعد توضیح خواهیم داد که این درماندگی فکری چطور حتی بر پیشروترین و خوش نیت ترین رهبران مذهبی تسلط داشت و چگونه آنها را در حساس ترین زمانها از پرداختن به یک مشروطهٔ کمال یافته دور میساخت.

فصل چهاردهم

گردشی در احوال «مشروعه خواهان»

گفته‌ایم با گسترش پرشتاب جنبش مشروطه خواهی، روحانیت شیعه به دو دستهٔ «متمایز»: مشروطه خواه و مشروعه طلب تقسیم شد و در این هر دو دسته، پیشوایان تراز اول و مجتهدین سطح بالا و صاحب نام شرکت داشتند.

البته در هر یک از این دو گروه، گروههای فرعی هم بودند که در آخرین مراحل، یعنی آن زمان که مساله پایگاههای قانونی نظام و دستیابی به یک قانون مادر (قانون اساسی) مطرح شد، عملاً به دو دستهٔ اصلی جذب شدند و ماند گروه خواهندهٔ نظام کاملاً مذهبی در اتصال با نظم استبدادی موجود و گروه طرفدار مشروطه. ما بمناسبتهای چندی پیشتر دربارهٔ مواضع بنیادی گروه دوم اشاراتی داشته‌ایم و در بخشی بتفصیل بحث خواهیم داشت. ونیز قبلاً، بویژه آنگاه که به قیاس میان انقلاب فرانسه و انقلاب مشروطیت دست زدیم، به این نکته پرداختیم که حضور قشر قابل توجهی از روحانیت در پیکار مشروطه خواهی هر چند به کشش توده‌ها مدد میرساند، ولی همین خود یکی از وجوه تمایز میان دو انقلاب بود. انقلاب فرانسه، سرکوب قدرت بالای مذهبی را که عملاً همبستهٔ اشرافیت محسوب می‌شد، در شمار هدفهای اصولی خود نهاده بود، حالی که در انقلاب مشروطه پاره‌ای از قشر مذهبی ظاهراً همگام انقلاب شدند. با آنکه مکرر است ولی ناگزیر برای حفظ پیوند مطلب یادآوری می‌کنیم که همین دخالت روحانیان «مشروطه خواه» در تغییر بنیادی نظام مشکلاتی پدید آورد و به تنهایی یکی از دلایل نقص و ناتوانی بنیهٔ مشروطه خواهی گشت. این موضوع حائز اهمیت است که حضور ملایان در جنبش مشروطه خواهی که بوسیلهٔ مشروطه خواهان واقعی و هواداران یک نظام عرفی و مترقی دامن زده می شد، در عین حال، از آغاز نوعی نگرانی نیز در آنها (ترقیخواهان) آفریده بود. بعبارت دیگر ترقیخواهان ناگزیر بودند از یک طرف حمایت روحانیان را بسود خود بچرخانند و از طرف دیگر نمی خواستند مشروطیت را با شریعت بیامیزند و این تا پایان کار مشکل عظیمی بود. بهر تقدیر هرچه زمان گذشت و به فصل خرمن و بهره برداری از تلاشها نزدیک شد این تناقض خواه ناخواه قویتر و آشکارتر گشت.

در گروه مشروعه خواه – نامدارترین و فعالترین فرد، شیخ فضل الله نوری بود که در ابتدا گوشهٔ چشمی هم به مشروطه نشان داد با این تاکید که کار قانونگزاری الزاماً باید بر اساس شریعت باشد ولی مسائلی خرده خرده پیش آمد که بطور کامل و قاطع در موضع دشمنی با مشروطه قرار گرفت و تا آخرین دم بر دفاع از حکومت صد در صد شرعی و تحت نظارت فقها و مجتهدان استوار ماند. قرائنی در دست است که خصومت وی با مشروطه، سوای علل طبقاتی و فکری از مسائل شخصی و رقابتهای «درون طایفه ای» نیز ریشه گرفته و لحظه به لحظه قوت یافته و سرانجام به دشمنی و مخالفت مطلق تبدیل شده است. بعضی بر این باورند که سید عبدالله بهبهانی که به برتری شیخ فضل الله در زمینه های فقاهتی واقف بود و پایگاههای اجتهادی نیرومند او را می شناخت، کوششی داشت تا شیخ را واپس زند – می ترسید که او بیاید و میدان دار شود و کرسی بلندتر را اشغال کند. مخبرالسلطنه هدایت، نکته ای را نقل کرده است که برای آگاهی به روحیه این دو ملای پرنام خصوصاً و رقابتهای «درون طایفه ای» ملایان عموماً، خواندنی است.

مخبرالسلطنه از قول شیخ فضل الله می نویسد: «نه من مستبد بودم و نه سید عبدالله مشروطه خواه و نه سید محمد (طباطبائی). آنها مخالف من بودند و من مخالف آنها» – به تعبیر واضحتر، دعوا بر سر صدرنشینی بوده است. دعوایی که بسهمی کم یا زیاد شیخ فضل الله را بسلک دشمنان مشروطه و دو دیگر را به صف «دوستان» مشروطه سوق داد – ما بهنگام شرح درگیریهایی که خاصه بر سر تدوین متمم قانون اساسی میان دو طرف رویداد، توضیح خواهیم داد که در بنیاد، اختلاف ماهوی میان آنها نبوده است، هرچند دراین زمینه نباید به خصوص در اتصال با مواضع سید محمد طباطبائی و امثال او بیش از اندازه پیش رفت، چرا که سید، گذشته از تعلقات غیر قابل انکار مذهبی اش، خالی از حسن نیت نبود و بهر صورت مایل بود نظامی عادلانه جایگزین نظام موجود شود.

بهر حال، چنین بود که مخالفت شیخ فضل الله با اصل و فرع مشروطه که گفتیم در آغاز گوشهٔ چشمی هرچند مبهم به آن داشت، اوج گرفت.

برای شناخت هرچه روشنتر مواضعی که شیخ فضل الله آن را نمایندگی می کرد، لازم است بدانیم که جبهه مشروعه خواهان صاحب دو جناح بود – دسته ای که «مجلس شورای ملی اسلامی» را مبتنی بر قواعد شرع طلب می کردند و دسته ای که مطلقاً با هر نهاد و هر قانون موضوعه ای مخالف بودند. این دو گروه راستش این است که یک گروه بیش نبودند و با مشروطه، آنگونه که ترقیخواهان جامعه در طلبش بودند از بنیاد سر ستیز داشتند.

دستهٔ اول می گفتند:

«مجلسی که احکام او مخالف شرع نبوی نباشد و مشتمل بر امر به معروف و نهی از منکر و رفع ظلم و اعانهٔ ملهوف و ترویج دین و نشر عدل ما بین مسلمین باشد، حسن انعقاد این مجلس محل وفاق است - نقل از رسالهٔ کشف المراد من المشروطه و الاستبداد - از محمد حسین تبریزی».
این دسته تاکید داشتند که بدنبال کلمه مشروطه - کلمهٔ مشروعه آورده شود.

از گروه دوم مشروعه خواه - ملایی که نام خود را هم افشأ نمی کند در رساله ای زیر عنوان «تذکره الغافل و ارشاد الجاهل» یکباره زیر همه چیز می زند و وقتی بفرمان محمد علیشاه و مباشرت لیاخوف روسی (رئیس قزاقان) مجلس به توپ بسته می شود این «عالم دین پناه» ابراز شادمانی می کند که چه خوب «کفرخانهٔ» ملاحده را از میان بردند.

«استدلال» این آخوند قشری که آن اندازه شهامت ندارد تا نام خود را بر رساله اش بگذارد، مبتنی بر این دعوی است که «ما طایفهٔ امامیه بهترین و کاملترین قوانین الهیّه را در دست داریم» و بنابراین بهیچ جز آن - یعنی مجلس و قانون و هرچه از این دست نیاز نداریم - چنین می نماید که آیت الله خمینی در تکمیل «معارف» خود از این رساله نیز بهره گرفته است.
صاحب «تذکره الغافل و ارشاد الجاهل» تکیه گاه نظر خود را اینگونه شرح کرده است:

«این قانون الهی ما مخصوص به عبادات نیست، بلکه حکم جمیع مواد سیاسیه را بر وجه اکمل و اوفی داراست لذا محتاج به جعل قانون نخواهیم بود.»

آقای خمینی در مرحلهٔ ورود به «سیاست دینی» - نوشته بود «قوانین اسلام را خداوند جهان برای همیشه فرستاده و برای همهٔ اقوام بشر نازل کرده است. دین اسلام تمام قوانین دیگر عالم را که از مغزهای سفلیسی مشتی بیخرد درآمده باطل کرده است و هیچ قانون دیگری را در جهان قانون نمی داند - کشف الاسرار صفحهٔ ۲۹۲»

در جای دیگر:

«این قانون خدایی است که از قبل از ولادت تا پس از مردن و از تخت سلطنت تا تختهٔ تابوت هیچ جزئی از جزئیات اجتماعی و فردی را فروگذار نکرده است. اینجا قانونگزار خدای داناست که غفلت از هیچ چیز بشر ندارد - کشف الاسرار صفحه ۲۳۸».

توجه دارید که نظریات آقای خمینی، در اولین رسالهٔ سیاسی اش با نظریات مندرج در رسالهٔ «تذکره الغافل...» تا چه اندازه منطبق است.

نویسندهٔ رسالهٔ مزبور سرانجام به این دعوی می رسد که قوانین اسلام «ختم قوانین است و خاتم کسی است که آنچه مقتضی حال عباد است الی یوم المتصور به سوی او وحی شده است و بنابراین جعل قانون کلاً او بعضاً منافات با اسلام دارد» - همان اعتقادی که آقای خمینی، در سر آغاز ورود به عرصهٔ سیاست به آن چسبیده است.

خط اصولی بحث ما در این زمینه، این است که نه فقط دو گروه ضد مشروطه که از آنها یاد شد (آنها که بدنبال مجلس اسلامی بودند و آنها که چنین مجلسی را هم برنمی تابیدند) بلکه حتی آن گروه مشروطه خواه نیز - هرچند نمی توان از حسن نیت بسیاری از آنها چشم پوشید - در انتهای خط به مشروطهٔ مشروعه روی داشتند. یعنی نظامی که قدرت و مهار اصلی کار آن در دست فقها و مجتهدان باشد و ما این را بهنگام - بویژه آنگاه که به احوال و آراء روشن ترین و خوش نیت ترین روحانیان زمان یعنی مجتهد بزرگ میرزا محمد حسین نائینی غروی و کتاب مهم و مشهور وی «تنبیه الامه و تنزیه الملة» خواهیم پرداخت - شرح خواهیم داد تا نقش روحانیت شیعی بطور کلی در جنبش مشروطه گری و تاسیس یک نظام مبتنی بر مدنیت امروزی، بکمال شناخته شود.

اجمالاً طرفداران «مشروعه» در ضدیت با مشروطه تا آنجا پیش رفتند که خون مشروطه خواه را مباح دانستند:

«المشروطه کفر والمشروطه طلب کافر، ماله مباح و دمه (خون او) هدر. بنقل از سید علی سیستانی از ملایان مشروعه خواه.»

راستش این است که این گروه از «روحانیت» بخلاف آن گروه از «روحانیت» که به قول کسروی بدون آگاهی از تضاد میان «قانونهای اروپایی» و «کیش شیعی» و ما اضافه می کنیم (کلیت اسلامی) بجرگهٔ مشروطه خواهان پیوسته بودند - پیداست، جسته گریخته دریافته بودند که اگر نظام مشروطه مستقر شود، دکان آنان بسته خواهد شد. این دسته، کلمهٔ آزادی را «کلمه خبیثه» و مشروطه را تمام معنای «کفر» و مساوات را ناقض دیانت نبوی و «زاگون» محمدی می شمردند زیرا حس می کردند، و بدرستی هم حس می کردند که این نظام همچون ابزاری است که بنای هرم استبداد را درهم خواهد کوبید - استبدادی که آنها نیز یکی از مهمترین سهامدارانش محسوب می شدند.

نویسنده «تذکره الغافل و ارشاد الجاهل» که پیشتر نوشتیم از افشای نام خود شاید بدلیل وحشت از شور فزاینده مشروطه گری خودداری کرده است. در رسالهٔ خود، در هر تفسیر و تعبیر خصمانه ای از مشروطه، تلویحاً و گاه صریحاً ترس از جدا ماندن «علما ومجتهدان و فقها» را از حوزهٔ قدرت روی دایره می ریزد.

در اعتراض به متن قانون اساسی می نویسد: آنها که دنبال «مشروطه مطلقه» هستند، می خواهند «منتخبین از بلدان به انتخاب خودِ رعایا در مرکز جمع شوند و اینها هیات مقننهٔ مملکت باشند و نظر به مقتضیات عصر، قانونی مستقلاً مطابق با اکثر آراء بنویسند، موافق مقتضی عصر به عقول ناقصهٔ خودشان بدون ملاحظهٔ موافقت و مخالفت آن باشرع اطهر، بلکه هرچه به نظر اکثر آنها نیکو آمد و مستحسن آمد او را قانون مملکتی قرار بدهند» - اینکه ملا از «عقول ناقصهٔ

منتخبین رعایا» می نالد، کلام اصلیش این است که باید تنها و تنها به قواعد «شرع اطهر» چسبید و تشخیص و تعیین و حتی اجرای این قوانین با «فقها و علما» است.

او که در واقع تمامی ملایان مشروعه طلب را در «تذکرهٔ» خود نمایندگی می کند - ابائی ندارد که آشکارا بر ضد دو اصل «مساوات» و «حریّت» که زیر بنای فکری و آرزوی مشروطه خواهان مترقی بود بتازد.

سوال می کند: «چرا خواستند اساس او را [مشروطه را] بر مساوات و حریت قرار دهند»؟ خود جواب می‌دهد: برای این که این دو اصل «موذی» مخرب رکن قانون الهی است و اضافه میکند: «قوام اسلام به عبودیت است نه به آزادی و بنای احکام آن به تفریق مجتمعات و جمع مختلفات است نه به مساوات» او می گوید: «فِرَق ملاحده و زنادقه» یعنی مشروطه خواهان، «آزادی قلم و زبان» را طالبند تا بدانوسیله «نشر کلمات کفریه خود را در منابر و لوایح بدهند.»

دربارهٔ آن اصل کلیدی (اصل هشتم متمم قانون اساسی) که اعلام می داشت: «اهالی مملکت ایران در مقابل قانون دولتی متساوی الحقوق خواهند بود» - عالم گمنام چنین ابراز نظر می کند که «لازمهٔ مساوات در حقوق» همان مساوات «فِرَق ضاله و مضله» با مسلمانان است - در حالیکه مطابق شرع اطهر قتل ضال یعنی قتل مرتد واجب است - زنش بائن است (طلاق غیر قابل رجوع در مقابل طلاق رجعی) - مالش به مسلمان منتقل می شود و کارش بی اجرت است. و نتیجه می گیرد که این جماعت مشروطه خواه می خواهند این قانون الهی را تغییر دهند.

سرانجام درد بزرگ خود را که همانا جداماندن از قدرت و اختیاراتی است که بزعم وی «در غیبت امام» در تعلق علمای دین است، در آنجا رو می کند که باصطلاح بنوعی تحلیل و تفسیر می نشیند: میگوید: فرض کنیم که مجلس شورا «از برای جعل قانون جدید که کفر است نبود» - چرا اعضاء آن را «وکیل» می خوانند؟ در حالیکه «در امور عامه وکالت صحیح نیست» بعبارت دیگر «تکلم در امور عامه و مصالح عمومی ناس، مخصوص است به امام یا نواب علم او و ربطی به دیگران ندارد.»

جوش «عالم و فقیه» گمنام در جایی سخت بالا می گیرد و می نویسد این زنادقه و ملاحده میگویند «لازم است به تعلیم اجباری اطفال ایران در مدارس جدید، به خط جدید و لسان پهلوی قدیم(!) تعلیم داده شوند.» و بعد خود چرایی آن را «کشف» و وصف می کند: برای این که این اطفال «دیگر نتوانند بخوانند این کتبی را که علما در عهد صفویه نوشته اند» و آنگاه پیش بینی می کند که اگر این «ملاحده» موفق شوند «این را به اندک زمانی بجایی خواهند رساند که به سبب قوانین آن، اسمی و رسمی از اسلام باقی نماند - خصوص اگر قلیل زمانی این مدارس جدیده و آن ملاحده از وعاظ باقی باشند و بعض معلمین فعلی معلم آنها باشند... وای به حال مدرسهٔ سادات.»

نویسندهٔ «تذکره الغافل و ارشاد الجاهل» - جای جای - با نام و بی نام، مبشرین اندیشهٔ مشروطه گری را، زیر باران ناسزا می گیرد و در این مورد در ذهن ما، سیرهٔ آیت الله خمینی را تداعی می کند که او نیز در کشف الاسرارش مدعی را با کلماتی نظیر: «تخم ناپاک، طرّار، هرزه گرد، ناکس، دیوانه، افیونی، سفله، حیله گر، خارخسک، خائن، شرف سوز» و دوجین دیگر از این قماش بدرقه کرده است. آنچه از قلم یک «روحانی» البته گمنام دربارهٔ مشروطه و مشروطه خواهان تراویده است، در واقع شامل نظر و احساس و «منطق» کلیهٔ مشروعه طلبان و دشمنان آزاداندیشی در آن مرحله از نهضت ملی است و شگفت هم نیست که در کل و جزء مورد تایید و تشویق متولیان حکومت استبدادی نیز بوده است. جا دارد اضافه کنیم که وجود این همخوانی و همرایی میان ارباب حکومت و متولیان مذهب یکی از آن موارد روشنی است که ما در بخشهای نخستین این رساله - از باب وجود سه حالت مختلف در روابط میان روحانیت «مذاهب گونه گون» و سایر عناصر هرم قدرت و استبداد تشخیص داده و شرح کرده ایم - و آنچه نقل شد نمونه ای از حالت «همزیستی» در جمع آنها است. بعبارت دیگر، ملایان مشروعه خواه و ضد مشروطه در این مرحله تنگاتنگ عین الدوله ها و حاجب الدوله ها و امیربهادرها و سایر عوامل استبداد در متن حکومت میراندند و همصدایی داشتند.

در شرح حال و قال ملایان ضد آزادی در دورهٔ مشروطه گری سخن ناکامل خواهد ماند اگر یادی از شیخ فضل الله نوری نشود. چرا که او عملاً در میانهٔ راه پیشوایی دشمنان مشروطه را بعهده گرفت و هرچند در آن زمان ملایان عالیجاهی مانند آسید کاظم یزدی بدشمنی با مشروطه کمابیش در میدان بودند، ولی شیخ فضل الله فعالترین نقش را در دست داشت. به همین دلیل کتاب بسیار مشهور «تنبیه الامه» نائینی، عالم بزرگ مشروطه خواه، دراکثر موارد البته بدون ذکر نام، بر ضد نظریات شیخ فضل الله تالیف شد و همین خود شاهد است که شیخ فضل الله در کار دشمنی با مشروطه جلوتر از همه رانده و بیش از همه اثر گذاشته است.

بی تردید شیخ نوری بلحاظ آگاهی به «علوم» دینی در صف هم کسوتان خود، از نخبگان بودو دراین زمینه بر دو سید مشروطه خواه یعنی سید محمد طباطبائی و سید عبدالله بهبهانی پهلو می زد. پیشتر به اشاره گذشتیم شیخ فضل الله که خود ابتدا در کسوت «مشروطه خواه» جلوه کرد، چه بسا در اثر رقابتها، رفته رفته از خط اولیهٔ خود عدول نمود و سرانجام بیک خصم دوآتشه و آشتی ناپذیر مشروطه و مشروطه گری تبدیل شد. وگرنه همین شیخ فضل الله بود که مدتها در کنار دو سید در مجلس می نشست و صف علما مجلس را بسهم خود ترتیب میداد.

بعدها، بویژه آنگاه که تدوین قانون اساسی برای نظام مشروطه مطرح شد، شیخ فضل الله اعلام داشت که آن «مشروطهٔ مشروعه» که مورد درخواست او بود و برای آن مبارزه می کرد، با آنچه بر اثر استقرار نظام مشروطه مطرح شده است، بکلی منافات دارد - از این پس رشحات قلمی و

زبانی او، در حقیقت همانهاست که ما چکیدهٔ آن را بنقل از رسالهٔ «تذکره الغافل و ارشاد الجاهل» آوردیم. شیخ فضل الله بجایی رسید که نهضت مشروطه را «فتنهٔ کبرا» لقب داد و نوشت، این فتنه سه مرحله داشت:

۱- مرحلهٔ «تقریر و عنوان»

۲- مرحلهٔ «تحریر و اعلان»

۳- مرحلهٔ «عمل و امتحان»

بعقیده شیخ فضل الله مرحلهٔ نخست که یک شیوهٔ نوحکومتی را بشارت می داد، قبول عام یافت، زیرا که آن «تقریر و عنوانها» خیلی خوب تهیه شده بود — در مرحلهٔ دوم با طرح «آزادی مطبوعات» انحراف سر گرفت چرا که این آزادی را برای ضدیت با مذهب و روسای مذهب و پیروان مذهب می خواهند و در مرحلهٔ آخر، تدوین یک قانون اساسی را پیش کشیدند که به خودی خود سه بدعت است بر ضد اسلام و لذا حرام است.

شیخ نوری این سه بدعت را اینگونه شرح کرده است:

- بدعت اول ایجاد یک قانون دربرا بر قانون اسلام.
- بدعت دوم وادار کردن مردم به تبعیت از قانونی که از شریعت نیست.
- بدعت سوم: مجازات افراد بدلیل اطاعت نکردن از قوانین موضوعه.

به آسانی می توان دریافت که نگرانی شیخ همه از این بابت بوده است که احساس می کرد، با استقرار یک نظام مشروطه، بسط قدرت ملایان که بخصوص مبتنی بر مهمترین بخش حاکمیت استبدادی که همانا نظام قضای شرعی بود برچیده خواهد شد. و واقعیت این است که با پاگیری یک نظم کامل و جامع مشروطه، این نگرانی آنقدرها هم بی مورد نبود.

ما بهنگام بحث از نقش روحانیت مشروطه خواه بویژه با بررسی کتاب «تنزیه الملـه» اثرنائینی در دفاع از مشروطه گری بار دیگر بسراغ شیخ نوری خواهیم آمد، اینک بیسود نیست که شمه ای نیز بپردازیم به خلقیات و ویژگیهای شخصی و روابط او با مراکز قدرت؛ چرا که روشن خواهد ساخت، این عنصر باصطلاح روحانی که بنحو آشتی ناپذیری خود را در سنگر دفاع از شریعت و مقابله با کفار و ملاحدهٔ مشروطه خواه نقش می زد، ذاتاً از چه قماشی بوده است. شیخ فضل الله پس از جدایی کامل از مشروطه خواهان، به حلقه هواداران استبداد در حکومت پیوست و در واقع به عامل و عصای دست محمدعلیشاه و عین الدوله تبدیل شد و از این رهگذر بیش از پیش به مکنت و ثروت و یک زندگی مافوق اشرافی که سخت بدان دلبسته بود دست یافت.

کسروی، در قیاس میان علمای نجف و «دو سید: بهبهانی و طباطبائی» که به مشروطه گری روی کرده بودند در یک طرف و شیخ فضل الله در طرف دیگر می نویسد:

«... اما حاجی شیخ فضل الله یکباره در راه دیگری می بود. این مرد از یکسو به شکوه و آرایش زندگی و بنام و آوازه، دلبستگی بسیار میداشت و «پارک الشریعه» بنیاد نهاده و اسب و کالسکه بسیج کرده، همیشه با دستگاه اعیانی می زیست، از یکسو فریفتهٔ «شریعت» می بود و رواج آن را بسیار می خواست و از یکسو توده و کشور و اینگونه چیزها نزد او ارجی نمی داشت. به این اندیشه ها کمتر نزدیک آمده بود»

پس از توپ بستن مجلس بفرمان محمد علیشاه و مباشرت لیاخوف (فرمانده قزاقان) شاه کوششی داشت تا بنحوی از علمای نجف استمالت کند و طبعاً در این راه از شیخ نوری یاری می گرفت. در این باره بهنگام خواهیم نوشت.

تمامی اسناد و شواهد معتبر مربوط به حوادث دوران مشروطه خواهی، هرگاه تصویری از احوال و اطوار شیخ فضل الله بدست میدهند، برغم مقام اجتهاد و «روحانیت» او، تصویر عنصری است: کلاش، مستبد، پول پرست و شیفتهٔ زندگی اشرافی. مردی است که با استفاده از نفوذ «روحانی» و پیوندخود با دستگاه استبداد عین الدوله و محمد علیشاه، در کار زد و بند و رشوه خواری تالی ندارد.

ناظم الاسلام کرمانی (مولف کتاب تاریخ بیداری ایرانیان) که خود در جریان حوادث مشروطه خواهی نقشی داشته و بویژه با ملایانی نظیر طباطبائی و بهبهانی و شیخ فضل الله و دیگران در ارتباط نزدیک بوده است، در کتاب خود زیر عنوان حوادث «روز سه شنبه سیزدهم ماه شعبان ۱۳۲٤ هجری» بدنبال شرح تفصیلی از بگومگوهایی که بر سر موقوفه ای درگرفته و او (یعنی ناظم الاسلام) را رابط طرفین دعوا قرار داده اند - به اینجا می رسد که:

«بندهٔ نگارنده (ناظم الاسلام) شنیده بودم بعضی از ملاها رشوه می گیرند و رشوه می خورند لکن ندیده بودم که ملا خودش علناً و آشکار مطالبهٔ رشوه و تعارف را بنماید. بلکه به توسط یکی از اجزاء و محارم و یا به کنایه و اشاره مطالبه می نمود. مثلاً قرض دارم، مقروضم، در خیال روضه و سفر می باشم و یا فلان مزرعه و ده و خانه را باید بخرم و یا بنده زاده را باید داماد کنم و یا عروسی دارم و یا بانک از من طلب دارد. نمی دانم چه کنم؟ آن وقت طرف مقابل می گفت: آقا غصه نخورید، خداوند کریم است، من این قدر و فلان مبلغ را تقدیم می کنم، باقی را دعا کنید خداوند برساند. با این طور ویا تقریباً چیزی می گرفت. لکن جناب شیخ فضل الله را دیدم که بالصراحه از حاجی شیخ سیف الدین مطالبهٔ پول کرد در مقابل حکمی که می خواست...»

شیخ نوری که سخت در پای عَلَم شریعت سینه می زند و «مشروطه» را مخرب «زاگون محمدی» معرفی می کند، اگر منفعتی را در جایی سراغ می گرفت، ابایی نداشت که قواعد همان شریعت را زیر پا بگذارد و مثلاً (چنان که موردی، موبمو شرح داده شده است) پیوند زناشویی زن و مردی را که بیکدیگر علاقه داشته و قصدی به جدایی نداشته اند، به زور گسسته و

زن بیچاره را بعقد صاحب زوری درآورده که چشم به وجاهت آن بینوا داشته است. - نقل از تاریخ بیداری ایرانیان. ناظم الاسلام.

فصل پانزدهم

نسبت بابیگری به مشروطه خواهان،
از کجا ریشه می گرفت؟

این پرسش را پاسخی باید یافت که چرا دشمنان مشروطه و پیشاپیش آنان ملایان «مشروعه خواه» که با تمام قوا بر ضد جنبش آزادیخواهی و قانونمندی برخاستند، تلاش داشتند تا هر کس را که از آزادی و قانون و مساوات دم می زد در زمرۀ «بابیان» و «بهائیان=فرقۀ دیگری از بابیان» قلمداد کنند؟ آیا میان مشروطه گری و بابیگری فصول مشترکی یافته بودند و یا این انتساب تنها دستاویزی بود برای سرکوب مشروطه و مشروطه خواه؟

مسلماً در این پرس و جو، نه مذمت بهائیگری مطرح است و نه دفاع از آن. خاصه بدین جهت که درون مایۀ برخورد ما با تمامی مذاهب، مبتنی بر آزاداندیشی است. ما بر این باوریم که از ویژگیهای یک جامعۀ مدنی، آزاد بودن انسانها از قید و بند تعصبات دینی و مسلکی و روی آوردن به گوهر گرانمایه ای است که نام آن مدارا و تحمل است، همان موهبتی که در متلها و مثلهای کوچه و بازاری ما در عبارت کوتاه «موسی بدین خود، عیسی بدین خود» تعبیر شده است. ما همانگونه که در فصلی به جستجوی این نکته برآمدیم که از چه رو در «تاریخ های» باصطلاح رسمی و غالباً فرمایشی، اینهمه زشتی و حتی مسخرگی بار حاج میرزا آقاسی صدراعظم عصر قاجار و پادشاه متبوع او محمدشاه شده است، اینک برآنیم به کاوشی در این زمینه دست یازیم که چرا در آن روزگاران هرکس گامی در راه نوجویی و آزادیخواهی (و کلاً مشروطه گری) برداشت، بیدرنگ با برچسب بابیگری در پشت میز اتهام نشانده شد؟

برای دستیابی به پاسخی منطقی و واقع بینانه به این پرسش، هرچند کار ما جدا از «تاریخ نویسی» بمعنای عام آن است، ناگزیر باید ولو باختصار، از چگونگی ظهور بابیگری و «مذهب بهائی» اطلاعاتی داشته باشیم.

پیشاپیش، تذکار این مطلب از واجبات است که در این راه، جنبش بابیگری را می توان از دو دیدگاه مختلف دنبال کرد:

الف: ارزیابی بعنوان یک نحله و مذهب.

ب: شناخت در مقام یک حرکت نوگرا و رفرمیست.

۱۴۸

زمینهٔ اول، اصولاً از حوزهٔ منظور و مقصود این رساله بیرون است. کار ما نه تتبع در تاریخ ادیان است و نه دشمنی با دین، هرچند بتکرار است یادآوری می کنیم که ما دیانت را بر مبنای اصل اصیل آزاداندیشی، امری شخصی می شماریم و بنام مدنیت و انسانیت، آزادی انسانها را در انتخاب دین و مذهب نیز در ادای فرائض مذهبی خویش، محترم و غیرقابل تعرض میدانیم. معهذا از تاکید بر این امر ناچاریم که اگر مسألهٔ ارزیابی دینی در میان باشد، آنجا که معیار داوری «تعقل» و «علت یابی» و به زبان فرنگیان «راسیونالیسم» مطرح است، مشکل بابیگری و بهائیت، همان مشکلی است که سایر ادیان بدان مبتلایند و این قضاوت مورخ ارجمند خانم هما ناطق، با همه کوتاهی آکنده از خرد و واقع بینی است که می نویسد: «... اگر بخواهیم اندیشه های باب را در بستر مذهبی بیندازیم و بسنجیم به جائی نمی رسیم و راه به معقولات نمی بریم» و اجمالاً این معضل تمامی مذاهب است که در انتها از جاده علت یابی جدا می شوند و به «الهامات غیب» می چسبند و «منطقی» سوای «تعبد» و پیش فرضهای مبتنی بر قوای ماوراء الطبیعه در اختیار ندارند. اما در زمینهٔ دوم و در جهت نگاه به حرکت باب همچون نگاه به یک «حرکت اجتماعی» ما به خود اجازهٔ ورود به بحث می دهیم، خاصه که پیشتر گفتیم، برآنیم تا ریشهٔ این ماجرا را کشف کنیم که چرا بابیگری در دست مستبدین و بویژه ملایان، بصورت شلاق اتهامی درآمد تا به کمک آن، جنبش مشروطه خواهی را در زیر ضربات اتهام و تکفیر از پای درآورند؟ - این است که لازم می دانیم، هر اندازه به اجمال، با چگونگی ظهور باب و نفوذ آن حتی در قشرهای زبرین و زیرین جامعه آشنا شویم.

کسروی در رساله ای زیر عنوان بهائیگری، مذهب باب را اینگونه ریشه یابی کرده است:

«بهائیگری از بابیگری پدید آمده و بابی گری از شیخیگری ریشه گرفته و شیخیگری از شیعیگری برخاسته»(۱) این را هم بیفزاییم که ردیه کسروی بر بهائیگری، جنبهٔ اختصاصی ندارد. او بهائیگری را نفی نمی کند تا در مقابل، حقانیت شیعیگری را بیرون کشد. می دانیم که کسروی اصولاً مردی بود مذهبی و معتقد به ماوراء طبیعت و خدا، کارا و تنها به نفی و ذم خرافات دینی تعلق داشت، بهمین دلیل منطق او در مقابله با بهائیگری همان منطقی بود که در رد شیعیگری و در واقع در نفی خرافات و مندرج در تشیع مرسوم بکار می گرفت و طبیعی است که همین جا خط ما از خط او فاصله می گیرد، چرا که ما قصد نداریم تا به ارزیابی ادیان بپردازیم و احتمالاً یکی را بدیگری ترجیح دهیم. بگمان ما نقد آتشین مرد هوشمند و اصلاحگر و اهل نظری چون کسروی از شیعیگری و بابیگری و حتی صوفیگری بنا بر باورهای خاص خود همان سمت و سوی مقابله با خرافات را داشت و ظاهراً بر آن نبود تا این حرکتهای عقیدتی و فکری را از دیدگاه تحولات تاریخی و اجتماعی دنبال کند، ما می خواهیم در چهار دیوار نقش روحانیت شیعه در تحولات اجتماعی و خاصه نهضت ملی ایران به عوامل گوناگونی که این «نقش» را پر

کرده‌اند بپردازیم و در این رهگذار است که به این نکته رسیده‌ایم که خصومت ملایان مشروعه طلب با جنبش باب و از آن طریق با حرکت مشروطه خواهی تنها، صبغهٔ دین پناهی نداشت، عمدتاً به این علت بند بود که می دیدند با بیان در لفاف دین ورزی و مشروطه خواهان در طلب قانونمندی و آزاد یخواهی رفورمی را دنبال میکنند که در فرجام سیادت آنها را بعنوان سهامدارانی در هرم قدرت به خطر میاندازد.

درشناخت ماهیت باب و بابی گری، از معلومات قطعی یکی این است که آورندهٔ این «مذهب» به اندیشهٔ «مهدیگری» یعنی حکم به خروج «امامی» باور داشت که در آینده ظهور خواهد کرد و جهان کفرآلود را به راه رستگاری خواهد کشید و زنگ پایان زندگانی این جهانی را خواهد نواخت. سید علی محمد شیرازی در بهار سال ۱۲۶۱ به نشر آراء خود پرداخت و مدعی شد دوران رسالت محمدی در ۱۲۶۰ به آخر رسیده است.

گفتنی است که بنیاد مهدیگری، هم در دیانت باستانی ایرانیان (زرتشتی) و هم در دیانت یهود مطرح شده است. زرتشتیان بر این باورند که فردی از تبار زرتشت بنام (سوشیانت) پیدا خواهد شد و جنگ دیرپای میان اهریمن و یزدان را بسود یزدان (یا قوه خیر) پایان خواهد داد. یهودیان که تحت سلطهٔ آسوریان و کلدانیان، هستی و آزادی خود را از کف داده بودند بر این عقیده استوار شدند که روزی روزگاری خدا، فرستاده‌ای از میان پادشاهان یهودی را مأمور خواهد ساخت تا اسارت پیروان موسی را در هم شکند و زندگی و نیکبختی را به آنان بازگرداند. بدیهی است که بحث دربارهٔ پدیدهٔ مهدیگری، با این اختصار میسر نیست و اصولاً هم از حیطهٔ کار ما بیرون است، این اشاره فقط بدینجهت است که بیاد داشته باشیم، بابیگری در اتصال با مهدیگری امر بیسابقه ای نبوده، ریشه های آن تا ژرفای تاریخ کشیده شده است. واقعیت دیگر این است که بخلاف تأویلات ملایان و پایه ریزان شیعه، در دیانت محمدی سخنی از مهدی گری در میان نبوده است. این باور در ساختمان تشیع، از رهگذار دیانت دیرین ایرانیان، بدنبال حوادثی واردشد. بی مناسبت نیست، مختصری هم به این حوادث بپردازیم: از قرن اول هجری و نه در زمان حیات پیامبر و خلفا - زمینه های اعتقاد به «مهدی موعود» در پیچ در پیچ مناقشات قبیله ای که ما پیشتر به آنها پرداخته‌ایم، سَرکی پیدا کرد. محمد حنفیّه از اولاد امام علی بن ابیطالب پس از مرگ یزید (پسر معاویه) بدعوی خلافت برخاست و پیروان او که (کیسانی) خوانده می شدند و اغلب هم ایرانی بودند، او را مهدی نام نهادند. هنگامی که وی چشم از این دنیا بست، حواریونش گفتند که او نمرده است، زنده است و در کوه رضوی در نزدیکی مدینه بسر می برد. و بهنگام، خروج خواهد کرد سید اسماعیل حمیری یکی از شعرای عرب که از کیسانیان بود در قطعه ای نوید می داد:

«پیشوا یان از قریش، چهار تن اند: علی و سه فرزند او، حسن و حسین و دیگری محمد (همین محمد حنفیه) که هرگز نخواهد مرد. لشکرها خواهد آراست و اما تا هنگام ظهور، در کوه رضوی، ناپیدا بسر خواهد برد و با آب وانگبین خواهد زیست.»

بدین صورت از درون اختلافات قبیله های عربی نطفه مهدیگری بسته شد و خاصه در میان ایرانیان اسلام آورده رونق گرفت. ما درا ین باره در بخشهای پیشین با تفصیل بیشتر نوشته ایم و حاجتی به تکرار نیست. در پاگیری بابی گری و بهائیت، الزاماً سخن را باید از شیخ احمد احسائی بنیان گذار طریقهٔ شیخیه آغاز کرد. او از ملایان پرنام و نشانی بود که دردورهٔ فتحعلیشاه در کربلا می زیست. شیخ اساساً شیعی مذهب بود اما به مطالعه و تتبع در آثار فلاسفهٔ یونان علاقهٔ مفرطی نشان می داد. بجایی رسید که آمیزه ای از تشیع و فلسفه بسازد و در این طریق بود که سخنان تازه‌ای در عرصهٔ «معارف» شیعه مطرح ساخت که با ذوق و مشرب همگنان «روحانی» او سازگاری نداشت، جنجالی برپا شد که می توان یک دلیل آن را در حسادت آنان نسبت به شیخ بازشناخت. از جمله حرفهای او که ملایان را به جبهه گیری واداشت، مسئله معراج بود. بعقیدهٔ شیخ، معراج پیامبر اسلام روحانی بود و نه جسمانی و این با انبوه احادیث و اخبار اختراعی ملایان که قرنها در پی قرنها از راه رساله و کتاب و وعظ بگوش مردم خوانده بودند، منافات داشت.(۲) از آراء دیگر شیخ احمد، طرح مجدد مسئلهٔ «باب» بود که پیشتر گفته ایم با مرگ محمد بن علی، یعنی چهارمین رابط امام غایب، از دیدگاه شیعیان، قطع شده بود. بعبارت دیگر تا قبل از اعلام نظر شیخ احمد احسائی، در میان شیعهٔ دوازده امامی این پندار قطعیت داشت که امام با مرگ محمد (رابط چهارم) رابطی نخواهد داشت تا هنگام ظهور که «خود به امر خدا ظاهر خواهد شد و دنیا را به عدل الهی خواهد آراست» شیخ احمد با توضیحات مفصلی درباره چگونگی زیست امام زمان در «جهان هورقلیائی!!» ادعا کرد مسئلهٔ «باب» و «رابطه» همچنان مطرح است. هرچند سندی در میان نیست ولی می توان حدس زد که شیخ چه بسا خود را همان «باب» می دانسته است و بهر تقدیر بر این باور بود که بین امام غایب و مردم روزگاران، بابی هست و در چندی از نوشته های خود این دعوی را پیش کشید که او امام را دیده و با وی به گفتگونشسته است. گمان پیش گفتهٔ ما از این دعاوی ریشه می گیرد.

شیخ احمد احسائی در سال ۱۲۴۲ بدرود حیات گفت و پیروان او به گرد مشهورترینِ شاگردان وی یعنی سید کاظم رشتی چرخیدند و او را جانشین شیخ ساختند. سید کاظم به سخن استاد خود که با عنوان «شیعهٔ ناطق» مطرح کرده بود بُعد تازه‌ای داد و در بغداد اعلام کرد که «هر صد سال یک بار برگزیده‌ای از سوی خدا ظاهر خواهد شد که پرده از اسرار صد سال قبل برخواهد گرفت». سید کاظم با این کلام که «مذاهب شاخگان یک درخت اند» بنوعی بر مساوات میان پیروان ادیان مختلف صحه گذاشت - حرفی که ملایان سنتی تاب شنیدنش را هم

نداشتند. سید کاظم سخت بر «جمال و جلال» آن برگزیده تاکید داشت و معروف است وقتی به شاگرد خود «علی محمد» - که داعیه بابیت را سر داد - گفته بود «در حقیقت من تو را خبر از آمدن کسی کرده‌ام که هم اکنون با من است» با این معنا که آن کس که در حال با من است تو (علیمحمد) هستی و آن که پیش از من بود شیخ احمد احسایی بود.

پس از مرگ سید کاظم، علیمحمد راهی ایران شد (۱۸٤٤ میلادی) ابتدا در بوشهر به تبلیغ آراء خود پرداخت. طبیعی است همراه با شهرتی که در کار تبلیغ می یافت، دشمنی ملایان با او نیز شتاب میگرفت چنانکه ظاهراً بتحریک آنان بود که حاکم فارس (میرزا حسین خان آجودانباشی، نظام الدوله) دستور نوشت، علی محمد را تحت الحفظ به شیراز آوردند، گفته و نوشته‌اند که در مجلسی ملایان با علیمحمد به گفتگو نشستند و او را در مباحثه شکست دادند - با بیان چنین حادثه ای را نادرست و مغرضانه خوانده اند - بنوشتهٔ ناسخ التواریخ، به فرمان میرزا حسین خان باب را گرفتند و «هر دو پای او را استوار بستند و با چوب زحمت فراوان کردند» و آنگاه روی او و یارانش را سیاه نمودند و در شهر چرخاندند.

از لابلای حوادث مکتوب و بخصوص در شرح پایداریهای باب می توان این واقعیت را کشف کرد که آنچه تاکنون در تواریخ رسمی در ذم علیمحمد باب آمده است، نمی تواند خالی از مبالغه باشد و خاصه ایستادگی و تلاش مستمر وی را نفی کند. شنیدنی است که او ضمن نامه ای به محمد شاه، از ستمی که بر او رفته است، همراه با نوعی دلالت و هدایت یاد می کند و شاه را هشدار می دهد که «اگر تو گوشه‌ای از ستمروایی این مرد (حاکم فارس) را می دانستی، از او انتقام می گرفتی زیرا تا روز رستاخیز پادشاهی تو را آلوده است.». در همین نامه آشکارا شاه را به آئین خود دعوت می کند «اگر می دانستی که من کیستم، جمله سرزمینهای جهان را برای خرسندی من و به راه خدا می دادی... کجا است ذوالقرنین ها؟ سلیمانها و حکمرانیهاشان کجا شدند؟ در واقع جهان فانی است و بازگشت همه بسوی خداست. اگر تو نپذیری، خداوند دیگری را برخواهد گزید تا نظم را برقرار کند.» آنچه مسلم است، چند عامل در گیرایی کار «باب» موثر افتاد:

۱- نخست سیاست به مدارا آمیختهٔ حاج میرزا آقاسی و پادشاه متبوعش محمد شاه و اصولاً فضای باز سیاسی آن دوره بود که بمیزان قابل توجهی «باب» را نه فقط در راستهٔ نشر و تبلیغ گرم و مصمم می کرد بلکه همچنین او را از گزند ملایان مصون می داشت. این که اعتماد السلطنه در اثر خود (خلسه) نوشته است حاج میرزا آقاسی «از اشخاص واجب القتل» شفاعت می نمود، توجه عمده اش به موردی است که حاجی به زیرکی علیمحمد را از دام ملایان رهانیده بود و تا آنجا که معلوم است علیمحمد نیز از محبت و مدارای حاجی غافل نبوده است. چنان که باب وقتی بستایش از میرزا آقاسی نوشته است «بدیهی است حاجی به حقیقت آگاه است».

خانم همان ناطق تعبیر هوشمندانه‌ای از این کلمه «حقیقت» دارد، می نویسد: «در بیان او (علیمحمد) واژهٔ حقیقت همانا آگاهی به اسرار نهان است که شیخیه عنوان کردند...»

۲- عامل دوم موفقیت نسبی باب را در آن دوره در بازتاب بدکاریهای متولیان شیعی نظیر شفتی و دیگران میان مردم، باید جست، ما پیشتر در این باره شاهد آورده و نوشته‌ایم که چگونه عامهٔ مردم و خاصه زنان پس از شکست شفتی از قوای دولتی به جان «لوطیان» و اوباش هواخواه او افتادند و دمار از روزگارشان برکشیدند.

۳- عامل سومی که به جاذبهٔ باب زمینه می داد، جدا از دعویهای دینی نوآوریهای اجتماعی او بود که در قشرهای فزایندهٔ اصلاح طلب که پاره‌ای از آنها در سلک دولتمردان و شاهزادگان طبعاً با اقتدار جای داشتند، اثر می گذاشت گفتنی است که باب اصولاً عمده توجه خود را بر اثرگذاری روی عوامل حکومت وقف کرده بود. این هم یادآوردنی است که این جنبهٔ نوجویی در عقاید باب، از عقاید شیخیه ریشه می گرفت و در واقع نقش شیخیه را نیز در خط رفورم مذهبی هرچند آنان هم از خرافات و مضامینی که با عقل راحت نیست برحذر نبودند، نباید از نظر دور داشت. با توجه به سه عاملی که از آنها یاد شد، اصولاً حرکت بابیه را در دو سمت متفاوت، می توان رد گرفت:

- سمت دینی که پیشتر نوشتیم در میزان تعقل، بهمان مشکلاتی آمیخته است که تمامی ادیان و آیین‌ها در ابراز بستگی به «غیب» و نیروهای ماوراء الطبیعه مبتلایند.

- سمت اجتماعی که آن دیدگاههای رفورمیستی باب است. در این سوی دوم است که که تتبع را نباید به اغراضی بست ک در اساس از جانب ملایان بر ضد باب، چیده شده است و میشود: می دانیم خصومت ملایان با علیمحمد باب دو علت عمده داشت یکی دعوی دینی او بود که خواه ناخواه به دکان پر نان و آب «علما» که هزاران و هزاران حدیث و خبر ساخته و بافته را در آن جا داده بودند، قفل می بست و دیگر همان خصلت نوجوئی و رفورمیستی مشرب باب بود که روابط جامعه را در اشکال تازه‌ای شکل و محتوا می بخشید.

از چنین منظری است که قضاوت فریدون آدمیت در حق باب، علی رغم پرونده‌هایی که بر ضد وی ساخته شده است، با منطق واقع گرایی و تعقل بکمال سازگار است. آدمیت می نویسد:

«سید علیمحمد در پی جنگ و آشوب نمی گشت، اساساً مرد نیک نفسی بود و در خوی او ستیزگی نبود... او قصد نداشت به پیام خود رنگ سیاسی دهد... فقط ملایان بودند که مقام خود را در خطر دیدند...» - یک دلیل مدارای حاج میرزا آقاسی در حق باب هم شاید این بوده است که خصلت وی را با خصلت درویشانهٔ خود هماهنگ می دید / آدمیت این نکته را در دنباله نظر بدینگونه توضیح داده است: «حتی ازنامهٔ صدراعظم وقت (میرزا آقاسی) روشن می شود که دولت به تلقین روحانیان در برانداختن باب اعتنایی ننمود، نکتهٔ .... دیگر اینکه چون باب مورد

تعرض علما قرار گرفت، به دولت روی آورد - این نقلها از کتاب امیرکبیر و ایران، تالیف آدمیت بر گرفته شده است.» واقعیت این است که اگر بتوان نقطه ضعف چشمگیری در زندگی امیرکبیر جستجو کرد، از باب یک تحقیق تاریخی، همانا کشتن باب بود، زیرا باب با جوهر نوآوریهای امیر نه مخالفتی داشت و نه اصولاً سیاست پیشه بود که مشکلی برای دولت اصلاحگر امیر پدید آورد. دیدگاه خانم ناطق در این زمینه در راستهٔ یک تحلیل عالمانه تاریخی قابل قبول و استناد است:

«شاید بتوان گفت که امیرکبیر از کشتن باب و آزردن بابیان طرفی نبست. حتی دست تنها ماند. او که شیفتهٔ نوآوری و آبادسازی و اصلاح بود می بایست نواندیشان را برکشد، تا بتواند با خودکامگی نظام ناصری و استبداد دینی درافتد...»

اینک ببینیم باب در ماوراء مسئلهٔ دین تراشی و معضلاتی که خواه ناخواه در این راه فراهم می ساخت، در زمینه های اجتماعی چه نوآوریهایی داشت که متولیان قدرتمند سنتی شیعه را به هراس می آورد.

باب در قلمرو ازدواج، مشوق اصل «تک همسری» شد که البته پیش از او شیخیان نیز بر چنین اصلی پافشاری کرده بودند.

می دانیم که باب کتاب خود را در برابر قرآن، «بیان» نام نهاد و در آن در قبال پاره ای از احکام کلیدی فقها به بدعتهای «خطرناک» و بازار برانداز روی آورد. او در باب ۱۵ «بیان» اعلام داشت که پیامبر زنان را از «قید حجاب» آزاد کرده است. گفتنی است که دعوی معتدل باب را حواری برجسته و شجاع و باکمال او طاهره (قرة العین) با قاطعیت پی گرفت که حجاب را شخصاً رها کرد و بی پروا به نشر عقاید خود پرداخت و بر سر همین آزادگی و دلیری بود که جان خویش نیز از کف داد.

اصولاً حضور طاهره (قرة العین) در طلوع بابیگری، بخودی خودنمادی از ترقیخواهی و نوجویی بود. فضیلت و پردلی این زن در آن روزگار ظلمت گرفته بپایه ای از شهرت و مقبولیت انجامید که حتی دشمنان نیز از پذیرش آن خودداری نتوانستند کرد.

لسان الملک سپهر در اوج مخالفت با بابیگری، در حالیکه پیداست سخت مفتون جمال وکمال قرة العین شده است، با ستایش از «فضل وکمال» و احاطهٔ او به «علوم عربیه و حفظ احادیث و تاویل آیات قرآنی» ماجرای بی حجابی وی را در این عبارات شرح داده است:

«بر منبر صعود کرد و برقع از رخ برکشید، چهرهٔ تابنده را که مهر رخشنده بود با مردمان بنمود» - البته نویسندهٔ ناسخ التواریخ (سپهر) بنا بر رسم مورخین فرمایش پذیر که همه جا بر دفاع از قدرت استبدادی و شرکای آن (ملایان) تاکید داشته اند ظاهراً بجهت خوش آمد

ممدوحان خود، به دنبال آن تعاریف، اضافه میکند که قرة العین «از سوء قضا» باب را پی گرفت و «طریقت او را که ناسخ شریعت بود» پذیرفت.

باب جای جای نسبت به مسائل اداری و حکومتی نیز به ابراز نظر می نشست، مثلاً می گفت «آنچه به عنوان مالیات بر مردم مقرر گردیده است از آنها به زور مطالبه نکنید» – و مردم را «رنجیده خاطر» نسازید. باب البته نه با رنگ سیاستمداری بلکه در همان راه «عدالتخواهی» بر این عقیده بود که «مالکیت بزرگترین فساد اجتماعی است» و «شما مردم باید از اموال سهم برابر ببرید تا فقر از میان برخیزد.».

باب مراسم حج را نیز نفی کرد – شکنجه را ناسزاوار و ممنوع شمرد و آموزش اجباری کودکان را از لوازم پیشرفت تلقی نمود.

باب اقتدا به ملایان و نماز و روزه و قرائت قرآن بشیوه های مرسوم و ملاپسند را حرام میدانست. اصولاً باید گفت نگاه باب در قلمرو اجتماعیات بسوی تجدد و تمدن غربی بود. گوبینو در کتاب خود L' etat Social باب را در «جمع هواداران اندیشه های اروپایی» قرار داده است. سوآرت (Souhart) – دیپلمات فرانسوی که گویا شخصاً باب را ملاقات کرده در اثر خود (Le Babysme) علیمحمد را مردی «ملایم آرام و نوپرداز» خوانده است. می گوید که باب تنها به «اصلاحات» می اندیشد و بر این عقیده است که «ایران واروپا باید ارتباط مستقیم تری» داشته باشند و ایرانیان می توانند از فرنگیان «چیزهای بسیار خوب بیاموزند».

برای آن که بنمونه ای از نواندیشی و گزافه گویی مورخین در حـق باب آگاه شویم، توجه به یافته های خانم ناطق راهگشاست. در اثر او «ایران در راهیابی فرهنگی ۱۸۴۸-۱۸۳۴» راجع به چگونگی مرگ او می خوانیم:

«باب را برخلاف گفته بسیاری – از جمله الگار و محمد مشیری و دیگران – نه در ۱۸۴۹ بلکه در ۱۸۵۰ – نه در ماه ژوییه، بلکه در ماه ژوئن پای اعدام بردند. به جماعتی از سربازان که از کیش نصاری بودند» حکم دادند تا او را هدف گلوله سازند اما سربازان «از قتل او کراهت داشتند». تاریخ نگاران وطنی دوران ناصری نوشته اند: بهنگام اعدام طناب پاره شـد، باب گریخت و وقتی سربازان بزدلی او را دیدند که «بر بلا صبر نتواند» پس «با دل قوی و خاطر آسوده» او را گرفتند و کارش را ساختند. اما شاهدان عینی آن «خبر اندوهبار» را دیگرگونه گزارش کردند، نوشتند:

«باب با پنج تن از همراهانش در دروازه های اصلی تبریز تیرباران شد... او رشادت و والایی نشان داد و مرگ را با رضای خاطر پذیرا گشت. آن شیوهٔ رفتار آنچنان در اذهان عمومی موثر افتاد که از هم اکنون معجزه های فراوانی به او نسبت می دهند، برخی می گویند، تیر کارگر نشد

و پس از اعدام نشانی از تیر نبود - استخراج سند و نقل از کتاب ایران در راه یابی فرهنگی اثر هما ناطق.»

پیشتر گفتیم که باب نیز چون دیگر دین تراشان در عرصه های مذهبی از کژمژی ها مصون نبود ولی این نمی باید در یک تتبع عالمانه و بیطرفانه، تمامی حرکتهای وی را بخصوص در مسیر نوآوریهای اجتماعی بپوشاند.

علیمحمد باب در خطهٔ آراء خود پیداست که به آداب و سنن زرتشتی علاقه فراوان داشته و با «شریعت عربی» بگفته میرزا آقاخان کرمانی، ورای «عربی گوییهایش» میلی نمی نموده است. میرزا آقاخان که بحق باید او را از آغازگران روشنگری در ایران شناخت، در حق بابیه می گوید:

«طایفهٔ بابیه طاقت کشیدن بار شریعت عربی را نیاورده و طناب را بریده» اند. باب در یکی از الواح خود گفته است: «ارشاد» مردمان را نباید به «معجزات» و امور خارق العاده ای واگذاشت که به پیامبران بسته‌اند. در همان لوح گوید: «چوب جادوی فراعنه، احیای اموات، گذشتن از آتش... کار جوکیان هند است» - باب آشکارا ملایان را «گمراه» و «جاهل» می خواند و چنین عناصری را شایسته تصدی امور دینی نمی دانست. گرایش او به دیانت باستانی و سنن ایرانی واز آن جمله، قرار دادن نوروز، بعنوان عید مذهبی - تقسیم سال به ۱۹ ماه و ۱۹ روز و نیز نام گذاری ۵ روز از ۳۶۱ روز بسیاق زرتشتیان که آن را «اندرگاه» می خوانند و برهر روزش نام یکی از گاتهای پنجگانه را نهاده‌اند و موارد دیگری از این دست، از جلوه های تعلق خاطر وی به ایران باستان روایت می کند.

اجمالاً حرکت بابیه جدا از وجه دین تراشی، یک حرکت اجتماعی نوجویانه بود و بهمین دلیل در نظر بسیاری از اروپاییان که در آن زمان با ایران ارتباط و رفت و آمد داشتند، باب در موضع یک رفورمیست نقش گرفت. اروپاییانی بودند که او را لوتر ایران خوانده اند.

حاصل مطلب رسیدن به پاسخ پرسشی است که در ابتدای این فصل مطرح ساختیم و اجمالاً این که خصومت ملایان با بابیان از آنجا سرچشمه می گرفت که آنها را دگرگون کنندهٔ بساط قدرت خویش شناختند خصوصاً که بابیان میگفتند ما «دوران فترت» را طی می کنیم و در این دوران «تکالیف شرعیه» ساقط است. د راین بیان بویژه از لحاظ آشنایی با زمینه های مستعد اجتماعی در آن دوران نکته‌ای مطرح است که نباید ناگفته از آن گذشت و این نکته: که قلع و قمع بابیه در دوره ناصری اولاً به دلیل کثرت حواریون به آسانی صورت نپذیرفت و ثانیاً با همهٔ شدت عملی که در سرکوب آنان بکار گرفته شد ریشه های ستبری از آن باقی ماند، بهمین دلیل گوبینو نوشت: آن «مکتب به هیچ وجه در ایران نمرد» بلکه هر زمان «در لباسی نو» پدیدار می

شود. اینک می‌توان دریافت که جریان مقابلهٔ استبداد حکومتی و همبستهٔ قدیم آن استبداد دینی با اندیشه و جنبش مشروطه خواهی از چه ریشه‌هایی غذا و قوت می‌گرفته است.

گوبینو در مقایسه میان حرکتهای آزادیخواهانه و تجدد طلبانهٔ ایران و عثمانی معتقد بود که در عثمانی، این حکومت است که خود روی به اصلاحات کرده و در ایران این «ملت است که بیش و پیشتر از حکومتیان در پی سرمشق از فرنگستان دوان است.» – سخن هما ناطق در این زمینه با واقعگرایی منطبق است و در عین حال به راحتی مایه‌های دشمنی اصحاب استبداد را چه دینی و چه غیر دینی برملا می‌کند:

«دین دگراندیش [بسود تجدد و اصلاحات اجتماعی] بد یا خوب نه از سرو دست بلکه از سایهٔ درویشان و بابیان بود.»

یادداشت:

۱ و ۲- در مورد ارتباط (تاریخی) میان مشرب شیخیه و بابیه و نیز دربارهٔ باور احسائی به معراج روحانی پیامبر اسلام، بسیاری از بزرگان شیخیه، نظری کاملاً مخالف دارند و چنان ارتباط و چنین باوری را نفی می‌کنند ولی به نظر می‌رسد که این مخالفت بیشتر جنبهٔ دفاع از خویش دارد و کمتر به تاریخ تحلیلی متکی است.

فصل شانزدهم

عوارض نفوذ ملایان در نهضت ملی

این نکته را در فصول پیشین شرح داده ایم که یکی از ریشه دارترین معضلات در جریان جنبش مشروطه خواهی - از آغاز تا پایان - رخنهٔ ملایان نه تنها در متن نهضت ملی، بلکه حتی در سطح رهبری آن بود و نیز گفته ایم که این مشکل از واقعهٔ «رژی» یعنی قیام بر ضد قرارداد تنباکو با یک کمپانی انگلیسی سر گرفت. تا آن زمان، خاصه از دورهٔ سلطنت فتحعلیشاه، روحانیت شیعه موفق شده بود در مجموعهٔ هرم حکومت استبدادی سهم کلانی بدست آورد و پاره ای از مراتب قدرت و از آن جمله، نظام قضائی و نظارت بر حقوق مدنی آحاد جامعه را در قلمرو انحصاری خود قرار دهد و از آن پس نیز، جز در دوران پادشاهی محمدشاه و صدراعظمی حاج میرزا آقاسی توانست، لحظه به لحظه جای پای خود را در پهنه قدرت و حکومت استوار و استوارتر بسازد. اما همانگونه که اشاره شد، از واقعهٔ قیام رژی بود که اتفاقاً، بنا بر تحریک و تشویق و تهدید بازرگانان و تولیدکنندگان و کسبهٔ خرده پا و سرانجام اکثریت غالبی از مردم، حضور ملایان در حرکتهای مردمی تسجیل شد. همچنین از آغاز مرحلهٔ نطفه بندی افکار مشروطه خواهی، بار دیگربنا بر تشویق و تحریک آزادیخواهان بخشی از روحانیت به جنبش مشروطه گری پیوست و بدینگونه فصل تازه ای در نهضت ملی ایران گشوده شد و طبعاً به جنبش مشروطه خصلت ویژه ای بخشید. قرائنی در دست است که گواهی می دهد بسیاری از رهبران فکری مشروطه، در همانحال که عامداً راه را بروی ملایان هموار می کردند، کم یا بیش خود از گزندی که احتمالاً می توانست از زاویهٔ مداخلهٔ آنان بر بنای مشروطه وارد آید، با خبر بودند؛ بعبارت دیگر نمایندگان فکری جنبش را توجه به یک نیاز و یک نقصان، در کشاندن دست کم بخشی از روحانیت به میدان عمل ترغیب می کرد و آن چیزی نبود مگر کمبودهای جامعه خصوصاً در جهت حضور یک طبقهٔ متوسط نیرومند شهری و به تبع آن فقدان تجربه و فرهنگ آزادیخواهی. می دانیم انقلابات غرب و مثلاً روند مشروطه خواهی در انگلیس و هلند و انقلاب فرانسه از این باب کاستی نداشتند و این مشکل ایران بود که اجمالاً آزادیخواهان را برمی انگیخت تا در کشش توده ها بسوی جنبش، آن جای خالی را با بهره گیری از نفوذ ملایان پر کنند و چنین بود که با آگاهی بزیان احتمالی آنان، به این اتفاق تن در می دادند و البته کوششی هم داشتند تا به حد

مقدور از آن لایهٔ روحانیت بهره بگیرند که از خلوص مذهبی و پاکیزگی و تعلقات مردمی تهی نبود. بهر حال معضل بنیادی از همین تناقض سرچشمه می گرفت - تناقض میان روح مشروطه و مشروطه گری در یکطرف و جمود و رسوب روحانیت شیعه در خط قدرت طلبی و سهامداری در بنای حکومت، در طرف دیگر - با درک این واقعیت بود که اکثر رهبران مترقی و غیر مذهبی جنبش، از ابتدا تا انتها سرگرم این تکاپو بودند که از مضرات این پیوستگی و همبستگی بکاهند، یعنی در همانحال که ملایان را در کنار دارند، تا حد ممکن از دستبرد و دخالت آنان در امور کلیدی (و عمدتاً در بنای قانونی مشروطه) مانع شوند. نیازی به توضیح نیست که در این میان مواضع ملایان قشری و ضد مشروطه، مشخص بود و بالطبع تکلیف آزاد یخواهان در معامله با آنها ابهامی نداشت. اصولاً یکی از دلایل جنبی که آزاد یخواهان را در تشویق گروههایی از ملایان به شرکت در کارزار میان مشروطه و استبداد ترغیب می کرد همانا خنثی ساختن دسایس قشریون بدست همتایان «مشروطه خواه» خود آنها بود و در این زمینه باید پذیرفت که حقاً هوشمندی ستایش انگیزی از خود بروز دادند.

اما آگاهی به عمق تناقض مورد بحث، کامل نخواهد شد مگر آنکه ولو به اختصار، شناختی از حال و قال قشر روشنفکران (طبقات منورالفکر) آن زمان داشته باشیم.

روشنفکران و روشنگران در آن دوران، از دیدگاه باورهای سیاسی و اجتماعی، خود به دو گروه ممتاز تقسیم می شدند. درعین حال که نسبت به جوهر مطلوب خود - بنای یک نظام مشروطه - همداستان بودند.

گروه اول - البته در اقلیت محض خاصه در مراحل اولیهٔ ظهور فکر مشروطه خواهی اصولاً مذهبی نبودند و برخی حتی ضد مذهب هم بودند و حضور ملایان را تاب نمی آوردند.

گروه دوم - در همانحال که بر جنبهٔ غیر مذهبی (لائیک) جنبش تعلق خاطر داشتند و پاره ای حتی آشکارا بر ضرورت جدایی شرع از حکومت اصرار می ورزیدند ولی بدلایلی که گفته شد حضور ملایان را لازم یا حتی ناگزیر می دانستند و بعضی می کوشیدند تا میان شرع و نظام مشروطه نوعی آشتی برقرار سازند. ما برای پرهیز از طولانی شدن مطلب، در خط نمونه آوری، به معرفی چهره هایی از این دو گروه اکتفا می کنیم.

از دستهٔ نخست، نام میرزا فتحعلی آخوندزاده (۹۰-۱۲۲۷) درخشش خاصی دارد. او هرچند به سبب تندگوییها و تندرویهای ضد مذهبی، راهی برای نفوذ در ژرفای جامعه نداشت ولی از طریق اثر گذاری گسترده بر سایر نمایندگان اندیشه مشروطه خواهی، نقصان کار خود را جبران می کرد. آخوندزاده در یک خانوادهٔ ایرانی مقیم قفقاز بدنیا آمد. در مطالعهٔ فرهنگ غرب و شرق کوتاهی نداشت. ناسیونالیسم، گاه در جلوه های افراطی اش بر باورهای سیاسی و اجتماعی وی چیره بود. بر فضیلت ایرانی بودن خود اصرار می ورزید - بر لزوم اتکاء به تمدن مغرب زمین

تاکید می کرد - جنبه های دقیقاً غیر اسلامی «مشروطه» را بکمال می شناخت. معتقد بود که تنها در رهگذار قیام مردم است که می توان به یک حکومت واقعاً مشروطه دست یافت. می گفت: مسئولیت ستمی که بر مردم می رود بگردن خود آنهاست. نباید ستم را تحمل کنند - باید بشورند و حق خود را بدست آورند.

آخوندزاده در یکی از اثار خود هشدار میداد:

«ای ایرانیان! اگر می توانستید منافع آزادی و حقوق بشر را دریابید شما هرگز بردگی و فروتنی را نمی پذیرفتید - شما به آموختن دانشها می پرداختید و انجمنهای سری بنا می کردید و با یکدیگر متحد می شدید که خود را از استبداد و مستبدین رها کنید. - نقل از الفبای جدید و مکتوبات - آخوندزاده - بکوشش حمید محمدزاده و حامد ارسالی.»

آخوندزاده هواخواه جدی تغییر الفبا بود - با ادیان مختلف میانه خوشی نداشت. بی پروا بر اسلام و پیامبر و کتاب او می تاخت. با این همه همانگونه که در بخشی دیگر گفتیم: وقتی از دیانت زرتشت سخن می گفت، بنا به همان گرایشهای ناسیونالیستی، زبان ستایش داشت.

آخوندزاده در نقدی بر کتاب «یک کلمه» اثر مستشارالدوله تبریزی که کمی بعد درباره او نیز خواهیم نوشت - بر نابرابری مسلمان و غیر مسلمان، زن و مرد، برده و آزاد که در فقه اسلامی تسجیل شده است، بشدت حمله کرده و آنرا مغایر روح دموکراسی و نظامات قانونی رایج در غرب شمرده است. آخوندزاده، بر حاکمیت ملت ابرام داشت و معتقد بود پادشاهی تنها بر بنیاد قانونی استوار است که بوسیله پارلمان ملی شامل دو مجلس شورا و سنا وضع شده باشد. او آنجا که از مسئولیت مردم سخن می گفت یادآوری می کرد که درخواست از ستمکاران بجایی نمی رسد، ستمکش باید برخیزد و کار ستمگر را بسازد.

تاکید آخوندزاده بر تساوی حقوق زن و مرد، حتی غلیظ تر از آنچه از افکار پیشتازان خط نوآوری نظیر (ملکم و میرزا آقاخان کرمانی) و جنبش بابی گری تراوش کرده بود - بخودی خود گواهی می دهد که او فرسنگها و فرسنگها جلوتر از حال و هوای جامعهٔ خود میراند و بهمین دلیل است که میگوییم باورهای او بر همگنان اثر می گذاشت ولی راهی به نفوذ در ژرفاهای جامعه نمی یافت. بهرحال با قاطعیت می توان آخوندزاده را از آغازگران روشنگری در ایران قلمداد کرد و بستر گستردهٔ حق وی را تایید نمود.

از گروه دوم قشر روشنفکران و روشنگرانی که به بسط اندیشهٔ مشروطه خواهی و قانونمندی نظام، بنحو اثربخشی یاری دادند، تنها بصورت شاهد و نمونه از چند تن یاد می کنیم: مستشارالدوله تبریزی - ملکم - میرزا عبدالرحیم طالبوف.

پیش از ارائه شرحی درباره زندگی و عقاید مستشارالدوله، ذکر نکتهٔ بسیار مهمی را که متاسفانه تحقیق و تتبع در چند و چون آن تاکنون بحد کفایت انجام نگشته است، لازم می دانیم و اینکه:

در صف نوآوران و مشروطه خواهان و طرفداران نظم دموکراسی، گروه قابل ملاحظه ای از اشراف و دیوانیان شرکت داشتند که بصدق در راه معتقدات خود میراندند و حتی حضور نیرومند پاره‌ای از آنان در مسیر جنبش، خاصه در بزنگاهها، سببی شد که مشروطه از دام مشروعه مصون بماند. نکتهٔ قابل تعمق همین است که چگونه در آن دوران حساس، عناصری از اشراف و دیوانسالاران نظیر امین الدوله، سپهسالار، احتشام السلطنه، سعدالدوله، صنیع الدوله، مستشارالدوله تبریزی و انبوهی دیگر از این طبقه، مواضعی برگزیدند که با بستگیهای طبقاتی آنان بهیچ روی نمی خواند؟

فریدون آدمیت در ارزیابی خدمت دست اندرکاران جنبش و شالوده ریزان نظام پارلمانی می گوید: «احتشام السلطنه [شاهزاده درباری] برجسته ترین شخصیت سیاسی مجلس اول است بدون تردید؛ سهم او در تعالی مقام مجلس بیش از هرکس دیگری است، صنیع الدوله نظم پارلمانی را بنیان نهاد... سعدالدوله سخنور توانای مجلس با انتقادهای سخت خود وزیران را در تنگنای سیاسی قرار داده مسئولیت جمعی آنان را در برابر مجلس ملی، او بر دولت قبولاند.» بهر صورت موضع گیری این سلسله از اشراف بسود نظام پارلمانی از دقایق مهم تاریخی است که بویژه از دیدگاه جامعه شناسی ایران در آن روزگار نیازمند تحقیق و تجسس است و در هر حال در حوزهٔ بررسیهای ما جایی ندارد.

بحث اساسی خود را پی می گیریم:

مستشار الدوله تبریزی، با بستگیهای اشرافی از جمله دیوانیانی بود که با اعلام نظرها و مکتوبات خود به پاگیری اندیشهٔ مشروطه خواهی و قانونمندی کمکهای شایسته کرد. او از دورهٔ ناصری خدمات خود را در قلمرو مأموریتهای خارجی آغاز نمود. بدستور ناصرالدین شاه در مقام کنسولی به حاجی طرخان روسیه رفت (۱۲۷۰) - مدتی شارژدافر ایران در شهر سن پترزبورگ بود (۱۲۸۳ /۱۸٦٦ میلادی) در سفارت ایران در پاریس، بعنوان کاردار خدمت می کرد - چهار بار به لندن رفت و از این رهگذر با اروپا آشنایی فراوان یافت - کتابی تالیف کرد زیر عنوان «یک کلمه» که تفسیری بود از اولین قانون اساسی فرانسه. در همین کتاب آشکارا نوشت که حکومت حق مردم است.

«چون اهالی فرانسه و سایر دول متمدنه بواسطه وکلای خود از حق و ناحق مباحثه و گفتگو کنند، هر تکلیفی را که قبول نمایند ظهور اختلاف و عدم مطاوعت محال می باشد چونکه خود مردم بر خود حکم کرده اند - نقل از کتاب یک کلمه»

مستشار الدوله بر ضرورت جدایی و استقلال قوا (هرچند در زمینه هایی نارسا) باور داشته است. او از آنها بود که میکوشید بنوعی میان قواعد اسلامی و نظامات جدید حکومتی آشتی دهد. در دیدگاه او فی المثل اصل آزادی بیان با اصل معروف اسلامی (امر به معروف و نهی از

منکر) اختلافی نمی توانست داشت. تلاش داشت تا ثابت کند مدلول قانون اساسی سال ۱۷۹۱ فرانسه با تعالیم قرآن سازگار است. آخوندزاده، در چنین زمینه هایی و همانگونه که قبلاً گفته شد در خصوص اصل برابری انسانها فارغ از جنسیت و یا مواضع اجتماعی بود که با آراء مستشارالدوله از نظرگاه انتقاد و مخالفت روبرو می شد. با وجود این، مستشارالدوله در نشر ارزشهای فرهنگ سیاسی غرب به سهم شایسته ای مشارکت داشت. او در عین حال که معتقد بود قوانین جدید (عمدتاً قوانین فرانسه) با قوانین اسلامی سازگار است ولی در پایان قیاسها و نتیجه گیریهای خود (code) فرانسه را مرجع می دانست زیرا به قول او «کود [فرانسه] به قبول دولت و ملت نوشته شده نه به رای واحد.» بباور مستشارالدوله (کود) فرانسه به مسائل این جهانی می پردازد و تمامی مردم را فارغ از پیوندهای مذهبی و غیر مذهبی شامل می شود در حالی که در کتب فقهی مسائل مذهبی و غیر مذهبی بهم دوخته و همین سبب شده است که اتباع غیرمسلمان اعتباری برای اینگونه مقررات قائل نشوند و نتیجه می گرفت که لازم است یک کتاب در آداب دینی خاص مسلمانان و کتاب دیگری پیرامون امور دنیوی و ناظر بر احوال مسلمانان و غیرمسلمانان تدوین شود.

توجه داریم، اینها همه در عین حال حکایت از همان تقلایی دارد که بسیاری از روشنگران غیر مذهبی جنبش برای حفظ ملایان در خط مبارزه مبذول می داشتند و طبعاً با مشکلاتی نیز روبرو می شدند.

دیگر از گروه دوم روشنگران - میرزا ملکم خان ناظم الدوله است که در تاریخ مشروطیت و جنبش نوآوری در ایران فراوان از وی یاد شده است. ملکم در یک خانواده ارمنی بدنیا آمد و بعدها به اسلام گروید. در سالهای بین (۶۸-۱۲۵۹) بتحصیل در پاریس مشغول بود، پس از بازگشت به ایران، مدتی در دارالفنون بعنوان مترجم خدمت کرد. در دورهٔ سفارت سپهسالار در عثمانی، رایزنیِ سفارت را در استانبول بعهده داشت - بارها به ماموریتهای سیاسی در خارج و یا تصدی مقاماتی در وزارت خارجه گماشته شد. فراموشخانه را که نهادی هم ارز فراماسونری محسوب می شد شالوده ریخت (این یادآوری لازم است که تحقیق درباره فراماسونری خاصه در روزگاران مورد بحث در ایران تاکنون از سطح بررسیهای ناپخته و شعارگونه فراتر نرفته و لذا اینهم از آن زمینه هایی است که در جهت گسترش فرهنگ سیاسی به پژوهش و تتبع بی طرفانه و عالمانه ای نیاز دارد.)

ملکم با اقامت طولانی خود در اروپا و مطالعه آثار متفکران آن دیار، آشنایی فراوانی با فرهنگ غرب پیدا کرد. در اثرهای ملکم که به گفتهٔ خود وی بر ۲۰۰ رساله بالغ می شود، گرایش به افکار فلاسفه ای مانند جان استوارت میل (John Stuart Mill) قابل درک است. ملکم بخلاف نظر دوستش آخوندزاده بر آشتی میان اسلام و مشروطه اصرار داشت ولی دقیقاً پیداست که ملکم

با همه نقشی که در پیشبرد اندیشه مشروطه خواهی بازی کرد، در پیچ و تاب عقاید متضاد خود هرگز نتوانست یک برنامهٔ روشن درجهت یک حکومت آزاد و ملی ارائه دهد.

ملکم در یک سو، بر ضرورت توسل به دستاوردهای اروپاییان در قلمرو تاسیس دولت و نظام عرفی دادگستری و آموزش و پرورش و مسئله تقسیم قوا و نیز لزوم پرداختن به صنایع و حرفه های جدید اصرار می ورزید و در سوی دیگر، ظاهراً برای جلب حمایت ملایان نظریانی را ارائه می داد که با خواستهای اصولی وی در هیچ زاویه ای تطابق نداشت. اجمالاً اگر در مقام قیاس، آخوندزاده را متفکری رادیکال و تندرو بخوانیم که چنان هم بود - باید گفت دست کم این مزیت را بر دوست خود ملکم داشت که چون او هرگز بشیوهٔ نه سیخ بسوزد و نه کباب و پندارهای مصلحت گرایانه، روی نکرد. عقاید خود را به صورتی قاطع و عریان بیان می داشت و می نوشت و باکی نداشت که ملایان او را بی خدا و کافر و زندیق بخوانند یا نخوانند - با تمام این احوال در یک داوری نهایی همانگونه که قبلاً یادآوری کردیم، نمی توان نقش زاینده و پراثر ملکم را در جنبش نوآوری و طرح افکار جدید نادیده گذاشت و گذشت.

ازگروه دوم روشنفکران و روشنگران عصر مشروطه خواهی و نوآوری به احوال عبدالرحیم طالبوف تبریزی می پردازیم که بحق باید گفت با تلاش خستگی ناپذیر و انبوه آثار خود بیشترین اثر را در بُرد اندیشهٔ آزادیخواهای بجای گذاشت. او نجارزاده ای بود که باتکاء هوش و زحمت سرشار خود، به «مکنتی نسبی و زندگانئی مرفه» دست یافت. بگفتهٔ آدمیت «طالبوف (همچون بسیار موارد دیگر) موقع طبقاتی اش توجیه کنندهٔ نظرگاه سیاسی او» نبود.

«طالبوف مقام اجتماعی ارجمندی یافت، خودی و بیگانه به دیدهٔ احترام به او می نگریستند. سرای او انجمن اهل دانش و فکر و سیاست بود. وزیران و کارگزاران دولت ایران که از بادکوبه می گذشتند، سراغش می رفتند و با برخی از آنان نامه نگاری داشت... نقل از اندیشه های طالبوف تبریزی نوشته آدمیت صفحه ۲»

طالبوف در آموختن و اندوختن دانشهای اجتماعی و طبیعی زمان از سرآمدان بود. به هویت ایرانی خود افتخار می کرد. می گفت «اول جهان را دوست دارم، سپس ایران را و پس از آن خاک پاک تبریز را - نقل از طالبوف اثر افشار».

طالبوف انبوه آثار خود را چون «تحفهٔ سپهری - کتاب احمد (بگفته خود او و تحت تاثیر امیل نوشته ژان ژاک روسو) - ترجمه فیزیک یا حکمت طبیعیه - ترجمه هیئت جدید (از فلاماریون) - ترجمهٔ پندنامه مارکوس قیصر روم - مسالک المحسنین - مسائل الحیات - ایضاحات درباره آزادی و سیاست طالبی را .... تماماً بهزینهٔ شخصی نشر می داد.

طالبوف عرب زدگان و غرب زدگان را سرزنش می کرد. ایرانیان را که بقول او به اروپا می روند و تنها باده نوشی و خوردن گوشت خوک را می آموزند تاب نمیاورد. او بسیاری از معارف غرب را از طریق زبان روسی که به آن تسلط کامل داشت آموخته بود.

از دیدگاه طالبوف، حکومت نهادی است که از اراده ملت نشأت میگیرد. ما در فصول قبل پاره ای از زمینه های اعتقادی او اشاره کرده ایم، تنها از آن میان بتکرار این نکته اکتفا می کنیم که مفهوم آزادیهای ششگانه از نظر وی - یعنی «آزادی هویت» و یا آزادی فردی - «آزادی عقاید» - «آزادی قول» - «آزادی مطبوعات» - «آزادی اجتماع» - «آزادی انتخاب» تقریباً همانهایی است که امروز در ردیف مضامین «حقوق بشر» مطرحند. با این وصف، گفتنی است که طالبوف از آنجمله روشنگرانی بوده است که بر نوعی آشتی میان اسلام و مشروطه ابرام داشته اند. می نوشت:

«آنچه مخالف تمدن است در شرع شریف ما که اساس قانون ایران خواهد بود ممنوع و مادام العمرحرام است» - طبیعی است که اگر این نظر را در کنار نظریات اصولی او قرار دهیم، - براحتی تضاد بنیانی میان آنها را ملاحظه خواهیم کرد و این همان مخمصه ای است که قبلاً بدان پرداخته ایم و بعداً توضیح خواهیم داد که چه شد این دمل دردناک سرباز کرد و صف آزادیخواهان، عملاً در برابر صف همان «علمای مشروطه خواه» نیز جبهه گرفت.

بطور کلی - در مقام یک داوری بی طرفانه و منطقی، نمی توان از ستایش روشنفکران و روشنگرانی که از چنان سنگلاخهای صعب العبور گذشتند و به جنبش مشروطه خواهی قوت و غذا رساندند، زبان بربست. نمی توان این واقعیت را نادیده نهاد و گذشت که آنها خود را در قبال استبداد و ارتجاع قرون و اعصاری به دو سلاح برنده و کاری مسلح ساختند:

نخست آنکه، بدرستی و هوشمندی دست آوردها و ارزشهای جهان شمول مغرب زمین را شناختند و دوم اینکه با درایت و دقت، توانا ییها و ناتوانیها - دارا ییها و کاستیهای جامعهٔ خود را کشف کردند. بهمین سبب در آن فضای کور و بسته، موفق شدند اصول مقبول خود را بکرسی بنشانند و در خطوط اساسی، ملایان را خواه ناخواه، بدنبال بکشند. دراین میان نصیبی که بر اثر کاستیهای جامعه به ملایان رسید، سهمیه ای بود که عمدتاً در دو اصل اول و دوم متمم قانون اساسی مبتنی بر اعلام مذهب رسمی (شیعهٔ اثنی عشری) و (نظارت هیئت فقها بر قوانین موضوعه) انعکاس یافت که بیدرنگ باید افزود، با توجه به سایر اصول مندرج در متمم قانون اساسی خواه در جهت حاکمیت مردم (قوای مملکت ناشی از ملت است) و خواه در زمینهٔ استقرار قضای عرف به جای قضای شرع (عدلیه مرکز تظلمات عمومی است) و خواه در قلمرو (تساوی حقوق اهالی مملکت) و فقرات دیگری از این قبیل - آنچه قسمت ملایان شد، از خصلت

تشریفات تجاوز نمی کرد. چنان که تا از مشروطه و مشروطه گری نام و نشان بود هرگز نظارت فقها مرعی نشد.

نتایج کار - یعنی برپا شدن پارلمان و تدوین قانون اساسی و بویژه متمم آن و بطور کلی تغییر نظام هرچند بر دموکراسی سیاسی (نه آنقدرها بر دموکراسی اجتماعی) تعلق گرفت - حرکت بزرگی بود در جهت کندن از استبداد سنتی مبتنی بر (اتفاق مذهب و سلطنت خودکامه) بسوی یک نظام پارلمانی بر شالودهٔ ارزشها و معرفتهای غربی. به تعبیر دیگر استقرار مشروطه جهشی بود ولو آکنده از کاستیها، بجانب نوعی نظام غیر مذهبی (لائیسیته). در روند چنین ارزشهای نوپیدایی بود که هرچه نهضت پیشتر آمد و به جانب کمال روی کرد - آن تضاد بنیادی میان مشروطه و مشروعه بیشتر و بیشتر ظاهر شد تا جایی که یک زمان، همان «علمای هواخواه مشروطه» نیز دریافتند که در این سودا سخت بی نصیب مانده اند و حالتی که تصور می کردند به سیادت آنها بیانجامد، دست نداده است.

کسروی از گروهی در صف روحانیت یاد می کند که منحصراً در رهگذار شهرت طلبی و کسب محبوبیت و جمع مرید به خط مشروطه خواهی افتادند. می نویسد:

«پیشنمازانی که در این زمان با مشروطه خواهان همراهی می نمودند و تلگراف برای طلبیدن قانون اساسی به تهران می فرستادند بیشتر معنی مشروطه را نمی فهمیدند و دلبستگی هم به آن نمی داشتند، چون این زمان میرزا حسن [شیرازی] و دیگر مجتهدان از میان رفته و میدان برای اینان باز شده بود از آن خشنود می بودند و همین که روی آوردن مردم را بسوی خود می دیدند، بسیار شادمان می گردیدند و هرچه آنان بکار می بستند و آن تلگرافها را آزادیخواهان می نوشتند، آنان بی آنکه معنی درست مشروطه و قانون اساسی را بدانند - تنها به پاس آنکه در ردهٔ علما شمرده شوند آن را مهر می کردند.»

البته انگیزهٔ تمامی قشر روحانیت (بمشروطه روی کرده) - نام آوری نبود برخی مانند سه روحانی بزرگ نجف (خراسانی - تهرانی - مازندرانی) و مخصوصاً متفکر برجسته در حلقهٔ آنان - حاج میرزا حسن نائینی غروی (که دربارهٔ او و کتابش بتفصیل خواهم نوشت) - بحد کافی از شهرت و اعتبار برخوردار بودند و اجمالاً آن نبود که چون آن گروه «پیشنمازان» از راه مشروطه گری فقط آوازه‌ای برای خود دست و پا کنند اما رای کسروی دربارهٔ ناآگاهی آنان از درون مایهٔ مشروطه نیز همچنان صحیح است. اگر این قول صحیح باشد که شیخ عبدالله مازندرانی (یکی از سه عالم تراز اول نجف) در جواب تلگرام بدخواهانهٔ حاج میرزا حسن مجتهد تبریزی گفته بود: «ای گاو مجّسم مشروطه که مشروعه نمی شود» - باید این نظر را هم پذیرفت که علمای نجف و مسلماً نائینی همبستهٔ اندیشه گر آنها - میدانسته اند که میان مشروطه و نظامات شرع تفاوتهایی وجود

دارد ولی واقعیت سنگین تر این است که آنها فکر نمی کردند با شیوع قوانین ذاتاً اروپایی موقع و منزلت آنان در مخاطره خواهد افتاد.

در این میان حق این است که طبایع این گروه را که ازمردم دوستی و مخصوصاً کششهای ضد استعماری خالی نبوده است - از محاسبه بیرون نگذاریم. می دانیم که علمای نجف بارها با سیاست سلطه جویانه انگلستان در عراق بمقابله پرداختند و چند بار چوبش را هم خوردند و باری هم بدستور انگلیسی ها با یران تبعید شدند. افرادی نظیر سید محمد طباطبایی هم در ایران بودند که نسبت به پریشانی مملکت و مردم صادقانه ابراز نگرانی میکردند ولی بقول کسروی چیزی که بود «اینان که از علمای شیعی و بیگمان هوادار «شریعت» و «مذهب» می بودند خرسندی نمی دادند که قانونی به آخشیج [برضد] شریعت گذارده شود از آن بجلوگیری می کوشیدند - نقل از تاریخ مشروطه ایران، کسروی»

نکته قابل تأمل فراسوی مراتب «مردم دوستی» و «وطن خواهی» و «خوش نیتی» حضرات این بود که آنها قدم براهی نهاده بودند که فرجام آن را به درستی نمی شناختند و بهمین سبب وقتی با واقعیتها روبرو شدند بنحوی سر به ستیز برداشتند و یا سخت آزرده و گله مند گشتند و چنین بود که اتحاد پرتناقض ترقیخواهان و روحانیت حتی مشروطه پذیر و مشروطه خواه (سوای معدودی) رو بسستی نهاد.

در فصول بعد این رویارویی را بهنگام تاسیس پارلمان و بویژه طرح متمم قانون اساسی بررسی خواهیم کرد و نیز بنوبت، در احوال چند تن از پیشروترین «علما» یعنی حاج شیخ هادی نجم آبادی (۱۳۲۰-۱۲۳۰) و سید محمد طباطبائی (۱۳۳۹-۱۲۷۵) و بطور عمده و اساسی به آراء میرزا محمدحسین غروی نائینی غروی و اثر بسیار مهم او (تنبیه الامه و تنزیه الملة) در دفاع از مشروطه به تتبع خواهیم نشست تا هرچه روشنتر به ژرفای نظر آنان و مغایرت باورهای با مفهوم اصیل مشروطه آشنا شویم.

فصل هفدهم

مجتهدین بزرگ «مشروطه خواه»

در فصل پیش برای آگاهی از دیدها و روشهای روشنگران و روشنفکرانی که با هوشمندی و درایت تحسین انگیزی راه را بسوی مشروطه گشودند و علی رغم ایستادگی نظام عقب مانده و استبدادی زمان و نیز سنگ اندازی ملایان، زمینه را برای یک نظم مترقی مبتنی بر حاکمیت مردم هموار کردند، بشیوهٔ نمونه آوری به حال و قال تنی چند از آنان پرداختیم و به این نکته نیز توجه کردیم که چه عوامل و احوالی سبب شد تا ترقیخواهان به بخشی از روحانیت روی آورند و همچنین توضیح دادیم که این همبستگی میان آن بخش از ملایان و جبهه ترقیخواهان از آغاز تا پایان کار، چه معضلاتی پدید آورد. به نظر می رسد که لازم باشد، قبل از پرداختن به چند و چون مرحله ای که این آشتی تلخ و شیرین عملاً به سستی گرائید و مهار کار خاصه در عرصهٔ قانون گذاری به دست روشنفکران افتاد، باز هم در همان خط نمونه آوری به احوال سه تن از روحانیون عدالتخواه و مشروطه طلب یعنی: حاج شیخ هادی نجم آبادی و سید محمد طباطبائی و بنحو اساسی و عمده به آراء میرزا محمد حسین نائینی غروی و اثر بسیار مهم او (تنبیه الامه و تنزیه المله) در دفاع از مشروطه بپردازیم.

بی تردید این سه تن از جمله ملایانی بودند که در صداقت و عدالتخواهی و مردم دوستی آنان شک نمی توان کرد و گزینش ما هم بر اساس توجه به همین خصلت هاست. بتکرار می گوییم قصد بنیادی ما، اصولاً شکافتن این واقعیت است که حضور ملایان، حتی پاکیزه ترین و صادق ترین آنها در نهضت ملی مشروطه همچون سه تنی که در سطور قبل از آنها یاد کردیم، به نسبت های متفاوت، به پا گرفتن یک نظم استوار مردمی و نظمی که بر شالودهٔ ارزشهای دموکراتیک استوار شده باشد، خواه و ناخواه زیان رساند. سخن دقیق تر این است که حضور این جماعت در جریان نهضت اگر سودهایی داشت، زیانش بر آن سودها می چربید.

پیشتر گفته ایم در پهنهٔ تلاشهای مشروطه خواهی نقش ملایان ضد مشروطه (مشروعه خواه) روشن بود و تکلیف آزادیخواهان و جبهه مترقی طبعاً در قبال این گروه نظیر حاج سید کاظم و شیخ فضل الله نوری و دیگر از این قماش ابهامی نداشت. ما در فصول قبل، تا حد مقدور دربارهٔ نقش محیلانهٔ شیخ فضل الله و یکی دو تن دیگر از امثال وی سخن گفته ایم، اینک ضروری می دانیم که با اختصار تمام به موضع گیری یزدی نیز که از روحانیان بلندپایه و مراجع مسلم محسوب می شد، اشاراتی داشته باشیم. حاج سید کاظم یزدی که بهیچوجه خود را از سه مرجع نجف

(آخوند ملاکاظم و مازندرانی و تهرانی) کهتر نمی دانست، ظاهراً از «سیاست» کناره می گرفت و یا چنین می نمود که او را با کارهای سیاسی الفتی نیست و نمی خواهد از حوزهٔ وظایف یک «عالم» و «مقتدای» روحانی فاصله بگیرد ولی باطناً و در عمل، روشن بود که با مشروطه و مشروطه گری در اساس مخالف است: بهمین دلیل در اغلب زمینه ها بساط حکومت استبدادی و خط سیر شیخ فضل الله را تایید می کرد. معهذا از آنجا که در یک تحلیل بیطرفانه، اتکاء به واقعیت ها از واجبات است، در حق وی نکته ای گفتنی وجود دارد که نباید ناگفته بماند و این نکته که در عین تظاهر به بی علاقه بودن و دوری جستن از سیاست، گهگاه، به اطواری روی می کرد که در چشم مردمان حمل بر بی اخلاصی او نشود. بعبارت روشنتر، هر اندازه شیخ فضل الله، در بازیگریهای خود تا مرحلهٔ تایید کودتای ضد مشروطه، آنهم بدست لیاخوف روسی (فرمانده قزاقان) حتی در ابراز نظر مساعد نسبت به حضور قوای خارجی در خاک ایران بی پروایی می نمود، سید کاظم می کوشید تا دامن خود را از لکه های آشکار ننگ وابستگی به خارجی مصون نگاهدارد، چنانکه وقتی ماجرای هجوم قوای بیگانه پیش آمد، موضعی مخالف گرفت. لازر (Lawther) وزیر مختار وقت انگلیس در استانبول مینویسد:

«شنیده ام که سید کاظم یزدی که تا حال در امور سیاسی دخالت نداشته است... تلگرامی به شاه مخابره کرده و نسبت به حضور ارتش بیگانه در خاک ایران ابراز نگرانی نموده است.»

البته به جز او، ملایان دیگری بودند (هر چند مخالف مشروطه) که به سیاق وی، با اشغال ایران بوسیله قوای خارجی مخالفت می کردند ولی این همه ما را از بیان این واقعیت باز نمی دارد که سید کاظم و سایر همگنان وی در شمار عوامل استبداد بودند و نقش مخربی بر ضد نهضت ملی بازی می کردند.

برگردیم به مطلب اساسی و زندگینامه تنی چند از ملایان عدالت دوست و مشروطه خواه: ممکن است برخی ایراد کنند که چرا ما در گزینش خود، سه تن روحانی عالیمقام مقیم نجف (آخوند ملاکاظم خراسانی و حاج سید عبدالله مازندرانی و حاج میرزا حسین تهرانی) و نیز نام سید عبدالله بهبهانی، همتای سید محمد طباطبائی را از قلم انداخته ایم، حالیکه او و خاصه علمای نجف در مسیر مشروطه گری سهم مهمی داشته اند.

توضیح ما در مورد سه روحانی بزرگ این است که ما اولاً قصد را بر تلخیص و «نمونه آوری» تعلق داده ایم و ثانیاً انتخاب عالم بزرگ مقیم نجف (نائینی) و شرح تفصیلی که دربارهٔ کتاب وی (تنبیه الامه) خواهیم داشت این نقیصه را جبران می کند. چرا؟

زیرا که هر چند نائینی، با احاطه بر اطلاعات وسیع اسلامی و داشتن مقام اجتهاد در سلسله مراتب مرجعیت نسبت به (خراسانی و مازندرانی و تهرانی)، در مرتبهٔ دوم قرار گرفته بود ولی بهنگام، شرح خواهیم داد که افکار وی بر سه ملای عالیجاه مذکور و خاصه بر اعلم آنها (خراسانی) اثری قاطع و تعیین کننده داشت. شواهدی در دست است که سه مجتهد بزرگ در

اکثر زمینه ها تحت تاثیر عقا ید و حتی رهنمودهای نائینی، گام بر می داشتند و نظریات وی را تا یید می کردند. با ین دلیل است که ماانگشت بر سرچشمه می گذاریم که طبعاً جویبارهای برآمده از آن را نیز شامل می شود. گمان ما ا ین است که با درک چنین را بطه ای، توضیحات ما در پیرامون و متن احوال و اثر نائینی، در غا یت امر، ما یه های «مشروطه خواهی» سه عالم نجف را نیز دربر می گیرد و اما د رمورد سید عبدالله بهبهانی سخن از رنگ دیگری است. حقاً با ید گفت که او از آن اخلاصی که در ذات همتا یش (سید محمد طباطبائی) موج می زد، خالی بود. بهمین دلیل در آخرین مراحل و بخصوص هنگام طرح متمم قانون اساسی به کژتا بیهای زیانباری دست زد که اگر مقابلهٔ سرسختانهٔ ترقیخواهان همراه با بسیج توده ها و بویژه قاطعیت اشراف زادهٔ آزادیخواه و ترقی طلب (احتشام السلطنه) درموضع ریاست مجلس در کار نبود و او را به جای خود نمی نشاند، بعید نبود که حرکات سید بهبهانی تا ا یستادگی برای امحاء اندیشهٔ مشروطه گری امتداد یابد. از جمله سخنان او در باب اختیارات عدلیه یکی ا ین بود که «تمام ترتیبات عدلیه راجع به‌اجرای حکم شرع می شود و عدلیه کاری ندارد مگر اجرای قوانین و احکام شرعیه» چنین کژتا بیها بود که سرانجام بدست جناح تندرو مشروطه خواه که تا توسل به تروریسم پیش آمده بود از پای درآمد (ما بهنگام، از ماجرای مقابلهٔ ترقیخواهان با ملایان در جریان تدوین متمم قانون اساسی و نقش پر اثر احتشام السلطنه نیز در آن ماجرا سخن خواهیم داشت).

اجمالاً دلیل ما برکنار نهادن بهبهانی از ردیف ملا یان نجف و نیز سید عبدالله طباطبائی، همین جنبه ها بوده است.

گذاری در احوال حاج شیخ هادی نجم آبادی - سید محمد طباطبائی - میرزا حسین غروی نائینی:

- نجم آبادی مجتهدی بود پاکدل، مردم دوست و عدالتخواه و مورد احترام خواص و عوام. باعث شگفتی نیست که اغلب فعالین نهضت در جبهه ترقیخواهان با او حشر و نشر داشتند. نجم آبادی با «جامع آدمیت» ملکم و نیز با سید جمال الدین اسدآبادی ارتباط داشت (ما بموقع، درباره اسدآبادی نیز همچنان باختصار اشاراتی خواهیم داشت، هرچند نمی توان او را در صف روحانیت نشاند). نجم آبادی، پان اسلامیسم اسدآبادی را پذیرفته بود و همین گواهی است بر ا ین واقعیت که شیخ با همهٔ صداقت و همه نشانه ها یی که از نوگرا یی و ترقیخواهی با خود داشت، بدلیل بستگی های طبقاتی، در بنیاد از آمیزهٔ حکومت و دین فارغ نبود.

دیوانیان و حتی شخص ناصرالدین شاه غالباً با حرمت تمام به دیداراو می رفتند، ولی چنین موضع و منزلتی، سببی نمی شد که زبان نقد شیخ بسته بماند.

می پرسید: «حال چه شد که کفار بر اهل اسلام در بلاد ا یران تفوق و عُلوّ جستند و مردم ا یران به تبعیت کفار، بلکه سکنا در بلاد ا یشان را ما یلتر هستند؟» و خود پاسخ می داد، ا ین «نیست مگر بجهت آن که عدالت در بلاد ا یشان بیشتر و خلق در حکومت ا یشان آسوده تر هستند و

اموال و نفوس در تحت حکومت ایشان محفوظ تر است» (هر دو بخش برگرفته از «تحریر العقلا» اثر نجم آبادی.) - توجه دارید که در آن زمان نفوذ دست آوردهای غرب تا کجاها کشیده است. یکی از ویژگیهای کار شیخ نقد تیز و آشکار از روحانیت، یعنی همگنان خویش بود. مینوشت:

«شخص بیدین تا به لباس اهل دین و زهد و تقوی در نیاید، نمی تواند مردم را اغوا نماید و از حق برگرداند» - نجم آبادی بر این باور بود که عالم دینی، تنها وقتی قابل احترام است که به «حب ریاست» نیندیشد و به «حکم عقل و شرع» بگرود. انتقادهای سخت او از علما و اصولاً روشهای آزادمنشانهٔ وی در خطهٔ دینداری، بسیاری از متولیان مذهبی را می رنجاند بطوریکه، ملائی یکبار شیخ را تکفیر کرد و او در جواب نوشت:

«اگر کسی حرف حقی بزند و بخواهد از خواب غفلت بیدارت نماید و مُتنبّهت سازد، چون مخالف هوی و وَهمت باشد تکفیرش می کنی و در صدد ایذاء و قتلش بر می آیی و حکم به نفی بلدش می نمایی» (نقل از تحریر العقلا)

شنیدنی است که وقتی شیخ را به بابیگری متهم ساختند چرا که منازعات مذهبی را بشدت محکوم میکرد. کلاً دربارهٔ نجم آبادی میتوان اینگونه داوری کرد که او هرچند مانند سایر متولیان دینی بر لزوم رعایت قوانین شرع ابرام داشت، عملاً با مشروطه خواهان همگام بود و از گرایش های نوآوری خالی نبود، بهمین سبب، طیف ترقیخواهان و روشنفکران تا پایان، دوستی خود را با او حفظ کرد.

نجم آبادی خاصه در آنجا که بیرحمانه بر هم کسوتان خود می تاخت و می نوشت که ما (یعنی روحانیان) - «نه حالت عملیه و خلقیه داریم که مردم را مایل به خود نماییم و نه زبان استدلال که به تیغ زبان، خلق را به سمت خود کشیم...» آشکارا پیوند ملایان را با بساط «سلاطین قاهره» به شلاق نقد می بست و اضافه می کرد:

«هر چه ایشان [سلاطین قاهره] حکم نمایند اطاعت می نماییم و عجب آنکه عقل را غالباً تابع ایشان می سازیم و بلکه شرع را»

اصولاً همین شیوه های آزادمنشانه و اصرار او بر توسل به عقل بود که به مواضع روحانی وی ویژگی می بخشید. و او را فرسنگها از قشریون جدا می ساخت.

سید محمد طباطبائی:

ما پیشتر به مواضع این روحانی عدالتخواه پرداخته ایم، قریب به اتفاق تحلیل گران بی طرف و واقع گرا بر این عقیده هم داستانند که او مردی بود در قلمرو روحانیت، مخلص و در خط سیاست صاحب دیدی که در زمینه های فراوان، با دید جناح ترقیخواه همخوانی داشت. داوری عادلانه درباره سید محمد طباطبائی خاصه در مقام قیاس با همتای او سید عبدالله بهبهانی این است که وی آنقدرها، برای دستیابی به قدرت و جاه دست و پا نمی زد. راست می گفت که خود از

مشروطه هیچ نمی دانست، عقیده به مشروطه از آن زمان در وی پیدا شد که از آشنا یان به احوال ممالک مشروطه، شنیده بود «مشروطیت موجب امنیت و آبادی مملکت است» - در این کلام صداقتی نهفته است. منتهی پیشتر هم گفته‌ایم، در این تصور که گویا او و امثال او بودند که بدان آگاهی «شوقی و عشقی» یافتند تا «مشروطه را در این مملکت برقرار کنند» مبالغه می کرد. پیداست که کلام اخیر او از شوق و علاقهٔ مجموعهٔ روحانیت به تصرف قدرت و دستیابی به «ریاست فائقه» ریشه می گرفت البته در او کمتر و در بسیاری شان بیشتر.

شواهد بسیاری در دست است که در آخرین مراحل، یعنی در احوالی که مسائل قانونی و قانونمندی کشور مطرح شد، موقع طباطبائی، به جبهه ترقیخواهان - بویژه در مجلس - نزدیکتر مینمود. به سخن دیگر وقتی جنبش مشروطه گری بسود مواضع روشنفکران غیر مذهبی مبتنی بر تاسیس «پارلمان ملی» و «تحصیل فرمان مشروطیت» و «برقراری اصول حریت» گرایش یافت و مردم فراتر از طلب «عدالتخانه» که مورد خواست ملایان بود، بر درخواست مشروطه پارلمانی اصرار ورزیدند، طباطبائی از معدود «علمائی» بود که با جبههٔ ترقیخواهان همصدائی نمود. بقول آدمیت در آن ماجرا «عقیدهٔ عام سید طباطبائی را در مسلک آزادی می شناخت» - گفتنی است در شرایطی که حتی ایجاد عدالتخانهٔ دولتی و اجرای دستخط شاه معطل مانده بود، ملایان عملاً سکوت کرده بودند، حالی که مردم تحت تاثیر روشنفکران میجوشیدند و آشکارا مذهبی های خاموش را شماتت می کردند و می گفتند: «پس ما را فریب دادید که اسباب ریاست برای خود فراهم کنید، حالا که به‌ریاست رسیدید ما را فراموش کردید» (نقل از حیات یحیی، دولت آبادی.) ولی در این میان، برای طباطبائی حرمت خاصی قائل بودند و او را جدا از دیگرهمگنانش قرار می دادند.

گذشته از این، طباطبائی در مجلس نیز آنگاه که مسئله تدوین متمم قانون اساسی مطرح شد، بدان پایه که بهبهانی بر نظارت متشرعین پافشاری می کرد، اصراری نداشت و خلاصه اینکه کمکش به کار مشروطه بی قدر نبود. در کلام و نوشته های او، نشانه هایی از نوجویی و کشش بسوی موازین جدید زندگی بچشم میخورد. البته وقتی مسئلهٔ نظام قضای عرفی و صلاحیت عدلیه برای رسیدگی به «تظلمات عمومی» در متمم قانون اساسی وارد شد، با لحنی که خالی از مزاح هم نبود، گفته بود، با این وصف «آیا کاری برای ملایان باقی خواهد ماند؟» معروف است وقتی به عین الدوله گفته بود «عدالتخانه ای که ما می خواهیم اول ضررش به خود ما می رسد» و این گواهی است که سید از وجود تناقض هایی میان مشروطه و مشروعه بی خبر نبوده است. طباطبائی بر این عقیده بود که آموزش علوم جدیده و حقوق بین الملل و ریاضیات و زبانهای خارجی برای جوانان لازم است. به تعریض سوال می کرد که چرا حتی یکی از علما زبان خارجی نمی داند؟ طباطبائی می گفت مردم شخصی را پادشاه می خوانند که نگاهبان حقوق و منافع آنها باشد و فقط دراین صورت است که پادشاه نمایندهٔ مردم شناخته خواهد شد. با این همه، همان

سخن تعریض آمیز او دربارهٔ قضای عرفی و یا مخالفت وی در مورد احالهٔ امور اوقاف به دولت، نشان میدهد که برغم آن حسن نیت و خوی آزادمنش، سید در بنیاد با نظامی که قدرت ملایان را در پهنهٔ حکومت نفی کند، روی موافق نداشت و این امری طبیعی بود، برای امثال او ناگوار بود از آنهمه جای پا و سهامی که در عرصهٔ حاکمیت نصیب ملایان شده بود یکسره چشم بپوشند، تصور این هم که طباطبائی اصولاً می توانست مایه های لائیسیته (درون حکومت) هضم کند، دشوار است. ناگزیر باید گفت وجههٔ اساسی گرایش وی به مشروطه گری بیش از تعلق خاطر به یک نظام مترقی، از اخلاق حسنهٔ او مایه میگرفت و کیست که نداند که مفهوم تعالی یک نظام مردمی، تنها در تجلی «اخلاق حسنه» خلاصه نمی شود. این را یادآوری کرده ایم که آن گروه از متولیان مذهبی که جانب مشروطه را گرفتند گمان نمی کردند که با استقرار چنین نظامی، موقع آنان در چهاردیواری مسجد حبس خواهد شد. اما هر چه زمان میگذشت و صفها مشخص تر می شد، کفهٔ اعتبار روشنفکران و ترقیخواهان سنگین تر می گشت. قضاوت آدمیت در این زمینه یادآوردنی است:

«در نبرد قانون اساسی رویهم رفته ترقیخواهان و مدافعان سیاست عقلی پیروز گشتند، رهبری قطعی افکار عام را همان گروه روشنفکران داشتند، حالا، همچون آغاز جنبش مشروطه خواهی فشار افکار ملی، ملایان را به قبول حکومت دموکراسی وادار کرد. از نفوذ و اعتبار سیاسی طبقهٔ علما بیش از سابق کاسته شد. به بیان دقیقتر رهبری فکری و سیاسی که با حرکت مشروطیت به دست تجدد خواهان افتاده بود، در جریان تدوین قانون اساسی تثبیت گردید. نکتهٔ بسیار لطیف این است که علما در کار قانون اساسی تسلیم نگشتند مگر برای حفظ مقام اجتماعی شان در افکار عام. اگر از تزلزل اعتبار خویش در عقیدهٔ عمومی نمی هراسیدند، شاید از در سازش پیش نمی آمدند و به گذشت های مهم (خاصه در قضیه نظام قضائی عرفی) تن در نمی دادند. اما این خود نشانهٔ بینش پیشوایان روحانی بود که دریافتند پایگاه اجتماعی شان همبسته به همراهی شان است با حرکت ملی. کما اینکه آنان که به جبهه ملیون پشت کردند، عزتی برایشان نزد مردم باقی نماند. از اینرو با همهٔ رنجوریهایی که روحانیت از روشنفکری داشت، باز در بحرانهای سخت بعض از علما به دفاع مجلس و مشروطگی آمدند، همچنانکه با همهٔ دلتنگی روشنفکران از ملایان، باز همکاری علما را جستند. در صمیمی بودن برخی از روحانیان نسبت به نهضت آزادی هم تردید نمی توان داشت...» (نقل از ایدئولوژی نهضت مشروطیت ایران، صفحه ۴۲۳ – فریدون آدمیت).

مسلماً سید محمد طباطبائی از جملهٔ آن «علمای صمیمی» بود که با علم به پاره ای از تضادها میان مشروطه و مشروعه، معهذا تلاش خود را بر دفاع از مشروطه تعلق داده بود. از این روست که نام وی در تاریخ مشروطیت ایران به نیکی رقم خورده است

در همین جا، لازم است، همچنان با رعایت اختصار، نگاهی هم به احوال سید جمال الدین اسدآبادی (افغانی) بیفکنیم، خاصه از باب نزدیکیهایی که به نجم آبادی و طباطبائی داشت و پیش از اینها، در ماجرای «رژی» و برانگیختن میرزای شیرازی بمبارزه بر ضد قرارداد تنباکو بهر تقدیر نقشی بازی کرده بود.

این یادآوری لازم است که اسدآبادی در سلسله مراتب روحانیت جائی نداشت. مردی بود (سیاسی مذهبی) و چه بسا سیاست در کار او غلبه داشت. اندیشهٔ پان اسلامیسم از وی بود و با همین اندیشه، بر روحانیانی که قبلاً نام آوردیم و برخی دیگر اثر می گذاشت و چنان که گفتیم، آشیخ هادی، پان اسلامیسم او را پذیرفته بود. راستش این است که هنوز تتبع شایسته ای در احوال سید جمال الدین که گاه با بازیگریهای سیاسی آمیخته بود صورت نگرفته است.

ظاهراً یک بار به بابیگری متهم شد. اسدآبادی حالی که عقب ماندگی جوامع اسلامی را ناشی از حضور حکام مستبد می دانست، با پاره ای از این حکام حشر و نشر داشت. اسدآبادی در رسالهٔ خود با عنوان «چرا اسلام ضعیف شد؟» توجه اساسی اش را به لزوم حرکت روحانیت و قبول رهبری بوسیلهٔ آنان معطوف کرده، نوشته بود:

«علماء اعلام و پیشوایان اسلام قیام به وظایف واجبهٔ خود کرده، تکلیف خود را در نصیحت و خیرخواهی ادا نمایند و هرآینه اگر علما این مسلک را پیش گیرند بزودی حق بلند خواهد شد و باطل سرنگون خواهد گردید و چنان نوری ساطع شود که چشم ها را خیره سازد و اعمالی صادر گردد که عقول و افکار اهل عالم را متحیر نماید» - طبیعی است که چنین کلامی، ملایان را خوش می آمد و باد می کرد. اسدآبادی (افغانی) - عمدتاً در کار استقرار یک حکومت اسلامی مبتنی بر وحدت مسلمانان بود، بهمین دلیل با سلطان عبدالحمید عثمانی که گسترش امپراتوری ترک را، آنهم در سایه نظام اسلامی پی گرفته بود همگامی و همکاری داشت. ظاهراً کوشش داشت تا «علما» را به میدان بیاورد و با کمک آنان از رهگذار نوسازی جامعه صد البته در خط اسلام سدی در برابر خارجیان شالوده بریزد. نمی توان انکار کرد که افکار اسدآبادی بر روحانیت شیعهٔ ایران اثر بسیار نهاد و فکر پان اسلامیستی وی حتی در مجتهدان نجف نفوذ کرد. معهذا باید گفت (و خوشبختانه باید گفت) که اندیشهٔ پان اسلامیسم اسدآبادی، هرچند در صف روحانیت راه نفوذی پیدا کرد ولی در ایران زمینه ای نیافت؛ حالیکه در سایر نقاط و از آن جمله نزد مسلمانان شبه قاره هند، اسدآبادی همچون قدیسی جلوه کرد.

لازم است یادآوری کنیم که اسدآبادی در بسیاری از نوشته های خود آورده بود که بر مسلمانان وظیفه است که «خلیفه عثمانی» را مرکز دنیای اسلام بدانند. (نقل بمعنا از کتاب اتحاد اسلام اثر شیخ الرئیس قاجار). از تاثیر اینگونه افکار بر روحانیت همین بس که در اعلامیه ای، مازندرانی و خراسانی، بدنبال مذاکره با «ضیاء بیگ» نماینده پان اسلامیسم عثمانی باتفاق چند تن دیگر از مجتهدان بر ضرورت اتحاد دو ملت ایران و عثمانی امضاء نهادند. ولی این همه در

فروغ اندیشهٔ مشروطه خواهی که بوسیلهٔ روشنگران و روشنفکران خوش اندیش و پرکار و پراثر سر گرفته بود، بسیاهی گرائید و محو شد.

به بحث دربارهٔ ملایان مشروطه خواه بازگردیم و ازآنها بگوییم که در خط نمونه آوری، برگزیده ایم. از نجم آبادی و طباطبائی سخن رفت، اینک با تفصیل بیشتری به زندگی نامهٔ نائینی و اثر مهم او «تنبیه الامه و تنزیه المله» می پردازیم:

در گروه ملایان مشروطه خواه مواضع نائینی بویژه از این جهت که در یکی از تیره ترین ادوار جنبش مشروطه خواهی به کوششی جاندار دست یازید و عمدتاً بدلیل این که دفاع از مشروطه را در خط آشتی میان تشیع و مشروطه، شکلی «تئوریک» بخشید - از امتیاز و اهمیت خاصی برخوردار است. بگمان ما تحلیل احوال و آثار این روحانی عالیجاه که بهر حال نامش در ردیف روحانیت مشروطه خواه رقم خورده است، در شناخت اصولی نقش روحانیت در نهضت ملی به تنهایی روشن کننده است. ما فصل بعدی این رساله را کلاً به او اختصاص خواهیم داد تا بیش از پیش معلوم شود، «مشروطه خواهی» در ذهن صمیمی ترین و آگاه ترین و درهمان حال با نفوذترین عناصر روحانیت شیعه، از چه مسطوره و قماشی بوده است؟ خواهیم دید این کتاب «تنبیه الامه» که دفاعیه ای است از نظام مشروطه صد البته از دیدگاه احکام قرآنی و قواعد فقاهتی در کجا با روح مشروطیت تطابق داشت و در کجا از آن فاصله می گرفت.

فصل هجدهم

تتبعی در اندیشه های روحانی بزرگ نائینی

گفته ایم برای آگاهی به نقش آن پیکره از روحانیت که به جنبش مشروطه خواهی پیوست و خاصه برای آشنایی به بنیاد برداشتهای آنان از مفاهیم مشروطیت و اینکه چگونه نظامی مبتنی بر فلسفهٔ عقلی (Rationalism) و دست آوردی که از غرب به ایران رسید، از دیدگاه ایشان تعبیر شده بود، تتبع در اندیشه‌های روحانی بزرگ، میرزا محمد حسین نائینی غروی و رسالهٔ بسیار مهم او در دفاع از مشروطه، زیر عنوان «تنبیه الامة و تنزیه الملة» ضرورت تام دارد؛ زیرا نائینی از معدود ملایانی در سطح بالای روحانیت بود که در خط آشتی میان «مذهب» و «مشروطه» از ابراز نظر شفاهی و صدور فتوا فراتر رفت و نظریات خود رادر قالب رساله ای، بکتاب آورد. این یادآوری نیز لازم است که در این زمینه اثر دیگری با نام «رسالهٔ انصافیه» در دست داریم که این دومی را یکی از فقهای پرمایهٔ زمان، (ملا عبدالرسول کاشانی) در شرح «اصول عمدهٔ مشروطیت» تالیف کرده است.

از رسالهٔ مزبور چنین بر می آید که مولف هرچند در خط سایر ملایانی می رانده است که در سبب جوئی پیشرفتهای غرب، همه چیز را به تعالیم اسلام و قرآن می بستند، تا جائیکه حتی خوانندهٔ داستانهای غربی را نکوهش می کرد و می گفت آیا تو: «رومانهای قرآن خودت را خوانده ای؟... دانسته ای که طریقهٔ رومان نویسی را هم [غربیان] از قرآن و امثال کلیله و دمنهٔ ما اخذ کرده‌اند؟» ولی پیداست که به رغم این گونه برداشتها، با اندیشه‌های نو بسیار نزدیک شده بود، از شیوهٔ استدلال و مضامینی که دربارهٔ «مساوات در حقوق» و «آزادی در عقاید» و اهمیت فوق العادهٔ «مطبوعات» و دیگر از این مقولات مطرح می کرد، به روشنی بر می آید که او با افکار ملکم و خاصه اثر وی «اصول آدمیت» و نیز با آثار طالبوف تبریزی و از آن جمله «سیاحتنامهٔ ابراهیم بیک» آشنا بوده و از این نوشته‌ها در رسالهٔ خود سود گرفته است ولی ما بدلایلی که پیشتر آورده ایم، بر قرار خود می پاییم و در جهت آگاهی به هستهٔ افکار روحانیت مشروطه خواه، بهمان کتاب «تنبیه الامة» نائینی اکتفا می کنیم و بویژه از این دیدگاه که نائینی اگرچه در سلسله مراتب روحانیت در مقامی بعد از سه روحانی بزرگ نجف (خراسانی، تهرانی و مازندرانی) قرار داشته ولی بدلایل جاندار بر ما معلوم است که آن سه ملای بزرگ، بخصوص

آخوند ملاکاظم خراسانی بشدت تحت تاثیر آراء وی بوده اند. بنابر اصطلاحات امروزی می توان این طور تعبیر کرد که نائینی در صف «علمای مشروطه خواه» در نقش یک «تئوریسین مذهبی» افکار خود را نظم و نفوذ می داده است.

قبل از پرداختن به متن کتاب «تنبیه الامة»، سزاوار است هر چند باختصار از چند و چون زندگی و پرورش دینی و علل روی آوردن او به نهضت ملی مشروطه، اطلاعاتی داشته باشیم:

در شهر نائین در یک خانوادهٔ پر نام و معتبر مذهبی، دیده به جهان گشود. پدر و پدر بزرگ او یکی بعد دیگری شیخ الاسلام شهر بودند و طبعاً بر تحصیلات مقدماتی فرزند نظارت داشتند، دومین مرحلهٔ آموزش و پرورش او در اصفهان که هنوز یکی از مراکز مهم تعلیمات مذهبی محسوب می شد، سپری گشت. نائینی در ۷ سالی که در اصفهان بسر برد، نزد شیخ محمد باقر اصفهانی، مقتدرترین روحانی شهر و «متصدی حدود اسلامی» و بعد از وی نزد فرزند شیخ محمد باقر، یعنی شیخ محمد تقی معروف به آقا نجفی زندگی میکرد و می آموخت؛ این استنباط قوت دارد که ناخشنودی نائینی از نابکاریها و آزمندیهای حامیانش (پدر و پسر) نخستین انگیزهٔ او در روی آوری به راه مشروطه خواهی بوده است. پیداست که روحیهٔ او با اعمال ضد انسانی و سودجویانهٔ آن دو ملای نیرومند، و مثلاً احتکار غله آنهم در سالهای قحطی که گروها گروه اهالی از گرسنگی جان می دادند و یا ایذاء مردم ببهانهٔ بابیگری و خاصه پول پرستی و مال اندوزی آنها در حالی که خود را مقتدای شرع و راهبر اخلاق معرفی می کردند، به هیچ روی سازگار نمی نمود و همانگونه که پیشتر گفته شد، چه بسا اولین بذرهای مخالفت با استبداد و خودسری را همین مدرکات رویاروی در ذهن او پرورش داده اند؛ اینکه در کتاب خود جای جای با نوعی انزجار از «استبداد دینی» یاد میکند، می توان پذیرفت، در جهاتی، نظر بر همین مشاهدات هفت سالهٔ خود در اصفهان داشته است.

تحصیلات عالیهٔ نائینی در سامره و در مکتب میرزا حسن شیرازی که در آن زمان عالیترین مرجع تقلید شیعه محسوب می شد، سر گرفت (ما در شرح واقعهٔ رژی اشاراتی به احوال این عالم دینی داشته ایم) - او ابتدا در محضر میرزا بعنوان شاگردی ساده تلمّذ می کرد و پس از زمانی، محرّری آن مجتهد را بعهده گرفت. با توجه به این که مناسباتی میان میرزا حسن و سید جمال اسدآبادی برقرار بوده است، تردیدی نیست که نائینی دراین دوره با فعالیتها و افکار سید آشنا شده است و افزوده بر آن با اطلاعاتی که از ماجرای «رژی» و نقش میرزا در آن بدست آورده، رفته رفته به شرکت در کارهای سیاسی تعلق خاطری یافته است.

نائینی پس از درگذشت میرزا و بدنبال سالهائی چند تعلم در محضر صدر به جمع شاگردان آخوند ملاکاظم خراسانی پیوست و در این مرحله بود که با پیشرفتی سریع، بسلک مجتهدان

تراز اول درآمد و سرانجام در مقام یک نظریه پرداز معتبر در قلمرو آشتی میان «مذهب و مشروطه» شهرتی فراوان بدست آورد.

«آقا بزرگ طهرانی» در «طبقات» جلد اول می نویسد، نائینی نزدیکترین مشاور خراسانی در زمینهٔ انقلاب مشروطیت بود و بسیاری مطلعین بر این باورند که تلگرامها و بیانیه هایی که بدفاع از جنبش مشروطه ازسوی خراسانی و تهرانی و مازندرانی مخابره و منتشر شده با انشاء نائینی بوده است.

نائینی کتاب «تنبیه الامه و تنزیه الملة» را در ربیع الاول سال ۱۳۲۷ پایان برد و در همان سال در بغداد نشر داد و سال بعد در تهران با چاپ سنگی انتشار یافت و با اقبال فراوان روبرو شد. خود او می نویسد که دو فصل آخر کتابش را در «سیاست امور امت و فروع» بدلیل آن که از فهم عامه دور بوده، حذف کرده است ولی راستش این است که تمامی این اثر نه فقط برای عام، بلکه برای باسوادانی هم که با مصطلحات «اصولی» و فقهی آشنائی ندارند، بدشواری قابل درک است.

آخوند ملا کاظم در مقدمهٔ رساله همچنان بر مأخوذ بودن مشروطه از مبانی شریعت یاد می کند و همانجا شیخ عبدالله مازندرانی یک قدم جلوتر می گذارد و بر «مأخوذ بودن اصول و مبانی سیاسیه» از شرع اصرار می ورزد و این خود تأییدی بر باور ماست که «روحانیت» حتی آنها که به خط مشروطه گری افتادند، از مفهوم درست مشروطه و پایگاههای فلسفی آن یا خبر نداشتند و یا اگر اندکی می دانستند، مصلحت در این می دیدند که از حوزهٔ «شریعت» حتی قدمی فراتر ننهند و اما در مورد نائینی نیز هرچند این نظر صادق است ولی در پاره ای موارد تحلیلهائی دارد که به آگاهی او (اگرچه نه چندان عمیق) به مفاهیم نوگرایی گواهی می دهند. دلایل فراوانی در دست است که نائینی در تالیف «تنبیه الامه»، تحت تاثیر ترجمهٔ کتاب «طبایع الاستبداد» اثر عبدالرحمن کواکبی اندیشه گر عرب بوده است. این یادآوری نیز لازم است که کواکبی نیز در تالیف «طبایع» از اثر نویسندهٔ پرآوازهٔ ایتالیا ویتوریو آلفیری (Vitorio Alfieri) (۱۸۰۳-۱۷٤۹) زیر نام «خودکامگی» (Della Tirannide) بهره های فراوان برده است، همچنین باید افزود که آلفیری که برخی او را پیشتاز ناسیونالیسم ایتالیا خوانده اند، سخت به آثار منتسکیو علاقمند بوده و بگفته آگاهان، آنها را به تمامی مطالعه کرده است. این اثرات متقابل و بازتاب آن در کتاب نائینی گواهی می دهند که وی در پاره ای زمینه ها و از آن جمله در شرح و تحلیل «استبداد» و انواع آن (سیاسی و دینی و اجتماعی)، بی آن که خود تعمقی در فلسفهٔ غرب داشته باشد، بطور مستقیم و غیر مستقیم به افکار نوگرایان مغرب زمین، نزدیک شده است و بهر تقدیر این اثرات در یکسو و پیوند گسست ناپذیر او با شریعت از سوی دیگر، به ظهور تناقضاتی در برداشتها و استدلال وی میدان داده است. آدمیت می نویسد:

«از یکسو در فن قانون گذاری رعایت اصول «صحیح علمی» و «مقتضیات سیاسیهٔ عصر» را لازم می شمارد، از سوی دیگر به نویسنده ای که (ظاهراً طالبوف تبریزی) احکام شرعی را با مقتضیات زمانه ناسازگار می داند، سخت می تازد - اما ناموجه و تعصب آلود...» - با این همه باید پذیرفت که نائینی در بعضی از تأویلات (عملاً) از خط شرع خارج می شود، هرچند خود او بشدت این جدائی را انکار می کند و باین جا می رسد که اصولاً مشروطیت از «ضروریات دین اسلام» است.

قبول باید کرد که تعبیرات نائینی از مقولهٔ «استبداد» خاصه بدانجهت که برگرفتهٔ «نامستقیم» از نوگرایان مغرب زمین است، اگر از شاخ و برگهای شرعی که به آن داده است پاک شود، بخودی خود غنی است ولی آنجا که وارد در مبحث ساختمان مشروطه و خاصه نظام قانونگذاری آن می شود پیدااست که نمی تواند ذهن خود را از «اصالت شرع» و دخالت متولیان آن رها کند (این نکته را در سطور بعد شرح خواهیم داد). از دیدگاه نائینی حکومت بطور کلی بر دو قسم است:

۱- «استبدادیه» یا «تملیکیه» و یا «دلبخواهانه» و «خودسرانه» و «استعبادیه» (این کلمهٔ آخر بمعنای بنده ساختن کسی است.)

۲- «مشروطه» یا «مقیّده»، «محدوده»، «مسؤله» و «دستوریه» و «شورویه».

در نوع اول یعنی «استبدادیه»، حاکم «فعال ما یشاء» است و به ملت همچون «مالکین نسبت به اموال شخصیه خود» می نگرد - مردم را «عبید بلکه اغنام و احشام» خود می داند و «هرکه را منافی یافت از مملکت که ملک شخصی خودش پنداشته، تبعیدش» می کند «و او را اعدام و قطعه قطعه به خورد سگانش می دهد». - برای استبداد هم دو نوع قایل است یکی استبداد سیاسی و دیگری استبداد دینی. میگوید استبداد سیاسی به قوهٔ «قهر» - «تملک بر ابدان» را هدف می گیرد و دومی با «خدعه و تدلیس» به «تملک قلوب» می پردازد - آنگاه «این دو شعبهٔ» استبداد را که «بهم آمیخته و حافظ و مقوّم یکدیگرند» علت العلل «روزگار سیاه ما ایرانیان» می داند.

گفتنی است که نائینی در افادهٔ مرام خود بر ضد استبداد ضمن آن که بر خاطرات اقامت خود در اصفهان و مشاهدهٔ سیاهکاریهای (آقا نجفی و پدرش) متکی است بطور قطع و یقین، نظر بر رد افکار و آثار شیخ فضل الله نوری داشته است که پیشتر نوشته ایم، نوری پیشتاز و سرآمد ملایان ضد مشروط بود و اصولاً کلمهٔ آزادی را از خبائث می شمرد و قانونگذاری در مقابل شرع را کفر می دانست. البته نائینی در کتاب خود هیچگاه نام از شیخ فضل الله نیاورده است ولی دقیقاً پیداست وقتی در دفاع از ضرورت تاسیس مجلس شورای ملی و تدوین «نظامنامه» و یا «قانون اساسی» لبهٔ تیز تیغ خود را بسوی «استبداد دینی» می گیرد و بر متولیان آن می تازد، عمدتاً روی

به افکار شیخ نوری دارد. در این مقابله، نائینی نیروی حمله را از راه تشبیهات به حد اعلا می برد و می گوید این وابستگان به «شعبهٔ استبداد دینی یا راه زن دین مبین و گمراه کنندگان ضعفا و مسلمین هستند و مصداق عناصری که در این حدیث آمده اند: «اولئک اضر علی ضعفاء شیعتنا من جیش یزید لعنة الله، علی الحسین علیه السلام - ضرر اینان [علمای هوادار استبداد] برای پیروان ضعیف ما، از زیان سپاهیان یزید که لعنت خدا بر او باد، برای حسین علیه السلام بیشتر است.»»

نائینی بنا بر این برداشت است که فتوا میدهد، همان طور که «گردن نهادن به ارادت دلبخواهانهٔ سلاطین جور» امری مرادف «عبودیت آنان» است، «گردن نهادن به تحکمات خودسرانهٔ روسای مذاهب و ملل هم که بعنوان دیانت ارائه می دهند عبودیت» آنان محسوب می شود.

از آنجا که شرح و استدلال پیچیده و عمدتاً فقاهتی نائینی در مضرات استبداد، از حوصلهٔ این مقال بیرون است، ناگزیر از اشاره باین نکتهٔ اساسی هستیم که مجتهد بزرگ مشروطه خواه کوششی دارد که در تمامی برهانهای خود از قواعد شرعی مایه بگیرد و چون اصولاً، هدفش ایجاد نوعی تطابق میان شرع و اصول مشروطه گری است (کاری که نه فقط مشکل بلکه در زمرهٔ محالات است). می توان گفت که کلامش در بعض موارد دست کم از آن قاطعیتی که در «استدلال» منحصراً شرعی شیخ فضل الله بچشم میخورد، برخوردار نیست، زیرا که شیخ یکسره اساس قانونگذاری عرفی و کل مشروطه را در قبال احکام الهی و ولایت فقها نفی می کند در حالی که نائینی می کوشد، تا مصالح بنای جدید را از مذهب استخراج کند. این واقعیتی است که برخی از استدلالهای تاریخی نائینی نیز درست بجهتی که یاد شد، از قوت کافی برخوردار نیست. برای مثال در زمینهٔ همین مقولهٔ استبداد، بر این باور است که اسلام در آغاز (در عصر خلفای راشدین)، بری از استبداد بود و بهمین دلیل بر طرق گسترش و توانگری سیر می کرد، و انحطاط ملل اسلامی از آن زمان سر گرفت که استبداد اموی پابرجا شد در حالی که سایر ملل (غیر اسلامی) - با اتکاء به آنچه جوهر اسلام بود خود را جلو کشیدند و موفق شدند و اجمالاً آنها به «مبادی طبیعیهٔ» برآمده از اسلام توجه کردند و پیش افتادند و تسلط یافتند و «مسلمانان بی صاحب را به حالت جاهلیت قبل از اسلام در ورطه رقیت بهیمیه» باقی گذاشتند.

پیدا است در تمامی این برداشتها، نائینی نه فقط بعلل اصلی پیشرفت غربیان که از تاکید بر «شک» نسبت به عقاید دیرین خود و روی آوری به دانش و سعهٔ تفکرات نو آغاز شده است، توجهی نداشته، بلکه این نکته نیز بلحاظ تاریخی از دیدگاه او دور مانده است که اتفاقاً گسترش اسلام و ممالک اسلامی، از دوران بنی امیه و سپس عباسیان، که او آن را دوران انحطاط می داند، شتاب گرفته است. باز باید گفت اینهمه برآمده از ذهنیت اوست که تنها و تنها بر اصالت شرع

تعلق دارد و در اتصال با شرع نیز، نشان جانداری از گرایش وی بسوی نوآوری، استنباط نمی شود. او درصدد است با همان قواعد و احکام مذهبی صد البته همراه با تاویلاتی، نظام مشروطه را توجیه کند و بهمین دلیل چنان که بعداً خواهیم گفت، دراساس، نظام «جدیدی» را که زیر عنوان مشروطه و مبتنی بر رعایت اصول «مساوات» و «آزادی» و «حق قانونگذاری» و تأسیس «مجلس شورای ملی» ارائه می‌دهد، با مشروطیتی که اصولاً یکپایهٔ آن بر «سکولاریسم» استوار است، همسان نیست. اینک بپردازیم به نوع دوم حکومت از نظرگاه نائینی:

و پیشتر گفتیم آن عبارتست از حکومت «مشروطه»، «مقیده»، «محدوده»، «دستوریه» و «شورویه» - در ساختمان چنین حکومتی بدیدهٔ نائینی دو نهاد لازم است، نخست «نظامنامه» و «قانون اساسی» که بموجب آن «درجهٔ استیلای سلطان و آزادی ملت و تشخیص کلیهٔ حقوق طبقات اهل مملکت موافق مقتضیات مذهب» معین و معلوم می شود. دوم «مجلس شورای ملی» که «هیأت منتخبهٔ مبعوثان ملت» است که از میان «دانایان مملکت و خیرخواهان ملت که به حقوق مشترکهٔ بین الملل هم خبیر و به وظایف و مقتضیات سیاسی عصر هم آگاه باشند» برگزیده می شوند. تفاوت عمل میان اهل سنت و اهل تشیع را اینگونه شرح می دهد که نزد اهل سنت «هیأت منتخبه... به نفس انتخاب ملت متحقق [میشود] و متوقف به امر دیگر نخواهد بود» در حالی که نزد شیعیان، که نواب امام را متصدی امور امت می شناسند، همینقدر که چند تن مجتهد یا «مأذونین» از سوی مجتهدان، در میان منتخبین باشند، مشروعیت آرای مجلس حاصل خواهد بود.

درست در مقابل نظریات شیخ فضل الله که در مراحل آخرین بهیچ روی حاضر نبود حق ولایت و نظارت تامهٔ فقها را ترک گوید. نائینی شوروی بودن حکومت را از آیهٔ «وشاورهم فی الامر» بیرون می کشد و با نوعی استدلال فقاهتی و دستوری، منظورش را در لزوم «مشورت با عقلای امت» توجیه می کند و می گوید: «بالضروره معلوم است، مرجع ضمیر، جمیع نوعی امت و قاطبه مهاجرین و انصار است نه اشخاص خاصه و تخصیص آن به خصوص عقلا و ادبا به حلّ و عقد از روی مناسبت حکمیه و قرینهٔ مقامیه خواهد بود، نه از باب صراحت لفظّیه» و اضافه می کند که کلمه «فی الامر»، دال بر این است که «مشورت» شامل «کلیهٔ امور سیاسیه» می شود و آیهٔ دیگر «و امر شوری بینکم» هم حاوی این حکم است که «وضع امور نوعیه... به مشورت نوع برگذار می شود».

موضوع بسیار جالب توجه در خط نظریات نائینی، تاکید بر این نکته است که ضرورت اصرار علمای دین بر تأسیس مشروطه، به آن دلیل نیست که این نظام بی نقص و عیب و خالی از «اغتصاب = غصب» و ظلم است بلکه به این سبب است که در آن غصب و ظلم کمتر است. بگمان او در یک حکومت استبدادی سه نوع غصب و ظلم مندرج است:

۱- «اغتصاب رداء کبریائی عزّ اسمه و ظلم به ساحت اقدس احدیت»
۲- «اغتصاب مقام ولایت و ظلم به ناحیهٔ مقدسهٔ امامت صلوات اله علیه.»
۳- «اغتصاب رقاب و بلاد و ظلم دربارهٔ عباد».

اما در یک نظام مشروطه «ظلم و اغتصاب» - تنها «به مقام مقدس امامت» بر می گردد و در نتیجه باعث محدود شدن غصب و ستمگری می شود و چون حکومت کامل بی نقص و عیب فقط بوسیلهٔ امام تحقق پذیر است و چنین امری در شرائط موجود میسر نیست، پس باید مشروطه را پی گرفت و ایجاد نهادها و پایگاههای آن (مجلس و قانون اساسی) را زمینه ساخت.

نائینی بر دو اصل آزادی و مساوات اصرار دارد. اما باید دانست که مفهوم آزادی و مساوات در ضمیر او چگونه نقش گرفته‌اند؟ او اصل آزادی را ناشی از شکستن استبداد میداند و معتقد است برای دستیابی به آزادی این «اعظم مواهب الهیه» است که ملتها برای رهایی از دولتهای خودکامه و «تحکمات خودسرانه» به تلاش برخاستند و در رد نظر «علمای» وابسته به «شعبهٔ استبداد دینی» و طبعاً شیخ نوری می گوید «از شاه مغلطه کاریهای عالم» یکی همین است که اصل «مبارک حریت» را، بیدینی می خوانند و اضافه می کند «سایر ملل» اعم از مسیحی و حتی اقوامی که «اصلاً به شریعت و دین التزام ندارند» با آشنایی به «این اساس سعادت» یعنی حرّیت جانفشانی کردند و به این «سرمایهٔ حیات ملی» دست یافتند و دست آخر در اشارهٔ ضمنی به «علمای» ضد مشروطه یادآوری می کنند که «آزادی از این اسارت و رقیت را لامذهبی و یا از دعوت زنادقه و ملاحدهٔ بابیه» خواندن حرف پوچ است و آن روزگار گذشته است که «مسلمانان را به تمکین از این رقیت وادار [می کردیم] و در ازای این حسن خدمت تیول و رسوم و جایزه و انعام ها می گرفتیم.»

ملاحظه داریم که تعریفها و برهانهای نائینی از مفهوم «آزادی» خاصه وقتی ملت روس را که به قول او به شدت مبتلا به «اسارت و رقیت دولت ظالمانهٔ خود» است با دیگر ملتهای اروپائی مقایسه می کند که به گفته او به «اعلی درجهٔ حریت نایل آمدند» - تا حدود زیادی به مفهوم «آزادی» درمعانی مرسوم نزدیک می شود ولی وقتی به شرح «مساوات» می رسد که آن نیز بخودی خود پایه ای از پایه‌های مشروطه و نفس آزادی است - لنگ می زند. این را میگوید که:

داشتن «امنیت بر نفس و عِرض و مال و مسکن و عدم تعرض بدون سبب و تجسس نکردن از خفایا و حبس و نفی نکردن بی موجب و ممانعت نداشتن اجتماعات مشروعه» اختصاصی نیست و احوال همهٔ فرقه‌ها را دربر می گیرد - بعبارت دیگر در این باب حقوق «مسلمین و یا اهل ذمه بدون تفاوت» است. اما بیدرنگ وظاهراً برای آن که فریاد علمای «استبداد دینی» را خاموش کند، در نقطه‌ای حساس به احکام دین باز می گردد و می گوید «قانون مساوات در تساوی اهل

مملکت فقط نسبت به قوانین موضوعه برای ضبط اعمال متصدیان (یعنی جلویگری از خودسری دولتیان) است، نه رفع امتیاز کلی فی ما بین آنها».

معنایش چیست؟ - این است که نامساوی بودن مسلمان و نامسلمان در قبال امور جزائی پابرجااست.

چکیدهٔ سخن این است که در مشروطهٔ مورد طلب نائینی این درست است که زمینه هایی از افکار جدید خاصه در قلمرو تأسیس مجلس شورای ملی و تدوین قانون اساسی رسوخ کرده است ولی در نهایت، آنچه او می خواهد نظامی است که سخت زیر نظارت شرع و متصدیان شرع بوده باشد و این بهر تقدیر آن نیست که پیشرفت دنیای مترقی را سبب ساز شد. پیداست تفکر نائینی بلحاظ موقع و حرفهٔ او، مبتنی بوده است بر آمیزه ای از شرع و پاره ای نهادهای مشروطه. بیش از این پیش نیامده. خلاصه این که مشروطه ای که بوسیلهٔ نائینی مطرح می شد، مشروطه ای با ارزشهای فرهنگی، اجتماعی، سیاسی و قانونی جدید نبود. استناد او در رد مخالفین به اصل دوم متمم قانون اساسی که در واقع امر حق وتوئی برای مجتهدان و بطور کلی روحانیت قایل بود، به تنهایی می تواند عمق باورهای او را باز نماید. حالیکه می دانیم، این اصل را مشروطه خواهان مترقی بنا به اجبار پذیرفتند تا ملایان معاند را خاموش کنند. این را هم باید بدانیم که اصل دوم را شیخ فضل الله (آنگاه که هنوز با مشروطه، گوشه چشمی داشت) نوشته و پیشنهاد کرده و مورد اقبال سایر «علمای» مشروطه خواه قرار گرفته بود - هرچند که هیچگاه، حتی در زمانهایی که ازمشروطه نام و نشانی بود مراعات نشد. مسلم آن است که نائینی نیز مانند سایر «علما» از اصول دیگر متمم قانون اساسی که سخت مواضع روحانیت را تضعیف می کرد، دل خوشی نداشته است و با توجه به این که نائینی اخلاقاً عنصری مردم دوست، پاکیزه و خوش نیت بود و از این بابتها در قیاس با همگنان شاخصیت داشت ولی همانگونه که توضیح داده شد، با وجود چنین سجایایی، در انتها نه توانایی و نه تمایلی داشت تا باورهای خود را با یک نظام مترقی به کمال تطبیق دهد. اجمالاً تفصیل ما دربارهٔ مقامات فکری و اعتقادی نائینی که بهر تقدیر از پیشروترین و فعال ترین عناصر روحانیت محسوب می شد، عمدتاً بدین دلیل است که در شناخت نقش روحانیت در نهضت ملی مشروطه، خط اصولی را گم نکنیم و این واقعیت را در نظر داشته باشیم که حضور حتی صالح ترین و «مترقی ترین» ملایان در حرکت آزادیخواهی ایران و ممانعت آنان از پاگیری یک نظام کاملاً پیشرو در همان محدودهٔ «دموکراسی سیاسی» اشکالات فراوان تراشیده است. این مطلبی است که ما آنرا، در شرح چگونگی تدوین متمم قانون اساسی بیشتر خواهیم شکافت.

فصل نوزدهم

تضاد افکار میان اهل شریعت و اهل ترقی

شرح دادیم، آراء نائینی و اکثریت قریب باتفاق روحانیونی که به جنبش مشروطه خواهی پیوستند، در نقطهٔ انتها به تأکید بر نظارت دینی در ادارهٔ امور و مخصوصاً در امر قانونگذاری می‌رسیدو این، بنا بر هر مقیاسی که تصور شود با الزامات یک نظم دموکراتیک حتی در همان محدودهٔ «دموکراسی سیاسی» که مشروطیت ایران عمدتاً بر پایهٔ آن شکل گرفت، تجانسی نداشت. بکلام ساده تر آن «آزادی» که نائینی «اعظم مواهب الهیه» اش لقب داده بود و آن «مساواتی» که در ذهن او معنا گرفته بود در بنیاد با آن «آزادی و مساواتی» که از عناصر کلیدی در یک نظم واقعی مشروطه شناخته شده است، نه فقط قرابتی نداشت، بلکه در بسیاری از زمینه ها، ناهماهنگ و متضاد بود.

این نکتهٔ ظریف هم گفتنی است که جدا از عامل حسن نیت و مردم دوستی که پاره ای از عناصر روحانی را به خط مشروطه گری کشانده بود، ترس از انزوا و تزلزل تعلقات مردم نسبت به دستگاه روحانیت نیز سهم خود را داشت. خاصه که این مردم زیر تاثیر روشنگری جناح مترقی روز به روز آگاه تر و بیدارتر می شدند و طبعاً درخواستهای تازه ای را مطرح می کردند. درک این واقعیت با مروری هر چند کوتاه در واقعهٔ بست نشینی در سفارت انگلیس و مهاجرت پیشوایان مذهبی به قم، آسان تر خواهد شد. می دانیم که جماعتی از رهبران دینی به یک حرکت اعتراضی راهی قم شدند و گروهی از طلاب بهمین منوال در کنار سایر طبقات و قشرهای اجتماعی در سفارت انگلیس بست نشستند. در واقعهٔ بست نشینی گروههای مختلف از بازرگانان، محصلین مدارس و طلاب گرفته تا نمایندگان ۶۳ صنف دیگر شامل کسبه، صنعتکاران، زرگران و جواهریان و خرده فروشان و حتی پینه دوزان و نمدمالان شرکت داشتند. شمار بست نشینان ابتدا اندک بود ولی بنحو پرشتاب و حیرت انگیزی فزونی گرفت. در نامهٔ مورخ ۱۱ جمادی الثانی ۱۳۲۴ سفارت انگلیس به‌وزیر خارجهٔ ایران تعداد بست نشینان چهارده هزار رقم خورده است. وزیر مختار انگلیس (اسپرینگ رایس) در نامه ای به سر ادوارد گری نوشته است که شیوهٔ بستی ها در خور ستایش و «انضباط» آنان نیز قابل توجه و ستودنی است و البته این را بهیچ عاملی مگر مراقبت و هدایت رهبران ترقیخواه نهضت، پیوند نمی توان زد و اما در اتصال با نظر

پیشگفتهٔ ما مبنی بر حوزهٔ اثر فعالیت روشنفکران و نیز با تأمل در محتوای نامه ها یی که از سوی بست نشینان خواه بصورت گروهی و خواه بعنوان جمعی به مراجع وقت ارسال شده است، بروشنی، این واقعیت برملا می شد که آنچه ملایان طلب می کرده، با آنچه سایرین مسلماً به اشارهٔ ترقیخواهان مطرح ساخته اند، از لحاظ کیفیت قابل قیاس نبوده است. وزیر رسایل شاه، درخواستهای طلاب را این گونه منعکس میکند:

«... به تحقیق رسید که کلیهٔ حرف آقایان این است که ما نه داعیه داریم و نه طالب جمهوری و مشروطه... حرف ما این است که شاهزاده عین الدوله که مغرض و مانع است از اینکه عرایض ما به عرض برسد و مردم را متهم و مفسد قرار می دهد... با مردم طرف شده است. دیگر ما اطمینان نداریم و از دست او شاکی و عارض هستیم این است که ما ها تغییر شاهزاده را می خواهیم جداً.»

طلاب آنچه را هم که زیر عنوان «مجلس معدلت» مطرح می کنند، مجلسی است بقول خود آنها «حاوی بر اجرای احکام قانون محمد» و در حالی که در نامه ها خود را «قاطبهٔ فضلای دارالخلافه» لقب داده اند، در عریضه اشان به شاه تاکید می کنند با اجرای «زاکون محمدی که سَربود تمام قوانین است و الیوم، مندرس و از میان رفته، این گلخن ایران، گلشن در گلشن شود و مایهٔ حسرت و رشک سایر دول گردد.»

در قبال چنین درخواستهای مبتذل که خود نشانهٔ تحجر و عقب ماندگی نویسندگان آن نامه ها (طلاب) است، در نامه‌های عمومی که پیدا است به تلقین فعالین جناح پیشرو تنظیم شده است، بحث از تعیین تکلیف ملت و «تحصیل امنیت» و «اطمینان از آینده» و در امان بودن «مال و جان و شرف» مردم و لزوم «خلع و تبعید» وزرای خائن است و غالباً همراه با این تهدید که اگر چنین خواستها برآورده نشود «اهالی ملت خودشان خونخواهی خواهند کرد.»

فریدون آدمیت می نویسد: «... مایهٔ فکری بستیان تعلیمات سیاسی منظمی بود که از محافل مختلف روشنفکری به آنان می رسید - نقل از ایدئولوژی نهضت مشروطیت ایران صفحهٔ ۱٦۸»

حیدر خان عمواغلی در خاطرات شخصی خود نوشته است: «از آنجایی که متحصنین سفارت مطلقاً اطلاعی از وضع مشروطیت نداشتند و ترتیب آن را مسبوق نبودند فلهذا هیأتی از عالمان مملکت همیشه دستورالعمل های باطنی خودشان را به آنها تلقین می کردند که من هم جزء آن هیأت مشغول کار بودم - نقل از مجلهٔ یادگار سال سوم شمارهٔ ۵»

اسپرینگ رایس وزیر مختار انگلیس در گزارشی به گری مورخ ۲٦ دسامبر ۱۹۰٦ آورده است:

با توجه به این که در جمع بست نشینان افراد سرشناسی نبوده اند «تصور میرود راجع به‌خواستهای خود از افراد درس خوانده و با اطلاعی مانند صنیع الدوله دستور می گرفتند.»

وکیل الدوله وزیر رسایل به امین السلطان می نویسد که: افرادی «قانون دان» به جماعت بستیان پیوستند و برای آنها قانون فرانسویها را شرح می دادند و اجرای آن را طلب می کردند. همو اضافه می کند که «همه [بست نشینان] اهل پلتیک و قانون شده اند و حرفها می زنند که انسان مات می ماند. مثلاً میگویند: معنی تحت اللفظ شاه این است: نماینده ملت و در صورتی که ملت کسی را نخواسته باشد آن شخص را در هیچ دول نخواهند شناخت و دیگر تمام حرفها تمام است.».

گفتنی است که اینهمه مربوط است به حرکت های اعتراضی در آستانه اعلام مشروطیت و هنگامی که «روسای متحصنین و محصلین مدارس» در نامه ای «تشکیل مجلس شورای ملی» را خواسته و پیش افتاده اند. در چنین حال و هوایی است که سخت کوشی و فعالیت شبانه روزی قشرهای روشنفکر و ترقیخواه چنان در ذهن توده ها اثر می گذارد که روحانیت وارد شده به میدان، همان گونه که پیشتر اشاره شد، ناگزیر، گام بگام از وحشت ابتلا به انزوا عقب نشینی را انتخاب می کند و در عین حال می کوشد با زمینه سازی به سود نوعی آشتی میان «مشروطیت» و «شریعت» مواضع خود را سروسامانی دهد تا حالی پیش نیاید که «ریاست فائقه اش» در پایان کار مورد مخاطره قرار گیرد. اما از آنجا که اهل شریعت همچنان گرفتار قشریت مانده و بهیچ مطابقت و دگرگونی (رفورمی) تن در نداده و در چهار دیوار باورهای منجمد خود حبس شده اند، قادر نیستند، همچون همتایان مسیحی خود در غرب، بنوعی هماهنگی جاندار و قبول اقتضاهای تازۀ روزگار رضایت دهند. خلاصه خواست «علما» و رهبران دینی در طلب «مجلس عدالت» که کاملاً مبهم است و نیز در عزل عین الدولۀ صدراعظم خلاصه می شود و طلاب هم به تبعیت از آنان، همچنان دراند یشۀ اجرای «زاکون محمدی» رسوب کرده اند تا بدینطریق، بخیال خود «گلخن» ایران را به «گلشن در گلشن» تبدیل کنند و در برابر - جناح مترقی با ایستادگی تمام بحث از «حاکمیت ملت» و ضرورت تأسیس پارلمان و استقرار قانون را پیش کشیده اند و کیست که نداند تفاوت این دو خط از کجا تا بکجاست؟

در شناخت حوزۀ اثر الهامات روشنفکری، توجه به این نکته لازم است که مردم در گذرگاه زمان هر قدر از خواستهای روحانیت دور می شوند بهمان اندازه به ارزشهای تازۀ اجتماعی و سیاسی روی می آورند. مصداق این کشمش بویژه در آنجا که «مجلس اسلامی» تحت فشار مردم جای خود را به «مجلس ملی» می دهد، بکمال قابل درک است.

کاردار سفارت انگلیس (گرانت داف) قول بستیان را به وزیر متبوع خود در این عبارت گزارش کرده است: «هرگاه علما از درِ تسلیم درآیند، اینان ایستادگی خواهند کرد.»

جالب توجه است که بستیان بصورتی دستور مانند به «علمائی» که به قم رفته اند گوشزد می کنند: «بدون اجرای مقاصد و اشارۀ ما مراجعت نکنید» و شنیدنی تر اینکه «علما» با

دستپاچگی جواب میدهند که شایعهٔ بازگشت آنان نادرست است و «آنچه شنیده اید و می شنوید دروغ و ساختگی است، این مطلب را فوراً به تجار و کسبه برسانید» معنایش این است که بدستور شما عمل خواهیم کرد.

این یادآوری گرچه مکرر است، محض حفظ پیوند موضوع لازم است که این بگومگوها مربوط به زمانی است که هنوز فرمان شاه مبنی بر تشکیل «مجلس شورای ملی» صادر نشده است.

آدمیت در تحلیل اوضاع این مرحله بدرستی نظر می دهد که:

«روشن است، ملایان نسبت به حفظ پایگاه اجتماعی شان در افکار عمومی، حساس بودند. به علاوه می دانیم در شهر اوراقی منتشر شد که «ما مشروعه نمی خواهیم» اینک که بمرحلهٔ اعلام مشروطیت می رسیم از وزیر رسایل دربار می شنویم: «دستخط مبارک دایر به ایجاد مجلس که شرف صدور یافته بود در آن جا به اسم مجلس اسلامی، قید شده بود. مردم قبول نکردند و استدعا کردند که باید مجلس ملی باشد. ما کاری با مذهب نداریم، و همین طور دستخط صادر شد».

اینک شایسته است که از یکسو، به جامعهٔ بسته آنروزگار ایران بیندیشیم و از سوی دیگر به ارزیابی خدمت روشنفکرانی بنشینیم که پشت به همت و درایت و نازک بینی خود موفق شدند با شناخت ممکنات زمان، جامعهٔ کور و بسته خود را بشکافند و عملاً قشر پر نفوذ ملایان را که قرنها و قرنها سوار بر مرکب سنتها و تعصبات مذهبی، اندیشه و حتی خیال توده ها را با خود کشیده بودند، واپس زنند و در مراحل گوناگون آنها را به تبعیت از خویش وادارند. جا دارد در همه حال از این نکته غفلت نکنیم که بحث از ملایانی است که بنحوی خود را به شرکت در حرکتهای اعتراضی و آزادیخواهانه راضی کرده اند و نه آنها که از آغاز زبان به شماتت گشوده و هرچه جز «زاکون محمدی» و «احکام شریعتی» را نشانهٔ کفر و الحاد و پیروی راه زندقه شمرده اند. این حساب را همواره نگاه باید داشت.

البته ملایانی که پاپیا، پیش آمده و سرانجام به تاسیس نظام مشروطه و تدوین قانون رضا داده اند اندک نیستند - در این شکی نیست که سه مرجع تقلید مقیم نجف (خراسانی و تهرانی و مازندرانی) و مخصوصاً نائینی و در تهران سید محمد طباطبائی و سید عبدالله بهبهانی (این یک با همه بازیگریهایش) و دیگران، حالا یکی کمتر و یکی بیشتر، با بازتابهای متفاوت در خط مشروطه گری باقی مانده‌اند. سخن هرچند مکرر در این است که اولاً این پایداری از صدمه و زیان به پیکرهٔ نهضت خالی نبوده است زیرا از دیدگاه اینان مشروطه نمی باید از خط دین فاصله بگیرد و ثانیاً پیداست که جریان کار را از این باب بدلخواه نمی دیده اند.

اجمالاً در موضع حساس، یعنی با آغاز کار قانونگذاری و تاسیس نظامات عرفی (که به تفصیل درباره آن خواهیم نوشت) - سنگ اندازی «علما» سر می گیرد و بیش از پیش آشکار می شود

که کوشش حتی برخی از آنان که در راه آشتی دادن مشروطه و شریعت گام برداشته اند با طلب پنهانشان که همانا تأمین «ریاست فائقه» بر کل نظام مملکت بوده است پیوندی همه جانبه دارد.

اینک می رسیم به عصر پاگیری مجلس ملی و تدوین قانون اساسی (و خاصه متمم آن) که تلاش ملایان «مشروطه خواه» بقصد نوعی مذهبی ساختن جنبش و دست آوردهای آن اوج می گیرد و طبعاً آن تضاد اصولی که از آغاز، گاه پنهان و گاه آشکار؛ میان مشرب اهل شریعت و در خواست ترقیخواهان به احساس می رسید، بمراتب حادی کشیده می شود.

پیگیری حوادث در این زمینه، جالب توجه و در عین حال ضروری است. در این جا، توجه به نکته ای ولو در حاشیه بی مناسبت نخواهد بود و اینکه فراسوی همهٔ تلاشها و ایستادگی ها و منازعات در پرده و بی پرده - آرامش طلبی شخص شاه (مظفرالدینشاه) خاصه در مرحلهٔ منتهی به تشکیل مجلس ملی بسهم خود عامل موثری بوده است که عوامل یکدندهٔ استبداد ناخواسته از مقابلهٔ خونبار با مردم بپرهیزند و همین فرصتی بسازد تا آزادیخواهان در شرایط بهتری تداوم حرکت ملی را تضمین کنند. گرچه، اوضاع چنان چرخیده است که مردم برای ایستادگی در برابر هر حادثه ای هرچند آمیخته به سرکوب و سبعیت آمادگی یافته اند که تا بر طلب خود بپایند و میدان را خالی نگذارند.

روز ۹ جمادی الثانی ۱۳۲۴ حکومت عین الدوله بنا بر خواست عمومی ساقط می شود و فردی ملایم و کمابیش مورد اعتماد ملیون، یعنی میرزا نصرالله مشیرالدوله به صدارت می نشیند و روز ۱۴ جمادی الثانی مطابق با ۵ اوت ۱۹۰۶ فرمان شاه مبنی بر تاسیس «مجلس شورای ملی» صادر می شود. این متن را میرزا حسن خان پیرنیا فرزند صدراعظم که خود پس از بازگشت از سفارت پترزبورگ به «جبههٔ ترقیخواهان» پیوسته و در تنظیم فرمان مشروطیت سهم اساسی داشته است برای مردم می خواند و بدینگونه ایران عملاً در ردیف کشورهای (کنستی توسیونل) قرار می گیرد. بازتاب وزیر مختار انگلیس (گرانت داف) در گزارشی که برای (گری) فرستاده است خواندنی است. با شگفتی تمام می نویسد:

«در مملکتی در اوضاع کنونی ایران تشکیل پارلمان ملی بتصور نیاید. هر چند تردیدی نیست که مردم به نیروی خویش آگاهی یافته و مصمم گشته اند که خود را از شرّ ارباب ظلم برهانند.»

در دستخط شاه آمده است:

«... چنان مصمم شدیم که مجلس شورای ملی از منتخبین شاهزادگان و علما و قاجاریه و اعیان و اشراف و ملاکین و تجار و اصناف به انتخاب طبقات مرقومه در دارالخلافهٔ تهران تشکیل و تنظیم شود که در مهام امور مملکتی و مصالح عامه مشاوره و مداقه لازم را بعمل آورده و به هیئت وزرای دولتخواه ما در اصلاحاتی که برای سعادت و خوشبختی ایران خواهد شد اعانت و کمک لازم را بنمایند...»

هر چند بررسی تمامی حوادث این دوره از دایرهٔ تحلیل ما بیرون است ولی بمنظور آگاهی به نقش روحانیت، در جریان پاگیری نظام مشروطه، مروری اگرچه مختصر، در پاره ای از وقایع بی سود نخواهد بود.

در پیوند با پیش بینی «مجلس شورای ملی» در فرمان شاه - سیزده روز بعد یعنی در ۲۷ جمادی الثانی ۱۳۲٤ بنا بر دعوتنامه ای که از سوی ایلخان قاجار (عضدالملک) برای جمعی از رجال و اعیان و بازرگانان و علما فرستاده شده است، جلسهٔ مقدماتی مجلس ملی در مدرسهٔ نظام تشکیل می شود. در این جا مطلبی است، راجع به کوشش ملایان که تلاش بیدریغی داشته اند تا در همه کارها، و حتی در تشکیل مجلس ملی (که بر ضد آن بسیارشان توطئه چینی های سنگینی کرده اند) خود را جلودار بنمایند. این مطلب از قلم میرزا یحی دولت آبادی در «حیات یحیی» خواندنی است:

«از آغاز که علما اصرار دارند این کار به اسم آنها تمام شود لذا خطابه ای که به مشروطیت و دولت و انتخاب وکلای ملت تصریخ دارد نوشته اند و آقا سید عبدالله [بهبهانی] مصمم است از طرف آقایان خطابه را در مجلس بخواند ولی صدراعظم [مشیرالدوله] پیشدستی کرده اظهار می کند، خطابه‌ای دارم باید بخوانم و بر می خیزد و شروع به خواندن می نماید آقایان [روحانیون حاضر در مجلس] از پیشدستی صدراعظم ملول می شوند ولی جز سکوت چاره ای ندارند.»

نکتهٔ ظریفی هم در این ماجرا هست که آنهم شنیدنی است:

تا آن زمان کف زدن بنشانهٔ تایید و یا اظهار شادمانی در اموری از این قبیل مرسوم نبود. اما همین که خطابهٔ صدراعظم بپایان می رسد حضار اعم از مدعوین و تماشاگران که گفته شده است شمارشان به هزار میرسید به تبعیت از فرنگ رفتگان شروع می کنند به کف زدن و این نیز ملایان را بسختی می رنجاند و با آن که چنین عملی را «لغو و لهو» می خوانند، ولی کسی به اطوار آنان اعتنایی نمی کند.

دولت آبادی می نویسد: «در این مجلس شعفی در مردم دیده می شود که هرگز دیده نشده بود.»

بالا گرفتن کشمکش میان ترقیخواهان و ملایان:

پیشتر گفته ایم که اختلاف نظر در مفهوم «مشروطه» و قانونمندی از سالها قبل یعنی از همان زمان که نطفه های اندیشه مشروطه گری بسته می شد، میان دو طرف سر گرفته بود. اما از این پس که مرحلهٔ پرداشت و بهره گیری از کشت و کار آغاز می شود برخوردها شکل حادتر و جدی‌تری بخود می گیرد و چنان فضایی پدید می آید که ملایان ناگزیر بدفاع از مواضع خود،

در مواردی که نقل خواهیم کرد دست از مجامله برمی دارند و آشکارا در قبال نظامات چدید جبهه می گیرند.

مهمترین تصمیم مجلس مقدماتی تدوین یک نظامنامهٔ انتخاباتی است. ترکیب هیأتی که تهیهٔ آن را بعهده می گیرد، بخودی خود پیروزی بزرگ و دیگری برای جناح مترقی تلقی شده است. زیرا کسانی که برای انجام دادن این وظیفه برگزیده شده اند، بتمامی از قشر روشنفکران و آگاهان به تحولات غرب و برخی اصولاً در سلک حقوق دانان هستند. از اعضاء این هیأت در اسناد مربوط به تاریخ مشروطه نام آمده است:

حسن اسفندیاری (محتشم السلطنه) - مرتضی قلیخان صنیع الدوله - حسن پیرنیا (مشیرالملک باا ین یادآوری که حسن پیرنیا پس از مرگ پدر به لقب او یعنی مشیرالدوله ملقب می شود) - مهدیقلی هدایت (مخبر السلطنه) و افراد دیگری از همان گروه ترقیخواهان مانند میرزا محمد خان صدیق حضرت معلم مدرسهٔ سیاسی (و بعدها استاد حقوق بین الملل در دانشکدهٔ حقوق)

اکثر این افراد تحصیل کردگان خارج اند و در کار خود خبرگی دارند. این را هم باید افزود که نوشتن نظامنامهٔ انتخاباتی عمدتاً بعهدهٔ دو برادر «میرزا حسن خان و میرزا حسین خان» فرزندان مشیرالدوله صدراعظم قرار می گیرد و صدیق حضرت نیز در این کار سهم فراوانی دارد.

می دانیم یکی از راههای پراثری که مشروطه خواهان مترقی و نواندیش در مقابل رکود و سنت پرستی ملایان پیش گرفتند، کمک به آموزش مردم بود که تا آگاهانه گام بردارند و پیشاپیش بدانند که چه می خواهند و بسوی کدام مقصدی می تازند. ما در فصول قبل تا آنجا که میسر بوده است، از رهگذار نمونه آوری به پاره ای از این اقدامات روشنگر، که خطابه و کتاب و رساله و قصه و شعر و ادب را شامل می شد، اشاره کرده ایم.

صدیق حضرت از جمله کسانی بوده است که در این طریق، قدمهای موثری برداشت و از آنجمله در خانهٔ خود مجلس درسی برپا کرد تا به تجار و روسای اصناف بازاری، حقوق اساسی بیاموزد. افرادی که با او آشنایی داشته اند گواهی می دهند که وی همچنان این خدمات حقاً با ارزش خود را برتر از سایر خدمات خویش می شمارد. چرا که معتقد بود، اگر مردم بی هدف و کورکورانه براهی کشیده شوند، در فرجام نه فقط به جایی نخواهند رسید بلکه چه بسا قصهٔ چاه و چاله را تکرار خواهند کرد.

باری سرانجام طرح نظامنامهٔ انتخاباتی آماده و در جلسات چندی مرکب از اعیان و بازرگانان و نمایندگان دولت و با شرکت افرادی از عامهٔ مردم قرائت شد و در جلسهٔ ۱۳ رجب ۱۳۲٤ به تصویب رسید و ٦ روز بعد شاه آن را امضاء کرد و نشر یافت و بدینگونه اصل انتخابات صنفی اعلام شد.

با آنکه از نقاطی چند، نسبت به صنفی بودن انتخابات اعتراضاتی رسید ولی کار بهمان منوال پیش رفت و بدرستی استدلال شد که این آغاز کار است و درسیر تکاملی مشروطه، خواه ناخواه شیوهٔ مراجعهٔ مستقیم به مردم برقرار خواهد گشت و دراین زمینه غالباً از حوادث انقلاب فرانسه شاهد می گرفتند که نتایج آن نیز با انتخابات صنفی شکل گرفت و بعدها با پاگیری نظام جدید، روش های امروزی بکار گرفته شد.

به موجب نظامنامهٔ انتخاباتی، مردم به شش طبقه تقسیم می شدند:

شاهزادگان - علما و طلاب - اعیان - بازرگانان - زمین داران و کشاورزان و اصناف.

شمار نمایندگان مجلس شورای ملی را ۱۵۶ نفر اعلام کردند که ۶۰ نفر از آنان وکلای پایتخت بودند و مابقی به ایالات و ولایات مختلف تعلق داشتند. البته مجلس این اختیار قانونی را هم یافت که بحکم ضرورت تعداد نمایندگان را تا رقم ۲۰۰ افزایش دهد. ترکیب نمایندگان تهران هم خود عاملی بود که روحانیت را می رنجاند زیرا از مجموع ۶۰ نفر سهمیهٔ تهران، چهار نفر به شاهزادگان و قاجاریان - چهار نفر به علما و طلاب - ده نفر به بازرگانان و ۱۰ نفر به زمینداران و کشاورزان و ۳۲ نفر (یعنی اکثریت) به اصناف تعلق می گرفت.

تصمیم به چند موضوع بنحو شایسته ای به پیشرفت و تداوم کار کمک می کرد. یکی آن که بموجب ماده ۱۹ نظامنامه، بمحض انتخاب نمایندگان تهران مجلس شورا یملی تشکیل می شد و این ناشی از یک پیش بینی هوشمندانه بود که نویسندگان نظامنامه با علم به اشکالاتی که بر سر راه انتخابات ایالات و ولایات می دیدند بر آن تاکید داشتند و اجمالاً نمی خواستند که تشکیل مجلس به بهانهٔ چنان اشکالاتی معوق بماند.

موضوع بسیار قابل توجه دیگر این بود که اصناف مختار بودند که نمایندگان خود را از صنف خود ویا از قشرهای دیگر برگزینند و این را هم باید بپای درایت نوبسندگان نظامنامه و هم چنین هوشمندی و واقع بینی بسیاری از اصناف آن زمان نوشت که افرادی را برای نمایندگی خود انتخاب کردند که غالباً از همان قشر تحصیل کرده و پیشرو محسوب می شدند و چنین بود که عملاً در مجلس جناح مترقی قوتی گرفت. این را هم اضافه کنم که ملایان کوشش بیدریغی داشتند تا به‌نحوی راه مجلس را بر روی عناصر مترقی سد کنند تا مهار کار را یکسره خود به دست گیرند. چنان که وقتی طرح نظامنامه در مجلس موقتی (سابق الذکر) قرائت شد سید عبدالله بهبهانی به آن اعتراض کرد ولی اتفاق اهل تجدد و بازرگانان و عناصر پیشرو و آزادیخواه پیشی گرفت و همان طرحی که ملایان آن را پرداختهٔ دست «فرنگی مآبان» لقب داده بودند، بتصویب رسید و در نتیجه اعتراض بهبهانی بی ثمر ماند. خاصه که جناح مترقی با ذکاوت تمام توانسته بود ذهن همتای بهبهانی یعنی سید محمد طباطبائی را که حقاً از حسن نیت نیز خالی نبود بسود خود بچرخاند. البته دلیل دیگر کوتاه آمدن بهبهانی آن بود که از خشم مردم میهراسید

خاصه مردم پس از آن اطوار بخانه اش رفته و با ناسزا وی را تهدید و به خاموشی وادار ساخته بودند.

روز یادزهم مهرماه ۱۲۸۵ شمسی مطابق با روز ۱۴ شعبان ۱۳۲۴ قمری ۵۴ تن از نمایندگان پایتخت انتخاب شدند و روز یکشنبه ۱۴ مهرماه ۱۲۸۵، مطابق با ۱۸ شعبان ۱۳۲۴ نخستین مجلس شورای ملی ایران با نطق مظفرالدین شاه آغاز بکار کرد. گفتنی است در اینجا نیز «علما» تلاش کردند تا به مراسم کار رنگ مذهبی بزنند. پیشنهادشان این بود که روز پانزدهم شعبان مصادف با ولادت امام دوازدهم بعنوان روز گشایش مجلس شناخته شود ولی جناح مترقی دلیل آورد که سزاوار است این جشن ملی با جشن مذهبی تداخل نکند و نظر ایشان پذیرفته شد.

فصل بیستم

نخستین تجربه های پارلمانی

پیش از ادامهٔ تحلیل نقش روحانیت در نهضت ملی مشروطه، بی سود نیست که هر چند باختصار از «مجلس اول» و آغاز پاگیری نظام پارلمانی در ایران، تصویری داشته باشیم. بگمان ما - چنین تصویری به آگاهی ما در سه زمینهٔ مشخص کمک می کند:

- نخست اینکه متوجه خواهیم شد در آن فضای بسته و شرایط بیخبری عامّ، در بسیج و بیداری مردمی که قرنها در طلسم خرافه پرستی و رکود و عقب ماندگی سحر شده بودند، از معدود عناصر مترقی و روشنفکران مطلع از تحولات غرب، چه خدمت احیاء کننده ای برآمد و چگونه موفق شدند، از رهگذار روشن بینی و آگاهی به الزامات جدید جهان، در یکسو و شناخت عالمانه و دقیق کیفیات زندگی جامعهٔ خود در سوی دیگر، و سرانجام با صمیمیت و احساس مسئولیت، پشت بهمت و شوق سرکشیدهٔ همان مردم، نظام استبدادی قرون وسطایی را بسود یک نظام (در حد خود) مترقی ومنطبق با مقتضیات جهان پیشرفته بچرخانند و این بخودی خود از آن پُربها درس هایی است که روشنفکران و ترقیخواهان امروزی باید آن را بیاموزند و به خود بقبولانند که در کار روشنگری، اول قدم، مردم شناسی و با مردم بودن و پرهیز از «بالا نشستن» و عرش پیمایی کردن و خود را تافتهٔ جدا بافته یافتن است.

- دوم با مطالعهٔ این تصویر درخواهیم یافت که قدرت طلبی و حساسیت ملایان در حفظ مواضع خود حتی آن گروه که به نهضت مشروطه خواهی پیوستند، تا چه پایه بر جزئیات کارها سایه داشته و نقش روشنگران ترقیخواه در مقابله باآن تا چه اندازه هوشیارانه و زیرکانه ایفا شده است.

- سوم و در واقع برداشت اساسی از این تصویر آنست که حتی مردمی محکوم قرنها تحمل استبداد و خرافات و عقب ماندگی، وقتی در سیر تجربه ای بسود یک زندگانی آزاد قرار می گیرند، با چه شتابی پیش می روند و چگونه مرحله به مرحله بر کاستی ها و ناتوانیهای خود غلبه می کنند و اجمالاً چطور ذهنیات و اعمال خود را با الزامات نو تطبیق می دهند و همین به تنهایی شاهدی است بر رد عقاید کسانی که خواه بدلیل بی اطلاعی و خواه ببهانه ای مبتنی بر حفظ ستونهای استبداد؛ حضور آزادی در هر جامعهٔ مفروضی را به رشد و توسعهٔ سراسری اندیشهٔ آزادیخواهی موکول می کنند و بر این دعوی پای می فشارند که اول تمامی مردم باید مفهوم

آزادی را در اندیشه و عمل هضم کنند و تا چنین نشود استقرار یک نظام آزاد، نه فقط ناممکن بلکه مضر و مایهٔ هرج و مرج خواهد بود. و این ادعائی از سر تا بن باطل است و همانگونه که گفتیم، بهانه‌ای بیش نیست که اصحاب استبداد، همه جا و همه وقت به آن توسل جسته اند و هرگز پاسخی بدین سوال نداده اند که اگر مردم نیاز به هادی و آموزگار هم داشته باشند، چه کس شما را به هدایت و آموزگاری برگزیده است؟ اما در قبال چنین دعاوی پوچ و غرض آلودی نه فقط در سیر تجربهٔ مشروطه گری در ایران، بلکه در سراسر جهان و حتی آنگاه که طومار نظم کهنسال استبداد فرانسه، بتکان انقلاب ۱۷۸۹ درهم پیچیده شد، شواهد بسیاری بدست آمد که اکثریت غالب توده‌ها در فرانسه، نه از معارف شالوده ریزان نظام جدید و سرآمد آنها، اصحاب دائرة المعارف و آثار بیدارکنندهٔ امثال ولتر و روسو و منتسکیو خبر داشتند و نه اصولاً سوادی که بدان وسیله کتب و رسالات ادبی و سیاسی آنها را بخوانند. یک اقتصاد دان انگلیسی که در حوالی عصر انقلاب، بقصد تحقیق، دیداری از نقاط مختلف فرانسه داشته، در اثر خود «سفر به فرانسه» مشاهداتش را بخصوص از مناطق دوردست و روستانشین این کشورنقل کرده است. او می‌گوید: با انبوه روستائیانی روبرو شدم که از فرط فقر و ستم، بجان آمده بودند. وقتی به آنها گفتم، آیا می دانید در پاریس مردمانی هستند که برای نجات شما تلاش می کنند؟ کمترین اطلاعی نداشتند، تنها در جواب من میگفتند، خدا به آنها توفیق بدهد.

این میرساند که اکثریت توده‌های فرانسوی در دورهٔ انقلاب کبیر، نه فقط از اندیشه های زاینده انقلاب بی خبر بودند، بلکه از حوادثی که میرفت تا نظام کشورشان را منقلب کند، کمترین اطلاعی نداشتند و تنها طی سالها و در گذرگاه تجربه بود که خرده خرده با این نظام خو گرفتند و مفهوم دموکراسی را شناختند و آن را بخش لاینفک زندگی خود تلقی کردند.

کشش مردم به جنبش مشروطه خواهی نیز همینگونه صورت گرفت و تکامل نظام پارلمانی که گزارشگر محقق انگلیسی (اسمارت) بدان اشاره کرده است، بدینسان تحقق یافت (بخشی از این گزارش را در سطور بعد نقل خواهیم کرد). حالا این کدام عامل ها، سببهای درونی و بیرونی بودند که راه را بروی این تجربه بستند و مشروطه را بصورت تفاله ای درآوردند و بدامن دیکتاتوریها انداختند، خود حکایت مستقلی است که از دایرهٔ بحث ما بیرون است.

اینک بپردازیم به چند و چون کار و کمال مجلس اول مشروطه و آغاز نظام پارلمانی که بگفتهٔ شاه وقت «ایران را در ردیف کشورهای کنستی توسیونل» قرار داد.

در فصل پیش آوردیم که این اولین مجلس شورا یملی در ۱۴ مهرماه ۱۲۸۵ شمسی مطابق با ۱۸ شعبان ۱۳۲۴ قمری با سخنان مظفرالدین شاه گشوده شد.

بدعوت صدراعظم (مشیرالدوله)، مراسم افتتاح در کاخ گلستان و طبعاً با حضور نمایندگان، اعضاء دولت و سفرا و نمایندگان خارجی ترتیب یافت. شاه بسختی بیمار بود و بقول یحیی دولت آبادی اورا «مانند مردهٔ متحرک» می آورند و روی صندلی می نشانند.

«شاه با صدای بسیار ضعیف که نگارنده [دولت آبادی] و بعضی که نزدیک نشسته اند، می شنویم، می گوید: دو سال است آرزوی این روز را داشتم، الحمدالله به مقصود رسیدم» آنگاه « پاکتی را که بدست صدراعظم است با رعشهٔ شدید بدست گرفته و به دست نظام الملک که مخاطب سلام است و پیش رو ایستاده، میدهد و می گوید این نطق مااست ، بخوان... نقل از کتاب حیات یحیی.»

پیشتر به اشاره نوشته ایم، مسالمت جوئی و پرهیز از خشونت در این شاه قاجار و اینک اضافه می کنیم وجود رگه هایی از علاقه به ترقیخواهی در او، از جمله عوامل البته فرعی است که در دوره هایی، علی رغم خواست باطنی درباریان و متحدین مذهبی آنها - به آزادیخواهان فرصتی داده است تا مصون از قهر و کشتار به کوشش خود ادامه دهند. سخنان مظفرالدین شاه در جلسهٔ افتتاحیه مجلس را مسلماً دیگران برای او نوشته اند ولی این گمان هم قوی است که خود او نیز در همان حال بیماری کاربرد مضامینی را در آن سفارش کرده است.

سخنان شاه، هرچند در پاره ای مثالها و مقایسه ها سطحی است ولی با توجه به فضای زمان، از گرایشهای نوطلبانه نیز خالی نیست. به قسمت کوتاهی از نطق وی رجوع می کنیم:

« ... خردمند دانا آن کس است که همواره به اقتضای زمان رفتار کند. فی المثل درعهد کیخسرو و آئین جهان داری او وضع ادارهٔ امور دولت و حفظ ثغور مملکت به طرزی بوده که آن عهد و زمان اقتضا می نموده، ولی آن اصول و قواعد ملک داری به کارامروز ما نمی خورد. چه هر عصری اقتضائی دارد و هر دوره ای طرز و طوری متداول است و چنان که نمی توان مثلاً امروز لباسهای قدیم و کلاههای یک ذرعی را دیگرباره میان طبقات نوکران و وزراء و اهل قلم و لشکر متداول نمود، کذلک اصول و فن اداره و قواعد سیاست و مملکت داری هم باید امروز ورای ایام گذشته باشد... نقل از تاریخ بیداری ایرانیان تالیف ناظم الاسلام کرمانی».

پیشتر گفته ایم که مجلس شورا یملی خیلی زود از دولت خواست تا طرح یک قانون اساسی را آماده سازد که پس از وقت گذرانیهای فراوان - بر اثر پافشاری مجلس سرانجام طرح قانون اساسی به مجلس ارائه شد.

یادآوری این مطلب هم ضرورت دارد که نوشتن طرح قانون اساسی را دولت به عهده برادران پیرنیا (فرزندان میرزا نصرالله خان مشیرالدوله، صدراعظم) و نیز موید السلطنه نهاده بود. طرح که تهیه شد، در یک انجمن درباری مورد بررسی قرار گرفت که از همان ابتدا مخالفت خود را با

«اختیار مطلق مجلس در انشای قوانین و مصون بودن اولین مجلس شورا یملی از انحلال» موکداً ابراز داشت و در عین حال انجمن بر تأسیس مجلس سنا اصرار ورزید.

وقتی طرح اصلاح شده به مجلس آمد، بسیاری از نمایندگان بشدت بر آن دستکاریها اعتراض کردند و سرانجام با نوعی توافق و سازش و در واقع با بده بستانهایی قانون اساسی تهیه شد و در هشتم دیماه ۱۲۸۵ شمسی مطابق با چهاردهم ذیقعدهٔ ۱۳۲۴ قمری به امضاء شاه و ولیعهد رسید و صدراعظم آنرا در میان هلهله شادی مردم بمجلس آورد و در این هنگام همگان به احترام برخاستند. ما به اقتضای هدفی که در این رساله پیش گرفته ایم از شرح جزئیات اختلاف میان درباریان و ترقیخواهان دراین زمینه و چگونگی حل و فصل آن چشم می پوشیم، همین قدر یادآوری می کنیم که اگر مجلسیان بنوعی سازش و توافق تن در دادند و در پاره ای موارد از اصرار بر عقاید خویش خودداری کردند، دلیل استواری داشتند. آنها می دانستند که شاه رفتنی است و بزودی چشم از این جهان برخواهد بست و از طرفی از این واقعیت نیز آگاه بودند که ولیعهد (محمد علی میرزا) باطناً بر ضد مشروطه است و اجمالاً خبث نیت او را بارها آزموده بودند، بنابراین مصلحت دیدند که کار تدوین قانون اساسی را، تا مظفرالدینشاه در حیات است فیصله دهند تا وضعی پیش نیاید که این امر مهم در پیچ و تاب بازیگریهای ولیعهد معطل بماند و این پیش بینی هوشمندانه ای بود، زیرا شاه ده روز بعد، یعنی روز ۱۸ دیماه ۱۲۸۵ درگذشت و طبعاً محمد علی میرزا جای او را پر کرد.

اینهم گفتنی است که مراسم یادبود مظفرالدین شاه را عامه، در صفای کامل؛ با یک سوگواری سراسری و پرشکوه برگذار کردند که خود نمایشی از حقشناسی مردم و در عین حال شاهدی بر ظهور تعلقات تازهٔ سیاسی در آنها بود.

با روی کار آمدن محمد علیشاه مشکلات جدید سر به ظهور گذاشت خاصه که هنوز بنای قانونی و پایگاههای حقوقی و تشخیص و تعیین نهادهای نظام در پیش بود که آزادیخواهان در سنگینی این کار شک نداشتند و بدرستی می دانستند که دراین راه تنها با توشه ای از تلاش و فداکاری و هوشیاری می توانند، مشکلات را واپس زنند و تمنای خود را بکرسی بنشانند؛ چرا که در این مرحله، خواه ناخواه مسائلی مطرح می شد که با طبع اصحاب استبداد که جای خود داشت، با خواستهای باطنی ملایان باصطلاح مشروطه خواه نیز که از آغاز سر به سودای «ریاست فائقه» داشتند جور نبود و لذا جبههٔ ترقیخواهان خود را آماده ساخت تا نه فقط با شرارتهای شاه جدید که شیفتهٔ خودکامگی بود و نیز با بازیگریهای ملایان ضد مشروطه که بهر دری می زدند تا «مشروعه» را بجای «مشروطه» بنشانند، بلکه هم چنین با گروهی از «همرزمان» خود در ردهٔ اهل شریعت، مقابله کنند.

در آغاز این فصل به مقام «تجربه» در پاگیری یک نظام آزاد اشارتی داشتیم. اینک، صحت این نظر را در تکامل پرشتاب نظم پارلمانی در همان مجلس نوپای (اول) رد می گیریم که در این باره طبعاً لازم است هرچند به ایجاز از سیر صعودی آن مجلس تصویری داشته باشیم که در عین حال با احوالی آشنا می شویم که اثر خصلت فروماندگی و ارتجاع ذاتی جناح مذهبی را حتی در زمینه های جزئی و غیر مهم نیز برملا می کند.

مجلس اول به ریاست مرتضی قلیخان صنیع الدوله از آزادیخواهان بنام کار خود را آغاز کرد. پس از او میرزا محمود خان احتشام السلطنه این مقام را بعهده گرفت که ما در یکی از فصول گذشته، شایستگی او را خاصه از آن زمان که در انجمن درباریان در مقابل همتایان درباری خویش بمنصهٔ ظهور آورد، شرح داده ایم. احتشام السلطنه علاوه بر شایستگی، از آن پس، در هر قدم، صمیمیت و صداقت خود را نیز در خط مشروطه گری اثبات کرد و بهمین دلیل در میان عامه محبوبیت فراوان یافت. سرانجام در پی او ریاست مجلس به میرزا اسمعیل خان ممتاز الدوله رسید.

فریدون آدمیت، شخصیت این سه را بدرستی چنین ارزیابی میکند: «صنیع الدوله، احتشام السلطنه و ممتاز الدوله هر سه از آزادیخواهان بودند با مقام و شخصیت متفاوت. ارزش کارشان یکسان نبود. اولی شالدهٔ نظم پارلمانی را ریخت، دومی مجلس را به سوی کمال برد. سومی از عهدهٔ کار عمده ای برنیامد، بلکه به زمان او قدرت سیاسی مجلس تنزل یافت...»

تصویر کوچکی از کار در مجلس اول:

این از مسلمات است که وقتی در کاری تجربه نیست – هر چند بهترین کارها – عیب و نقص هم اندک نیست. مجلس اول در خلأ تجربه تولد یافت و طبعاً از این قاعده کلی برحذر نماند. سخنها بهم می پیچید، این هنوز کلام خود را تمام نکرده، آن دیگری آغاز به سخن می نمود و چنان اغتشاشی حکمفرما بود که تندنویسان در می ماندند که چگونه قلم بر کاغذ بیاورند. طباطبائی بدرستی می گفت، این که مجلس نیست «اسباب مضحکه است و خارجی ها به این ترتیب به ما می خندند، مجلسی که نتواند داخلهٔ خود را منظم کند، چه مجلسی است؟»

یکی می گفت صندلی بیاورند تا نمایندگان بر صندلی بنشینند، ملایان قبول نداشتند، می گفتند این کار فرنگی هاست و نباید به آن تأسی کنیم. دیگری می گفت قالیچه ای بیاورند و ناطق برود روی آن نطق کند. سومی مخالف بود و می گفت خیر «ما همینطور نشسته صحبت می کنیم، چه عیب دارد، هر آن که نمی شود برخاست و رفت آنجا، اطاق برای نطق ماست نه ما برای اطاق» – نماینده‌ای معترضانه می افزود «این تقلید از خارجه است، پیغمبر به ستون تکیه می فرمودند، در موقع وعظ – و به منبر تشریف می بردند ما هم تأسی به آن حضرت می کنیم نه تقلید از خارجه.»

چندی بعد دست زدن و هورا کشیدن سر گرفت که ملایان سخت به آن معترض بودند ولی این کار ادامه یافت هرچند «علما» سخت رنجور شدند... یکبار طباطبائی با تکدر بسیار گفت که این عمل (منظور دست زدن و هورا کشیدن) - «انحصار به فرنگیها دارد ما نباید از آنها اقتباس کنیم - نقل از خاطرات ظهیرالدوله به کوشش ایرج افشار» ولی اقتباس قطع نشد.

تعارفها و تعظیم ها و تکریم های طولانی که ملایان مجلس نشین بویژه عاشق آن بودند در ابتدا رواج داشت. نماینده‌ای مشغول سخن گفتن بود، جمعی وارد می شدند و دیگران برمی خاستند و سخنران را نادیده می گرفتند؛ اما اینهمه بکاردانی صنیع الدوله و خاصه احتشام السلطنه رفته رفته موقوف شد. مجلس که از همان آغاز به مرکز تظلم مردم تبدیل شده بود، سرانجام راه خود را یافت و بدینگونه تجربه و روشنگری، تنگاتنگ کار خود را کرد و البته فضای رو به تکامل آزادیخواهی و احساسات وطن خواهانه که روز بروز قوت می گرفت در این زمینه سهم اساسی داشت. وزیر مختار انگلیس (اسپرینگ رایس) در گزارشی به سر ادوارد گری نوشته است: «تمام ناظران بر این معنی همراهی هستند که جنبش وطن پرستانهٔ ملی بسیار نیرومند است و عامل جدید فوق العاده ای در سیاست ایران محسوب می شود».

به گمان نگارنده این سطور، مقاله عالمانهٔ یک مامور انگلیسی (والتر اسمارت) که آنرا برای مطالعه وزارت امورخارجه کشورش تهیه کرده است در شناخت سیر تکاملی و رشد نظام جدید ایران بسیار آگاه کننده است. ما این بخش از مقاله را از کتاب «ایدئولوژی نهضت مشروطیت ایران، اثر فریدون آدمیت» قرض می گیریم:

«هیچکس نیست که مباحثات مجلس ملی را از آغاز تأسیس آن تا حال دنبال کرده باشد و از ترقی که در کیفیت آن در ظرف یکی دو ماهه اخیر تحقق یافته - به حیرت نیفتاده باشد... در اول کار نه تنها نادانی و ناشیگری اکثر نمایندگان در امور مملکتی نمایان بود، بلکه جهالت آنان را نسبت به عادی ترین اصول سیاست آشکار می ساخت و تعصب جاهلانهٔ بسیاری از وکلا سبب دلسردی خیراندیشان مجلس گردیده بود... مجتهدان قبل از این که به متابعت آیند گرفتاری و دشواری ایجاد می کردند» بالاخره مجتهدان «باطاعت آمدند و حالا اظهارات ایشان به سیرهٔ مباحثات پارلمانی است... مباحثات مجلس خیلی ترقی کرده، درک مسئولیت و حیثیت تازه ای میان نمایندگان ملاحظه می شود. از نظرگاه نظام پارلمانی، مجلس ملی ایران از اکثر پارلمانهای اروپا برتر است و حتی از این نظر با مادر پارلمانهای جهان [انگلستان] قابل قیاس است... تردید نیست که نادانی و بی تجربگی‌های مضحکی در مجلس به نظر می آیند و هنوز این عیب هست که مذاکرات به مرحلهٔ قطعی و نهایی نمی رسند و نیز در حین گفت و شنودها، پرت و پلاهای خارج از موضوع میگویند، اما کارهای عملی در کمیسیون ها انجام میگیرند که در صورت جلسه ها منعکس نیستند و هر روز نمایندگان بیشتر تجربه می آموزند... نباید از خاطر دور داشت

که همهٔ این پیشرفتها به رغم مخالفت مصمم دولت و دشمنی منافع اجنبی و وضع سخت ناگوار مالی مملکت تحقق یافته‌اند. از این رو مثل این که کوشش فعلی مجلس سزاوار آفرین است. ثمرهٔ آنی آن تلاشها هرچه باشد، بدون تردید در خلق و خوی و حیثیت ملی ایرانیان تاثیر پایدار خواهد بخشید... مجلس ملی آن نیست که کسی بنا بر قضاوت های بداندیشانهٔ خارجی، آنرا دستگاهی خوار و بیمقدار بشمرد.»

همین گزارش نیز بسهم خود بر این واقعیت مهر تصدیق می نهد که پاگیری دموکراسی و بسط و قوت الزامات آن، یعنی نهادهایی نظیر پارلمان (که اگر بدرستی و با صمیمیت و مخصوصاً آگاهانه شالوده بگیرد، گهواره پرورش آن خواهد بود) نیازمند تجربه است. این گزارش همچنین مبین سخن پیش گفتهٔ ما است که هرچند وسعت آگاهیها و دانشهای اجتماعی و سیاسی در این راه نقش مهمی بازی می کنند ولی سرانجام این تجربه است که جوهر دموکراسی را در اذهان جامعه می نشاند و رفته رفته آن را به بخشی از حوائج زندگی اجتماعی مبدل می سازد. با این حساب، باید پذیرفت که تکامل سریع مجلس و آمادگی روز افزون مردم، در آن جامعهٔ منجمد و عقب مانده حاصل تلاش آگاهانهٔ روشنفکران و ترقیخواهان آن روزگار بود که بهمت خود، فرصت چنین تجربه ای را فراهم آوردند، و همین جا سزاوار است، بخصوص در جهت تکامل روح پارلمان، فراست و کاردانی افرادی نظیر میرزا محمود خان احتشام السلطنه را بیاد آوریم که حقاً انضباط و جای جای سخت گیری و کارشناسی او در این سیر تکاملی نقش فوق العاده داشت. با توجه به خدمات بصیرانهٔ او و سایر شخصیت ها نظیر صنیع الدوله و سعدالدوله که از طبقه اریستوکراسی آن روز ایران محسوب می شدند- همانگونه که قبلاً نیز اشاره کرده ایم - ورود در یک مبحث جامعه شناسی خاص ایران ضرورت پیدا می کند. بدین معنا که باید مطالعه شود از چه رو، شمار قابل ملاحظه ای از اشراف که قاعدتاً باید پاسدار نظام کهن بوده باشند، بخط آزادیخواهی و مشروطه گری افتادند و در واقع امر به «منافع طبقاتی» خود پشت کردند. آری این بازبینی تاریخ و جامعه شناسی ایران از لوازم است. در این زمینه بعدها مصدق و در درجات کهتر، مشیرالدوله ها و امثال آنها را می توان نشانه گرفت که خاصه مصدق در مرحله‌ای از نهضت ملی ایران بقلهٔ رهبری رسید و انگ خود را بر تاریخ معاصر کشورش کوبید: بهر تقدیر این تتبعی است که باید انجام شود و در هر حال از حوزه مطالعات ما در این رساله بیرون است.

همچنین از این مبحث نیز در می گذریم که مجلس اول چه در قلمرو استقرار پارلمانتاریسم، چه در زمینه سیاست های داخلی و چه در جهت سیاست های خارجی و توسل به یک سیاست مستقل و ملی به انجام بزرگترین خدمات نایل آمد، تا آنجا که با قاطعیت می توان آن را نمادی ارجمند در بستر نهضت ملی ایران شناخت. اینک باز می گردیم به تحلیل اصولی خود از روند

قانونگرائی در نهضت ملی مشروطه و متقابلاً از تلاش هماهنگ دربار استبداد و «روحانیت» ضد مشروطه در خط انهدام نهضت و نیز می پردازیم به نتایج حضور آن بخش از «روحانیت» که به جنبش مردمی پیوستند و کوشش کردند تا از تحقق یک نظام کاملاً مترقی آنگونه که در غرب پاگرفته بود مانع شوند و مشروطه را همچنان در دام مذهب چهار میخ نگاهدارند - که صدالبته بهمت آگاهان و رهبران خوش اندیش و «جامعه شناس» هرچند جای پایی برای خود - در نظم قانونی مملکت باز کردند ولی به توفیق دلخواه نرسیدند.

مجلس همانگونه که پیشتر یادآوری کرده ایم - با شتاب خواهان قانون اساسی شد و سرانجام علی رغم تاخیرها و سنگ اندازیها بمقصود رسید. اصرار بر ضرورت تدوین قانون اساسی، همچنان ازسوی جبهۀ ترقیخواه بود. در قبال امروز و فردا کردن دربار، میرزا ابوالحسن خان شیرازی - یکی از نمایندگان - با تندی می پرسید: «تکلیف ما با معاندین چیست؟» - سعدالدوله با پرخاش می گفت «آمدن ما د راینجا برای کارهاست نه نشستن بیحاصل» و می افزود: «باید قانون اساسی را با «صحّه» مطالبه کرد» و با اشاره به اینکه هر روز دستخط ها و بروات گوناگون به صحّه می رسد می گفت: «چگونه است که نظامنامه به صحه نمی رسد... اینقدر می دانم که خودمان را فریب می دهیم.»

او بر این باور بود که اصلاحات لاجرم باید متکی به قانون اساسی باشد. سرانجام پیگیری مردم که گفتیم رفته رفته مجلس را به یگانه مرجع تظلم خود تبدیل کرده بودند و حل مشکلات خرد و بزرگ خود را از آن می خواستند - و نیز با پافشاری انبوه تماشاگران که هر روز با شوق تمام، مذاکرات مجلس را نظاره می کردند - طرح قانون اساسی به مجلس رسید و در سه جلسه نهم و یازدهم و سیزدهم ذیقعده ۱۳۲٤ مورد بحث و انتقاد قرار گرفت و متن قانون اساسی تهیه شد (این را پیشتر شرح داده ایم و نیازی به تکرار نیست)

تصویب و ابلاغ قانون اساسی - تازه آغاز مباحث و مجادلات بنیادی بود و مسئله اختیارات مجلس و نقش مجلس سنا و مسئولیت وزیران و مواقع قوای سه گانه (قانون گذاری - اجرائی - قضائی) در مرکز توجه جای داشت.

اما از آغاز پیدا بود که با این قانون اساسی، نظم مشروطه کاستی های جدی دارد. مشروطه می بایستی بر اصولی بنا می شد که قانون اساسی فاقد آن اصول بود و ترقیخواهان این نقیصه را بدرستی می شناختند و بهمین دلیل، در اندیشه تکمیل و تصحیح برآمدند و پیشاهنگ این طلب سعدالدوله بود که موکداً می گفت «این قانون اساسی تمام نیست» وقتی قانون اساسی به امضا رسید و دولت روی فشار محمد علی شاه طرح مجلس سنا را به مجلس داد - سعدالدوله با تندی گفت:

«اهمیت تکمیل قانون اساسی مملکتی بیشتر است یا اصلاح نظامنامهٔ سنا؟» و همو پیشنهاد کرد «انجمن مخصوصی معین شود که در آنجا [متمم قانون اساسی] را بنویسند و بیاورند در مجلس مذاکره و تصحیح شود. وقتی انجمنی معین نبا شد باعث تأخیر کار خواهد شد» - در پی این پیشنهاد بود که یک کمیسیون هفت نفری پدید آمد که اعضای آن عبارت بودند از: سعدالدوله، مخبر الملک، مشاورالملک، امین الضرب، سید نصرالله تقوی، تقی زاده و مستشار الدوله که چون مخبرالملک و مشاورالملک عذر خواستند، بجای آنها محقق الدوله و صدیق حضرت به جمع پیوستند و تصدی نوشتن «متمم قانون اساسی» را بعهده گرفتند و ما در فصول بعد روشن خواهیم ساخت که همین امر بمنزلهٔ ظهور میدان تازه ای از منازعات و مشکلاتی بود که نیروهای مختلف را رویاروی یکدیگر قرار می داد. در یک سوی این میدان ائتلاف مخوف دربار بهدایت شخص محمد علیشاه و اطرافیانش و مجموعهٔ ملایان ضد مشروطه و در سوی دیگر طیف هواداران مشروطه شامل عناصر تندرو و میانه رو و در جانبی هم، ملایان معروف به مشروطه طلب، جبهه گرفتند.

نقش گروه اخیر بویژه دراین مرحله، عملاً بمثابه آبی بود که به آسیاب ائتلاف استبداد دولتی و مذهبی می رسید و انگیزهٔ کج تابی ایشان از آنجا بود که می دیدند، آنچه دارد پا می گیرد با آنچه آنان در جهت کسب «ریاست فائقه» انتظار داشته اند از زمین تا آسمان فاصله گرفته است و بنابراین تمام نیروی خود را بکار رسیدن باین هدف دراوردند که در «متمم قانون اساسی» که درعین حال پایگاه حقوقی و فلسفی نظام جدید می بایست بود، سهمی هرچند کلانتر بیابند. بهمین دلیل ما دربررسی حوادث این دوره و کیفیت تدوین «متمم قانون» تا آنجا که مقدور است، به موشکافی خواهیم پرداخت. خاصه که در مسیر این حوادث، با تضاد بنیانی میان خواستهاو هدفهای اهل شریعت و خط سیر و مقاصد ترقیخواهانهٔ کوشندگان راه مشروطیت بیش از پیش آشنا خواهیم شد و نیز درخواهیم یافت که ضربات اهل شریعت بر پیکرهٔ جنبش ترقیخواهی ایران در این مرحلهٔ حساس تا چه پایه اثر گذاشته و تا چه درجه بهمت و غیرت و کارآیی رهبران و روشنفکران زمان خنثی شده است.

فصل بیست و یکم

حساسیت «روحانیت» در برابر «فلسفهٔ عقلی»

گفتیم که در مجلس این فکر جوانه زد که قانون اساسی موجود کامل نیست. ناگفته پیدا است که این اندیشه را گروه عناصر مترقی، روشنفکران (باصطلاح زمان طبقات منورالفکر) دنبال می کردند. بحق می گفتند که باید معلوم شود، مقام دولت در قبال مجلس ملی چیست؟ مجلس خود چه مسئولیتهایی بر گردن دارد؟ قوهٔ قضائی در برابر دولت و مجلس چه نقشی و چه وظیفه ای می تواند و باید داشته باشد؟ - کوتاه سخن این که، این مسئلهٔ کلیدی مطرح شد که نظام جدید پارلمانی، بر چه اصولی شالوده گرفته است و بنای فکری و «نهادهای» ترکیبی آن چه باید بود؟

پیشتر گفته ایم قانون اساسی که در چهاردهم ذیقعهده ۱۳۲۴ به امضاء شاه و ولیعهد رسیده و عملاً رسمیت یافته بود، این مسائل اساسی را پاسخ نمی گفت و در واقع با وجود چنان قانونی، چفت و بست نظام در ابهام بود وبدین لحاظ ترقیخواهان بر آن شدند تا کار را تمام کنند و بنای مشروطه را بر اصول روشنی بالا برند.

ما قبلاً یادآوری کرده ایم که دراین زمینه ها نقش سعدالدوله که حالا بعنوان مغز متفکر مجلس جلوه گر شده است، فوق العاده اساسی است. (متأسفانه این سعدالدوله در دورهٔ حساسی تحت تأثیر عوالمی به انحراف کشیده شد که چند و چون آن را بهنگام شرح خواهیم داد).

در کتاب «اسناد مشروطه» بقلم ابراهیم صفائی و بنقل از نامهٔ وکیل الدوله (وزیر رسایل) به امین السلطان آمده است که او یعنی سعدالدوله «امروز در مجلس مطاعیت غریب دارد و هرچه بگوید صلاح همانست و لاغیر و هر چه به اهل مجلس دستور العمل بدهد، اطاعت آن را واجب فوری می دانند.» - بدیهی است وقتی وزیر رسایل از کلمهٔ «دستورالعمل» سخن می آورد، بیشتر از دنیای محاورات پیرامون خود متاثر است، وگرنه «دستور العملی» در کار نبوده و پیروی از نظریات هوشمندانهٔ سعدالدوله از سوی مجلسیان ناشی از بیداری خود آنها بوده است که در جریان کارها می دیدند تا چه پایه موشکاف و کاردان است و تا چه حد با الزامات یک مشروطه واقعی آشنا است. در گزارش اسپرینگ رایس (وزیر مختار وقت انگلستان در ایران) به سر ادوارد گری نیز این معنا گنجانده شده و در آن آمده که در این دوره، این سعدالدوله است که

«مخالفان» و «نقش اصلی» در مباحثات مجلس را هدایت می کند. گفتن ندارد که مقصود وزیر مختار انگلیس از کاربرد «مخالفان» اشاره به مخالفان دولت وقت است که می دیدند در برابر پیشرفت مجلس ملی و پاگرفتن یک نظام استوار پارلمانی سنگ می اندازد.

در فصل پیش نیز نوشتیم، اصولاً اندیشهٔ ضرورت دسترسی بیک قانون اساسی جامع که تکلیف قوای مملکت را روشن کند، از همین سعدالدوله بود که سرانجام با پافشاری او و سایر مجلسیان و عمدتاً جبههٔ ترقیخواهان، تدوین یک قانون متمم در جهت کمال بخشیدن به قانون اساسی موجود در دستور قرار گرفت و در این مورد نیز انجام کار به عناصری واگذار شد که در آگاهی و خبرگی آنان محلی برای تردید نبود. ما به چند و چون تشکیل کمیسیون متمم قانون اساسی و ترکیب اعضاء آن در فصل گذشته پرداخته ایم و نیازی به تکرار نیست. اما یادآوری این نکته لازم است که پیش از تشکیل کمیسیون مزبور، هیأت دیگری برای «ترجمه و مدون شدن» قوانین مملکتی بوجود آمده که مجموعهٔ قوانین اساسی کشورهای پیشرفتهٔ زمان را بفارسی برگردانده بود و باز توجه به این امر نیز ضرورت دارد که مجلس کارتدوین قوانین مملکتی را در شوال سال ۱۳۲٤ به سعدالدوله واگذار کرده بود و نیز باید دانست که کمیسیون ترجمه و تدوین پانزده مترجم زبردست در اختیار داشت و جماعتی از حقوقدانان را بکار گرفته بود که همگی آنان با تحولات و نظامات مغرب زمین بکمال آشنایی داشتند و باری کمیسیون متمم قانون اساسی از پایان ذیحجهٔ ۱۳۲٤ تا اوایل ربیع الاول سال ۱۳۲۵ بکار خود ادامه داد و این یادآوری لازم است که در جمع اسناد و قوانین گوناگونی که مطالبه کرد، توجه اساسی خود را به قانون اساسی بلژیک معطوف داشت و این امر بدیع و یا مبتنی بر سلیقهٔ محض نبود، اکثر کشورهایی که در آن زمان به تدوین «قانون اساسی» برای خود دست می زدند، از الگوی بلژیکی ها استفاده می کردند که بسیار روشن و گویا بود.

بهر تقدیر طرح متمم قانون اساسی در مجلس ملی، سرآغاز جبهه گیری مخالفان و رویارویی هر چه آشکارتر نیروهای استبدادی با گروه ترقیخواهان بود. بعبارت دیگر اگر تا پیش از آن، علی رغم وجود اختلافات و بهانه جویی ها و سنگ اندازی درباریان و ملایان وابسته به دربار و حتی قهر و نارضایی «ملایان مشروطه خواه» بگومگوها به نوعی مصالحه می انجامید - با طرح متمم قانون اساسی دیگر محلی برای مماشات و گذشت نبود، چرا که با قبول چنان طرحی، دربار به عنصری تشریفاتی و بی اختیار و جامعهٔ روحانیت عملاً به موجودی واپس زده مبدل می شد:

در اصل بیست و ششم متمم آمده بود:

«قوای مملکت ناشی ازملت است، طریقه استعمال آن قوا را قانون اساسی معین می کند.»

معنای آن چیست؟ - آشکارا این است که تمامی «قانونگذاران» سابق اعم از شاه و طبعاً درباریان و نیز جامعهٔ روحانیت که بویژه رسیدگی به امور قضائی و حتی پاره ای از رشته معاملات

و امور مربوط به مکاسب و حتی مسائل شخصیه را در مجموعهٔ هرم استبدادی تصدی می کرد – از آن پس جای خود را باید به ارادهٔ «ملت» و نمایندگان منتخب ملت واگذارند و سر جای خود بنشینند.

در اصل سی و پنجم آمده بود:

«سلطنت ودیعه ای است که به موهبت الهی از طرف ملت به شخص شاه مفوض شده است.» معنای این چیست؟ آشکارا این است که میان خدا یا «موهبت خدا» و پادشاه مملکت قدرتی قرار گرفته است که نام آن «ملت» است و اختیار دارد که آن «موهبت» را به کسی بنام پادشاه تفویض کند و یا حتی از او پادشاهی را بازستاند.

جالب توجه است که مجلس ملی باستناد همین اصل سی و پنجم متمم قانون اساسی بود که پس از شکست کودتا (که بدان نیز خواهیم پرداخت) محمد علیشاه را از سلطنت خلع کرد و فرزند او احمد را به تخت پادشاهی نشاند.

در اعلام مجلس، بر این زمینه آمده بود: «به ملاحظه این که سلطنت ودیعه ای الهی است که از جانب ملت تفویض به یک شخص می شود، همانطور می تواند پس بگیرد.» با این استدلال «مجلس عالی» محمد علیشاه را مخلوع اعلام کرد، زیرا خود را از آن «موهبت» جدا کرده و به حمایت بیگانه «روس و انگلیس» واگذاشته بود.

بدیهی است چنان قانونی با چنان اصول متقن و روشنی نمی توانست مورد قبول اصحاب استبداد باشد.

اما آنجا که طرح مزبور مجموعهٔ جامعهٔ روحانیت را بجوش می آورد مضامینی بود که بوضوح نشان می داد، نویسندگان قانون پایه را بر سیاست عقلی و «عرفی» نهاده اند. وقتی گفتگوها دربارهٔ چند و چون طرح آغاز شد، موافقین یا جبهه ترقیخواهان می گفتند «این قوانینی که در این مجلس گذارده می شود، در همهٔ دنیا مثل زنجیر بهم بسته است و به اقتضای زمان این قوانین را می گذرانند – نقل از مذاکرات مجلس دورهٔ دوم تقنینیه ۱۳۲۷» و یا «غرض از تأسیس این مجلس این است که ما امر معاش خود را اول تنظیم کنیم و بعد امر معاد را – از همان سند. بدون ذکر نام گوینده.»

توجه داریم که استدلال جبههٔ مترقی، در اکثر موارد، متکی به ارزشهای غربی بود، همانگونه که اساس مشروطه در جوهر خود بحق یک دستاورد غربی تلقی می شد. و این بر کل جامعهٔ روحانیت گران می آمد. چنان که ضمن تحلیل ها و گفتگوها سید عبدالله بهبهانی که پیداست خود به این واقعیت پل بسته بود، چون فضا را برای سخت گوئی آماده نمی دید، بعنوان موعظه و تمنا می گفت:

«یک خواهش دارم و آن این است که هیچوقت شخصاً عنوان نکنید که در فلان دولت همچو کرده‌اند و ما هم بکنیم، زیرا که عوام ملتفت نیستند و به ما برمیخورد و حال آن که ما قوانین داریم و قرآن داریم، نمی خواهم بگویم که اسم نبرید، اسم ببرید و بگویید، لیکن بشکافید و معلوم شود که این کاری که آنها کرده‌اند از روی حکمت بوده و از قوانین شرع ما اخذ کرده اند.»

این سخنان را بار دیگر مرور کنید تا این واقعیت را از درون آن دریابید که مجتهد باصطلاح مشروطه خواه، چطور آشکارا، دروغ و قلب حقیقت را توصیه می کند که نگویید، دیگران (طبعاً غربیها) چنین و چنان کردند بگوئید آنها، نظامات خود را از «شرع ما اخذ کردند»!!

جالب توجه است که یکی از شاهزادگان مجلسی بیدرنگ سخن بهبهانی را پی می گیرد و می گوید: «این ممالک خارجه قوانین صحیحی که دارند تمام از روی قرآن و قوانین شرع ما برداشته‌اند، کتبی که دارند بنیان آنها بر قوانین شرع ما است» - سخافت این سخنان آنقدر واضح است که نیازی به بحث و جدل نیست ولی چنین برداشتهایی دست کم این واقعیت را برملاء می کند که حضرات از یکسو نمی خواستند خود را درگیر جوّی کنند که گام به گام بیداریها آفریده و توجه مردم را کمابیش به الزامات زمان جلب کرده بود و از سوی دیگر بر آن بودند که بهر نحوی از انحاء نفوذ «شرع» را حراست کنند و اجازه ندهند، دست «شریعت» از نظام مدیریت مملکت و خاصه پهنهٔ قانون گذاری کوتاه بماند.

ما در فصول پیشین به این نکته پرداخته‌ایم، که با آغاز افکار و جنبش مشروطه خواهی، در صف روحانیت انشقاقی دست داد. جمعی با حدت تمام به معارضه با آن برخاستند و همانگونه که نویسندهٔ (گمنام) رسالهٔ «تذکره الغافل و ارشاد الجاهل» در رد مشروطه گری آورده بود (ما درباره این رساله پیشتر اشاراتی داشته‌ایم) این گروه بر این باور ایستادگی داشتند که «این قانون الهی ما مخصوص به عبادات نیست، بلکه حکم جمیع مواد سیاسیه را بر وجه اکمل و اوفی داراست و لذا محتاج به جعل قانون نخواهیم بود.»

و در برابر این طایفه از «علما» مردانی مانند سه مجتهد بزرگ نجف و مخصوصاً روحانی نامدار «نائینی غروی» و دو مجتهد تهران سید عبدالله بهبهانی و سید محمد طباطبائی نیز در میدان بودند که به مشروطه روی آوردند که بقول کسروی (هرچند بتکرار است) مردمانی، وطندوست و مردم خواه بودند ولی به «آخشیج=تضاد» میان «مشروطه و قانون های اروپایی» آگاه نبودند.

و اما اینک که طرح متمم قانون اساسی بمیان آمده و بنای نظام بر «سیاست عقلی و عرف» پیشنهاد شده - پیداست که همین روحانیان مشروطه خواه نیز آماده نیستند تا به چرخشی تن در دهند که بکلی، مقام شریعت را در انزوا قرار دهد. - ما در این زمینه، در فصول قبل خاصه در

تحلیل اثر مشهور نائینی غروی (تنبیه الامت و تنزیه الملت) یادآوری کرده ایم که علمای مشروطه خواه نیز با همهٔ حسن نیتی که در برخی از آنها و منجمله همین «نائینی غروی» سراغ داریم، بهیچ روی با نفی «نظارت شریعت» موافق نبودند. بطوریکه همو نیز بنادرستی بر این باور بود که خارجیان، یعنی غربیان نیز «مبدأ ترقی خود را» بر پایه شریعت ما نهادند و «با بسط فروع آن ها به نتایج فائقه رسیده اند» - و باز همین عالم مشروطه خواه است که تلویحاً و بی ذکر نام بر طالبوف تبریزی و کتاب «مسالک المحسنین» او می تازد چرا که طالبوف مقایسه میان احکام ده قرن پیش و الزامات زمان را در «نسبت بینا و کور و ظلمت و نور» شرح گفته است.

باری، طرح متمم قانون اساسی، آن طور که به مجلس ارائه شد، بهیچوجه متضمن نظارت شرع یا «علما» نبود.

این سخن فریدون آدمیت یادآوردنی است که: «دستگاه روحانی نسبت به تعرض فلسفهٔ حکومت عقلی به قلمرو شریعت هشیار بلکه حساس بود، تضمینی که در مقابل آن به زحمت بدست آورد، نظارت کلی شرعی بر قوانین موضوعه بود -نظارتی لرزان که بعدها کان لم یکن تلقی گردید... - نقل از کتاب ایدئولوژی نهضت مشروطیت ایران، صفحه ٤١٣» و ما بر کلام آدمیت می افزاییم، این تضمین در عین حال که کلی بود، تشریفاتی هم بود - از همان گونه تشریفات که در متمم قانون اساسی نسبت به مواضع سلطنت و شخص شاه پذیرفته شد.

بهرحال ملایان که می دیدند، با طرح ارائه شده به مجلس دیگر اثری از نفوذ و مقام شریعت در روند قانونگذاری باقی نمی ماند، با همه امکانات خود قیام کردند تا بلکه بتوانند جای پایی برای «شریعت» و در واقع برای خود پیدا کنند. تضمینی که آدمیت بدان اشاره می کند، همین «جای پا» است و ثمر تلاشی که آنها بعمل آوردند تا کلید قانونگذاری یعنی قانون اساسی، از نفاذ شریعت خالی نماند.

این یادآوری لازم است که این کشمکش ها در شرایطی روی می دهد که میان «علمای» حاضر در مجلس، یعنی سید عبدالله بهبهانی و سید محمد طباطبائی در یک طرف و شیخ فضل الله نوری در طرف دیگر، نفاق سختی افتاده است. مروری در چند و چون نزاع میان جبههٔ ترقیخواه و جبههٔ روحانیتی که بمشروطه روی کرده، خاصه در شناخت بنیاد نظر قدرت طلب ملایان خالی از سود نخواهد بود.

سه مجتهد حاضر در مجلس که البته به نمایندگی انتخاب نشده بودند بلکه من حیث مقام روحانی خود در جلسات مجلس شرکت می کردند، از ابتدا ظاهراً همان نظارت شرعی را اعمال میکردند که آنقدرها هم با مفهوم واقعی نظارت تطابق نداشت بعبارت دیگر مسائل را کدخدامنشانه حل می کردند و می گذشتند. با طرح متمم قانون اساسی دو پیشنهاد بمیان آمد نخست اینکه، «نظارت» بوسیلهٔ «حجج اسلام» حاضر درمجلس انجام گیرد که این تازگی نداشت

و تحصیل حاصل بود و اختلاف ها بدانگونه که یاد شد،حل و فصل می شد. پیشنهاد دوم را شیخ فضل الله بمیان کشید بدین مضمون که یک هیات ۵ نفری از علمای تراز اول،بیرون از مجلس تعیین شوند و قوانین موضوعه را بررسی کنند و اگر در موردی قانونی را مغایر با اصول شرع یافتند، آن را رد کنند و اگر در زمینه ای شبهه‌ای روی داد، تصمیم را به علمای اعلام در نجف احاله دهند.

جا دارد که ابتدا بپردازیم به اختلاف سه ملا که گفتیم حالا و بعللی که قبلاً شرح داده ایم سخت بهم پیچیده و خط رقابت را به خط خصومت آورده اند.

طباطبائی می گفت: «گفتگوی ما در یک کلمه بود که علمای نظّار جزو مجلس باشند. آنها می گویند در خارج از مجلس باشند.»

مقصود او از کلمهٔ «آنها» روشن است که کسی جز شیخ فضل الله نمی توانست بود.

دیگر از روحانیان یعنی میرزا فضلعلی آقا، ضمن تاکید بر نظارت روحانیان با توضیحاتی فقاهتی و همراه با نوعی اجتهاد باین نتیجه می رسید که خود بخود «هیچ حکم قانونی مجلس محترم مخالف شرع نخواهد بود. اگر بعض اقسام این احکام را احکام عُرفیّه می گوییم، مراد احکام عرفیهٔ مخالف شرع نخواهد بود.»

ناگفته پیداست که این قبیل احتجاج ها و آن مسئلهٔ بیرونی و یا درونی بودن هیات نظار، از دیدگاه جبههٔ ترقیخواه سراسر عبث و بیمورد بود. زیرا آنان در پی یک نظام عرفی بودند و بر این اصل پافشاری داشتند که وکلای مجلس برگزیدهٔ مردم هستند و حق ندارند، مقام و موضع خود را بدیگری واگذارند، وانگهی اگر وسواسی بر زمینهٔ نظارت اهل شرع هم درمیان باشد، «علمای» ناظر را هم ملت باید انتخاب کند.

بدینگونه اولین اخگر اختلاف بر سر «نظارت» یا «عدم نظارت» شرع، ظاهر شد و سرانجام پس از بگومگوهای فراوانی، این چنین به مصالحه انجامید که: مجلس خود از جمع مجتهدین و فقهایی که «مطلع به مقتضیات زمان» باشند، ۵ نفر را تعیین خواهد کرد تادر مطابقت قوانین موضوعه با احکام شرع به اعلام نظر بنشینند و این ماده با اکثریت آراء تصویب و به متمم قانون اساسی افزوه شد و این همان مدلول اصل دوم متمم قانون اساسی است که بنا بر عقایدی از نقاط ضعف نهضت ملی مشروطه و قانون ما در آن یعنی متمم قانون اساسی محسوب شده است که بگمان ما، چنین نظری جدا از یک تحلیل عمیق، خاصه در پیوند با سایر اصول متمم قانون اساسی اغراق آمیز است (اگر نگوییم بکلی نارواست). ما در این باره در فصل دیگری بنحوی گسترده توضیح خواهیم داد و مسلم خواهیم ساخت که بصورت کاملاً محسوس و قابل درکی، در قانون اساسی مشروطیت با توجه به جوّ زمانه و مخصوصاً درجهٔ آمادگی مردم، جنبه های عرفی و «لائیک» بر جنبه‌های شریعتی آن با قاطعیت می چربید. اینک می پردازیم، بدنبالهٔ مطلب و

مقابلهٔ رو به شدت جبههٔ ترقیخواهان و جبههٔ ملایان، آنطور که جوابگوی بحث اصولی ما باشد و نقش روحانیت را در تضاد با حقوق مسلم انسانی و ملی مردم بازنماید.

این تذکر هم لازم است که بحث از اوضاع و احوالی است که دیگرشیخ فضل الله، گام بگام و عمدتاً در خط رقابت با همگنان و نه در خط غمخواری برای «اسلام و مسلمانی» با مشروطه فاصله گرفته و بدشمن سوگند خورده آن مبدل شده و برای رسیدن به مقصود به آغوش محمد علیشاه و عین الدوله و حتی شاپشال و لیاخوف روسی پناه برده است. و به شهادت ناظم الاسلام کرمانی صاحب کتاب تاریخ بیداری ایرانیان، «سالدات های روسی» را در مقام حامیان «شریعت محمدی» قرار داده است. بهر حال نقش شیخ فضل الله از این مرحله تا آن زمان که بدار آویخته می شود، خود حکایتی است که در اسناد تاریخی عصر مشروطه خواهی بدقت آمده است و ما هم بموقع، تا آنجا که بااساس این رساله ربط پیدا می کند، به نقل آن خواهیم پرداخت.

به سخن اصلی برمی گردیم: پس از بحث و نتیجه گیری، دربارهٔ «نظارت شرعی»، مسئلهٔ «مساوات حقوقی» از جمله مسائلی بود که سوای یکی دو تن از ملایان روشن ضمیر، نظیر طباطبائی و سید جمال الدین واعظ، مقبول سایر ملایان و حواریون غیر معمم آنها نمی توانست بود.

این مطلب را نباید ناگفته بگذاریم که مسئله آزادی مذهب نه فقط در مجلس، بلکه در فضای خارج از مجلس نیز، به عرصهٔ بحث آمده بود و این، بلحاظ فضای بستهٔ آن زمان خود، نشان می دهد که تا چه اندازه تحت تاثیر آموزش و تبلیغ روشنفکران، شرایط دگرگون شده که طرح مسائل «کفرآمیزی» از آن قماش زمینه یافته بود.

در برابر عناصری مانند سید نصرالله تقوی که می گفت: «بعضی در داخلهٔ مملکت خودمان می گویند که چرا به پادشاه اسلام این شرافت داده شد که مروج دین اسلام باشد. این گونه اشخاص که ناسپاسی می نمایند گمانم این است که معاند دین اسلام باشند.» – کم نبودند در داخل و خارج مجلس که نه فقط بر ضرورت «آزادی مذهب» پای می فشردند، بلکه حتی یک پله بالاتر در مقالات و اعلامیه‌ها، بر نفی کامل احکام شریعت نیز اصرار می ورزیدند از آن جمله مقاله‌ای بود که در حبل المتین نشر یافت بدین مضمون که قوانین هزار و سیصد سال قبل، برای تازیان جزیرة العرب بود نه برای مردم ایران و این روزگار. که البته نویسنده را به محکمه بردند و محکوم هم کردند ولی او را نکشتند و برای سرش جایزه‌ای نگذاشتند. در زمینهٔ مساوات حقوقی که طبعاً آزادی مذهب را نیز شامل می‌شد معدودی از علما، موافقت داشتند و این را نباید انکار کرد و حتی شنیده شد که بر منابر گفته اند آئین محمدی دیانت آزادی و مساوات است و هرکس خلاف آن معتقد باشد، به مملکت خیانت کرده است و مسلمان نیست. منتهی همانگونه که قبلاً در تحلیل کتاب نائینی پیش کشیده‌ایم، مساواتی که اینان پذیرفته بودند با مساواتی که

در یک نظام مشروطهٔ واقعی مطرح است، از زمین تا آسمان فاصله داشت. از تکرار این بحث درمی گذریم.

بهر حال در این زمینه برد با ترقی خواهان بود و موضوع در اصل هشتم متمم قانون اساسی این گونه ثبت شد:

«اهالی مملکت ایران در مقابل قانون دولتی متساوی الحقوق خواهند بود» - و این بحق از جلوه‌های درخشان لائیسیته در قانون اساسی مشروطه بحساب آمده است -چرا که کلیت مفهوم «اهالی مملکت» به آسانی رسانندهٔ این معناست که «مذهب» از دیدگاه «حقوق» مایه امتیاز نیست. تحقق این اصل، گذشته از دوره هایی که از مشروطه و مشروطه گری فقط پوسته ای بر جا ماند، دردوره هایی که کم یا بیش، جانی در تن مشروطه بود، در عرصه های عمل نشان داد که مدلول اصل هشتم، همان است که ترقیخواهان طلب می کردند و در بسیاری از زمینه های اقتصادی و اجتماعی و قانونی، امتیازی برای مسلمان در برابر غیر مسلمان نشناخته است. و اما تضاد در قلمرو استقرار «نظام قضائی» و عرفی بودن یا نبودن آن، میان جبههٔ پیشرو و جامعهٔ روحانیت، تیزتر و وسیعتر شد.

فصل بیست و دوم

بسوی نظام عرفی

پیشتر گفته ایم که طرح «متمم قانون اساسی» با درون مایه ای بر شالودهٔ یک نظام «عرفی»، استبدادیان را به جوش آورد و در این جمع مواضع محمد علیشاه و درباریانش و نیز ملایانی که به سرکردگی شیخ فضل الله آشکارا به مشروطه پشت کرده بودند روشن بود و قابل پیش بینی. اینک نوبت به ملایان مشروطه خواه می رسید که وقتی با «اصولی» مواجه شدند که عملاً دست «روحانیت» را از نظام سنتی «قانونگذاری» و اجرای «قانون» کوتاه می کرد به اعتراض و زبان درازی برخاستند. یادآوری کرده ایم که در پاره ای زمینه ها و از آن جمله در پیوند با مسئله «آزادی و مساوات» پس از یک سلسله مخالفتهـای کشدار، سرانجام با تعبیر و تفسیرهایی که مصداق کامل («بروی خود نیاوردن بود») به مصالحه ای هرچند کدورت آمیز تن در دادند و اما وقتی مسئلهٔ کلیدی «قضای عرفی» که سـابقهٔ صدهـا سالهٔ تصدی ملایان را پشت سر می نهاد، بدانگونه در متمم قانون اساسی وارد شد که عملاً محلی بـرای عرض وجود آنان باقی نمی گذاشت، بشدت به مقابله پرداختند. قبل از شرح چند و چون این جبهه گیری لازم است به دو نکتهٔ اساسی که در نهایت به سود جبههٔ ترقیخواهان اثر گذاشت اشارتی داشته باشیم:

نکتهٔ اول، همان اختلافی بود که از آغاز و بعللی که توضیح داده ایم (و اینک آن را بیشتر خواهیم شکافت) میان سه روحانی نامدار پایتخت و حاضر در مجلس، یعنی طباطبائی و بهبهانی در یکسو و شیخ نوری در سوی دیگر نطفه بسته و رفته رفته وسعت گرفته و به خصومتی آشتی ناپذیر مبدل شده بود.

نکتهٔ دوم، تغییر فضای اجتماعی و تحول نظرگیر افکار عمومی بسود مشروطه و مشروطه گری بود که این را بنا بر انصاف و حق باید بطور عمده حاصل آگاهی و درایت و پختگی روشنفکران (طبقات منورالفکر) و مجموعهٔ قشرهای ترقیخواه از کسبه و بازرگانان شناخت که موفق شدند، با تعلیم و تلاش و کوشش درنگ ناپذیر خود، احساس توده ها را بسوی ارزشهای یک «نظام پارلمانی» سوق دهند، بنحوی که کوتاه زمانی پس از تشکیل مجلس ملی گروهها گروه مردم، در مقام تظلم روی به مجلس می آوردند و حل مشکلات خود را از ابتدایی ترین تا مهمترین انواع، از این نهاد نوبنیاد طلب می کردند.

اما دربارهٔ نکتهٔ نخست و اختلاف میان «علما» توضیحی لازم است که بخودی خود آگاهی به روحیه و حال و قال (اگر نگوییم مجموعه) مسلماً می توانیم بگوییم بخش قابل ملاحظه ای از

ملایان را آسان می کند. واقعیت این است که اختلاف میان سه ملای پرنام، خاصه میان بهبهانی و شیخ نوری، نه انگیزه اسلامی داشت و نه براستی از اصول اعتقادی آنها نشئت می گرفت. پیشتر قول شیخ فضل الله را در این زمینه به نقل از مخبرالسلطنه آورده ایم که درجایی گفته بود: «نه من مستبد بودم، نه سید عبدالله [بهبهانی] مشروطه خواه و نه سید محمد [طباطبائی]. آنها مخالف من بودند و من مخالف آنها.» - بعبارت عریان تر، اختلاف «علما» منحصر بر سر بالانشینی و پائین نشینی بود و راستش را بخواهیم، در این میان شیخ فضل الله نوری در اطلاعات فقاهتی و «علوم» اسلامی بر آن دو پهلو می زد و اگر موضوع را بویژه از باب فساد شیخ فضل الله و بهبهانی دنبال کنیم، به دلایل مختلف به این نتیجه می رسیم که هر یک از این دو در فساد و رشوه خواری رکوردی داشتند و حتی برخی بهبهانی را «فاسدترین مجتهدان» می شناختند.

این را هم باید دانست که شیخ نوری مدتها کوشش داشت بنحوی با مشروطه خواهان کنار بیاید، شواهدی در میان است که نشان می دهد شیخ در این راه واسطه هایی نیز تراشیده است ولی چنان که در همان زمان نیز بر باریک بینان پوشیده نماند، این بهبهانی بود که حضور شیخ را در عرصهٔ کارها تاب نمی آورد، می دانست که نوری هم «باسوادتر» از اوست و هم در رندی و بازیگری چنان استاد است که به شتاب خود را به سکوئی بالاتر از سایر همقطاران خواهد کشید و «ابهت» امثال بهبهانی را در هم خواهد شکست و بهمین سبب بود که بهبهانی خود را به سلسلهٔ مشروطه خواهان نزدیکتر می نمودو از اصرار شیخ بر «مشروطهٔ مشروعه» بهره می گرفت. هر چند خود در باطن دل بهمان «مشروطه مشروعه» داشت. اینک در کنار چنین تصویری هر کس خود میتواند چند و چون دنیای «علمای دین پناه»(۱) را ارزیابی کند:

هر چند در فصول گذشته، جای جای به مواضع سید محمد طباطبائی اشاراتی داشته ایم، در اینجا بی سود نیست که این نکته را یادآوری کنیم که سید با آن که قلباً از تراشیده شدن اختیارات «روحانیت» ناراضی بود و گهگاه نیز احساس خود را بر زبان می آورد ولی از اینگونه رنگ ها فاصله داشت زیرا که هرچه بود، از احساس غمخواری نسبت به روزگار سیاه توده خالی نبود.

کوتاه سخن اینکه دشمنی ها میان سه عالم «ربانی» لحظه به لحظه بالا گرفت و شیخ فضل الله در همان راستهٔ خصومت با حریفان بر اصرار خود نسبت به لزوم «نظارت علما» افزود و افزود و مخصوصاً بر این پافشاری استوار ماند که این «نظارت» باید از سوی «علمای» خارج از مجلس صورت پذیرد و اجمالاً بدان جا رسید که دست از مشروطه و مشروطه گری بر کشید و یکسره خواهان «مشروعه» و اجرای تام و تمام قوانین شرع شد (و ما این تطور حال را در شیخ، در فصول پیشتر شرح داده ایم).

شیخ فضل الله حالا که موضع خود را روشن ساخته است، به دفاع از «مشروعه» و مخالفت با مجلس ملی راهی حضرت عبدالعظیم می شود و در آنجا باتفاق هم پیمانان خود بست می نشیند و

مجلس را کانون کفر و مجلسیان را کافر می خواند و طبیعی است که مجلس هم با قاطعیت در برابر او و یارانش جبهه می گیرد و دو سید نیز آشکارا به طعن و لعن شیخ زبان باز می کنند. طباطبائی می گوید: «خیال اینها [بست نشینان] جز فساد چیزی نیست» و بعد برای آن که احتمال ظهور هرگونه شکی را منتفی کند، می افزاید: «آنچه لازمهٔ مساعدت بود با این مرد [شیخ فضل الله] کردیم. پیغام دادم، آدم فرستادیم و گفتیم اگر اطمینان میدهید، خودمان بیاییم و شما را بیاوریم و ملت را وادار نماییم که از شما استقبال نمایند، ابداً متقاعد نشده و جز تخریب اساس مشروطیت غرضی ندارد - نقل از کتاب ایدئولوژی مشروطیت... اثر فریدون آدمیت و او به نقل از کتاب کشف المراد من المشروطه و الاستبداد، تالیف میرزا محمد حسین تبریزی.»

این یادآوریها بدانجهت لازم است تا دانسته شود که اولاً اختلافات خصوصی «علما» سر به چه انگیزه‌ای داشته است و ثانیاً معلوم باشد که این اختلافات (البته بی آن که غلو شود)، در پیشبرد برنامهٔ ترقیخواهان تا چه اندازه اثر می گذاشته است. بازگردیم به مقابلهٔ اصحاب استبداد (شاه و درباریان و ملایان ضد مشروطه) و نیز ملایان «مشروطه خواه» با جبهه روشنفکران و عناصر پیشرو اینک رسیده ایم به مسئله کلیدی «قضای عرفی» که در قبال آن، ارائه تصویری از نقش دسته اخیر مقصود ما را کفاف می دهد و گفتیم در این زمینه تکلیف دیگران روشن بود و نیازی به توضیح نیست.

هنگامی که «نظام قضائی» در متمم قانون اساسی، مبتنی بر قواعد عرفی به گفتگو گذاشته شد. «علما» ناگزیر جدی تر قدم پیش نهادند. نامه ای از مجتهد بزرگ نجف، آخوند ملا کاظم خراسانی در مجلس خوانده شد که قسمتی از آن خطاب به مجلسیان چنین است:

«یقین است که فصول نظامنامهٔ قانون اساسی را طوری مرتب و تصحیح فرموده اند که در مواد راجعه به محاکمات و سیاسات با موازین شرعیه منطبق و به توارد انظار و مرور دهور و اعصار مورد شبهه و اشکال نباشد» - منظور عالم و مجتهد بزرگ از قیود «توارد انظارو مرور دهور و اعصار» روشن بود، می خواست بگوید که «نظام قضائی» همان باید باشد که قرنها مجرا بوده است و تصدی آن را علما عهده داشته اند و پیداست که چنین «رهنمودی» برای عناصر ترقیخواه که از آغاز، دستیابی بیک نظام عرفی را دنبال کرده بودند، قابل پذیرش نمی توانست بود. ضمناً قابل پیش بینی بود که تذکاریه «عالم بزرگ مشروطه خواه»، ملایان حاضر در مجلس را گرم و در ارائه نظر جسورتر می ساخت. چنان که بهبهانی با اتکاء به این تذکاریه، بخود حق داد که قاطعانه بگوید «تمام ترتیبات عدلیه راجع به اجرای حکم شرع می شود و عدلیه کاری ندارد مگر اجرای قوانین و احکام شرعیه» - حالا می توانیم این پرسش را مطرح کنیم که: پس اختلاف او با شیخ فضل الله بر سر چه بود؟ مگر شیخ جز این می خواست که مشروطه همان «مشروعه» باشد؟

جالب توجه است که در این میان سید طباطبائی هم که در پاکیزگی او شکی نیست، بصدا در می آید و می پرسد: «با تأسیس محاکم عدلیه دیگر چه کاری برای علما می ماند؟» - و این بقول دستورنویسان استفهامی انکاری بود.

روشن است که دیگر صف ها مشخص شده است و بوقلمون های «وسط گیر» هم باید، نوعیت خود را برملا کنند. سید نصرالله تقوی یکی از آنها است که بنا بر خطای باصره ای، باد را موافق حال «شریعت پناهان» تصور می کند و جانب «علمای» متعرض را می گیرد و ضمن آن که می کوشد تا «اختلافات» را فقط «لفظی» تعبیر کند، جوهر نظر خود را روی دایره می ریزد و می گوید: «بلی، رفع ظلم و وضع عدل مطلوب است، لیکن اهم از او، حفظ و استقلال مقام شریعت است، چنانچه در این تغییر وضع به قدر شعره ای خلل مذهبی دست دهد، هیچ کس برای پذیرفتن حاضر نیست، چیزی که موجب نقض احکام و وضع قوانین مخالف اسلام باشد کفر صریح است. این حرف ها مثل لوایح کفری است که منکرین از لبان مجلس طلبان در میان مردم منتشر می کنند - نقل از مذاکرات مجلس.»

والتر اسمارت که پیشتر نوشته ایم با دقت عالمانه ای تحولات را دنبال کرده است در یک گزارش مطالعاتی برای وزارت امور خارجهٔ انگلستان، اختلاف میان شریعت خواهان و مشروطه طلبان مترقی را اینگونه ارزیابی کرده است:

«به یقین مهمترین مسائل فعلی که برای اهل تحقیق و سیاست هر دو قابل توجه است، مسئله دین و نهضت آزادی است. لازم به یادآوری است که در ایران همچون اروپا، دموکراسی، شریعت را عدوی خود می داند و اتحاد این دو اتحادی است غیر طبیعی و دیر یا زود به پیکار سختی علیه یکدیگر برخواهند خاست. طبقهٔ روحانیون خوب آگاهند که مخالفانشان چه در سر دارند و نسبت به خطری که هستی آنها را تهدید می کند حساس اند. اما به دامی افتاده اند که گریز از ان سهمناک، بلکه نامیسر است - برگرفته از کتاب ایدئولوژی مشروطیت - آدمیت).

وقتی کسی هشیارانه به حوادث آن روزگار میاندیشد و بویژه به مراحلی می رسد که از هر سو آشکار می شود: «مشروطه» و «شریعت» نمی توانند یکدیگر را تاب بیاورند، به درستی این تشخیص کسروی رای می دهد که ملایان مشروطه خواه، حتی آنها که از سر مردم دوستی و حسن نیت به مشروطه گری روی کردند، به تضاد میان قانونهای اروپایی و روح شریعت آگاهی نداشتند و پیداست حالا که با طرح متمم قانون اساسی به روح این تناقض پل بسته، بگفتهٔ محقق انگلیسی، تازه فهمیده اند که به «دامی» گریزناپذیر غلتیده اند.

گفتن ندارد که در این گیرو دار، رسالت عناصر ترقیخواه تا چه پایه سنگین است. مردم و عمدتاً در سطح شهرهای بزرگ کم یا بیش بیدارتر شده اند. اما این بیداری نه به پایه ای است که با قاطعیت شریعت را نادیده بگیرند و میان معاش و معاد فاصله ای بشناسند و اینجاست که یکبار دیگر این واقعیت با تمام صورت و سیرتش ظاهر می شود که تحولاتی از این دست در هر جامعهٔ

مفروضی نیازمند مایه‌های فکری و تدبیرهای پرتوانی است که شاید بتوان آن را در اصطلاح «فرهنگ سیاسی» خلاصه کرد و ثانیاً وابسته به درجهٔ هوشیاری و احساس مسؤولیت و بویژه صداقت نخبگانی است که چگونه نبض جامعه را در دست دارند، چگونه با پختگی و ظرافت عمل می کنند و چگونه مردم را در آن تاریکی بسوی روشنی سوق می دهند؟

نگارندهٔ این سطور، با قاطعیت بر این باور است که در صد سال گذشته، یعنی از دوران نطفه گیری اندیشهٔ مشروطه خواهی - اگر از چند استثناء خاصه در دههٔ ۲۰ درگذریم - جامعه یا «جوامع» ایرانی ما از نخبگانی بدان پایه از درایت و وظیفه شناسی و صداقت و روشن اندیشی که در آن فضای کور ظهور کرده‌اند، نصیب چشمگیری نداشته است. باید دانست که جبههٔ ترقیخواهان آن دوره، در چه شرایط نامساعد و در چه فضای بسته ای قد علم کردند و تا چه اندازه موفق شدند. در پی این آگاهی است که منزلت بلند آنان پدیدار خواهد شد.

پرسش این است: در برابر آن روندی که به یکتا شدن درخواست مستبدین (اصیل!) و تقاضای اکثریت ملایان «مشروطه خواه» انجامید، جبهه ترقیخواه چه می توانست کرد؟ - آیا بایستی همان شیوهٔ کج دار و مریز را که گاه و بیگاه رعایت کرده بود دنبال کند و یا نه! جانانه بایستند و طلب خود را پی بگیرد؟ - آنان راه دوم را برگزیدند، با همهٔ آن ظریفه کاریها که در چنین سوداها از مردمان هوشمند و دانا انتظار میرود. مسئله نظام عرفی «قضا» امری نبود که بسادگی بتوان از آن گذشت آنها میدانستند که اگر قضیه را ساده بگیرند و آشتی را بر ضرورت غلبه دهند آنگاه از مشروطه شیر بی یال و دم اشکمی باقی خواهدماند که شغالان بیشه نیز آن را به بازی نخواهند گرفت. این یادآوری هم لازم است که در چنین مرحلهٔ حاد و حساسی، «نقش شخصیت» و طبعاً شخصیتهایی که پیشاپیش جرات و صداقتشان را مایهٔ مشروعیت خود ساخته اند پربها و حتی تعیین کننده است.

در فصول گذشته، گفته ایم احتشام السلطنه، شاهزادهٔ روشن بین بکمک سایر ترقیخواهان به ریاست مجلس ملی انتخاب شد (اوایل شعبان ۱۳۲۵) و این انتخابی بموقع و از هر جهت لازم بود و باز پیشتر گفته ایم که او علی رغم مرتبهٔ بلند درباری و حتی انتساب به خاندان سلطنت، به جبههٔ ترقیخواهان پیوسته و در شورای عالی دربار با موضع گیری تند و قاطع خود بر ضد سایر درباریان و نشت این ماجرا به خارج از دربار، محبوبیت فوق العاده ای یافته بود. هر چند در پاره‌ای از اسناد، از او شخصیتی تندخو و سختگیر وصف شده است ولی فراتر از هر قضاوتی، او شاید در آن اوضاع تنها کسی بود که می توانست با ملایان پنجه در پنجه شود و با شخصیت نافذ خود آنها را واپس زند. اجمالاً این انتظار می‌رفت که شاهزادهٔ درباری با آن جرات و سختگیری که در مقابله با ملایان بر سر قوام بخشیدن به نظام قانونی از خود نشان داده بود، در این مرحله حساس، بیشترین همت خود را ظاهر کند و چنین کرد.

در آغاز وقتی ملایان را در دفاع از تفوق شریعت مصرّ یافت، به آنها پیام فرستاد: «غیراز محاکم وزارت عدلیه محکمهٔ دیگری نباید باشد. مجتهدان جامع الشرایط قضا هم باید در عدلیه انجام وظیفه کرده حقوق بگیرند» و بدینگونه آب پاکی را روی دست حجج اسلام ریخت و ژرفای مسئله را بچشم آنان آورد.

معنای گفته او چه بود؟ - این بود که «مجتهد جامع الشرایط» که به قضاوت در عدلیه منسوب می‌شود، کارمند دولت است و دولتی که خود باید از قانون اساسی و قوانین موضوعه پارلمان تبعیت کند.

در این صورت سهم «روحانیت» که قرنها سهامدار حکومت و متصدی عمدتاً رشتهٔ قضا بوده است، چه خواهد شد؟

توجه دارید که نزاع بالا گرفته و به نقطه‌های حساس رسیده است.

ملایان عموماً و ملایان حاضر در مجلس خصوصاً چنین شکستی را برنمی‌تابند ولی جناح مترقی نیز نه فقط کوتاه نمی‌آید، بلکه ضد حمله‌ای را با قدرت تمام تدارک می‌بیند و آغاز می‌کند. در پیام احتشام السلطنه به سید محمد طباطبایی ملای خوش نیتی که حالا بر رگ روحانیتش تیغی نشسته و به اعتراض برخاسته، این عبارت نه فقط آمرانه که اندکی اهانت آمیز است: «مگر با شما قرار نگذاشتیم که حقوق ماهانه بگیری و در دیوانخانه مشغول قضاوت باشی؟ - نقل از زندگینامه ثقه الاسلام».

قطعاً توجه دارید که کاربرد سوم شخص مفرد در حق آن روحانی عالیمقام سخت پرمعناست و روایت از آن دارد که (رئیس تازهٔ مجلس) مصمم است، بهر قیمت تا مرز آخرین براند و تسلیم نشود.

در قبال این پاسخ کوبنده به طباطبائی که همگان به حسن نیتش اذعان دارند بدیهی است آنجا که پاسخ به اعتراض روحانی نامدار دیگر (بهبهانی) پیش می‌آید شکل و محتوای تندتر بخود می‌گیرد. زیرا احتشام السلطنه می‌داند که بهبهانی بخلاف طباطبائی به پاکیزگی شهرت ندارد. یحیی دولت آبادی از قول وزیر مختار وقت انگلیس می‌نویسد که احتشام السلطنه سید عبدالله را بی پرده «فاسد و در واقع مرتجع» خوانده است. او حتی یک بار با ذکر نام خطاب به بهبهانی می‌گوید: «آقا سید عبدالله رشوه میخورد، حقوق مردم را پایمال می‌کند و نمی‌گذارد امور در مجرای حقانیت جاری گردد.» و در جای دیگر، تمامی ملایانی را که بنام دفاع از قضای شرع چون کبکان سر بر برف فرو برده‌اند مخاطب می‌گیرد و می‌گوید: «اینها برای جلب منفعت قدم می‌زنند، اعمال غرض می‌کنند.»

طبیعی است که این سابقهٔ خوش احتشام السلطنه و قاطعیت اوست که توجه و احترام عمومی را برانگیخته و به او جواز داده است تا چنان استوار در برابر ملایان پرآوازه قد علم کند. البته این را هم باید افزود که او در این راه تنها نیست. در میان نمایندگان مجلس، حتی از صنوف پایین

هستند که به مشروطه دلبستگی یافته و کمابیش به خبث معاندین پی برده‌اند. همان زمان که شیخ فضل الله بنای مخالفت همه سویهٔ خود را با بنای مشروطیت بالا می‌برد، وکلایی از این دست به میدان آمدند و ضمن مخالفت حرفهایی بر زبان آوردند که ملایان را خوش نمی‌آمد، هر چند آنان را بر می‌انگیخت که با احتیاط گام بردارند و حساب پیوستگی با توده را از یاد نبرند. «فضلعلی آقا» در شمار این گونه وکلا بود که در نوبتی البته با اشاره به بازیگریهای شیخ فضل الله گفت:

«از نحوست دو ظلم ما به این مجلس رسیدیم، یکی از دیوان و یکی از چنین علما».

درخارج از مجلس نیز، موافقان مشروطه دست بکار بودند. روز بروز بر تعداد «انجمن‌ها» افزوده می‌شد. در همان گیر و دار بحث دربارهٔ متمم قانون اساسی تعداد انجمن‌های تهران به ۱۴۴ می‌رسید و معنایش این بود که رفته رفته، حمایت از حکومت ملی به شکل سازمان یافته‌ای میل کرده است. طولی نکشید که انجمن مرکزی با شرکت نمایندگان مزبور (از هر انجمنی یک نماینده) پدید آمد و هم اینان بودند که در مجلس بست نشستند و تصویب متمم قانون اساسی را مجدانه طلب کردند. اجمالاً کار ترقیخواهان بالا گرفت. از یکطرف شیخ فضل الله و یارانش، پس از ترور اتابک که محرک و روزی بخش آنها بود، بهانه‌ای به کمک دو سید یافتند و بست نشینی را ترک گفتند و از سوی دیگر ایستادگی مجلسیان با یاری انجمن‌ها و پیامهای مستمری که از ایالات می‌رسید کار تصویب متمم را تمام کرد.

پیش از آن که مبحث تضاد میان آزادیخواهان و عوامل استبداد و نیز ملایان باصطلاح مشروطه طلب را در زمینه‌های دیگر و در فصول دیگر دنبال کنیم، جا دارد به پاره‌ای از اصول متمم قانون اساسی بر زمینهٔ عرفی شدن نظام قضایی بپردازیم که خود نمادی از پیروزی ترقی خواهان بود.

در این باره اصل کلیدی، اصل هفتاد و یکم متمم قانون اساسی قرار گرفت که بموجب آن: «دیوان عدالت عظمی و محاکم عدلیه مرجع رسمی تظلمات عمومی هستند و قضاوت در امور شرعیه با عدول مجتهدین است» – «مرجع تظلمات» قرار گرفتن عدلیه یا به اصطلاح مندرج در قانون (دیوان عدالت عظمی) بدرستی پایان سیادت ملایان محسوب شده است خاصه که مدلول دنباله این اصل که می‌گوید: «قضاوت در امور شرعیه با عدول مجتهدین جامع الشرایط است» مسلم داشت که حوزهٔ عمل «علما» همان شرعیات است و بس. اصل هفتاد و سوم در واقع عرفیت نظام قضائی را استوارتر کرد:

«تعیین محاکم عرفیه منوط بحکم قانون است و کسی نمی‌تواند بهیچ اسم و رسم محکمه‌ای برخلاف مقررات قانون تشکیل دهد»

و این معنا در اصل هفتاد و چهارم باز هم مستحکم‌تر شد:

«هیچ محکمه‌ای ممکن نیست منعقد گردد مگر بحکم قانون.».

و در اصل هفتاد و پنجم، همچنان بر قوت نظام عرفی بدینگونه افزوده شد: «در تمام مملکت فقط یک دیوانخانهٔ تمیز برای امور عرفیه دایر خواهد بود و آنهم در شهر پایتخت و این دیوانخانهٔ تمیز در هیچ محاکمه ابتدا رسیدگی نمی کند مگردر محاکماتی که راجع به وزراء باشد.»

با توجه به این اصول، و اصول دیگری که حوزهٔ «قضا» را در بر می گرفت می توان به آسانی دریافت که بُرد در این ماجرا به جبههٔ ترقیخواهان تعلق گرفت و برای نخستین بار در تاریخ ایران دست ملایان از این بخش مهم حاکمیت سست شدو آنهمه بازیگریها که هدفی جز بقای سهم «روحانیت» در بنای قدرت، در پیش نداشت، بهمت و نیروی روشن بینی و احساس مسئولیت آزادیخواهان بی اثر ماند.

فصل بیست و سوم

صورتهائی از خشکسالی اندیشه
در جامعهٔ روحانیت

در فصول پیش آوردیم که با طرح متمم قانون اساسی در مجلس ملی (اول) نه فقط محمد علی شاه و پیرامونیان درباری او، بلکه حتی روحانیان مشروطه خواه نیز، همانند ملایان ضد مشروطه به تلاش وسیعی دست زدند تا مقام «شریعت» در مجموعهٔ نظام حکومتی و قانونی مملکت محفوظ بماند ولی پایداری جبههٔ ترقیخواهان و کشش روزافزون مردم به سوی مشروطه، دست آنها را می بست. در بخش پیشین گفتیم که هرچند مقابلهٔ این گروه از ملایان خاصه در زمینهٔ استقرار «قضای عرفی» بالا گرفت ولی ناگزیر در پایان کار به مصالحه ای تن در دادند و «عدلیه» را بعنوان تنها «مرجع تظلم عمومی» برسمیت شناختند طبیعی است هر اندازه حرکت مشروطه خواهی بیشتر قوام می گرفت و هر اندازه درون مایهٔ یک نظام واقعی مشروطه آشکارتر می گشت، از ناآگاهی «علما» نسبت به تعارض مشروطه و شریعت خراشیده می شد و روحانیتِ روی به مشروطه آورده را به تشویش می کشید، ولی واقعیت این است که شرایط چنان دگرگون شده بود که راهی جز مصالحه بروی آنان باز نمی گذاشت. این اشاره نیز ضرورت دارد که روحانیت شیعه که بویژه از عصر صفوی موفق شده بود در بنای حاکمیت و هرم قدرت استبدادی گام به گام نفوذ کند و به سهم کلانی دست یابد علی رغم دستاویز بزرگی که تحت عنوان «اجتهاد» در اختیار داشت حتی در این مرحلهٔ حساس نیز به کمترین رفرمی بسمت تطبیق با مقتضیات زمان رضا نمی داد. گواه این دعوی، بازتاب خشم آگین همین گروه مشروطه خواه در قبال نظامات قانونی جدید بود که بروشنی آشکار شد آنچه آنان نهایتاً طلب می کنند، همان ریاست فائقه و استیلای شریعت است و بهیچ روی آن آمادگی را ندارند تا بپذیرند قواعد و قوانین تازه ای جای قواعد و قوانین شرعی را که در هیچ خط و مرزی با الزامات زمان تطابق نداشت، پر کند. کاوش هر چه دقیقتر درخواستهای بنیادی ملایان «مشروطه خواه» به این نتیجه منتهی می شود که اگر آنها بر ضد سلطنت خودکامه جبهه گرفتند و رو در روی دربار که بسختی در قبال نظامات جدید مقاومت می کرد، ایستادند و بر استقرار «مشروطه» اصرار ورزیدند، در دل به سودایی جز این مایل نبودند که از قدرت فائقهٔ دربار کاسته و بر قدرت «شرعی» آنان افزوده شود و این چیزی سوای

جا بجا یی دو استبداد نبود، هر چند آنان «شریعت» را مایهٔ عدالت و عدالتی که خدا آن را شالوده ریخته است، تبلیغ می کردند.

پس از تصویب اصول ناظر بر «قضای عرفی» که طبعاً با نارضایی باطنی ملایان «مشروطه خواه» توام بود، زمینه‌های دیگری از نظامات جدید اقتصادی و حقوقی مطرح شد که بار دیگر آنها را به جبهه گیری و ضدیت، برانگیخت. از آنجمله طرح «اساسنامهٔ بانک ملی» بود که با مخالفت این گروه از ملایان روبرو شد و همین بخودی خود مسلم ساخت که این جماعت جز به بقای شیوه‌های مرسوم فقاهتی نمی اندیشند و به هیچوجه حاضر نیستند از مقرراتی که احتمالاً در یک جامعهٔ بدوی کاربردی می تواند داشته باشد، فاصله بگیرند و برای آنها قابل درک نبود که اقتصاد نو، نیازمند لوازمی نو نظیر بانک و نظامات جدید تجاری و تولیدی است، گمان می بردند که اقتصاد کنونی را می توان با همان قواعد فقاهتی ناظر بر مکاسب و معاملات بدوی و قبیله ای اداره کرد. در طرح اساسنامهٔ بانک ملی پیش بینی شده بود که «امتیاز غواصی و استخراج مروارید از خلیج فارس با بانک ملی ایران است» - بعبارت دیگر بموجب این طرح امور غواصی و «استخراج مروارید» در اختیار حکومت و مالکیت عموم قرار می گرفت. وقتی چنین طرحی در مجلس مطرح شد، بیدرنگ فریاد ملایان به آسمان رسید که چنین قاعده ای مغایر شریعت است و باید از آن اجتناب کرد. سید محمد طباطبائی که پیشتر گفته ایم، فراسوی آن تعلقات منجمد دینی، از حسن نیت و حتی تا حدودی از انگیزه‌های نوخواهی خالی نبود به اعتراض برخاست و گفت «فرق است میانه ی امتیازی که دولت به کسی بدهد یا این مجلس بدهد. چیزی که در مجلس تمام می شود باید با قانون شرع باشد» ملاحظه دارید که تازه چنین بازتابی از عنصری است که در جمع روحانیون مشروطه خواه یکپا جلوتر می راند و نسبت به سایر همقطاران «مشروطه خواهش» سهل گیرتر است. از همین مورد می توان درک کرد که روحانیت حتی مشروطه خواه نیز چطور در عوامل سنتی و قدیمی خود منجمد مانده است و مطلقاً حاضر نیست قدمی از احکام شریعت و مقررات ناظر بر احوال هزاره ای پیش، فراتر بنهد.

خوشبختانه در جبهه ترقیخواهان صلابت رأی و ایستادگی و البته در همه حال پشت به مردمی که گام به گام پیش آمده و به مزایای نظام جدید آشنا شده اند بحدی است که به آنها جرات می دهد حتی به نارساییهای دینی نیز استشهاد کنند و مقاومت واپس گرایان را بشکنند؛ چنان که یکی از نمایندگان صنف تجار (محمد اسمعیل آقا) بیدرنگ در همان اجلاس، با شهامت بی نظیری، سخنان مجتهد را رد می کند و می گوید: «ما اگر چه علما نیستیم ولی مسلمان که هستیم.اگر بخواهید شرعی باشد اصلاً سررشته از سر غلط است. این مطلب صورت شرعی ندارد، مالیات گرفتن چه صورت شرعی دارد؟ شما میخواهید از این بانک، ملت ایران را از

اسارت خارجه رها کنید. این امتیاز در مقابل این خدمت است که اسباب رغبت و همراهی مردم باشد.»

و بدنبال وکیل بازرکان، میرزا طاهر تنکابنی که اصولاً مرد اندیشه گر و فلسفه دانی است، به تایید نظر او وارد بحث می شود و بی پرده در تقابل «شرع» و مصلحت ملی، جانب مصلحت ملی را می گیرد و می گوید:

«اگر امر دایر بشود که غمض عین از کلیهٔ قرآن بشود یا یک امر جزئی، البته باید از امر جزئی صرفنظر کرد [اما] این مطلب همین نحو است که این خلاف شرع را مرتکب بشویم، یا در رهن و اسارت خارجه باشیم؟ دراین صورت این اهون است.»).

توجه به ژرفای مسئله ضرورت دارد. بحث بدانجا کشیده است که اگر میان مصالح شرع و مصالح ملی، تناقض ظاهر شد، کدام سو را باید گرفت؟ و این حائز اهمیت است که فضای کور و خرافه آلود زمانه چنان بهمت قلیلی از رهبران آگاه و صدیق و پیشرو شکافته شده است که می توان آشکارا چنین مضامینی را پیش کشید (کاری که پس از قریب یک قرن، در شرایط رژیم فقاهتی در ایران، نامقدور است).

در پی این جدلها، نماینده روشن بین و روشنفکری بنام محقق الدوله بحث را به زمینه های حقوق بین الملل می برد و نتیجه می گیرد:

«امروز به قانون دول که در دست است آیا سواحل دریا مال دولت نیست؟ صیادی در دریا مال دولت نیست؟ وقتی مال دولت شد، دولت می تواند حق خود را به دیگران به عنوان کمپانی شرکت بدهد. اگر صرفهٔ ملت در این است باید اقدام کرد» سعدالدوله اضافه می کند: «حالا می فرمایید که این صدف مال عامه است، نمی توان امتیاز داد. وکلای ملت از جانب ایشان این جا نشسته اند اگر صلاح دانسته‌اند و دادند، خود ملت داده است» پیداست که منطق ترقیخواهان پر زور است، علاوه بر آن که مردم نیز خرده خرده به ژرفای ماجراها وارد شده اند و بنابراین چاره‌ای بر «علمای شرع» نمی ماند که بنحوی کنار بیایند و برای آن که مهار کار یکسره از دستشان بیرون نیفتد، دست کم برای حل و فصل مسائل گریز ناپذیر و این چنانی، یک کلاه شرعی بیابند.

سید عبدالله بهبهانی، با این بیان که «مباحات ملک همه است» بار دیگر و البته این بار با یک کلاه شرعی که خود دوخته است بمیدان می آید. ابتدا یادآوری می کند که «انحصار غواصی» بخودی خود شرعاً درست نیست و طرح آن «به نشستن ما [علمای دین] در اینجا برمیخورد» - پس چه باید کرد؟ جوابش را خود این طور ساخته است «طوری بکنید که این امتیاز از طرف دولت باشد، ربطی به ما ندارد»

گفتنی است که در جریان این بگومگوها، «علما» بکمال دریافته اند که ناخواسته براهی افتاده اند که جدایی از آن میسر نیست و تنها چاره آنست که واقعیتهای اجتناب ناپذیر را در زیر لفافی بپوشانند تا دست کم نان و نشانی از «شرع» باقی بماند. ولی مسائل چنان حساس است و هواخواهان واقعی مشروطه به منطقه ای رسیده اند که یا باید یکسره از تلاشها و دست آوردهای خود چشم بپوشند و یا استوار بر خواستهای خود بایستند؛ بهمین دلیل به لاپوشانی مجتهد شریعت پناه تن در نمی دهند و با پشتکار تمام شیوهٔ دوم را دنبال می کنند.

مخبر الملک، دیگر از افراد جناح مترقی پس از «افاضات» بهبهانی، بیدرنگ در دهانش می دود و می گوید: «دیگر این فرمایشات را نکنید، امتیاز بدون تصویب مجلس نمی شود» و سعدالدوله سخن مخبرالملک را پی می گیرد و خطاب به او، اما بر سبیل طنز می افزاید «شما هم دیگر این فرمایشات را نفرمایید، بدون تصویب مجلس همه کار می کنند» و این در عین حال تعریضی است به اعمال دولتیان که در همان پوشش طنز، پیشنهاد مجتهد را نیز رد می کند.

اشارهٔ بالنسبه تفصیلی ما به این جدلها (که عموماً از صورت جلسات مذاکرات مجلس اول اخذ شده است) - عمدتاً برای اثبات این نظر است که جدا از موضع گیری خصمانهٔ درباریان، تلاش گروه عظیم ملایان درتمام زمینه ها، از خرد و بزرگ، متوجه پاسداری از شریعت و قواعد کهنه و بدوی و فرومانده ایست که قرنها در پی قرنها برای آنها بیش از اندازه، سیادت و منفعت و امتیاز آفریده است. در همین جهت، موضع گیری ملایان «مشروطه خواه» نسبت به قواعد عرفی ناظر بر مبارزه با رشوه خواری نیز یادآوردنی است. مجتهدین حاضر در مجلس (بهبهانی و طباطبائی)، اصرار دارند که مقررات مربوط به «کیفر» راشی و مرتشی دقیقاً و بی کم و کاست باید همان باشد که در شریعت آمده است و طبعاً این امر با نظامات جدید تقابل محض دارد و آنها که دل به یک مشروطه واقعی بسته اند، نمی توانند به تمنایی گردن نهند که با الزامات زمان نمی خوانند. «علما» حتی با تحکم می گویند: «هرچه شرع برای راشی و مرتشی معین کرده بدون ملاحظه باید مجرا گردد». قواعد شرع در این باره چه می گویند؟ مقرر میدارند که فقط، «وجه» موضوع ارتشاء را از طرف بگیرند والسلام. یعنی راشی و مرتشی را بحال خود بگذارند و بگذرند و نه مجازاتی و نه حتی تشری.

سعدالدوله می پرسد اگر فردی از دولتیان «پولی بگیرد» و حقوق دولت و ملت را بفروشد مجازات آن همان [گرفتن وجه و والسلام] است؟» - میرزا طاهر (فیلسوف) کلام سعدالدوله را تقویت می کند و وسعت می دهد و می گوید: «احکام قانونی نباید استثناء داشته باشد و قانونی که می خواهید بنویسید منحصر به دیوانیان نیست» معنایش این است که قانون مصوب مجلس باید همگان را شامل شود و استثناء پذیر نباشد.

در این میان سخنان سعد الدوله با تکیه به علل بسط رشوه خواری شنیدنی است که میگوید: «رشوه است که خانهٔ ایرانی و ایران را خراب نموده... یکی هم واسطه است که بدتر از رشوه است، هر وقت توانستید رشوه را از میان بردارید، این مملکت ترقی خواهد کرد» و بعد خود راه مهار زدن به ارتشاء را این طور وصف می کند: «قطع رشوه راهی دارد و آن دادن مواجب است به اجزاء (کارمندان) به اندازهٔ کفاف و نظم در امورات، [از این راه است] که دیگر رشوه گرفته نمی شود.»

سید عبدالله بهبهانی همانطور که پیشتر گفته شد، از آنجا که همواره در اندیشهٔ حفظ نفوذ شریعت است (حتی از رهگذار لاپوشانی و لفاظی) در این زمینه نیز کوششی دارد تا لااقل، موضوع به رأی گذاشته نشود. می گوید: «اگر بنا باشد برای هر چیز رأی بگیرند، باید برای نماز عشا و مغرب هم رای بگیریم.» توجه دارید که چطور ملای مشروطه خواه وقتی می بیند راه گریزی در میان نیست، تا اینجا راضی می شود که به «قواعد خلاف شرع» عمل کنند ولی آن قواعد را به رأی نگذارند و در قالب قانون نریزند. ولی در این زمینه نیز برد با ترقیخواهان است و رأی مجلس بر این مادهٔ قانونی تعلق می گیرد که:

«عمال دیوان در صورت گرفتن رشوه محکوم اند و به رد مبلغ مزبور و خلع راشی و مرتشی از شئونات و خدمات دولتی و قطع شدن مرسوم او». بدیهی است که ما در گواه گیری خود نسبت به نقش واپس گرای ملایان در نهضت مشروطه و مخصوصاً نظام قانونگذاری مشروطه، برای پرهیز از طولانی شدن مطلب، فقط به چند مورد استشهاد می کنیم وگرنه دفتر مذاکرات مجلس اول، خاصه از آن زمان که طرح متمم قانون اساسی و سایر قوانین موضوعه پیش آمده است سراسر پر است از صورتهای گونه گونه تعارض میان شرع و عرف و در عبارت کلی تر تعارض میان استبداد و آزادی در جبهه‌ای که در یک سمت آن آزادیخواهان و طرفداران نظم نو و در سمت دیگر، درباریان و ملایان ضد مشروطه (که جای خود دارند و آشکارا به جنگ قیام کرده اند) و نیز ملایانِ ظاهراً بمشروطه گری روی کرده، سنگر گرفته اند. نگاهی هراندازه زودگذر به این عرصهٔ نبرد، این واقعیت را برملا می کند که جبههٔ مذهبی شامل عناصر ضد مشروطه و ظاهراً طرفدار مشروطه، علی رغم اختلافات درون طایفه ای که پیشتر به شمه ای از علل آن پرداخته ایم – عملاً در کنار هم برای صیانت از موضع عتیق خود در تلاش بوده اند و تفاوت صوری تنها دراین بوده است که گروهی عدول حتی از جزئیات قواعد شرع را تاب نمی آوردند و آن را در ردیف کفر و الحاد می دانستند و گروهی در جامهٔ آزادیخواهی، سلطهٔ شرع را می خواستند و رضایتشان از این مرز تجاوز نمی کرد که درون مایه بماند و قالب تغییری پذیرد. مسلماً وقتی مسئلهٔ اتکاء به حقیقت و واقعیت در میان است، این هر دو حکم می کنند که در صف ملایان نیز حضور استثناءهایی را فراموش نکنیم ولی این را هم نباید ناگفته گذاشت و گذشت که این استثناءها

به حدی قلیل بوده‌اند که به هیچ روی نمی باید وجود آنها را نافی اصل تلقی کرد و اصل همان است که وقتی روحانیان دریافتند که بیهوده به دامان مشروطه چسبیده اند و مشروطه قالبی نمی‌تواند بود تا خواستهای باطنی آنان را شکل دهد، به تکاپو افتادند و شگفت نیست هرجا که متوجه شدند فرار از منطق نیرومند آزادیخواهان میسر نیست و مهمتر از آن هرجا که فهمیدند، ابرام و اصرارشان چه بسا سبب شود که توده های نسبتاً بیدار شده سر به طغیان بگذارند و بر تقدس «ملا» ظنین شوند - صلاح در آن دیدند که کوتاه بیایند و به سرپوشی قانع شوند و این را دنبالهٔ همان نظری باید کشید که متاسفانه روحانیت اسلامی عموماً و روحانیت شیعه خصوصاً بخلاف همتایان مسیحی خود که خواسته و ناخواسته سرانجام به نوعی نوآوری و یا دست کم تطبیق با احوال متغیر زمان تن در دادند - به هیچ تحولی راضی نشدند و مطلقاً نخواستند، حتی به قدر سر سوزنی از سهم خود در بنای قدرت دیرپای استبدادی بکاهند، چه رسد که نگاهی به سوی الزامات روزگار بگردانند.

برای آن که از این جمود آهکین، نقش روشنتری داشته باشیم، به موردی در همان دوران مشروطه گری استناد می کنیم که بخوبی مسلم می دارد: این طایفه، تا چه پایه بر آن برودت و خشکی و انعطاف ناپذیری مذهبی و قشری گری خود دلبسته و وابسته بوده اند.

در همان مجلس اول زمانی رسید که طرح «نظامنامه انجمن بلدیه = شهرداری» بمذاکره گذاشته شد. در این طرح تشکیل «کتابخانه ها، قرائت خانه های عمومی، دواخانه ها، تیاترها و موزه خانه ها» پیش بینی شده بود. بمحض آن که این طرح بمیان می آید، فغان علما بلند می شود که دیگر این «تیاتر» چیست که در یک کشور مسلمان، نه فقط از آن گفتگو می کنند، که برای آن قانون هم می خواهند؟ یکی از ملایان مجلسی با عصبیت تمام می گوید: «خیلی غریب است که این نظامنامه را با نوشتن این طور الفاظ به مجلس فرستاده اند». بدین گونه ملای مشروطه خواه و مجلس نشین که «بحر العلوم» هم لقب دارد، با این برداشت که گویی دارند «نجاسات» را نیز قانونی می کنند، بجوش می آید و وقتی یکی از نمایندگان صنف بازرگان (محمد اسمعیل آقای تاجر) توضیح می‌دهد که این کار «ضرری ندارد، تیاترهایی هستند که به جهت وعظ و تربیت و آگاه کردن مردم تشکیل می یابد» و دیگری دربارهٔ «موزه خانه» شرح می دهد که «آثار کهنه را در آنجا می گذارند [که] باعث بصیرت مردم و فایدهٔ زیاد است» به کتف «بحر العلوم» نمی رود. آشوب زده واسلاما سر میدهد تا آن که صنیع الدوله برای آن که بقول فریدون آدمیت از شرّ (بحرالعلوم) خلاص شود میگوید: بسیار خوب «این یک لفظ تیاتر هیچ نوشته نشود بهتر است.» همین نکتهٔ کوچک خود ناقل این معنا است که جبههٔ روحانیت موسوم به مشروطه خواه نیز تا چه اندازه متحجر و منجمد مانده و چگونه با هر اثری از زندگانی طبعاً نوطلب آدمیزاد، در تعارضی آشتی ناپذیر بوده است.

فصل بیست و چهارم

یک رهبری شایسته و یک خیزش درخشان مردمی

در چند فصل پیش توضیح دادیم که چطور با طرح متمم قانون اساسی و افشای درون مایهٔ عرفی آن که خاصه در زمینه های بنیادیش با احکام شریعت تطابق نداشت، اختلاف نیمه پنهان و نیمه آشکاری که میان جبههٔ ترقیخواهان و روحانیان (به مشروطه رو کرده) از آغاز نطفه بسته بود، بالا گرفت. هر چند از راه مصالحه ای و قبول سهمی به اهل شریعت تدوین متمم قانون اساسی به پایان رسید ولی غبار کدورت فرو ننشست تا آنکه حوادثی سرکشید و سبب شد، بار دیگر آشتی و همگامی بین دو طرف زمینه‌ای پیدا کند. پیشاپیش از توضیح این مطلب ناگزیریم هدف ما در این رساله تحلیل و بازنویسی تاریخ بمعنای عام آن نیست. کارما از قلمرو امری که عنوان رساله نمایندهٔ آن است تجاوز نمی کند؛ اما از آنجا که قبول انتزاع در رویدادهای تاریخ ناممکن است، گهگاه ناچار بقصد دستیابی به علل هر حادثه، پلی به سایر وقایع می بندیم و البته در غایت اختصار.

اجمالاً سازش مجدد دو جبهه، انگیزه ای سوای این نداشت که طرفین به این درک مشترک رسیدند که محمد علیشاه بار دیگر به سرکوب جنبش مشروطه خواهی و تعطیل پارلمان کمر بسته است. برای ردگیری ریشه های این توطئه، در خط زمان کمی به عقب باز می گردیم.

در پی کابینه‌های نه چندان استوار میرزا نصرالله خان مشیرالدوله و سلطان علی خان مفخم، محمد علیشاه بنا بر محاسباتی که روی گذشتهٔ میرزا علی اصغرخان امین السلطان در ذهن خود داشت در نیمهٔ محرم سال ۱۳۲۵ وی را برای تشکیل دولت فراخواند.

امین السلطان سابقهٔ خوشی نداشت، با عناصر استبدادی همگامی نشان داده بود. در هنگام وزراتش با دو فقره وام ذلت باری که از روسها گرفته و تماماً به هدر رفته بود، باری از بدنامی بدوش می کشید ولی از آن زمان که تن به استقراض سوم نداد و از کار معزول شد، رگه هایی از بیداری و به خود آمدن در وجود او پدید آمد. گردش چهارساله در نقاط مختلف جهان و بویژه مطالعه در احوال ملتهای «راقیه» و نیزمشاهدهٔ تحولات ژاپن هم بر ضمیر او اثراتی گذاشت. آن زمان که به صدارت خوانده شد، در اروپا می گذرانید. توجه به نکاتی در احوال وی درک آن اثرات را آسان می کند. او فراخوان شاه را بسهولت نپذیرفت و قبول آن را به شروطی واگذاشت. به خلاف گذشتگان که همواره خود را مصون از خطا و تافتهٔ جدا بافته می دانستند. این شهامت اخلاقی را نشان داد که لااقل نسبت به پاره‌ای از اعمال گذشتهٔ خود به نقد بنشیند.

مخبرالسلطنه در اثر خود (گزارش ایران) کلام امین السلطان را در اقرار به خطا اینگونه نقل می کند «خطایی نکردم مگر قرضهٔ دوم که پس از تجربهٔ اول نبایست بکنم» و حتی بشاه گفته بود که از آن قرضه «با شرایط سنگین» که عمدتاً به هدر رفت تنها «بدنامی اش پیش مردم برای او باقی ماند.»

مسلماً خطاهای امین السلطان در دوره وزارت به این تنها فقره ختم نمی شده است ولی تا همین جا هم در قیاس با همتایان او بیسابقه و پسندیده بود.

در نامهٔ امین السلطان به ملکم خان آمده است (نقل به معنا و اصل از مجموعهٔ اسناد ملکم) در پاسخی که به دعوت شاه داده، منظورش این بوده است که به وی تفهیم کند که باید «در همین وضع سلطنت که امروز تمام سلاطین اروپا دارند ... باشند. گوش به بادمجان دورقاب چینها ندهند و با کمال دوستی پدرانه به ترتیب این قرار جدید [نظام مشروطه] بپردازند. اگر شنیدند بنده هم هر قدر بتوانم خدمت و کمک خواهم کرد ورنه مرخص خواهم شد.»

بررسی اسناد این دوره به این نتیجه می رسد که روابط میان اتابک و محمدعلیشاه از آغاز غبار آلود بود، همانگونه که اختلاف میان مجلس و شاه گاه آشکار و گاه پنهان پیوسته جریان داشت.

امین السلطان در پی دعوت شاه، بوسیله شوهر خواهر خود (محمد علی خان امین السلطنه) پیغامی برای شاه فرستاد تا شرایط خود را پیشاپیش مشخص کرده باشد. شرط اول او این بوده است که پس از بازگشت به تهران، ابتدا باید اوضاع و احوال را بررسی کند و با شاه بگفتگو بنشیند تا به بیند آیا اصولاً قادر به انجام وظیفه هست یا نیست؟ شرط دوم این که شاه از وی نخواهد با «پارلمان به معارضه برآید و شدت عمل به خرج دهد» و شرط سوم: پادشاه باید «به کنستی توسیون که به طور رسمی به مردم اعطاء گردیده وفادار باشد.»

از گزارشهای مأمورین خارجی و از آن جمله اسپرینگ رایس وزیر مختار وقت انگلستان نیز برمی آید که اتابک از اصرار خود، تا زمانی که به قتل رسید کوتاه نیامده است. می دانیم قتل میرزا علی اصغرخان، در آن دورهٔ حساس به دست انقلابی های حرفه ای و افراطی که در «انجمن ها» رخنه داشتند، صورت گرفت و در آن ماجرا نقش حیدرخان عمو اوغلی غیر قابل تردید است و اینهم از واقعیات است که پاره ای از «انجمن ها» که قاعدتاً بایستی یه تکیه گاه اصلی نظام مبدل می شدند در چنان اوضاع و احوالی، به خودسری میل کرده و طالب آن بودند که خود را مافوق نهادهای نوبنیاد و حتی مجلس و قوه مجریه قرار دهند (بنا به روایتی شمار انجمن ها تنها در تهران به یکصد و پنجاه رسیده بود.)

قضاوت فریدون آدمیت در خصلت و ترکیب انجمن ها که با شتاب رو به افزایش داشت، قابل تأمل است:

«دستگاه انجمن به دنبال حرکت مشروطه خواهی و به تبع سیاسی شدن محیط شهرنشینی پدید آمد. از نظرگاه رده بندی اجتماعی بسیاری انجمن ها معرف طبقات و رده ها و اصناف شناخته

شدهٔ جامعه بودند و برخی نمایندهٔ مرام سیاسی و اجتماعی کما بیش مشخص. انجمن ها معمولاً خود را «مشروطه خواه» خوانده‌اند... اما در معنی از قماش مختلف بودند: انجمن های آزاد یخواه همراه حرکت مشروطه خواهی با مجلس همگام بودند؛ چند انجمن بدرجات گرایش افراطی و یا انقلابی داشتند که به هم پشتی دسته‌های مسلح مجاهد و فدایی عمل می کردند و چند انجمن که با دستگاه استبدادی و ارتجاعی پیوند خورده نیز حضور داشتند. برخی از انجمن ها فعال بودند، عدهٔ بیشتری دنباله رو بودند و پاره‌ای بیکاره و هیچ نبودند» و در جای دیگر: «انجمن ها در قلمرو تفکر اجتماعی و سیاسی به اطلاق مایه‌ای نداشتند، هیچ مقاله یا رساله‌ای دربارهٔ نظریه و مسئولیت مدنی آن از طرف هیچ انجمنی سراغ نداریم...» - گمان ما این است که این قضاوت گرچه در کلیتش پذیرفتنی است ولی دو واقعیت را نباید از نظر دور داشت، یکی آن که برخی از این انجمن ها هرچند از خود رساله و نظریه‌ای بجای نگذاشتند ولی بویژه آن گروه که با سوسیال دموکراتهای روس پیوندی داشتند، آن قدرها هم از خط و رسم سیاسی خالی نبودند (خوب و بد آن حکایت دیگری است) - دوم این که کاستی ها و لغزش ها و عیوبی که در حق «انجمن ها» و سایر مجامع سیاسی آن روزگار ثبت شده است، خود برآمده از نارساییها و عقب ماندگیهای کل جامعه، خصوصاً بلحاظ فقدان یک طبقهٔ وسیع و جاندار «متوسط» بوده است که بنا بر معلومات تاریخ در دگرگونیهایی نظیر انقلاب مشروطیت ایران، قاعدتاً ایفای نقش اول با آنها است. واقعیت انکارناپذیر این است که جنبش مشروطه خواهی از دیدگاه رشد اقتصادی و طبعاً طبقاتی، در جامعهٔ ناپخته‌ای سرگرفت و در اساس، حاصل تلاش پر ارج معدود روشنفکران وطنخواهی بود که رویاروی راز ترقیات مغرب زمین را شناخته بودند و اصولاً بدلیل همین کاستی ها بود که آنان را به پیوند با قشری از جامعه روحانیت برانگیخت (در این باره ما در فصول پیشین بقدر کفایت شرح و نقد داشته‌ایم). مختصر این که مجلس نوپای ملی، علاوه بر دشمنی شاه و فئودالها و وابستگان درباری که توش و توانشان همه از آن فضای بسته و استبدادزده مایه می گرفت، در درون نیز از ناسازگاری عناصر روحانی و غیر روحانی و دسته بندیها و رقابتها و خصومت های شخصی و سرانجام از فشار انجمن های تندرو و انقلابی مصون نبود. کشش عنصر لایق و کارآمدی مانند سعدالدوله در یکی از بحرانی ترین ایام جنبش بسوی دربار، از ثمرات همین دسته بندیها و دشمنی ها بود که البته چنین انحرافی بهر علتی که بر آن متصور باشد مذموم است و قابل دفاع نیست. از سعدالدوله‌ای که آن همه روشن بینی ها و گره گشاییها ظاهر شده و لقب «ابوالمله» گرفته بود، انتظار نمی رفت در مقابله با انجمن ها، با محمد علیشاه بجوشد و عملاً رفیق نیمه راه شود.

این را هم باید دانست که اگر محمد علیشاه بدلایل خاص خود، وجود انجمن ها را بر نمی تافت.... مجلسیان نیز از خودسری آنها ناخشنود بودند و بهمین دلیل بود که در مجلس فکر به نظام آوردن انجمن ها قوت گرفت. کار نادرست سعدالدوله آن بود که دراین ماجرا به همرایی

محمد علیشاه برخاست و برای آنکه به جهت گیری شاه بر ضد انجمن ها نیرو ببخشد، قانون سازمانهای سیاسی در زمان ناپولئون سوم را در اختیار او گذاشت. ناگفته نماند که این مطلب از قول سفیر وقت روسیه (هارتویک) نقل شده است که هرچند در وسعت روابط او با دربار شکی نمی توان داشت، درستی یا نادرستی روایت وی بر ما معلوم نیست. مسلم این است که سعدالدوله در مقابله با انجمن ها به شاه نزدیک شده است و انجمن ها هم در مقابله با او کوتاه نیامده اند، تا آنجا که آشکارا اعلام کردند «این دشمن خطرناک [سعدالدوله] را از سر راه خویش باید برداشت.» اینک ببینیم پس از قتل اتابک چه گذشت:

مخبرالسلطنه بنقل از مستوفی الممالک گفته است: «اگر اتابک را پانزده سال قبل می زدند محملی داشت، د راین موقع حق نبود - برگرفته از گزارش ایران بخش چهارم» - میرزا فضلعلی آقا در خاطرات خود نوشته است: «در مماتش اگر نگویم آنچه را که صحیح عقیدهٔ خودم است، انصاف نکرده‌ام. او بعد از سفر فرنگستان... تمام همتش این بود که خدمتی به ملت و ایران نماید که تلافی کارهای وزارت ایام استبدادش بشود - نقل از ایدئولوژی مشروطیت ایران. جلد دوم - فریدون آدمیت».

پس از اتابک ریاست وزرائی ابتدا به مشیرالسلطنه محول شد (۲۹ رجب ۱۳۲۵) که مردی ناشایسته و از کهنه درباریان استبدادی بود و مجلس هم با او روی خوشی نداشت (اینکه چه شد شاه او را به صدارت برکشید و مجلس هم با نارضایی تمکین کرد، حکایتی است که از تاریخ باید خواست). بعد از او نوبت به ناصرالملک رسید (۱۸ رمضان ۱۳۲۵) که مجلس را با خود داشت، خاصه از این بابت که مردان قرص و کاردانی با سابقهٔ آزادیخواهی در دولت او شرکت جستند ولی ناصرالملک که در پاره‌ای تحلیل ها از او به‌نیکی یاد شده است خود به درجهٔ کارآئی آن چند وزیرش، توانایی نداشت. مارلیک دیپلمات انگلیسی در گزارشی به سر ادواردگری نوشته است: ناصرالملک «فاقد خصائصی است که لازمهٔ مقابله با اوضاع پیچیدهٔ مملکت است... او نمی خواهد کمترین مسئولیتی را گردن بگیرد مگر از حمایت مجلس دربارهٔ هر کار دولت اطمینان داشته باشد» بگمان ما، این جزو آخر قضاوت دیپلمات انگلیسی، آنقدرها محکم نیست. چرا که این «خصیصهٔ» او که همواره می خواسته است مجلس را در کنار داشته باشد نه فقط قابل نکوهش نیست، بلکه نشانهٔ حرمت و اهمیتی است که وی برای مجلس ملی، این نهاد معتبر نظام جدید قائل بوده است.

گفتنی است که در قبال تحولات دولتی، در مجلس نیز بویژه در خط مدیریت تغییرات مثبتی پدید آمد که انتخاب احتشام السلطنه به ریاست مجلس جلوهٔ درخشان آن تغییرات بود (ما پیشتر دربارهٔ شخصیت برجسته و خدمات پربهای این اشرافی و شاهزادهٔ ترقیخواه بویژه در راه تدوین قانون اساسی و مقابلهٔ او با اعتراضات روحانیون مجلسی بحد کفایت نوشته ایم.) تنها برای آن که سررشتهٔ مطلب در ذهن خوانندگان گم نشود بار دیگر یادآوری می کنیم که بقصد بررسی

حوادث کمی بعقب بازگشته و آنچه در فصول قبل دربارهٔ منازعه بر سر اصول متمم قانون اساسی نوشته ایم، مربوط به همین دورهٔ هفت ماههٔ ریاست مجلس احتشام السلطنه بوده است.

باری، امین السلطان (اتابک)، احتشام السلطنه را در حالیکه در کمیسیون سرحدی ایران و عثمانی مشغول خدمت بود به تهران دعوت کرد و به او نوشت: «هر قدر زود حرکت کنید، دیر است». اما احتشام السلطنه وقتی به تهران رسید که اتابک را کشته بودند و بهمین دلیل راهی مجلس شد و بجای صنیع الدوله که استعفا داده بود، بریاست مجلس برگزیده شد با صلابت و پشتکار، طرح متمم قانون اساسی را به مرحلهٔ تصویب رساند و محمد علیشاه را هم عملاً واداشت که بر آن امضاء بگذارد. اما شاه که خود در مجلس حاضر شده و جانبداری اش را از «پیشرفت اساس مشروطه» اعلام کرده بود خرده خرده به خانهٔ اول بازگشت و بدنبال حوادثی در برابر دولت و مجلس موضع گرفت و باقداماتی دست زد که از تمامی آنها، بوی توطئه چینی بر ضد اساس مشروطه به مشام می رسید.

به مجلس خبر دادند که هنگ سواران آذربایجانی به دستور امیر بهادر راهی تهران شده است. بنا بر گفتهٔ وزیر مختار روس شاه کوشش کرده است علاوه بر آن - چند گروه مسلح از شاهسون و بختیاری را نیز به تهران بیاورد. مجلس در پی این اطلاعات، در اول قدم دولت را استیضاح کرد تا وزیران مسئول در مجلس حاضر شوند و چند و چون قضایا را شرح دهند - جوشش مجلسیان در مقابله با اقدامات مزبور، در صورت مذاکرات مجلس ٦ ذیقعده ۱۳۲۵ منعکس شده است، به بعضی از آنها اشاره می کنیم:

فلک المعالی یکی از نمایندگان خطاب به ناصرالملک می گوید: «شما رئیس الوزراء هستید چرا عذرتان را نمی گویید؟» - میرزا آقا فرشی نماینده دیگر با اشاره ای معترضانه که چطور دولتی که شش ماه قادر نبود لشکری روانه سرحدات آذربایجان کند حالا «به یک تلگراف خشک و خالی امیربهادر، در مدت کمی هشتصد سوار احضار» می کند، به طعنه می گوید: «پس خوبست که وزارت جنگ را هم امیربهادر ضبط نماید، علت این مسأله چیست؟ نباید فهمید؟» - آقا حسین چراغچی قویاً از دولت می خواهد که سواران را بازگرداند و اضافه می کند: «تهران سوار و سرباز لازم ندارد» - ناصرالملک در زبان سیاست و تلویحاً، بی آن که واقعه را تایید کند به مجلس می رساند که خبری هست. خلاصه آنکه از در و دیوار شاهد می رسد که کودتای خزنده‌ای به دست محمد علیشاه و همراهی درباریان مستبد و ملایان ضد مشروطه در جریان است. ماهیت کودتایِ تمامی این اقدامات در «واقعه میدان توپخانه» که اندکی بعد، باختصار آن را شرح خواهیم داد به کمال ظاهر می شود؛ کودتایی که از آن در گزارش مأموران خارجی زیر عنوان «کودتای دسامبر» و در پاره ای از اسناد دوران مشروطه «کودتای نافرجام اول» یاد شده است.

کودتا را در جبههٔ عملیات نظامی سربازان هنگ امیر بهادر و تیپ قزاقان تحت فرمان لیاخوف و در جبهه نمایشی و تبلیغی ملایان ضد مشروطه و روسپیان و اوباش دو محلهٔ سنگلج و چاله میدان به هدایت خسرو خان مقتدر نظام و محمد خان صنیع حضرت (افسر توپخانه) تصدی می کنند و مرکز جبههٔ اخیر همان میدان توپخانه است. ارائهٔ تصویری از این دو جبهه ولو در غایت اختصار لازم است.

در جبهه نظامی: صبح روز نهم ذیقعده میدان توپخانه را سربازان هنگ امیربهادر و کاخ گلستان را قزاقان اشغال می کنند.

در جبهه دوم: اوباش چاله میدان و سنگلج و روسپیان در میدان توپخانه جمع می شوند.

در کوتاه زمانی اوباش به سوی خانه های شیخ فضل الله و حاجی میرزا ابوطالب یزدی و آخوندها و طلبهٔ ضد مشروطه براه می افتند و آنها را نیز به توپخانه می آورند و بدینگونه تمامی «احباب» از عربده کشان مست قمه دار تا ملایان «دین پناه» بهم جوش می خورند. شنیدنی است که میدان در یکسو به عرصهٔ باده گساری و عربده جویی اراذل و در همان حال، در سوی دیگر به مجلس وعظ سخنوران دین پناه مبدل می شود. گفته شده است که اقبال الدوله هر شب دو خروار عرق برای اوباش روانهٔ میدان می کرده است که تا می توانند مست کنند و عربده بکشند. ظاهراً در آن میان جوانی ناپخته لب به اعتراض باز میکند که در دم کشته و جسدش به درختی آویزان می شود و یکی از اوباش عربده کشان پیش می آید و چشمان او را با خنجر از حدقه بیرون می کشد: به فریاد که «چشم مشروطه» را بیرون کشیده است.

این روایت هم هست که جوان مزبور را نه بدلیل اعتراض وی، بلکه اوباش به طمع دستیابی به ساعت و زیوری که بر دست داشته است، میکشند و به دار می آویزند.

در گوشهٔ دیگر میدان، وعاظ مرتباً به منبر می روند و پند می دهند که «زنا بکن، دزدی بکن، آدم بکش، اما نزدیک این مجلس نرو» و اوباش در آن طرف به اشارهٔ ملایان شعار می دهند «ما دین نبی خواهیم، مشروطه نمی خواهیم» - این گزارش هم نمی تواند بی پایه باشد که بدستور ملایان جماعتی از یهودان را نیز از محلهٔ خود به جبر بیرون می کشند و بمیدان می آورند و به تکرار شعار «ما دین نبی خواهیم مشروطه نمی خواهیم» وادارشان می کنند. بنا بر قولی شمار اراذل و ملایان و روسپیانی که بدانگونه گرد آمده اند، به کمی بیش از هزار تن می رسیده است.

و اما مجلس نیزمتقابلاً بکوشش شایسته‌ای بر می خیزد. از بامداد اجلاس خود را برپا میدارد. احتشام السلطنه که درعین حال عملاً رهبری ضد کودتا را بعهده گرفته است، برادرخود علاء الدوله را راهی دربار می کند تا پیام مجلسیان را بشاه برساند. شاه در غایت خشم، چند ضربه با عصا بر سر او می کوبد (و به قولی دستور فلکش را می دهد)؛ این واقعه بر مجلس گران می آید، عصر همان روز تصمیم می گیرد هیأتی را به دربار فرستد ولی هیات به دربار نرسیده است که معلوم می شود، وزیران را توقیف کرده اند.

شاه قبل از آن برای عزل ناصرالملک و سه وزیرش (آصف الدوله وزیر داخله، مشیرالدوله وزیر خارجه و مخبرالسلطنه وزیر عدلیه) استخاره کرده و جواب مثبت گرفته است. ناصرالملک دو ساعت در زندان بسر می برد که به وساطت چرچیل دبیر سفارت انگلیس و بعد هم سه وزیرش آزاد می شوند. بدینگونه ظاهراً کودتا تحقق می یابد.

در گیر و دار این حوادث نکته ای است که شرح آن درخاطرات احتشام السلطنه آمده است و نقل آن بی سود نیست.

احتشام السلطنه توجه می کند که صنیع حضرت (افسر توپخانه که قبلاً از او یاد کردیم) به مجلس آمده و با بهبهانی به نجوا نشسته است. وقتی او مجلس را ترک می کند، ناگهان صدای شلیک چند گلوله بلند می شود. احتشام السلطنه از بهبهانی سوال می کند، این شخص که با شما نجوا داشت، حرفش چه بود؟ بهبهانی میگوید قصد سوء داشت و «من او را نصیحت کردم» – ظاهراً تیراندازی، از همان صنیع حضرت و یارانش بوده است – احتشام اسلطنه با خشم تمام به بهبهانی میگوید «آقا ممکن بود فوراً به من بگویید تا دستور دستگیری و جلوگیری از سوء قصد او را بدهم – نقل از خاطرات احتشام السلطنه با این تذکر که او ظاهراً باشتباه صنیع حضرت را معین حضرت نگاشته است.»

به هر تقدیر مقابلهٔ دو جبههٔ مشروطه و ضد مشروطه در این مرحله حاوی درخشانترین اشکال از مقاومت ملی و کوپای درایت و سرعت عمل آزادیخواهان است که نقطه پایانی آن شکست کودتای اول و عقب نشینی درباریان و شخص محمدعلیشاه است. گرایش مردم بسوی مجلسیان و به قصد دفاع از مشروطه که از ظهر روز دهم ذیقعده سر گرفت، براستی افتخارآفرین بوده است. شمار تظاهرکنندگان مشروطه خواه را باقوال مختلف میان شش تا ده هزار رقم زده اند. اجمالاً احساس مسئولیت مردم، نقش استوار مجلس و رهبری شخص احتشام السلطنه در این پیروزی ملی بی گفتگو و غیر قابل انکار است. آگاهی کامل به کیفیت و کمیت این خیزش بزرگ را از تاریخ باید خواست، همینقدر لازم است به نتیجه ماجرا بپردازیم که چگونه محمدعلیشاه کوتاه آمد و بمصالحه تن در داد و بموجب دستخطی (سیزدهم ذیقعده)، در قبال خواستهای مجلس به تعهداتی گردن نهاد و بدینگونه غائله ختم شد:

مخبرالملک اعلام کرد «طوفانی از سر ما گذشت» – میرزا فضلعلی آقا که خود مجتهدی بود و نمایندهٔ مجلس، گفت: «ملت قوه اش را معلوم کرد» و وکیل التجار اظهار عقیده کرد که مردم ایران «به سرعت رو به ترقی و تمدن گذاشتند و در کمال صحت و سلامت و نجابت رفتار کردند» امام جمعه خوئی اینگونه نظر داد که «الحق جا دارد که بگوییم که ملت ایران خیلی متمدن و قابل همه قسم سعادت هستند.»

محمد علیشاه در سوگندنامه ایکه بوسیله عضدالملک به مجلس آورده شد، بنوعی از «نقض عهد» توبه کرد. متن این سوگندنامه خواندنی است:

«برای ملت سوء ظنی حاصل شده بود که خدای نخواسته ما در مقام نقض عهد و مخالفت [با] قانون اساسی هستیم، لهذا برای رفع این سوء ظن و اطمینان خاطر عموم به این کلام الله مجید قسم یاد می کنیم که: اساس مشروطیت و قوانین اساسی را کلیةً در کمال مواظبت، حمایت و رعایت کرده و اجرای آن را به هیچ وجه غفلت نکنیم و هرکس برخلاف مشروطیت رفتار کرد مجازات سخت بدهیم و هرگاه نقض عهد و مخالفت از ما بروزکند، در نزد صاحب قرآن مجید مطابق عهد و شروط و قسمی که از وکلای ملت گرفته ایم مسئول خواهیم بود - لیله ۱۷ ذیقعهده ۱۳۲۵» - محمد علیشاه مانند تمامی خودکامگان سابق و لاحق در این باب دروغ می گفت و دلیل آن کودتای بعدی اوست که باستبداد صغیر انجامید و نشان داد که براستی توبه گرگ مرگ است و بهر صورت از آن نیز در جای خود خواهیم نوشت. تنها مطلبی که در پایان فصل لازم است بدان بپردازیم، این است که:

کودتای اول محمد علیشاه یک نتیجه مهم، ببار آورد و آن پایان دورهٔ کدورتی بود که میان جناح مترقی و روحانیت «مشروطه خواه» بر سر اصول متمم قانون اساسی و جهت عرفی ساختن آن قانون پدید آمده بود.

پیشتر گفته ایم، تکیه گاه این تحلیل، واقع گرایی است و به این واقعیت نیز جای جای اشاره کرده ایم که روی آوری بخش قابل ملاحظه ای از قشر روحانیت به جنبش مشروطه خواه درون ایران و خواه در نجف، در یکسر به ناآگاهی آنها از اصول مشروطیت که پدیده ای اصولاً غربی بود، گره می خورد و در سر دیگر به مردم دوستی و عدالت خواهی (البته آن عدالت الهی که خود بدان معتقد بودند) و در بسیاری نیز به خصلت ضد استعماری آنها متصل می شد. و اینهم اصولاً بدان جهت بود که حضور غربیان را در خطهٔ مسلمانان تاب نمی آوردند و مغایر مصلحت اسلام و مواضع «خویش» میدانستند. مشکل بزرگ آنها با مشروطه که بارها و بارها به آن اشاره کرده ایم، همان بود که در آغاز نمی دانستند ره بکجا می برند و وقتی آگاه شدند که درون مایهٔ مشروطه آن نیست که تصور می کردند سر بناسازگاری برداشتند.

دلیل بازگشت این گروه بسوی گروه مترقی و قرار در جبههٔ ضد کودتاگذشته از آن که دربار محمد علیشاه را مایهٔ فساد و استبداد و وابسته به خارجی می شناختند، عمدتاً آن بود که در موضع گیریهای خود بر ضد دربار قاجار چنان تاخته بودند که محملی بسود التیام زخمها باقی نمانده بود.

ما بر این ملاحظه اصرار داریم که اگر بر ثمرات منفی حضور بخشی از روحانیت در جنبش مشروطه خواهی و بویژه در سست کردن فرآورده‌های آن تأکید می کنیم، در منطقهٔ دیگر، بحکم آن بیطرفی که لازمهٔ یک تجسس علمی است، از خدمات آنان در مراحل حساسی نظیر مرحله ای که یاد شد، چشم نمی پوشیم. درعین حال نمی توانیم این واقعیت را ناگفته بگذاریم و بگذریم که

غلبه بر کودتای مزبور در اساس حاصل شایستگی و ایستادگی جناح مترقی و مردم و رهبری هوشمندانه مجلس ملی بود.

پایان این فصل را جا دارد به قضاوت تحلیل گر برجستهٔ جنبش مشروطه گری فریدون آدمیت، واگذاریم.

«تحقیق ما روشن نمود که حرکت مقابله با کوتا را اساساً مجلس آغاز کرد. سیاست مصمم مجلس در بسیج دفاعی که ناظران خارجی را شگفت زده کرد عامل تعیین کننده در پیروزی ملی بود. این تجربهٔ تاریخی را هیچکدام از حکومت های ملی بعدی ما در کودتاهای نظامی که دوره های دیکتاتوری را در پی داشت - به کار نبستند ... در کودتای ذیقعده آمادگی و جوش و خروش مردم در دفاع از مجلس و مشروطگی خیره کننده بود. مشارکت رده های مختلف اجتماعی در آن حرکت حکایت از دلبستگی عمومی به آرمان های آزادی و حکومت مشروطه دارد. دستگاه بازار در همراهی با مجلس بسیار فعال بود. افسران جوانی که مسئولیت دفاع مجلس و فرماندهی «تفنگداران ملی» را به گردن گرفتند، اغلب به ردهٔ اعیان تعلق داشتند وآن تفنگداران برروی‌هم از طبقهٔ متوسط و اهل کسب و کار بودند.»

اضافه می کنیم این افسران جوان دوازده نفر از اشراف زادگان بودند که به فرماندهی اللهیار خان آجودان نظام، حفاظت از مجلس و دفع حملهٔ احتمالی قزاقان را زیر نظر «کمیسیون فوق العاده» به ریاست احتشام السلطنه بعهده گرفتند. تشکیل «کمیسیون فوق العاده» نیزخود از تدبیرهای درخشانی بود که مجلس آن را اتخاذ کرد. این یادآوری هم لازم است که اغلب این افسران، فنون نظامی را در اتریش آموخته بودند و یکی از آنها تحصیل کردهٔ مدرسهٔ نظام سن پترزبورگ بود. طبیعی است که دوران تحصیل به آنها فرصت داده بود تا با نظامات سیاسی و اجتماعی و مایه های پیشرفت غرب نیزآشنا شوند و نسبت به آنها تعلق خاطری پیدا کنند. الهیارخان در مجلس گفته بود «ما به سربازی مجلس افتخار می کنیم» انضباطی که به دست این گروه در نظم مقاومت پاسداران مجلس پدید آمد و نیز شیوه های دفاعی آنان در قبال یورش محتمل قزاقان، ستودنی، نظرگیر و بی سابقه بوده است.

فصل بیست و پنجم

کشش های ایمانی و سیاسی در
«روحانیت مشروطه خواه»

پیشتر نوشتیم که کودتای ذیقعدهٔ محمد علیشاه (کودتای اول) بهمت مجلسیان و همگامی درخشان مردم، با شکست روبرو شد و شاه به نوعی زبان توبه گشود و به قرآن سوگند خورد که به مجلس و اساس مشروطه وفادار بماند و نیز به این نکته هم اشاره کردیم که از همان آغاز تدارک توطئه و بسیج قزاقان و اوباش و ملایان ضد آزادی، غبار کدورتی که میان جناح مترقی و ملایان «مشروطه خواه» بر سر تدوین متمم قانون اساسی و جلوه های عرفی آن پدید آمده بود، فرو ریخت و بار دیگر دو طرف بهم نزدیک شدند.

اینک این پرسش کلیدی پیش می آید که اگر این گروه از روحانیت با طرح پیش نویس قانون اساسی، به فاصلهٔ بعید میان احکام شریعت و دست آورد «(قانونی)» مشروطه پی بردند و طبعاً دریافتند، آن چشم اندازها که برای «(ریاست فائقهٔ)» خود تصویر و تصور کرده بودند، سرابی بیش نبوده است، پس از چه رو بار دیگر کنار حریفان «(فرنگی مآب)» را برگزیدند و فراتر از آن چرا در موضع دفاع از مشروطه (این پدیدهٔ ذاتاً غربی) و ضدیت با دربار استبداد مصممانه دست بکار شدند و دست کم به چه دلیل در راه خود سست نیامدند؟ در این باره، در فصل پیش مختصری نوشته ایم ولی پرسشی کلیدی است و پاسخ به آن نیازمند توضیحات فراوان - و ما ناگزیر از توالی زمانی حوادث برای دستیابی به یک پاسخ روشن، موقتاً در میگذریم و بار دیگر اندکی به عقب باز می گردیم.

گفته ایم آن گروه از روحانیان که اغلب هم در سطوح بالا در سلسله مراتب روحانیت جای داشتند، بدلایل چندی به جنبش مشروطه و خیزش های ملی مایل شدند که حسن نیت و احساس غمخواری بسیاری از آنان نسبت به احوال پریشان مردم همراه با «(نوعی)» کشش «(ضد استبدادی)» از جمله علتهای اساسی بود. اما شناخت آن «(حسن نیت)» و آگاهی به این «(نوعی کشش استعماری)» خود نیازمند کاوشی جامعه شناسانه و تاریخی است و گرنه دعوی مزبور در همین صورت ناپخته اش، به یک توصیف کلی با معیارهای انتزاعی «(اخلاقی)» و احتمالاً «(انشائی)»

تعبیر خواهد شد که می دانیم با این معیارها مردمان روزگـار از هر صنف و طبقه و لایهٔ اجتماعی بلااستثناء به «خوب» و «بد» تقسیم می شوند.

اجمالاً باید درون مایهٔ آن «حسن نیت و مردم دوستی» یا در قلمروهای وسیعتر مفهوم ذاتی «کشش ضد استعماری» در گروهی از طیف روحانیت را خاصه در آن مراحل تاریخی بدرستی شناخت.

واقعیت این است که «روحانیت شیعه» خاصه از عصر صفوی بنا بر دلایلی که در فصول پیش ارائه داده‌ایم گام بگام به هرم قدرت و نظام حاکم استبدادی نزدیک و سرانجام به یکی از سهامداران عمدهٔ این نظام مبدل شد و اما اگر از باب شناخت نقش پر زیر و بم این طیف در هرم قدرت بیک ارزیابی اصولی بنشینیم متوجه خواهیم شد که اکثر آنان (از عصر صفوی تا کنون) به عناصری تعلق دارند که نزد آنها «شریعت» تنها وسیله ای است برای حفظ قدرت و افزایش قدرت، بدانگونه که اگر لازم آمد می توان آن را خواه آشکار و خواه نهان زیر پا گذاشت و گذشت. «شفتی» ملای اعظم عصر فتحعلیشاه و محمد علی شاه قاجار و شیخ فضل الله نوری در دورهٔ مشروطه خواهی، نمایندگان مشخص این طیف محسوب می شوند. و اما اقلیتی هم بوده اند که بی چشم پوشی از مواضع خود، به نسبت های متفاوت بر «معتقدات مذهبی» شان پای بندی داشتند که میرزای شیرازی در دورهٔ ناصری و چند تن از پیروان و جانشینان او نظیر علمای سه گانهٔ نجف و روحانیان برجسته‌ای چون نائینی را از این دست می توان شمرد. بعبارت روشنتر، این گروه ضمن اصرار بر پاسداری از مواضع خود، بر طبق «تعملیات مذهبی» اشان و اعتقادی که به عدالت البته به شیوهٔ خلفای راشدین و خاصه علی بن ابیطالب داشتند از احوال توده نیز غافل نبودند، بهمین دلیل به مشروطه روی کردند، بگمان این که مشروطه بی آن که از مواضع آنها بخرا شد، پریشانی «ناس» را نیز درمان خواهد کرد. بیهوده نبود که اصرار داشتند تا این باطل فاحش را هم بخود و هم به مردم تزریق کنند که ملل راقیهٔ مغرب زمین تنها از آن زمان که (به جوهر شریعت احمدی دست یافتند) به راه ترقی و بهروزی افتادند (در حالیکه مسلمانان راه خود را گم کردند) - و آنهنگام که کما بیش به مفهوم ذاتی مشروطه گری پل بستند، تا سهمی دریافت نکردند از پای ننشستند. بنابراین آشتی مجدد آنان با جناح مترقی در آن مرحلهٔ بحرانی دو سر داشت، یکی آن که بهر تقدیر از قلمرو حکومت نصیبی یافته و دیگر آنکه در عرصهٔ دربار محمد علیشاه حتی کورسوئی بنشانهٔ توجه به زندگی فقرآلود و از هم گسیختهٔ توده ندیده بودند تا دست کم به پیوندی با وی راضی شوند.

و اما یک علت اساسی دیگر که آنها را به ترک کدورت با جبههٔ ترقیخواه و مقابله با دربار قاجار بر می انگیخت پیشتر گفتیم که «کشش های ضد استعماری» این گروه بود. این جنبهٔ

مسئله بگمان ما قوی تر از جنبه پیش گفته است، منتهی آن را نیز باید شکافت و به جوهر این خصلت «ضد استعماری» دست یافت.

آنها به این امر توجه داشتند که دربار قاجار و در آن مرحلهٔ حساس شخص محمد علیشاه و بستگان و حواریون او نه فقط از رحمت و عنایت نسبت به احوال پریشان توده بوئی نبرده، بلکه برای حفظ پایه های استبداد و سیادت مطلقهٔ خود آماده اند حتی پوست و گوشت و استخوان مردم و شرافت و هستی مملکت رادر گرو بیگانه بگذارند و بقای امتیازات و مواضعشان را تضمین کنند. نکتهٔ دقیقی که در این زمینه متأسفانه، از قلمرو تتبع و علت یابی تحلیل گران جنبش مشروطه خواهی بیرون و لاجرم مبهم و معطل مانده است همین مسئله آگاهی به انگیزه و مفهوم خاص «گرایش ضد استعماری» است. عریان تر بگوئیم: برداشت این گروه از طیف روحانیت، از مقولهٔ «استعمار» بویژه از دیدگاه آثار و عواقب آن، با برداشت های امروزی و مواجههٔ عناصر مترقی آن روزگار، تفاوت های بنیادی داشت.

وحشت آنان از نفوذ خارجی عمدتاً بر این زمینه بود که می پنداشتند هر اندازه راه بروی سلطهٔ بیگانگان هموار شود، بهمان اندازه بنای اسلام و مسلمانی سستی خواهد گرفت. بعبارت دیگر معضل آنان در مقام نخست درد مسلمانی بود که طبعاً نگرانیِ از دست رفتن مواضع روحانیت را نیز در بر داشت: بهمین سبب وقتی سخن از «استقلال» و «استعمار» و یا «نفوذ خارجی» پیش می آید، در اساس ذهنشان بسوی سلطهٔ «غرب مسیحی» و بالطبع دو قدرت متجاوز انگلستان و بخصوص روسیه می چرخید که این دومی عملاً دربار محمد علیشاه را در بند خود داشت. فهم این مطلب آسان تر می شود، هنگامی که بیاد می آوریم در آن زمان ها قدرت دیگری همچون امپراطوری عثمانی نیز در میان بود که در چشم داشت به اراضی ایران و مخصوصاً آذربایجان، هیچ از آن دو قدرت «مسیحی» اروپایی کم نداشت ولی بنا بر شواهد بسیار که به پاره ای از آنها اشاره خواهیم کرد روحانیان «مشروطه خواه» نه فقط عثمانیها را از جرگهٔ استعمارطلبان سوا می کردند، بلکه عملاً آنها را جای جای پشت و پناه خود می دانستند و تمایلات توسعه طلبانهٔ سلاطین عثمانی را که زیر پوشش (اتحاد اسلامی) پنهان شده بود، آشکارا حمایت می کردند و این حکایتی جدا از این مطلب است که آزادیخواهان ایران نیز گهگاه و مثلاً برای رساندن پیامی مستقیم به شاه از این یا آن دیپلمات عثمانی بهره می گرفتند.

ما در فصول قبل در شرح قیام مردمی بر ضد قرارداد تنباکو (واقعهٔ معروف به رژی) در دورهٔ ناصری توضیح داده ایم که چطور مجتهد بزرگ زمان - میرزا حسن شیرازی - هر چند با تاخیر بمیدان آمد و نیز یادآوری کرده ایم که دو عامل یکی، اساسی و دیگری حاشیه ای در ترغیب و (یا بهتر است گفته شود در کشاندن) مجتهد به عرصهٔ مبارزه نقش داشتند که اولی فشار تهدید

آمیز تجار و کسبه و در غایت بخش مهمی از مردم و دومی القائات سید جمال الدین اسدآبادی بود که بحق او را کوشاترین عنصر در راه نیل به «اتحاد ملل اسلامی» قلمداد کرده اند.

اما هیچ دلیل قانع کننده ای در دست نیست که بتوان ثابت کرد در افکار سید جمال، گرایشی نیز در جهت «مشروطه» و «مشروطه گری» وجود داشته است، بعکس شواهد معتبری در دست داریم که مسلم می دارند سید جمال، میانهٔ خوشی با مشروطه نداشته است و در مواردی گواهی داریم که حتی سید را مخالف حرکت مشروطه خواهی معرفی می کنند.

مختصر اینکه از او در هیچ زمان و مکانی، دفاعی صریح از «دموکراسی» و مشروطه نیافته ایم و این سهل است از او نوشته ای در دست است که در آن حکومت «مقیده» یا مشروطه را به سه دلیل باب کشورهای اسلامی ندیده است.

یکی از «ترک شناسها» بنام «برکس» با استنباط از کتاب «نیچریه - ناتورالیسم» اثر سید جمال الدین اسدآبادی بر این باور است که سید اصولاً مخالف «مشروطه» و نظام های اروپایی بوده و بهمین سبب آزادیخواهان و مشروطه طلبان ترک مانند مدحت پاشا و سلیمان پاشا را در عداد خائنین نشانده است و آنان را مستوجب همان مکافاتی که بدست سلطان عبدالحمید عثمانی بر آنها مقرر شد، شناخته است (نقل به معنا از کتاب Societies اثر Lambton).

حاصل نظر این است که هر چند یکی دو تن از محققان خارجی و گروهی از تحلیل گران ایرانی سید جمال را صاحب تمایلات مشروطه خواهی و یا بسهمی موثر در جنبش مشروطیت یافته اند ولی مدارک استوار به چنین برداشتی راه نمی دهد و واقعیت همانست که سید تنها در خط «اتحاد اسلامی» می رانده و کوشش او برای جلب یاری رهبران شیعه از این منظور خالی نبوده است. حالا اگر مخالفت های او با دربار مستبد قاجار نامستقیم در حرکت های مشروطه خواهی اثر گذاشته، این حکایت دیگری است.

می دانیم سید از زمانی که با میرزا حسن شیرازی عقد دوستی و مراوده بست تا پایان عمر در جهت برانگیختن علمای پس از میرزا از هر شگردی برای بکار انداختن نیروی رهبران شیعه بسود منظور خود بهره گرفت وشواهد بسیار داریم که در این زمینه به توفیق فراوان دست یافت.

میرزا حسن شیرازی در مقام ارشد مراجع شیعه در نامه ای که به مخالفت با قرارداد تنباکو برای ناصرالدین شاه می فرستد، به نکاتی اشاره می کند که دقیقاً پیداست، در این رهگذار علاوه بر فشارهای داخلی سخت تحت تاثیر عقاید سید بوده است. به شاه می نویسد:

«اجازه مداخله به اتباع خارجه در امور داخل مملکت و مخالطه و توّدد آنها با مسلمین و اجرای عمل بانک و تنباکو و راه آهن و غیره از جهاتی چند منافی صریح قرآن مجید و نوامیس الهی و موهن استقلال دولت و مخل نظام مملکت و موجب پریشانی عموم رعیت است - نقل از اسناد سیاسی دوران قاجاریه تالیف ابراهیم صفایی صفحهٔ ۱۰».

توجه دارید که میرزا را آنچه سرانجام پس از ماهها سکوت و ایستادگیِ مصرانه اش بر عدم دخالت در امو رحکومت، به میدان مبارزه کشید عمدتاً هراس از «مخالطه و تودّد اتباع خارجه [اروپاییان] با مسلمین» بوده است. بسخن دیگر همین تلگرام مجتهد حاکی از آنست که مقوله «استعماری» که در ذهن او و آنگاه شاگردان و پیروان و اخلاف او نظیر آخوند ملاکلاظم خراسانی و تهرانی و مازندرانی و نائینی شکل گرفته، در اساس روی به تجاوزات انگلیس و عمدتاً روس داشته که بگمان آنها حاصل مستقیم این تجاوزات، مخالطت اتباع بیگانه با مسلمانان و در غایت مایۀ بی رنگ شدن اسلام و مسلمانی می گشته است.

کوتاه سخن، سید جمال با اعتقاد راسخی که نسبت به نفوذ روحانیت در توده ها داشت، میکوشید، اولاً با تمامی آنها ارتباطی دست و پا کند و ثانیاً این قشر متنفذ را فعالانه در خط خود بیاندازد و از این باب بنای یک اتحاد عظیم اسلامی را در سایۀ خلافت عثمانی شالوده بریزد.

یکی از شگردهای سید در این راه آن بود که مطابق طبع هر کدام از ملایان ذینفوذ و پرنام سخن بگوید و تا می تواند او را باد کند. نامۀ ستایش آمیز سید جمال از لندن برای طباطبایی که آن زمان در سامره بسر می برد یک نمونه است:

«از لندن به سامره. العالم الخبیر و الفاضل البصیر و المحقق النحریر جناب آقا کوچک ادام الله وجوده. همانا امت چشمش را به انبوه مردمی دوخته است که برای کمک به آنها و نجاتشان از این شرایط بحرانی برخاسته‌ای(!) چه کسی برای این وظیفه سزاوار از تو است؟ تو مردی هستی خردمند، باهوش، والاهمت و دودمانی شریف. تو را بدینوسیله آگاه می سازم که ثبات موقع علما ایران سبب بلندی و نیرومندی اسلام و روشن شدن حجت آن گردیده است. همه اروپاییان از این بیم دارند. برای مدتها تصور می کردند [این نیرو] از میان رفته است. اکنون اروپاییان اطمینان دارند که در این مذهب اثری موجود است که سبب می شود مسلمانان بیمی از شوکت مستبدین نداشته باشند. جزاهم الله عن الاسلام خیراً والسلام علیکم. جمال الدین حسینی.»

یک زمان در دورۀ ناصری سید اعلامیه ای نوشت که به زبان عربی بود و در استامبول پخش شد، در آن آمده بود:

«ایرانیان از پیروی فرمان روسای روحانی خود سر نمی پیچند. پس چرا رئیس قوم و فقیه طایفه [میرزا حسن شیرازی] امر نمی کند این زندیق [ناصرالدینشاه] را از تخت سلطنتش فرود آورند. قسم به خدا در این کار بقدر شاخ حجامت هم خون ریخته نخواهد شد» – (کاری که سرانجام بدست میرزا رضا کرمانی حواری او انجام شد.). البته این همه بدان معنا نیست که در آن رسته از «علما» که به جنبش مشروطه پیوستند، نشانی از عِرق وطنخواهی نبود. مسلماً بسی از آنان به وطن خود (ایران) تعلق خاطر داشتند ولی مسلمتر این است که در جوهر عقیدتی آنها، هیچ

امری والاتر از نفس مذهب ننشسته بود و سید جمال از همین جنبه عقیدتی آنان سود می گرفت و بر آنها اثر می گذاشت. اینکه در مرحله ای سه مرجع بزرگ نجف را در موضعی می یابیم که سخت در پای «خلافت اسلامی» حتی به بهای رجوع به سلاطین سنی مذهب عثمانی ایستاده حتی در نامه‌ای سلطان عثمانی را با لقب «امیرالمومنین» مخاطب قرار داده اند، بیگمان علت این گرایش را باید در القائات سید جمال جستجو کنیم. پوشیده نیست که این لقب از دیدگاه اهل تشیع تنها شایستهٔ علی بن ابی طالب است که به تعبیر آنان (و بنا بر واقعهٔ غدیر خم - که میان اهل تسنن و اهل تشیع موضوع مباحثات فراوان بوده است و هست) خلافت وی به دست سه خلیفهٔ دیگر غصب شده است.

اینهم گفتنی است که ظاهراً وقتی عامه از محتوای نامهٔ مزبور با خبر می شوند، غوغایی سر می گیرد. سرکنسول انگلیس در بغداد بر همین زمینه در یکی از گزارشهای خود می نویسد:

«مردم شیعه در این نواحی از رجوع علما به سلطان سنی عثمانی رنجیده اند، بطوری که شنیده می شود، مخصوصاً از کاربرد لقب امیرالمومنین در حق وی سخت اعتراض کرده اند.» - اما تصور ما اینست که چنین لغزشی از علمای شیعه خاصه در آن فضای آکنده از تعصب و با یاد از سابقه های دشمنی میان سنی و شیعه که حاصل تبهکاریهای سران دو طرف بود، سخت بعید می نماید. در جهت چنین تردیدی است که پاره‌ای از ناظران بر این باورند که کلمهٔ «امیرالمومنین» را باحتمال زیاد یکی از اطرافیان «علما» بقصد موثر ساختن پیام آنان، سر خود بنامه افزوده است ولی این را هم داشته باشیم که روحانیان مزبور علاوه بر انکه، تکذیبی نسبت به کاربرد آن کلمه صادر نکردند، در نامه های دیگر، برای استعانت از سلاطین عثمانی بارها کلمهٔ «خلیفتنا - خلیفهٔ ما» را بکار گرفتند.

با این نمونه ها که تازه مصداق مَثَل «مشتی از خروار» است درک این معنا آسان می شود که وجههٔ اصلی خصومت «ضد استعماری» علمای شیعه همان وسواس آنان در پرهیز از نفوذ اروپاییان و بیم از بیرنگ شدن اسلام بوده است وگرنه سلاطین عثمانی هم (اگر استعمار به معنای عام و واقعی آن مطرح باشد) چه از دیدگاه سوابق تاریخی و چه از منظر سوء نظر آنان نسبت به خاک ایران، قصدی جدا از مقاصد توسعه طلبانهٔ دولتهای استعماری روس و انگلیس نداشته و از این بابت تافتهٔ جدا بافته ای نبودند.

اینک با یک جمع و تفریق ساده در ردیف عواملی که بخشی از طیف روحانیت را بر ضد دربار مستبد و وابستهٔ قاجار بر می انگیخت و از آنجمله: حسن نیتشان نسبت به رفاه حال «ناس» - نفرت بسیارشان و نه همه شان از فساد و زورگویی دربار - تصورشان که گویا پیروزی مشروطه به تحقق ریاست فائقه شریعت خواهد انجامید - برداشتشان از نتایج ضد اسلامی نفوذ بیگانگان و طبعاً هراسشان از بسط «مخالطه و تودّد» مسلمین و کفار می توان به پاسخ این پرسش دست

یافت که: چرا در آن مرحلهٔ حساس به مشروطه چسبیدند و غبار کدورتی را که از جناح مترقی جنبش بر دل داشتند، فرو ریختند و بر ضد دربار خودکامه و وا بسته و فاسد محمد علیشاه موضع گرفتند؟

اما از آنجا که منظور یک تحلیل واقع بینانه و بیطرفانه است از ذکر این نظر نیز خودداری نمی کنیم که همین جنبه و جهت «ضد استعماری» علمای شیعه در آن دوران، با هر مقصودی که بر آن متصور باشد، در مهار زدن به تجاوزات مستمر دو قدرت آزمند و حیله گر زمان - روس در شمال و انگلیس در جنوب - درحد خود یادآوردنی است و این معنا در قیاس با اعمال و اطوار گروه ملایان ضد مشروطه - گروهی که شیخ نوری عمدتاً آنها را نمایندگی می کرد، باز هم نظرگیرتر می شود زیرا این گروه با همهٔ جامه درانی برای اسلام و مسلمانی و تاکید بر لزوم حاکمیت «شریعت» و «دفع الحاد مشروطه» در عمل و نظر تنها و تنها نگران مواضع خود بودند و برای پاسداری از آن حتی از توسل به دربار فاسد و وابستهٔ محمد علیشاهی و حتی «سالدات های» روسی نیز ابائی نداشتند.

ناظم الاسلام ضمن یادداشتی در ذکر (وقایع یکشنبه ۸ جمادی الاخر ۱۳۲۷) در همان کتاب می نویسد:

«امروز شخصی به شیخ الله فضل الله گفته بود اگر قشون روس وارد شود دیگر از اسلام چیزی باقی نمی ماند. شیخ [شیخ الله نوری] گفته بود: در قفقاز سالدات های روس در وقت نماز مردم را امر می کنند به نماز جماعت. اگر روس وارد شود، دین ما راقوت خواهند داد - نقل از تاریخ بیداری ایرانیان بخش دوم. ص ۴۹۵».

اینک هرچند از متن فاصله می گیریم ولی دریغ است که از ذکر واجبی درگذریم و آن ضرورت و حتمیّت بازنگری در پاره‌ای از آثار گویا «پژوهشی» است که در زمینهٔ تاریخ مشروطیت ایران و اکثر در فاصلهٔ کودتای مرداد ۳۲ و آغاز پاگیری حکومت مذهبی به عرصهٔ نشر رسیده که غالباً جنبهٔ سیاسی و تبلیغی آن بر جنبهٔ تحقیقی شان می چربید. بیشک در این دوره آثار با ارزشی هم که مبین برخورد عالمانه و علت یاب با جنبش مشروطه خواهی در ایران است، داشته ایم که مجموعهٔ مقالات و کتابهای تحقیقی و پرمایهٔ فریدون آدمیت، سرآمد همهٔ آنهاست.

البته این نکته یادآوردنی است که در دوره های اختناق نفوذ و نشر اثرهای کم مایه و بی مایه خواه در جهت وضع موجود و خواه بر ضد آن، نامنتظر نیست. این واقعیتی است که موفقیت آثاری از این دست، بویژه آنها که با ملح باصطلاح «نقدی» از نظام حاکم ارائه می شوند و قاعدتاً با احساس افروختهٔ مردم خوانایی دارند، آنقدرها شگفت انگیز نباید باشد زیرا که نفس تحریم و سانسور بخودی خود ولع آفرین است و خواننده را به آنچه که او را از خواندنش محروم داشته اند کشش می دهد. از این قبیل است کتاب «غرب زدگی» اثر جلال آل احمد در فضای

رژیم گذشته که در محافل موسوم به «روشنفکری» که آکنده از خامی بود بااقبال گرمی مواجه شد. حالی که فارغ از هرگونه مبالغه باید گفت که این کتابی بود از بای بسم الله تا تای تمت مملو از برداشتهای عامیانه و اغلاط فاحش تاریخی و گذشته از آن حاوی باصطلاح «رهنمودهائی» بی پایه و ظاهراً در جهت مقابله با عارضهٔ «غرب زدگی».

بخشی از این کتاب در قلمرو مسائل گویا فرهنگی شامل شرح «کشافی» است از حال و قال تحصیلکردگان ایرانی در مغرب زمین همراه با اهانتهای آشکار که بیدرنگ ناسزاهای چرکین آیت الله خمینی را در اثر معروفش «کشف الاسرار» تداعی می کند که چرا فی المثل به امکان زیارت سنگ و شتر در مرقد مطهر حضرت رضا تردید کرده اند. (ما بهنگام و در جلد دوم این کتاب که سالهای میان سقوط رضاشاه و سقوط رژیم خمینی را در سال ۵۷ در بر می گیرد - در این زمینه ها بتفصیل خواهیم نوشت). ولی برای اینکه دعوی بی حجت نماند، به بخش کوچکی از داوری نویسندهٔ «غربزدگی» نسبت به درس خواندگان مغرب زمین، اشاره می کنیم:

«... در زمینهٔ مسائل فرهنگی و دانشگاهی یک مسئله بزرگ، مشکل خیلِ فرنگ رفتگان است یا از امریکا برگشتگان که هر یک دست کم کاندید (کاندیدای) وزراتی بازگشته اند و بیخ ریش تشکیلات مملکت مانده‌اند. شک نیست که وجود هر کدام از این نوع تحصیل کردگان غنیمتی است. لنگه کفشی است در بیابانی. اما دقت کنید و ببینید که هرکدام از این غنیمت ها پس از بازگشتن و جایی در تشکیلاتی باز کردن و پایی به جایی بند کردن - به صورت چه **تفاله ای**در می آیند! چرا که نه قلمرو کار دارند و نه بُرش دارند و نه دست باز و نه دل گرم و نه اغلب حتی دلسوخته - نقل از «غرب زدگی. چاپ دوم صفحه ۱۸۷»».

«منتقد» پس از یک ردیف از این قماش «افاضات» که جای جای با ناسزا و مثلاً «متلکی» هم آمیخته است، خوانندگان خود را بی نصیب از هدایت و مشکل گشایی نیز نمی گذارد که یکی از «برجسته ترین» این رهنمودها در طرح این پیشنهاد آمده است:

«... بگمان من اکنون دیگر رسیده است وقت آن که برای تحصیلات عالی با یک نقشهٔ مرتب و مناسب با احتیاجات فنی و علمی مملکت برای یک مدت مثلاً بیست سال شاگرد فقط به هند و ژاپن بفرستیم و نه هیچ جای دیگر فرنگ و امریکا - از همان کتاب صفحهٔ ۱۹۲»

پیداست که «محقق منتقد و راهنمای ما» تا این اندازه هم از چند و چون اوضاع و خاصه نظام آموزش هند و ژاپون اطلاع نداشته که در تمام زمینه ها بسیاق نظامات آموزشی اروپایی بنیان گرفت وانگهی نمی دانسته است که اکثر رهبران این دو کشور و بویژه هند در دورهٔ جنبش استقلال و پس از آن تربیت یافتگان انگلستان بودند و جواهر لعل نهرو اولین نخست وزیر مرحلهٔ استقلال، تحصیلات عالیهٔ خود را در انگلستان و عمدتاً در دانشکاه کمبریج بپایان برده بود.

بهرحال گمان می کنم پوچی چنین پینشهادی از هر منظری که بدان بنگریم، آنقدر ظاهراست که نیازی به توضیح نمی ماند.

هر چند حاشیه طولانی می شود، در پیوند با گرایش های گونه گون فکری در دورهٔ مشروطه خواهی و بویژه احوال شیخ فضل الله نوری بایسته است که رجوع دیگری به این کتاب داشته باشیم تا معلوم شود داوری «نویسنده روشنفکر و پرنام» آن نسبت به چنان عنصر فاسد و واپس گرایی از چه قماش بوده است:

«... من نعش آن بزرگوار [شیخ نوری] را بر سردار همچون پرچمی میدانم که بعلت استیلای غربزدگی پس از دویست سال کشمکش بر بام سرای این مملکت افراشته شد... غربزدگی صفحه ۷۸»

باید دانست این رثایی است بدنبال تقبیح و تخفیف اندیشه گرانی چون طالبوف تبریزی (متولد در قریه سرخاب تبریز) و ملکم خان ملقب به ناظم الدوله که نویسندهٔ «محقق» غرب زدگی ظاهراً بقصد تحقیر از اولی بنام «طالبوف قفقازی» و از دومی «ملکم خان مسیحی» یاد می کند در حالی که ملکم خان سالها از دیانت خاندانی خود بریده و به اسلام گرویده بود و اتفاقاً با روحانیان مشروطه خواه روابط حسنه‌ای داشت. گذشته از این نویسندهٔ «غربزدگی» هرگز توضیحی نداده است که صِرف «قفقازی و یا مسیحی بودن» متضمن چه لغزشی می تواند بود که دستاویز شماتت و تحقیری شود؟ - و بهرحال کیست که نداند این دو و خاصه طالبوف در مبارزه با استبداد و تلاش در ایجاد یک نظام قانونی، چه نقش زاینده ای ایفا کرده اند.

***

به متن بازگردیم و بماجرای آشتی کنان روحانیت آزرده خاصر و جناح مترقی.

با شکست کودتای ذیقعده در نیروهای مشروطه طلب طراوت و امیدی پدید آمد. بویژه که محمد علی شاه مدتی کوشید تا بنحوی آزردگیها را تسکین دهد. مثلاً روز هشتم ذیحجه جمعی از وکلای مجلس و مجتهدین را همراه احتشام السلطنه «رئیس مجلس» بحضور پذیرفت. شاه در مقابل حاضران که بر زمین نشسته بودند قرآنی از بغل درآوردو گفت «مضی مامضی = گذشت آنچه گذشت» و بهمان قرآن سوگندخورد که از همراهی دریغ نخواهد کرد و «تمام قوای خود را برای نگهداری حقوق ملت» بکار خواهد گرفت. احتشام السلطنه با هوشمندی گفت: همبستگی شاه و مردم «طوری باید باشد که وجود خودشان (مقصود شاه است) را در آغوش ملت بیندازند ببینند حافظ اعلیحضرت تمام ملت هستند» - رئیس مجلس آنگاه خردمندانه گوشه ای زد و گفت: «اول مرحلهٔ اصلاح این است که این اطاق اگر اصلاح شود باقی جاها و امور، همه اصلاح خواهند شد» مذاکرات آن مجلس که گاه واقعاً و گاه تصنعاً از کشش های احساسی خالی نبوده، هم اکنون در دسترس است که تفصیل آن بهر تقدیر از حوزهٔ کارما بیرون است. علمای نجف هم

ساکت ننشستند و ضمن تلگرامیهایی از این که پادشاه بر «وظایف دین پروری و مملکتداری و اجرای قوانین قویم مشروطیت که سرمایهٔ ترقیات است» عمل کرده است «مراتب تشکر و دعاگویی و امتنان وامیدواری» خود را اعلام داشتند بدینگونه ظواهر امر گواهی می داد که طوفان فرونشسته و اوضاع بهنجار شده است. در همین حال قرار بر این شد که به یمن فرارسیدن نوروز ۱۲۸۷ شمسی مجلس ملی افتتاح شود که رئیس مجلس اظهار عقیده کرد این گشایش «حقیقتاً افتتاح جدیدی خواهد بود برای پارلمان ایران» خلاصه آنکه، اوضاع چنین می نمود که گسترهٔ تفاهم و آشتی میان دربار و مجلس و دولت بپایهٔ سرور انگیز و امید بخشی رسیده است، ولی اینهمه یک خوشبینی زودگذر بود. حوادثی رفته رفته جمع شد و بار دیگر استبداد و آزادی خصمانه رو در رو شدند و ماه عسل را کوتاه کردند. این دوران براستی خوش درخشید ولی دولت مستعجل بود.

فصل بیست و ششم

در خط حوادث

پس از شکست کودتای ذیقعده، ظواهر اوضاع حکایت از آن داشت که محمد علیشاه از آن بدکاری و ناکامی عبرت گرفته است و قصد دارد بهر ترتیب دل مجلسیان را بدست آورد. به برخی از آن محافل آشتی کنان که برپا کرد و عذرخواهی های ضمنی و آشکار او اشاره کرده ایم. اجمالاً حال و هوا چنین می نمود که وضع بسود آزادیخواهان و قوام نظام جدید چرخیده است ولی پیشتر نوشتیم که عمر این دوران دیر نپایید.

روز ۲۵ محرم در همان راستهٔ آشتی، یک هیأت پارلمانی به حضور شاه بار یافت و این آخرین دیدار از آن گونه محافل بود. در این مجلس دو طرف کوشیدند تا جز بزبان دوستی و وفاق و پیمان سخنی نگویند. اما حوادث پی در پی و از آن جمله سوء قصد به جان شاه، هنگامی که بعد از ظهر همان روز عازم دوشان‌تپه بود، بسرعت فضای آشتی را تیره کرد. خیلی زود دانسته شد که طرح ترور شاه را حیدرخان عمو اوغلی و بخشی از گروه عامیون اجتماعیون با شرکت پاره ای انجمن ها ریخته اند. شاه از این سوء قصد جان بسلامت برد ولی پیدا بود که خونش به جوش آمده تا آنجا که در پی الدرم های فروان که «چنین و چنان خواهم کرد» به یکی از درباریان گفته بود که: «مجلس و وکلا توطئه کردند و مرا مطمئن ساختند تا بی ملاحظه به خیابان و بازار بیایم و مرا بکشند.» اما این بار نیز درایت رئیس مجلس تا حدودی کارساز شد. او با کلام متین و جذبه‌ای که بر آمده از شخصیت ممتازش بود، توانست شاه را آرام کند و حتی او را وادارد، با صدور دستخطی از «حق خود درگذرد» البته همراه با این تاکید که از خون مقتولین «نه می گذرم و نه حق دارم گذشت و اغماض نمایم.»

و اما دسیسه های باصطلاح انقلابی و ترکتازی تعدادی از انجمن ها که پیشتر هم گفته ایم عملاً خود را مافوق نهادهای قانونی می شناختند و نیز آشوبهائی که برای آزادی غیرقانونی متهمان به سوء قصد به راه انداختند و متقابلاً به شاه بهانه دادند که بشیوه‌های قانونی (و مثلاً با صدور دستور برای توقیف متهمان) پشت کند و از همه شوم تر چند دستگی در مجلس و اعمال غرض های آشکار و جبهه گیری خصمانه گروهی در کنار انجمن های «انقلابی» بر ضد احتشام السلطنه و دوام اختلاف میان بهبهانی و او که قبلاً نوشته ایم، در هنگام طرح متمم قانون اساسی به

اوج خود رسید – همه و همه اسبابی شد که اوضاع بزیان آزادیخواهان دگرگون شود و محمد علیشاه به خانهٔ اول بازگردد.

بعضی از تحلیلگران بر این باورند که محمد علیشاه خواسته یا ناخواسته بعد از شکست کودتای اول کوتاه آمده و امکان سازش با او از هر جهت فراهم بود ولی تندرویهای بیجا مانع از دوام حالت مصالحه و تسلیم شد، بگمان ما – هرچند آن حوادث و حالات بسهم قابل ملاحظه ای در تغییر اوضاع موثر افتاد ولی فراموش هم نباید کرد که محمدعلیشاه از آغاز با مجلس و مشروطه هرگز روی خوش نداشت و اگر در پی آن شکست ناچار ملایمتی از خود نشان داد، این گرایشی ناشی از اجبار بود، از دل نبود. در این میان یکی از صدمات سختی که بر پارلمان و در واقع کل نظام وارد آمد، استعفای احتشام السلطنه از ریاست مجلس بود که آن نیز دلیلی جز فشار و توطئهٔ انجمن ها و رقابتهای درون پارلمان نداشت. یحیی دولت آبادی بدنبال توضیحی از نقش احتشام السلطنه در جلوگیری از انحرافات غیرقانونی می نویسد «ولی اکنون که او رفته است درباریان کمتر از مجلس و مجلسیان ملاحظه دارند و ملاحظه ندارند که از حدود قانون خارج شده، به هر صورت بتوانند اقدام کنند – نقل از حیات یحیی، جلد دوم، ص ۲۲۱».

حتی هارتویک دیپلمات روسی که به تَبَع سیاست دولت متبوعش، همواره جانب شاه را می گرفت، در گزارشی یادآوری کرده است که «رئیس پارلمان [احتشام السلطنه] در بحران دسامبر (کودتای نافرجام ذیقعده) جدی ترین مدافع حقوق پایمال شدهٔ ملت» بوده است.

پس از احتشام السلطنه، آن طور که پیداست مجلس در انتخاب جانشین درمانده بود. یکبار به محمد قلی خان مخبرالملک (برادر صنیع الدوله اولین رئیس مجلس) رای داد و او بدلایلی نپذیرفت و سرانجام میرزا اسمعیل خان ممتاز الدوله با اکثریت ۵۸ رای به جای او نشست و او آخرین رئیس مجلس اول بود که کارش به کودتای دوم و استبداد صغیر کشید و با جمعی از وکلا بسفارت فرانسه پناهنده شد. ممتاز الدوله از اشراف روشنفکر و اروپا دیده بود و در حسن نیت او نسبت به نظام پارلمانی کسی تردید نداشت ولی در آن دوره طوفانی از آن جربزه ای که بتواند بشیوهٔ سلف خود با انواع توطئه های مقابله کند، محروم بود.

بهرحال بحث و تحلیل جامع حوادث این دوران (فاصلهٔ میان کودتای ناموفق ذیقعده و کودتای موفق بعدی که به بمباران و تعطیل پارلمان و آغاز استبداد صغیر انجامید: ۲۳ جمادی الاول ۱۳۲۶ – ۲ تیرماه ۱۲۸۷ شمسی – ۲۳ ژوئن ۱۹۰۸) هر چند خواندنی و عبرت آموز است ولی در حوصلهٔ مباحث این رساله نمی گنجد. این همه را از تاریخ باید خواست.

این واقعیت را خاصه وقتی می خواهیم، علل پیروزی دربار و شکست آزادیخواهان را بکاویم و بشناسیم، نباید ناگفته بگذاریم و بگذریم که در این ناکامی مردم به هیچوجه کوتاه نیامدند. از آن شور آزادی طلبانه که به شکست کودتای اول انجامید ذره ای کاسته نشده بود، حتی بعض از

ناظران و از آنجمله دیپلماتهای خارجی بر این باورند که اگر سستی در کار رهبری نبود و بویژه هنگام حملهٔ قزاقان به مجلس تیراندازان آزادیخواه را از هدف گرفتن سرکردگان روسی قزاقخانه و مخصوصاً شخص لیاخوف مانع نمی شدند، کودتا این بار هم شکست می خورد ولی اساس ناکامی آزادیخواهان و پیروزی استبدادیان از همان چند دستگیها، دسیسه پردازیها و آشوب طلبی های جماعت باصطلاح تندرو و انقلابی و نیز ضعف رهبری مجلس نشئت می گرفت.

اینک به راستهٔ خود باز گردیم، و در مقابل این تصویر کوچک از اوضاع و احوال دگرگون شده به نقش ملایان، در آن شرایط تیره و طوفانی بپردازیم.

قابل احساس است که گروه ملایان ضد مشروطه، در پی ویران شدن پارلمان و امحاء نظم جدید تا چه اندازه شادمان و «شکرگزار» شاهی شدند که آن «بساط کفر» را برچیده و «بابی ها» و دشمنان اسلام و «زاگون» محمدی را بزندان کشیده و کشته و تار و مار ساخته است. به احوال آنان بهنگام خواهیم پرداخت. حالا می پردازیم به موضع گیری ملایان باصطلاح مشروطه خواه و اکثریت حتی وکلای معمم مجلس.

آنچه ازاین پس می آوریم، مربوط است به مرحله ای که کار یکسره شده و دربار بکمک قزاقان و اوباش و گروههای وحشی سیلاخوری، تمامی قدرت را تصرف کرده است. ناظم الاسلام کرمانی در اثر خود (تاریخ بیداری ایرانیان) در ذیل وقایع «روز شنبه پنجم جمادی الاخری ۱۳۲۶» می نویسد:

«امروز امام جمعه دعوتی از وکلای معمم نموده که در خانهٔ امام جمعهٔ خوی جمع و حاضر شده، بروند حضور شاه» در ادامهٔ همین یادداشت از قول آقا یحیی وکیل کرمان اضافه می کند: «امام جمعهٔ تهران طرف دست راست، امام جمعهٔ خوی طرف دست چپ [شاه] نشست و ما هم روبروی شاه نشستیم. شاه فرمود از وقوع این وقایع ناگوار خیلی متأسف می باشم و حاضر شده بودم که سلطنت خود را روی این کار بگذارم لیکن چون دیدم دین اسلام ضعیف شده، راضی نشدم که در تاریخ بنویسند در عهد محمد علیشاه اسلام از ایران رفت، لذا این چند نفر مفسد را از بین برداشتم. وکلا تمجید و تعریف و اظهار شکرگزاری نمودند»

اما از آنجا که بنیاد تحلیل را بر واقع گرایی نهادیه ایم، بر ذکر این واقعیت اصرار داریم که در جمع ملایانی که به مشروطه روی کردند (علی رغم اختلاف نظرهای جدی با جناح مترقی خاصه در قلمرو نهادین ساختن نظامات عرفی) معدودی هم بودند که در آن مرحلهٔ بحرانی کوتاه نیامدند و این سهل است، از خود شهامت و شجاعت ستایش انگیزی نشان دادند. از اینگونه به حال و قال دو سید نامدار (طباطبائی و بهبهانی) و آنگاه ملای متهور و پابرجایی چون ملک المتکلمین می پردازیم که این آخری هر چند در سلسله مراتب روحانی مقام بالایی نداشت ولی در تلاشهای مشروطه خواهانه مقامی ارجمند یافته بود و بهمین دلیل روزگارش به قتلی فجیع

انجامید و به روایات مختلف بهنگام مرگ نیز از خود ایمان استواری نشان داد. و اما دو ملای بزرگ (بهبهانی و طباطبائی) هر چند در همان روز به توپ بستن مجلس متحمل عذابهای سنگین شدند ولی سرانجام ناگزیر چندی خاموشی گزیدند. بی مناسبت نیست بپاره ای روایات درباره این سه تن در کمال اختصار اشاراتی داشته باشیم و پیش از آن اضافه کنیم که علمای نجف نیز که بهر تقدیر از کانون آتش بدور بودند از پای ننشستند و به صدور فتوا و ارسال نامه و تلگرام و اعلامیه بر ضد جنایت دربار قیام کردند.

گفتنی است که طباطبائی و بهبهانی در همان روز گلوله باران پارلمان خود را به مجلس رساندند و در کنار جمع متحصنین و پاره ای نمایندگان قرار گرفتند و تنها وقتی کار بالا گرفت و ساختمان مجلس در زیر گلوله های توپ ویران می شد ناگزیر از حفره ای که در دیوار عقبی مجلس ایجاد کردند باتفاق دیگران گریختند و خود را به پارک امین الدوله رساندند که صاحبخانه (امین الدوله) از ترس جان دست به خیانت زد و تلفنی به قزاقخانه اطلاع داد که «آقایان» در خانهٔ او هستند و در کوتاه زمانی قزاقان و اوباش فرارسیدند و در آنجا هر کس را یافتند بقصد کشت کتک زدند و به دو سید نیز ابقاء نکردند.

این تذکر لازم است که در شرح حوادثی که در خانه امین الدوله روی داده، روایات متعدد است. بپاره‌ای از آنها بویژه در ارتباط با احوال دو سید و سرنوشت ملک المتکلمین و برخی دیگر از فراریان و پناهجویان که بعضی به پناهندگی در سفارتخانه های مختلف ناگزیر شدند، اشاره می کنیم.

گزارش مستشارالدوله که ظاهراً خود شاهد ماجرا در پارک امین الدوله بوده حاکی از این است که بهبهانی و طباطبائی و امام جمعه خوئی را چندان زدند که «اندازه نداشت». می نویسد «من کنارتر ایستاده بودم و چون مرا از شمار ایشان [پناه جویان] نمی گرفتند کاری با من نداشتند ولی آسیبی که به آقایان می رساندند دلم نزدیک بود بترکد...»

در سرنوشت دو سید نقل کسروی این است:

«شادروانان بهبهانی و طباطبائی با آن هواداری ها که در دو سال با محمد علی میرزا نموده و با آن فریبها که از او خورده بودند (این تعبیر بگمان ما مبالغه آمیز است، دو سید را بآسانی نمی توان هوادار محمد علی میرزا قلمداد کرد) چون بنیادگذار مشروطه شمرده می شدند در نزد او گناهکاران بزرگتر می بودند، با اینحال چون عنوان سیدی و مولایی داشتند محمد علی میرزا نتوانست بیش از آنکه کرده بود بکند. بهبهانی سه روز در بند بود و پس از آن روانه خاک کلهرش گردانیدند. طباطبائی چون زن شاه (دختر کامران میرزا) پشتیبانی به او می نمود از دمی که بباغ رسید آسوده و گرامی بود و پس از سه روز رها گردید و در ونک نشست و سپس آهنگ

خراسان کرد. حاج امام جمعهٔ خوئی رها گردید و در تهران به زندگی پرداخت. مستشار الدوله ماهها در بند بود تا او نیز رها گردید و محمد علیمیرزا او را بنویسندگی خود برگزید.»

ناظم الاسلام کرمانی نویسنده «تاریخ بیداری ایرانیان» به روایت از آقا یحیی وکیل مجلس واقعه را اینگونه رقم زده است:

«... من (آقا یحیی) و آقا سید محمد (طباطبایی) رفتیم در خانه [ای] که نزدیک مجلس بود. در آنجا راحت و آسوده بودیم که آقا میرزا محمد صادق مدیر روزنامهٔ مجلس که پسر دویم آقا سید محمد باشد وارد شد و گفت: آقا سید عبدالله (بهبهانی) با جمعی در باغ منتظر شما می باشد و شما چرا این جا نشسته اید. به اصرار ما را حرکت داد و رفتیم در باغ، لد الورود گلولهٔ تیر توپ از سر ما پاشید و مثل باران گلوله می بارید لذا فرار کرده وارد باغ و خانه امین الدوله شدیم. باری پس از ورود آقایان ممتاز الدوله رئیس مجلس و عده [ای] از وکلا به باغ امین الدوله، همگی در زیر درختان متفرق و پراکنده شدند. امین الدوله چون امر را چنین بد دید رفت در اندرون توی زنها پنهان شد و فوراً تلفن کرد به باغشاه که حضرات علما و وکلا آمدند به این باغ (در روایت کسروی و به نقل از مستشارالدوله، امین الدوله به بهانه ای اجازه می گیرد که به خانه نیّرالدوله برود و از آنجا تلفن می کند). اعلیحضرت جواب دادند که آنجا باشند تا کالسکه برسد آنها را بیاورند. هنوز کالسکهٔ شاهی نرسیده که قزاق و سرباز ریختند در باغ امین الدوله و بنای شلیک را گذاردند. دراین اثنا حاج میرزا ابراهیم آقا وکیل آذربایجان هدف گلوله واقع شد و افتاد و پس از ربع ساعت مرد. ممتاز الدوله با جمعی از وکلا در زیر درخت ها مخفی شدند ولی آقا سید عبدالله و آقا سید محمد و اجزاء آقایان و شیخ الرئیس که از علما و شاهزادگان بود به حالت خفت و خواری و کتک زیاد گرفتار و دستگیر آمدند و آنها را تا نزدیک پستخانه پیاده آوردند و در آنجا آقایان خسته شده رفتند در خانه[ای] سر و صورت خود را شست و شو داده تا کالسکه آوردند و آقایان را بردند به باغشاه. لدی الورود قزاق و سرباز هجوم آوردند به طرف آنها که حشمت الدوله رئیس کابینهٔ شاه، خود را انداخت روی آقایان و مانع شد از اذیت آنها...»

ناظم الاسلام پس از شرحی دربارهٔ بستن دست و احتمالاً به زنجیر کشیدن حضرات ادامه می دهد «در این بین از طرف اعلیحضرت اشاره شد که آنها را محترماً نگاهدارند که حاجب الدوله وارد شد به چادری که آقایان را در آنجا حبس کرده بودند... افتاد پشت پای آقای طباطبائی را بوسید و دست آقایان را باز نمود و اگر زنجیر بوده، زنجیر را برداشت. آقای طباطبائی فرمود من باید بروم حمام و تطهیر کنم لذا حمام شاه را گرم کرده آقا میرزا سید محمد و آقای میرزا محمد صادق (فرزند او) رفتند در حمام مشغول تطهیر شدند...»

اینطور که از مجموع گزارشها استنباط می شود نه دو سید چنان برخورد وحشیانه ای را تصور می کردند و نه محمد علیشاه به کتک زدن آنها دستوری داده بود. نقل کسروی این گمان را

تقویت میکند. از قول مستشار الدوله می نویسد حتی فرمانده قزاقان (قاسم آقا میرپنج) هرچه فریاد می کشید «کاری نداشته باشید» کسی گوش نمی داد، ناچار متوسل به زور شد و دو سید را از چنگ قزاقان بیرون کشید و بعد دستور داد که «جایی در این نزدیکی پیدا» کنند تا آقایان «ناهاری خورند و اندکی بیاسایند»

ناظم الاسلام پس از آزادی دو سید، با آقا سید عبدالله ملاقاتی میکند و در پاسخ این که با شما چه کردند، جواب میدهد: «هر قدر تصور کنید صدمه وارد آوردند» و خود اضافه می کند که آقا «فقط از شاه و حشمت الدوله راضی بودند.»

در ضمن به نظر می رسد که آن برخوردهای تند و نامنتظر دو سید مجتهد راسخت ترسانده باشد. ناظم الاسلام از قول صحة الدوله می نویسد: «من شرافت آقا سید عبدالله را هیچوقت کم و کسر ندیدم مگر وقتی که دیدم افتاده بود پای شاه را ببوسد و شاه مانع شد، عقب رفت و فرمود این چه کار است که می کنید لکن ملک المتکلمین به شرافت و جلادت کشته شد... ولی این آقا التماس و عجز خیلی کرد...» و چند سطر بعد می افزاید:

«آقا میرزا ابوالقاسم گفت: [آقا سید عبدالله] نزد سپهسالار هم خیلی التماس کرد که مرا با احترام حرکت دهید و این حرکات از سید بعید بود» - با این همه دربارهٔ دو سید فعلاً از مبحث آن کج تابیها باید گذشت که به تبع باورها و مواقع مذهبی خود، بر ضد عرفی شدن کامل نظام، تا توانستند تلاش کردند - همان حضور آنان در مجلس در آن مرحلهٔ طوفانی حمله به پارلمان، در حالی که بسی از «انقلابیها» جا زده و خانه نشینی اختیار کرده بودند، نکته ای است که غفلت از آن منصفانه نیست. درست است که آنها ولوموقت بسکوت و تسلیم تن در دادند ولی ازیاد نباید برد که گروه کثیری از ملایان مجلس نشین از تسلیم فراتر رفتند و به بیعت رسیدند.

اینک باید اضافه کنیم که رفتار دولتیان با عناصری نظیر ملک المتکلمین و میرزا جهانگیرخان صور اسرافیل (مدیر روزنامهٔ صور اسرافیل) که بازتاب ستایش انگیزی حتی در مراحل مرگ از خود نشان دادند، بکلی متفاوت بود. میدانیم آن دو را در همان باغشاه با طناب خفه کردند و جمعی دیگر را بدان وسیله و وسایل دیگر از پای درآوردند و گروهی را بزنجیر نگاهداشتند و عذاب دادند.

ناظم الاسلام می نویسد «از قرار معلوم جهانگیر خان... وقت کشتن گفته بود (زنده باد مشروطه) و اشاره کرده بود به زمین و گفته بود: ای خاک ما برای حفظ تو کشته شدیم...» ارشدالدوله که در وقت کشتن ملک المتکلمین حاضر بوده است از او می خواهد تا «از اعمال خود قدری اظهار ندامت کند و ملک می گوید: با نهایت افتخار و شرف در کمال سعادت در راه وطن می میرم و از اعمال خود ندامت ندارم.»

ا ین واقعیتی است که پا بپای رونق افکار مشروطه گری، نه فقط مسئلهٔ حقوق فردی و اجتماعی به سلسله مسائل مبرم جامعه مبدل می شود بلکه کشش های بر آمده از «احساسات وطنی و ملی» نیز حتی در سطح افکار و عواطف توده ها بنجو نظر گیری وسعت می گیرد. بی آن که بخواهیم تلاشهای روحانیان خاصه مقیم عراق را در مقابله با استبداد بی قدر جلوه دهیم که سزاوار نیست، ولی واقعیت ا ین است که با آغاز استبداد صغیر مبارزات آزادیخواهانه که بیدرنگ در گیلان و آذربایجان و بمقیاس های مختلف در پاره‌ای د یگر از مناطق نطفه بست، عمدتاً از همان کشش ها و عواطف ملی و وطنی ما یه داشت.

توجه داشتیم که در داخل کشور، نیروهای مذهبی طرفدار مشروطه در اکثر یت غالب، یا از میدان بدر شدند و یا تسلیم و چه بسیار به بیعت با شاه تن در دادند. بقول کسروی از علمای نجف هم با همهٔ تب و تابی که نشان دادند کاری جز صدور فتوا و اعلامیه و نامه بسود آزادیخواهان و ذم دربار کاری برنمی آمد. تنها راهی که باقی می ماند، قیام مسلحانه بود که در آن نقش توده ها و مردم کوچه و بازار نه فقط ستا یش انگیز که در پاره ای موارد حیرت انگیز بود.

و اما در قبال ملا یان «مشروطه خواه» که بدانگونه تسلیم شده و یا جبراً کنار رفته اند. به حال و قال انبوه ملایان ضد مشروطه میرسیم که با سقوط مجلس و پاگیری مجدد استبداد طبعاً آکنده از شادی و غرور و ترکتازی است.

کسروی که خود ناظر وقا یع آذربا یجان در آن مرحلهٔ طوفانی است می نویسد «... از روز سه شنبه نوزدهم خرداد (۹ جمادل الاول) بود که تبریزیان از پیشامدهای تهران آگاه شدند و از همانروز سران آزادی در تلگرافخانه نشستند و با تهران و با دیگر شهرها به تلگراف فرستادن پرداختند، روزهای چهارشنبه و پنجشنبه بد ینسان گذشت ولی از روز آد ینه بیست و دوم خرداد (۱۲ جمادل الاولی) شهر حال دیگری گرفت از ا ین آد ینه تا آد ینه دیگر در تبریز یک جوش و خروش بیمانندی در میان می بود. آن روز آد ینه، مجاهدان با افزارهای جنگی، آماده و بسیجیده، دسته دسته به تلگرافخانه می آمدند وچون از تلگرافها که می رسید آگاه می شدند، سخت می خروشیدند: ما چرا دور ا یستاده ا یم؟ آنهمه کوشش در دو سال برای چنین روزی می بود، از تلگراف چه برخیزد؟ چرا خود بتهران نرویم؟ چرا بیاری دارالشورا نشتا بیم...؟» و ادامه می دهد: «از امروز کانون شورش سر بازخانه ها گرد ید که از هر روز در آنجا انبوهی پد ید می آمد و میدانی به آن پهناوری پر از مردم گرد ید، کسی تا ند یده با گفتن نخواهد دانست چه شور و تکانی در میان می بود. چه پیش از نیمروز چه پس از آن، مردم چون انبوه می شدند ناطقان بگفتار می پرداختند و خونها را بجوش می آوردند. در یکسو مجاهدان بنام نویسی می پرداختند، در یکسو توانگر و کم چیز هر کس باندازه توان و خواهش خود پول بصندوق می پرداختند، بهتر است در ا ین باره گفته های پرفسور براون را بیاورم:

«در یک روز از پسین تا شام تنها از مردم بی چیز هزار و سیصد تومان داده شد فردای آن روز ده هزار تومان پرداخت گردید....»

البته این همه مربوط است، بروزهای تدارک کودتا درتهران که چند روز بعد (۲۳ جمادی الاول) با حمله به مجلس به نقطهٔ پیروزی استبداد رسید.

چنان که از شواهد و اسناد بر می آید، محمد علی شاه از همان آغاز کار توجه خاص به تبریز داشته و جالب توجه است که درست در جوشاجوش حرکت آزادیخواهانه این ملایان ضد مشروطه اند که مهار کارها را در دست می گیرند.

در حالی که تبریزیان درصددند سپاهی برای روانه کردن به تهران جور کنند روز جمعه ۱۹ جمادی الاولی (بیست و نهم خرداد) – چهار روز قبل از بتوپ بستن مجلس در تهران ملایان شهر تبریز بهدایت دو فرستادهٔ محمد علیشاه (حاج میرزا حسن و امام جمعه) در محلهٔ دوچی جمع می شوند. کسروی می نویسد:

«... چون هنگامش رسید مجتهد (میرزا حسن) پرده از کار بردشته بسخنانی پرداخت در این زمینه که مشروطه با اسلام سازش ندارد و اکنون که شاه بکندن بنیاد آن برخاسته، ما نیز بیاری شاه برخیزیم و تلگرافی برایش فرستیم، ملایان که خود دشمنان مشروطه می بودند این پیشنهاد را با خوشرویی پذیرفتند و تلگرافی نوشته شد که همگی به آن دستینهٔ (امضاء) نهادند....»

قیام تبریزیان و رشتیان در قلهٔ پایداریها و آغاز جنبش مقاومت در سایر نقاط کشور بر ضد استبداد پیروز، خاصه در تبریز و رشت، به تنهایی سرمایهٔ حماسه ای است از غیرت ها، جانبازیها و هوشیاری ها که به برکت افکار آزادیخواهانه، در توده های مردم پدیدار شد که شرح جامع آن از قلمرو این رساله بیرون است همین قدر در مقام نمونه آوری باختصار از آنچه در تبریز گذشت تصویری می آوریم که در آن تمامی شهر به دو سنگر «آزادی» و «استبداد» تقسیم شده است (محلهٔ دوچی مرکز تجمع نیروهای استبداد و شامل قوای دولتی، مزدوران اوباش و ملایان و محله امیرخیز پایگاه آزادیخواهان بسرکردگی ستارخان یاران و وفادار او) روز بیستم جمادی الاولی، یعنی سه روز قبل از بتوپ بستن مجلس در تهران، عوامل استبداد بنا بر نقشه ای که از روزها قبل طراحی شده است همراه با ملایان شهر در دوچی گرد می آیند و «انجمن اسلامیه» را که درواقع ارگان تبلیغی نیروهای استبدادی است پایه می ریزند. احمد کسروی که خود در آن ایام جوان پرشوری است و حوادث را از نزدیک دنبال می کند، چگونگی جمع آمدن ملایان شهر در دوچی و پایه ریزی «اسلامیه» را اینطور شرح داده است:

همان روز آدینه [بیستم جمادل الاولی – سی و یکم خرداد] هنگام پسین مجتهد و امام جمعه و میرزا صادق و برادرش میرزا محسن و دیگر ملایان بنام، هر یکی با دسته ای از پیرامونیان در دوچی گرد آمده «اسلامیه» را نشیمن کردند....» وصف کسروی از دیده های خود و از حرکات

خاص ملایان و اینکه فقط معدودی از آنان چون «ثقه الاسلام» و «انگجی» کناره گرفتند و ما بقی راهی «اسلامیه» شدند، شنیدنی است:

«فردا شنبه سی و یکم خرداد (۲۱ جمادی الاولی) تکان دیگری در شهر پدید آمد زیرا پیشنمازان از هر کویی، هر یکی با پیروانی رو به دوچی نهاده آهنگ «اسلامیه» کردند. اینان که از پیدایش مشروطه بازارهاشان از گرمی افتاده دلهاشان پر از کینه می بود. اکنون فرصت کینه جویی بدست آورده و خود دیدنی می بود که هر کدام چند تن عامی نافهمی را پشت سر انداخته، آن «نعلین» های پوست خربزه ای را بزمین می کشیدند و راه می پیمودند، بیشتر از آنان که تاکنون با مشروطه راه می رفتند نیز بریدند و به آن سو رفتند...»

«... کوتاه سخن: اسلامیه نیرو انداخته سر برافراخت. سراسر دوچی از تفنگدار گردید، کوچه ها تنگی نمود. لوتیان دوچی در پشت بامها و در دیگر جاها بسنگربندی پرداختند. ملایان در اتاقها نشسته به «فتوای جهاد» پرداختند چون دستاویزی دیگر نمی یافتند برای برآغالانیدن (تحریک کردن) سواران مرند و قره داغ، مشروطه خواهان را «بابی» خوانده «فتوی» بکشتن ایشان دادند. چون هنوز جنگ آغاز نشده راهها بسته نگردیده، از همه جا دسته دسته بدیدن آنجا می رفتند. من نیز که نویسندهٔ این کتابم (تاریخ مشروطه ایران) با کسانی از یاران به تماشا رفتیم و آن آشوب و انبوهی را با دیده دیدیم. ملایان در یک اتاق بزرگی نشسته پیاپی نکوهش از مشروطه می سرودند، و هر کدام بخود نمائی سخن می گفت: آن یکی آیه قرآن می خواندو این یکی «حدیث» یاد می کرد. سومی خوابی که دیده بود باز می گفت. چهارمی سوگند میخورد که آزادی خواهان بابی اند و جز به اشکار کردن کیش خود نمی کوشند. برخی زیرکتر و سنگینتر می بودند سر کج گردانیده و چشمها بپایین دوخته، سبحه می گردانیدند و لب می‌جنبانیدند. حاجی میرزا حسن و امام جمعه و میرزا صادق و دیگران بالا دست اتاق را پر کرده با رفتار و گفتار خود چنین می فهمانیدند که برای انجام یک بایای (ضرورت) بزرگ در آنجا گرد آمده‌اند. سرانجام از قرآن «استخاره» کردند و این آیه درآمد «اذن للذین یقاتلون بانهم ظلموا وان الله علی نصر هم لقدیر» از این آیه شادمان گردیدند...»

و اما درست در حالی که در این طرف، بساط تزویر و تحریک و دروغ و استخاره برپاست در آن سوی شهر در محلهٔ امیرخیز مردانی تنها بهره مند از ایمان به آزادی واحساس مسؤولیت برخوردار از جلادت ستارخان، این مرد عامی ولی به تنهایی نمادی از شرف و آزادی و اخلاق و تهور بدفاع از مشروطیت موضع گرفته اند. مقایسه میان این دو پهلو از تصویر شهر انقلابی تبریز در آن بحران ایرانگیر را در بخش بعدی دنبال خواهیم کرد که بسهم خود به شناخت آن پرورشگاهی که در متن جنبش مشروطه خواهی بسود آزادی و آزادگی و وطن دوستی در مقابل استبداد «دین پناهان» و «تیغداران» شالوده یافت، یاری می دهد.

فصل بیست و هفتم

اتحاد نامقدس (دربار - روحانیت - خارجی)

با پیروزی استبداد مذهبی - درباری و انهدام پارلمان، ظاهراً مشروطه بی پا ماند. دو روحانی سرشناس تهران (طباطبائی و بهبهانی) خاموش و عملاً تسلیم شدند. اکثریت ملایان مجلس - پیشتر نوشتیم - به خدمت شاه رسیدند و هر یک به زبانی توبه کردند و اما روحانیان نجف آرام نگرفتند، هرچند جز نشر اعلامیه و اعتراضیه و صدور فتوا کار دیگری از آنها ساخته نبود. محمد علیشاه پس از ویران کردن مجلس و کشتار فجیع گروهی از آزادیخواهان و به بند کشیدن جماعتی دیگر از آنان با شتاب والیان سراسر کشور را به سرکوب بیدریغ مشروطه خواهان فراخواند. بقول احمد کسروی «در شهرها حکمرانان دست گشادند و قانون را از میان برداشتند، به آزادیخواهان آزارها رسانیدند، دوباره چوب و فلک را به کا رانداختند» تنها چاره ای که ماند، اعمال قاعدهٔ کلی (زور را با زور باید پاسخ گفت) و طبعاً قیام مسلحانه بود که خاصه در گیلان و آذربایجان زمینه‌های مردمی داشت. خیزش نخستین رشتی ها با کشته شدن گروهی سرکوب شد و بازار که بنشانهٔ اعتراض بسته بود، با تهدید به کار افتاد. ظهیرالدوله حکمران گیلان که تا آن زمان بدلایلی گوشهٔ چشمی به مشروطه نشان داده بود، خیلی زود مصلحت را در تسلیم یافت. ادوارد برون می نویسد: «یک کشتی جنگی روسی در بندر انزلی پهلو گرفت و به حکمران اطلاع داد که اگر انجمنها و مجامع آزادیخواهان را برنچینند، دست به کار خواهد شد» و ظهیرالدوله هم پذیرفت و بدینگونه مشروطه در شهر برچیده شد. ما در فصول پیشین، از سه حالت عمدهٔ (همزیستی - رقابت - استقرار قدرت فائقهٔ یک گروه بر گروههای تشکیل دهندهٔ هرم استبداد تاریخی در ایران و بسیار جوامع دیگر سخن گفته ایم). در این مرحله با کیفیت تمام عیار «همزیستی» میان نیروهای مذهبی و دربار و سایر اجزاء اصحاب قدرت استبدادی روبرو می شویم با این توجه که در این دوره مجموعه ی بنای استبداد، از حمایت آشکار نظامی و سیاسی خارجی (روسها) نیز برخوردار است و این برای استبداد یک پشتگاه حیاتی است با این معنا که اگر چنین حمایتی در میان نبود، قوای استبداد جرأت تاختن نمی یافت.

گفتنی است که در این مرحله، دربار که جای خود داشت و آشکار بود که خود را به حمایت روسها بسته است ولی مذهبی های طرفدار «مشروعه» نیز چنان در هوای قدرت مست بادهٔ پیروزی بودند که کوششی حتی به حفظ ظاهر هم نداشتند تا ننگ پیوند با «کفار» را بپوشانند.

بهرحال شرح اشکال گوناگون سرکوب آزادیخواهان در شهرهای مختلف که اغلب آکنده از توحش و بیرحمی بوده است، همانگونه که بارها متذکر بوده ایم در شمار مضامینی است که از حوزهٔ تحلیل ما بیرون است.

یادآوری یک نکته ضرورت دارد و این که جنبش مشروطه خواهی با تمام کاستی هایی که خاصه بلحاظ فقدان یک طبقهٔ نیرومند و زندهٔ متوسط در خود داشت و نیز علی رغم خالی بودن عرصهٔ جامعه از یک پشتوانهٔ گسترده و ژرف فکری و فلسفی (آنگونه که در انقلابات و تحولات مشابه غرب مایه ساز حرکت های نوآور و آزادیخواهانه بوده است) - به همت همان معدود روشنفکران و فعالین آگاه به ارزشهای نواجتماعی از زمینه ها و نطفه های کارساز بسود یک دگرگونی دست کم سیاسی و قانونی برخوردار بود و همین خود سببی شد که با پاکیری استبداد «مذهبی - درباری - استعماری» جنبش ملی یکباره نابود نشود. قیام های عمدتاً گیلان و آذربایجان که در زمانی نه چندان دراز به همه جای ایران سرایت کرد جلوه روشنی از پایندگی همان نطفه ها و زمینه ها بوده است.

نقل کسروی دربارهٔ قیام پرمایهٔ تبریز برهبری «نظامی» ستارخان در احیاء مشروطه اگرچه از اغراق خالی نیست ولی در عین حال حاکی از واقعیتهای غیر قابل انکاری نیز هست. ظاهراً روزنامهٔ تایمز لندن در آن ایام ضمن تحلیلی از وقایع ایران. می نویسد: «این نمونه ای بدست داد از آنکه شرقیان شایستهٔ زندگانی آزاد نیستند» در مقابل چنین نظری که در واقع اندیشهٔ حاکم در غرب آن زمان بوده است و باید گفت هنوز هم در محافلی از سیاست سازان و «اندیشه گران» آن دیار هواخواهان پروپاقرصی دارد، کسروی می نویسد:

«آنچه این ننگ را بدتر می گردانید این بود که چون درتهران این داستان [سرگذشت مشروطه گری] رخ داد و آگاهی از آن بشهرها رسید، در بیشتر آنها بی هیچگونه ایستادگی دستگاه مشروطه را برچیدند و آن هایهویها بیکبار فرونشست و این نمونه از رویه کاریهای تودهٔ ایران می بود و زبان همگی را به بدگویی باز گردانید. جای خشنودی است که این لکهٔ سیاه را از دامن ایران ایستادگیهای مردانهٔ تبریز بسترد» - نارسایی برداشت کسروی که بگمان ما آمیخته به نوعی احساسات تند و خشم خلق الساعه است و بهرحال با رسالت یک مورخ متعهد به واقع گرایی نمی خواند، در همین جاست که اولا ناخواسته بر دعوی مقاله نویس تایمز مهر تأیید می گذارد و ثانیاً آمادگی بالقوه جامعه را کنار می زند و انگیزهٔ جنبش ملی را بیک استثنا و حتی فرد می بندد. چنان که در جای دیگر بصراحت می گوید این ستارخان بود که «مشروطه را به

ایران بازگرداند». مسلماً نقش بزرگ تبریزیان را نمی توان در سرکوب استبداد صغیر انکار کرد ولی این را هم نباید ناگفته گذاشت و گذشت که اگر در نقاط دیگر هیچگونه حرکت و زمینه ای نبود، از جلادت فقط مردم یک شهر چه کاری بر می آمد؟ خاصه که کسروی در شرح دیگری کانون مقاومت را باز هم کوچک و کوچکتر می گیرد و می نویسد: «مشروطه از همه شهرهای ایران برخاسته، تنها در تبریز می ماند - از تبریز هم برخاسته تنها در کوی کوچک امیرخیز بازپسین ایستادگی را می نمود...» آیا قابل قبول است که جنبش احیاء کننده فقط از یک محلهٔ کوچک سر گرفته و در کوتاه زمانی ایرانگیر شده باشد؟

بعقیدهٔ ما آنچه زمینه ساز بازگشت مشروطه و شکست استبداد صغیر شد فرهنگ نافذ مشروطه خواهی بود که با همهٔ ناتوانی و تازگی اش چنان اثرگذار شده که توده را تکان داده و افرادی نظیر ستارخان را در گهوارهٔ خود پرورده بود. بی گفتگو پایداری ستارخان از یادرفتنی نیست ولی این پرسش را هم باید پاسخی یافت که آن انگیزه که از یک فرد «عامی» ستارخانی با چنان همت عالی و پذیرای مسئولیتی ملی می سازد، در کجا یافتنی است؟ نکتهٔ بسیار با اهمیت در این مرحله آنست که کششهای وجدانی توده در مقابل تلقین ها و افسونگری های دینی ملایان گام به گام رنگ «ملی» و «وطنی» بخود می گیرد. پیداست که از آن پس دیگر کنکاشهایی از این قماش که «مشروطه با شریعت خوانایی دارد یا ندارد» کنار زده می شود. هرچه هست تلاش برای بازگرداندن مشروطه آنهم بنام اعتلاء «وطن» و «ایران» است. در شعرها و تصنیف ها و آوازها که در میان توده رایج است، غالباً از سوک وطن و تیره روزی ایران و ایرانیان سخن رفته است.

در این باره اشاره به صحنه‌ای در تبریز در آن عوالم سخت جنگ میان قوای مشروطه و استبداد، در حد خود روشنگر است.

پیشتر نوشته ایم که در آن ایام شهر تبریز عملاً به دو پاره تقسیم شده است.

در محلهٔ «امیر خیز» آزادیخواهان و جنگجویان مشروطه برهبری ستارخان موضع گرفته و در محلهٔ «دوچی» عمال استبداد، تنگاتنگ ملایان اعزامی از تهران و ملایان سرشناس محلی که با تشکیل «اسلامیه» بکار خود سازمان داده اند، سنگر ساخته اند. در روز ۱۷ جمادی الآخر، پاخیتانف کنسول روس خبر می دهد که به قصد دیدار با ستارخان به امیرخیز خواهد رفت. نقل ماجرا از قلم کسروی خواندنی است و گفته ایم او در آن روزها جوانی پرشور بود که با تمایلات تند آزادیخواهانه، برای سر در آوردن از چند و چون ماجراها به هرگوشه ای سر می کشد و بهر تقدیر در شرح وقایع تبریز ناقل معتبری شناخته شده است. می نویسد: «ستارخان بسیج پذیرایی (از پاختیانف) کرده و کسانی را از سردستگان نیز برای بودن و گفتگو کردن خواند. کونسول چون درآمد، پس از نشستن و حال پرسیدن چنین آغاز سخن کرد: امروز به خیابان رفتم و به

دوچی رفتم و اکنون نیز به اینجا آمدم که از شما پیمان گیرم که به جنگ پیشدستی نکنید، تا پیشامد با گفتگو پایان پذیرد. – ستارخان پاسخی ساده داد و گفت: ما هیچگاه بجنگ پیشدستی نمی کنیم و همیشه از آن سوی به ما می تازند و ما جلوشان را می گیریم...

کونسول به ستارخان پیشنهاد کرد که بیرقی از کنسولخانه فرستاده شود و او بدرخانه خود زده و در زینهار دولت روس باشد و نوید می داد که سر قره سورانی آذربایجان از دولت ایران برای او بگیرد. ستارخان چنین گفت: جنرال کونسول(!) من می خواهم هفت دولت به زیر بیرق ایران بیاید. من زیر بیرق بیگانه نروم. کنسول این پاسخ را نه بیوسیده بود خیره ماند...»

توجه داریم که در این گفتگو، تنها احساسی که در وجود مخاطب کنسول موج می زند «اعتلاء» ایران است و اینهم امری طبیعی است اگر بهمان سیاقی ادا می شود که از یک فرد «عامی» انتظار می رود. فردی که اگر بتوان باز هم او را «عامی» خواند، این واقعیتی است که زیر تأثیر فضای تازه؛ تعلقات تازه ای یافته است.

بازگردیم به حال و قال ملایان – از آنها که خواسته و ناخواسته خاموش شده و از آن گروه که در خارج بر راه خود باقی مانده اند در می گذریم، به انبوه مابقی می رسیم که با سقوط مشروطه روزگار را به کام خود یافته و غرق در پیروزی «شریعت» در تمامی امور به تعزیه گردانی قیام کرده اند. همچنان پیداست که در این مرحله سرآمد بازیگران شیخ فضل الله نوری است. اوست که وظیفه دارد با جور کردن حادثه ها کار را تمام کند و به نفی قاطع و کامل اندیشهٔ مشروطه خواهی سوق دهد. چگونگی وقایع از این پس حاکی از آن است که محمد علیشاه در تمامی تصمیمات و مخصوصاً سیاست کج دار و مریز و وعده های از امروز تا فردای خود تنها با صوابدید شیخ قدم بر می دارد. شاه ظاهراً برای خاموش ساختن اعتراضات خارجی پس از به توپ بستن مجلس، نوید می دهد که ظرف سه ماه مجلس را خواهد گشود، اما سه ماه می گذرد و خبری از مجلس نمی شود جز این که باز وعده می دهد، تا دو ماه دیگر مجلس برپا خواهد شد. سرانجام روز ۲۸ شعبان بموجب فرمانی خطاب به صدراعظم از وی می خواهد چون مجلس در روز ۱۹ شوال گشوده خواهد شد، مقدمات امر را فراهم سازد و در همان حال تذکر می دهد که اولاً قوانین پیشین در میان نخواهد بود و «مشروطه» تنها بر «وفق شرع انور» تأسیس خواهد شد و ثانیاً شهر تبریز مستثنی است و «تا تبریز منظم و اشرار از آنجا قلع و قمع» نشده در انتخابات شرکت داده نخواهد شد.

باید دانست تازه تمامی این وعده ها دروغی بیش نیست و تنها ردیف کردن مقدماتی است که در انتها به نفی کامل مشروطه بیانجامد.

روز نوزده شوال به جای تشکیل همان مجلس «بر وفق شرع انور» جلسه ای از درباریان و ملایان تشکیل می شود تا وسایل کار را بررسی و فراهم کنند و در این اجلاس است که شیخ فضل الله

پرده را بالا می زند و آشکارا اعلام می کند که اصولاً مشروطه با «شریعت» سازگار نیست و از آن چشم باید پوشید: به روایت کسروی همانجا «تلگرافهای بسیاری را که با دستور حاجی به فراوانی رسیده بود بیرون ریختند (مطرح ساختند) شگفت آنکه گفته می شود یک تلگرافی نیز بنام تبریز خواندند» در پی این ترفند راه برای تعطیل کامل مشروطه باز می شود و محمد علیشاه ببهانهٔ «استدعای علما و تقاضای مردم» این فرمان را که در واقع ختم مشروطیت است صادر می کند:

« بسم الله تبارک و تعالی - جنابان مستطابان حجج اسلام سلمهم الله تعالی عزم ما همه وقت بتقویت اسلام و حمایت شریعت حضرت نبوی صلعم بوده و هست حال که مکشوف داشتید تاسیس مجلس با قواعد اسلامی منافی است و حکم به حرمت دادید و علمای ممالک هم بهمین نحو کتباً و تلگرافاً حکم بر حرمت نموده اند، در این صورت ما هم از این خیال بالمره منصرف و دیگر همچو مجلسی نخواهد شد، لیکن بتوجهات حضرت امام زمان عجل الله فرجه در نشر عدالت و بسط معدلت اجتماعی دستورالعمل لازم داده و می دهم آنجنابان [علمای اعلام] تمام طبقات را از این عزم خسروانهٔ ما در نشر معدلت و رعایت حقوق رعیت و اصلاح مفاسد به قانون دین مبین اسلام حضرت خاتم النبیین صلعم اطلاع بدهید - محمد علیشاه»

در شرح کارگردانی همهٔ این نمایشها که گفتیم در تمام لحظات، بعهدهٔ شیخ فضل الله واگذار شده، قضاوت کسروی سنجیده است. می نویسد:

«می توان گفت: این هنگام رشته کارهای محمدعلی میرزا بیش از هر کس در دست این (شیخ فضل الله) می بود. محمد علی میرزا در آن ایستادگی که در برابر آزادیخواهان و علمای نجف و نمایندگان سیاسی دولتهای اروپا می نمود بیش از همه به دلگرمی از پشتیبانی این می بود. از این رو بسیار پاسش می داشت و بهر گفته اش گوش می داد و در هر کاری اندیشهٔ او را می خواست.... او در سایهٔ این پیش آمدها شکوه و جایگاه بسیاری پیدا کرده در آمدن و رفتن بکالسکه می نشست و همراه بسیار با خود بر می داشت. می توان گفت: این مجتهد شیعی به آرزوی دیرین خود رسیده، آنچه از سالها خواسته، یافته بود.»

اما در جریان چنین و بند و بست ها و بازیگریها، فعالیت آزادیخواهان نیز مانند آتشی که در زیر خاکستر گل می کند، ادامه می یابد. درحالی که توسل به قیام مسلحانه در پاره ای شهرها و مخصوصاً تبریز و رشت از زمینه های بالنسبه نیرومندی برخوردار است در پاره ای از محافل اندیشهٔ حذف جسمانی عمال استبداد از راه ترور قوت می گیرد که سوء قصد نافرجام به جان شیخ فضل الله نشانه‌ای از اینگونه تدبیرهاست. دراین واقعه شیخ و یکی دو تن از همراهان او زخمی نه چندان کاری بر می دارند و تیرانداز هم که با قصد خودکشی تیری به گلوی خود زده است زنده می ماند. نکتهٔ جالب توجه این است که عامل ترور پس از بهبود نیز ظاهراً بروزی از پیوندهای

خود نداده است تنها با اسنادی که از جیب او بدست می آورند فاش می شود که نام وی کریم و حرفه اش دواتگری است. این شخص در زندان می ماند تا دوران بازگشت مشروطه که ما از آن پس نشانی از او در دست نداریم.

و اما بازیگریها و فتنه جوییهای ملایان تبریز که با حمایت مستقیم مأموران سیاسی روسیه و تفنگداران اعزامی محمد علیشاه و مستبدین محلی ستادی بنام اسلامیه در محلهٔ دوچی برپا کرده و عملاً رهبری سرکوب آزادیخواهان را بعهده گرفته اند، به تنهایی خود از نمونه های چرکین اتحاد نامقدس (دربار - روحانیت و عوامل سیاست خارجی) است که ما با بهره گیری از دیده ها و شنیده های احمد کسروی به صوری از آن اشاره می کنیم:

پیشتر یادآوری کرده ایم که رهبری ((اسلامیه)) را عمدتاً میرزا حسن مجتهد و امام جمعه بعهده دارند و اصولاً آنها را محمد علیشاه به تبریز فرستاده است تا بقول کسروی ((یهمدستی ملایان و دیگر بدخواهان مشروطه به تلاش برخیزند.)).

یکی از تدابیر ((اسلامیه)) نشین ها اینست که با ایجاد رعب در یک طرف و مژدهٔ امان در طرف دیگر نه فقط مردم شهر را از پیوستن به آزادیخواهان باز دارند بلکه، در میان جنگجویان مشروطه خواه و سنگرداران محلهٔ امیرخیز نیز تفرقه بیاندازند. در این زمینه تعدادی از خانه های ملایان را انتخاب می کنند و بر سر در هر یک بیرق سفیدی می آویزند و با نشر نامه هایی در شهر اعلام می دارند که هر کس به این خانه ها پناهنده شود از مکافات مصون خواهد بود. در یکی از این نامه ها که ظاهراً ضمن گشت و گذار در شهر بدست کسروی افتاده است و مهر اسلامیه و مهر حاجی میرزا حسن مجتهد را در پا دارد اشاره می کنم:

((بر عموم محلات اعلان و اخبار داده شده چون رأی مبارک اعلیحضرت اقدس شهریاری ادام الله سلطانه بر عفو و اغماض اهالی است و نمی توان راضی بر صدمه مخلوق خدا شد و از برای دفع شر اشرار که چند نفر معدود هستند نباید عموم اهالی متزلزل بشوند، بخصوص اشخاصی که تسلیم شده اند در زیر بیرق اسلام سایه داده شده و در امان هستند در منزل جناب مستطاب آقا میرزا صادق آقا سلمهم الله هم که بیدق اسلام و امان زده می شود هرکس در سایه آن بیدق رفت و تسلیم شد ابداً کسی را حق تعرض و مزاحمت نیست - مهر اسلامیه و مهر حاجی میرزا حسن.)).

تقارن زمانی جنگ در تبریز و تهران بر ضد مشروطه - یعنی همزمان بودن یورش قزاقان و اوباش به مجلس درتهران و آغاز جنگ در تبریز گواه بر این است که محمد علیشاه سرکوب این دو شهر را در یک نقشه قرار داده و بر این باور بوده است که اگر مشروطه را در این دو شهر از پا بیندازد، مشکل خود را بتمامی حل کرده و جالب توجه است که شاه در تدارک کار سرکوب آزادیخواهان تبریز به نقش بسیجی ملایان امید فراوان بسته است. در تلگرامی که

شخصاً برای میرهاشم، ملای پرآوازهٔ شهر تبریز فرستاده است این استنباط بیش از پیش قوت می گیرد:

«جناب مستطاب شریعتمدار آقا میرهاشم آقا سلمه الله تعالی: با کمال قدرت فتح کردم (منظور تصرف مجلس است) مفسدین را تمام گرفتار کرده، سید عبدالله [بهبهانی] را بکربلا فرستادم سید محمد [طباطبائی] را بخراسان. ملک المتکلمین و میرزا جهانگیر را سیاست کردم مفسدین تماماً محبوس. شما هم با کمال قدرت مشغول رفع مفسدین باشید و از من هر نوع تقویت بخواهید حاضرم. منتظر جواب هستم. جنابان حجج الاسلام سلمهم الله را احوال پرسم، همین تلگراف را بایشان نشان دهید - محمد علیشاه قاجار»

مقاومت آزادیخواهان دوام جنگهای یازده ماههٔ تبریز میان انبوه قوای استبداد و مردمی که با تمام هستی خود بدفاع از مشروطه برخاسته و سرانجام پیروز شده اند، از فصل های تکان دهندهٔ تاریخ معاصر ایران است که متأسفانه، در دوره‌های اخیر بدلیل دوام نظامهای استبدادی، از حیطهٔ آگاهی مردم و خاصه نسل جوان بدور افتاده و این در رسالت آزادیخواهان است که این بخشهای بحق افتخارآمیز از نهضت ملی ایران را آنگونه که سزاوار است، با قصد آشنا ساختن نسل حاضر به ارزشهایی که قریب یک قرن پیش در رهگذار بنای یک نظام مردمی در کشورشان آفریده شده است، به عرصهٔ بحث و بررسی بیاورند. همانگونه که به تکرار گفته ایم، ادای این فریضه از قلمرو رسالهٔ ما بیرون است، آنچه مایهٔ نقل ما است، کاوش در جهت شناخت یکی از چند عاملی است که برغم تلاشهای پرقیمتی که در راه استقرار آزادی در ایران بعمل آمده، در فرجام راه را بر تحقق این موهبت بزرگ سد ساخته است. این عامل بازدارنده خصلت فرهنگی دارد و جوهر آن انجماد مذهبی است که این نیز خود حاصل پیوندی است که روحانیت شیعه را خاصه از عصر صفوی با بنای قدرت استبدادی جوش داده است. ما در شرح این مطلب نیازی به توضیح نداریم که در فصول قبل تا آنجا که مقدور بوده است بکیفیت آن پرداخته ایم. نکتهٔ گفتنی این است که در تمامی مراحل هم آغوشی جناح مذهبی با سایر جناحهای قدرت، درون پیکرهٔ استبداد - خشونتی که از این «مبشران رحمت الهی» در سرکوب مخالفین و طبعاً در دورهٔ مشروطه گری بر ضد آزادیخواهان صادر شده گاه چنان بهیمی بوده است که بی اغراق هیچ قلم و زبانی را توان وصف آن نیست.

ظاهراً چنین خصلتی جنبهٔ عام و جهانی داشته است. از استبداد مذهبی در قرون وسطا نیز یادگارهای هول انگیزی ثبت شده که خوشبختانه فضای آزاد غرب، خواه در زمینه های هنری و خواه در قلمرو تحقیقات تاریخی از پنهان ماندن آن واقعیت های تلخ مانع شده است حالی که در فضای زندگی ما بدلایل جوراجور، این افشاگری معطل مانده و دلیل عمدهٔ آن همان حضور اثر گذار مذهب نه در مقام یک عنصر پالایشگر ذهنی و شخصی بلکه بعنوان یک عامل تعیین کننده

در نظام حکومت و بویژه در خط تشخیص سیاستهای فرهنگی بوده است. یک نمونه از این سرپوش گذاری بر جنایاتی که پشت به اتحاد نامقدس مذهبی ها و سایر جناح های استبداد در حق کلیت جنبش آزادیخواهی در ایران ارتکاب شده است، بهمین دوران هرچند کوتاه استبداد صغیر باز می گردد که متاسفانه در هیچ یک از کتب رسمی و مدرسی تاریخ کمترین اشاره ای به آن نمی توان یافت.

در پیوند با شرحی که از نقش ملایان تبریز و «اسلامیهٔ» کذای آنها در این شهر، پیش کشیده ایم به مرحله ای می رسیم که علی رغم تدارک وسیع استبداد، خرده خرده بهمت رزمندگان جبهه آزادی ورق بر می گردد و جنگهای پرکشتار به سود آزادیخواهان میل می کند. جالب توجه است که ملایان «اسلامیه» درست در مقابل دولتهایی که ناچار سست آمده اند، با پشتکاری باور نکردنی، اعتراضیه در پی اعتراضیه روانهٔ دربار می کنند که چرا والی کوتاه آمده است؟ که چرا در قلع و قمع اشرار (آزادیخواهان) سست گرفته اند؟

و شنیدنی است که در پی این همه خودنمایی های به دفاع از «شریعت» ملایان وقتی احساس می کنند که دیگر سررشته کار از دست دولتیان بریده و غلبهٔ آزادیخواهان نزدیک و نزدیک تر شده است، خود از نخستین افرادی هستند که «اسلامیه» را رها می کنند و تلاش خود را بر ایستادگی در پای شریعت ترجیح می دهند و گفتنی تر اینکه با شکست تفنگداران «دوچی» و فرار علما، در حالیکه آزادیخواهان با فتوت و مدنیّتی ستایش انگیز راه را بر روی هرگونه تجاوز و تعدی و غارت مخالفان بسته اند، خانه های دو روحانی پرنام شهر میرهاشم و حاج میرمناف و دیگر از عاملان استبداد (حاج محمد تقی صراف) بدست یاران خود آنها به تاراج می رود و همین خود شاهد شناختی است که هواداران استبداد شریعتی از چه قماش بوده و در دفاع از حکومت سر به چه سودایی داشته اند.

فصل بیست و هشتم

چند پرسش کلیدی

«استبداد صغیر» پس از سیزده ماه، در تیرماه سال ۱۲۸۸ خورشیدی (ژوییه ی ۱۹۰۸ میلادی و رجب ۱۳۲۷ هجری قمری) با فتح تهران شکسته شد. در این زمان اگرچه آزادیخواهان تبریز بر قوای دولتی غلبه کرده و بر شهر مسلط بودند ولی از یک طرف بدلیل محاصرهٔ شهر و قطع ماهها ورود آذوقه و از طرف دیگر، بدلیل تجاوز روسها، انقلابیون ناگزیر شدند با محمدعلیشاه از در مصالحه درآیند و از او بوسیلهٔ تلگرامی احساسی بخواهند که مداخله کند و دستور دهد که راه ورود آذوقه باز شود ولی دقیقاً پیدا بود که مایهٔ اصلی توقف آنها، امری جز ممانعت از پیشرفت و تجاوز روسها نیست.

این نکته از متن تلگرام آنها به محمد علیشاه، بیشتر قابل درک است.. آزادیخواهان تبریز در تقاضای خود تاکید کردند که آماده‌اند بهر نامرادی تسلیم شوند ولی حضور بیگانه را در دیار خود تاب نمی آورند. نظری بیک قسمت از تلگرام مجاهدین تبریز به محمد علیشاه در این زمینه روشنگر است:

«شاه بجای پدر و توده بجای فرزندان اوست. اگر رنجشی میان پدرو فرزند رخ دهد نباید همسایگان پا بمیان گذارند. ما هرچه می خواستیم از آن در می گذریم و شهر را به اعلیحضرت می سپاریم، هر رفتاری با ما می خواهند بکنند و اعلیحضرت بیدرنگ دستور دهند راه خواربار باز شود و جایی برای گذشتن سپاه روس به خاک ایران نماند - تاریخ مشروطیت تالیف کسروی صفحه ۹۰۳» - با توجه به انشاء نامه تصور می رود که کسروی نقل به معنا کرده باشد.

اما مسلم است که محمد علیشاه با آن سابقهٔ پلید، قلباً به گذشتی راضی نبوده است ولی کار مشروطه خواهان، در بخش بزرگی از مملکت و خاصه اصفهان و گیلان چنان بالا گرفته است که چاره‌ای جز اجابت ندارد. دستور می دهد که راه را بگشایند. جالب توجه است در مجلس مشورتی که ظاهراً دراین باره درتهران و در حضور شاه برپا شده است امام جمعه (با درک خطر) از محمد علیشاه می خواهدتا به خواست مشروطه خواهان گردن نهد که ناگهان شیخ فضل الله بر می آشوبد و با پیشنهاد امام جمعه به تشدّد مخالفت می کند و بدینگونه جدالی سخت میان حاضران در می گیرد. اما محمد علیشاه جواز شکستن محاصره و ورود آذوقه به شهر را صادر می

کند که در آن سو نیز خشم مستبدین را بر می انگیزد تا جایی که مدتی از اجرای فرمان خودداری می کنند ولی در فرجام راه باز می شود و در نتیجه در قبال چنین مصالحه ای قیام فرو می نشیند و جماعتی از سران و سرداران مشروطه و از آنجمله ستارخان و باقرخان به کنسولگری عثمانی پناه می گیرند. با این همه نباید این واقعیت را نادیده گذاشت و گذشت که قیام شجاعانه تبریزیان تکانی بود که بر سراسر کشور اثر گذاشت و در همه جا به جوانه های دوباره رُستهٔ مشروطه خواهی آب رساند و نیز باید پذیرفت انقلابات گیلان و اصفهان نیرومندترین آنها بود که با شتاب رشد کرد و سرنگونی استبداد و خلع محمدعلیشاه را باعث شد. محمد علیشاه با آگاهی از حرکت اردوهای گیلان به سوی تهران و خیزش ایل بختیاری، ناچار با صدور اعلامیه‌ای به سفرای خارجی قول داد که بر طبق قانون اساسی، مجلس ملی را برپا خواهد داشت و از آنها خواست که پا در میانی کنند و ورود ملیون را مانع شوند. نمایندگان سفارت روس در اصفهان و قزوین با سران قیام (سردار اسعد بختیاری و سپهدار تنکابنی) به مذاکره نشستند، و نماینده انگلیس باردیکر در قم با سردار اسعد گفتگو کرد و اجمالاً با تهدید و تحبیب از آنها خواستند، از نصرف تهران خودداری کنند ولی آن دو متقابلاً پاسخ دادند که آنها را با شاه کاری نیست، تنها بر آنند که او را به انجام تعهد وادارند. گفته شده است که روسها پس از ورود به گیلان پیامی برای محمدعلیشاه فرستاده و او را به پایداری ترغیب کرده و قول داده اند اگر در برابر ملیون چندی ایستادگی کند و آنها را از پیشروی مانع شود، سپاه روس به قزوین (مقر سپهدار) خواهد رسید. همچنین نقل شده است که در پی این خبر سپهدار مایل نبود به تهران برود ولی پافشاری سردار اسعد و تلگرامهایی که مبنی بر لزوم ادامهٔ پیشرفت از مهاجرین مقیم اروپا و انجمن سعادت و آزادیخواهانی مانند محمد علیخان تربیت و یفرم خان ارمنی دریافت داشت، رای خود را تغییر داد و روانهٔ تهران شد. در همین حال ها خبر رسید که تفنگداران دریایی انگلیس هم در بوشهر پیاده شده‌اند و بدین گونه تجاوز قوای روس و انگلیس از شمال و جنوب وسعت یافت ولی این حوادث و نیز اصرار نمایندگان روس و انگلیس بر توقف نیروهای ملی موثر نیفتاد و سرانجام در روز ۲۳ تیرماه قوای انقلابی از دروازهٔ بهجت آباد وارد تهران شدند و شمال شهر را تصرف کردند و از آنجا که عمارت بهارستان در جریان کودتا ویران شده بود، مسجد سپهسالار را مرکز ستاد خود قرار دادند.

جنگ سه روزی دوام داشت و در فرجام محمد علیشاه در روز ۲۵ تیرماه همراه با تنی چند از درباریان و از آن جمله امیربهادر به سفارت روس پناهنده شدند. لیاخوف و قزاقهایش نیز به میانجیگری سفرای روس و انگلیس امان گرفتند و لیاخوف بنشانهٔ تسلیم شمشیر خود را به رهبران ملی تسلیم داشت و از آن پس درفش ملی بر ویرانه بهارستان و تمامی ادارات دولتی افراشته شد و شهرتهران را سراسر شادی و پایکوبی درگرفت. روز ۲۴ تیرماه مجلسی بنام «مجلس عالی» با

شرکت پانصد تن شامل نمایندگان مجلس اول، سران قشون ملی، نمایندگان تجار و اصناف و گروهی از شاهزادگان و اعیان مشروطه خواه، با اقبال هزاران تن از مردم تهران و در طوفانی از هلهله و شادی تشکیل شد و بموجب اصل سی و پنجم متمم قانون اساسی خلع محمدعلیشاه به تصویب رسید. اصل مزبور می گوید: «سلطنت ودیعه ای است که بموهبت الهی از طرف ملت به شخص پادشاه مفوّض شده». این یادآوری لازم است که درون مایۀ این اصل، اگرچه در لفافی مذهبی عنوان شده است ولی در جوهر خود بر کفۀ سنگین عرفی بودن قانون دلالت می کند. می دانیم که در اکثر قوانین اساسی اروپایی وبویژه قانون اساسی بلژیک که از الگوهای مورد نظر نویسندگان قانون اساسی ایران بوده است، بسیاری از عبارات و القاب تنها وجهۀ تشریفاتی و رعایت احترام داشتند و در عمل برای مخاطب مرجعیت و مسئولیتی نمی ساختند (هنوز هم در پاره ای از آنها چنین است). در اصل سی و پنجم متمم قانون اساسی هم هرچند در راستۀ حرمت، سلطنت ودیعه ای تلقی می شد که «به موهبت الهی» به شخص مفروضی تعلق می گرفت ولی همانگونه که قبلاً نیز گفته ایم از عبارت بعدی بروشنی قابل درک است که تشخیص و انطباق و تفویض این «ودیعه» کاریست نه بر عهدۀ پیامبر و نه «امام» و نه فقیه بلکه مسئولیتی است که اجرای آن منحصراً به «ملت» واگذار شده است. عرفیت «حکم» را از همین نکته، می توان استخراج کرد. ضمناً گفتنی است که برغم بحران برآمده از تجاوز خارجیان «مجلس عالی» با عباراتی که در مصوبۀ خود بعنوان دلیل خلع محمدعلیشاه گنجاند، بر کمال تهور و وطنخواهی خود گواه آورد. به این جملات توجه می کنیم:

«چون احوال و اوضاع حاضرۀ مملکت ایران معین و مسلم نمود که اعادۀ نظم و امنیت و استقرار حقوق و اطمینان قلوب ملت بدون تغییر سلطنت مقدور نخواهد بود و پادشاه سابق انزجار طبایع را در حق خود به درجۀ کمال یافته و در سفارت دولت بهیۀ روس به حمایت دولتین فخیمتین انگلیس و روس پناهنده شده بالطبع شخص خود را از تخت و تاج ایران بی نصیب و مستعفی نموده...»

چکیده این مصوبه در زبان دیپلماسی آن بود که محمد علیشاه نه فقط بدلیل بدکاریها بلکه بعلت پناه جویی نزد بیگانه «انزجار» ملی را برانگیخته و بهمین سبب است که از پادشاهی خلع می شود. مجلس عالی در همان تصویب نامه سلطان احمد میرزا ولیعهد را به شاهی منصوب و «نیابت سلطنت را عجالتاً به حضرت مستطاب اشرف عضدالملک تفویض» می کند. در این میان توجه به نکته‌ای را هم لازم میدانم و اینکه متاسفانه بعلل گونه گون، تحلیل رویدادهای این مرحله بسیار حساس از نهضت ملی (بازگشت مشروطه تا تشکیل مجلس دوم و حوادث بعدی تا دورۀ انتقال سلطنت به خاندان پهلوی و آغاز استبداد شانزده ساله و تعطیل عملی مشروطه) بویژه از دیدگاه ترکیب نیروهای سیاسی تاکنون معطل مانده است. ما تا آنجا که ممکن بود نقش روحانیت شیعه را در هر دو پارۀ «مشروعه خواه» و «مشروطه طلب» شرح داده ایم، آنچه بر عهدۀ

مورخین صالح و آگاه است پژوهش در کلیت نهضت ملی مشروطه است. همانطور که گفتیم متمم قانون اساسی مشروطه، علی رغم نفوذ اهل شریعت و وجود مقررات مذهبی در روند قانونگذاری، در بنیاد یک قانون مترقی و عرفی بود. البته این درست است که بخصوص در اصلهای اول و دوم متمم قانون اساسی بر رسمیت کیش شیعه اثنی عشری و ضرورت تایید قوانین موضوعه بوسیله مجتهدان جامع الشرایط تاکید شده است (ما در فصول قبل به چند و چون و حالت اضطراری قبول این اصول بوسیله جناح ترقیخواه به تفصیل پرداخته ایم) ولی با یک تحلیل دقیق حقوقی نسبت به کلیت این قانون بسیاق قوانین اساسی غرب، می توان جنبهٔ تشریفاتی و غیر عملی بودن آن اصول را بخصوص در پیوند با اصول کلیدی همان قانون، بازشناخت. بی سبب نبود که آن اصل مبتنی بر نظارت فقها، حتی در دوره هایی که هنوز از مشروطه نام و نشانی بجای بود، هیچگاه بعرصهٔ استناد و عمل نرسید. و قانونگذاری در مسیر عرفی خود ادامه یافت. بگمان ما آنچه در شناخت جوهر و کلیت نهضت ملی مشروطه معطل مانده است، چندی و چونی و چرایی شرکت بخشی از فئودالها و روسای عشایر و پاره ای از عناصر اشرافی و دیوانی در این جنبش مترقی است که اگر بحث را تنها به حوزهٔ ارزشهای «طبقاتی» بیاوریم، لاجرم با پرسشهایی از این گونه روبرو می شویم:

- اگر بنا بر ارزشهای طبقاتی، انقلاب مشروطیت ایران را می توان در ردیف انقلابات بورژوایی قرار داد- در کشوری که نظم فئودالی « بزرگ مالکی» با تمام ویژگیهای کلاسیک آن حکمفرما بود و از طبقه متوسط « بورژوا » بسبب عقب ماندگی تولید و اقتصادی نشان جانداری به چشم نمی خورد... اصولاً چنین انقلابی به چه دلیل زمینه یافت؟

- از چه رو بخشی از رهبری جنبش را گروهی از اشراف و دیوانیان بعهده گرفتند و عملاً جای خالی بورژوازی را پر کردند؟

- در مرحلهٔ سرکوب استبداد صغیر و برپا داشتن مجلس، از چه رو شکستن اتفاق نامسعود (دربار - مذهب - فئودالها) را یک فئودال بزرگ نظیر سپهدار و یک خان عشیرتی مانند سردار اسعد بعهده گرفتند؟ - پدیدهٔ فئودال و اشرافی مشروطه خواه را آن هم نه با چنان کمیتی که بتوان د رشمار استثناء ها نشاند چگونه باید تعبیر کرد؟

در عین حال این بحث در میان است که دستیابی به پاسخ این پرسش کلیدی که چرا جنبش مشروطه خواهی اصولاً بر (دموکراسی سیاسی) توقف کرد و در خط تکامل به (دموکراسی اجتماعی) نیفتاد؟ - آیا تنها با یک تحلیل طبقاتی امکان پذیر است؟

بعبارت بازتر آیا این که با استقرار نظام مشروطه، استخوان بندی مناسبات تولید فئودالی بطور دست نخورده باقی ماند دلیلش فقط آن بود که بخشی از فئودالها و سردارهای عشیره ای و اشراف درباری، در حوزهٔ کارگردانی، با نقش موثر و در مواردی تعیین کننده شرکت داشتند؟

این پاسخ، تا حدودی مثبت است ولی جامع و مانع نیست. این که چرا در آن جامعهٔ بسته و عقب مانده و نیز در شرایط نفوذ گستردهٔ مذهب و تفوق خرافات مذهبی، کار معدود روشنفکران متعهد و آگاه به تحولات غرب با چنان وسعتی گل کرد و دست کم به دگرگونی نظام قانونی مملکت انجامید – بدین سادگی قانع کننده نیست، خاصه که ایرانیان در قارهٔ کثیرالملهٔ آسیا در شمار معدود ملتهایی بودند که به راه مشروطه خواهی افتادند و این در حالی بود که درا یران هنوز حتی مقولهٔ ملت و ملیت در مفاهیم امروزی آن بکمال جا نیفتاده بود.

حتی اگر شکستهای بعدی مشروطه را ناشی از این کاستی ها بدانیم که تا حدودی هم صحیح است ولی باز هم سوال اساسی بی جواب می ماند و گسترش فکر مشروطه خواهی را در آن فضای نامساعد، حجتی توانا نمی آورد. مگر آن که تحلیل را از اتکاء صرف به ارزشهای طبقاتی بیرون بیاوریم و برای عوامل دیگر نیز حسابی بازکنیم. حقاً چگونه می توان نقش اشرافی نظیر احتشام السلطنه و صنیع الدوله و شاهزاده شهاب الدوله و ممتاز الدوله و بسیاری دیگر از آنان را در پا گرفتن فلسفهٔ مشروطه و نظام جدید نادیده گذاشت و گذشت؟ این داوری فریدون آدمیت پژوهشگر برجسته عصر مشروطه گری، هر چند مکرر می شود ولی دوباره یادآوردنی است:

«صنیع الدوله و احتشام السلطنه و ممتاز الدوله هر سه از آزادیخواهان بودند با مقام و شخصیت متفاوت... اولی شالودهٔ نظام پارلمانی را ریخت، دومی مجلس را بسوی کمال برد، سومی از عهدهٔ کار مهمی بر نیامد...» ولی بهر حال صادقانه مشروطه طلب بود. هرچند در مقام قیاس بپای آن دو تن نمی رسید.

ما جای جای در فصول گذشته بویژه از نقش احتشام السلطنه نه فقط در مقابله با همتایان درباری اش، بلکه در خاموش ساختن ملایان مشروطه طلب نظیر بهبهانی و جمعی دیگر که بهنگام تدوین متمم قانون اساسی سر برآوردند و بر بی سهم ماندن «اولیاء شریعت» بشدت تاختند اشاره کرده ایم و نیازی به بازنویسی نداریم. خلاصه اینکه، پژوهش در تاریخ مشروطیت ایران هنوز زمینه های نانوشته و ناگفته فراوان دارد و با قاطعیت می توان گفت که نسل جوان امروز ایران تقریباً از موهبت چنین تحقیق روشنگر و راهیابی بی بهره مانده است.

کوشش ما در این رساله همانگونه که از عنوانش قابل درک می شود ارائهٔ تحلیلی است از مواضع روحانیت شیعه در نهضت ملی خصوصاً و سیر تاریخ عموماً که نویسنده خود از کاستی های آن غافل نیست و همین قدر که بمنزلهٔ فتح بابی تلقی شود، انتظار او را کفایت می کند. اینک این توجه را لازم می دانیم که دلیل رجوع ما به پاره ای حوادث دورهٔ پاگیری استبداد صغیر و شکست آن اساساً ناظر بر این مقصود است که زمینه را برای شناخت مواضع تازهٔ آن بخش از روحانیت که به مشروطه روی کرد آماده سازیم.

ما قبلاً در شرح حوادث استبداد صغیر به چگونگی و بسط همکاری و همرا یی جناح منجمد و مشروعه خواه با دربار محمد علیشاه پرداخته و نیز دربارهٔ خاموشی اضطراری دو پیشوای نامدار روحانی و «مشروطه طلب» یعنی بهبهانی و طباطبائی و دوام فعالیت روحانیان بلند پا یهٔ برون مرزی مقیم عراق بکفا یت نوشته و اضافه کرده ا یم که از گروه اخیر عملاً کاری جز پشتیبانی «معنوی» و صدور فتوا و اطلاعیه و اعلامیه و اعتراض بر نمی آمد. مبارزه با استبداد عمدتاً با آنها بود که بقیام مسلحانه روی کردند و کار را بسامان بردند و شاه را خلع کردند، و مجلس دوم را منطبق با فضای تازه برپاداشتند و طبعاً از آنجا که در ا ین مرحله مهار عمل از دست روحانیت بیرون بود، جلوه و جهت مجلس و تصمیمات آن بیش از پیش جنبهٔ عرفی یافت و ا ین با تما یلات بنیادی علمای مشروطه آنقدرها سازگار نبود. یکی از نشانه های بارز فضای جد ید همان بود که پس از پیروزی بر دربار محمد علیشاه، از جمیع عناصر نامداری که در توطئهٔ کودتا و بازگشت استبداد دست داشتند، تنها شیخ فضل الله بود که بانتقام سیاهکاریهای خود اعدام شد، و حتی کسانی چون عین الدوله، از مکافات مصون ماندند. بهر تقد یر ناخشنودی «علمای مشروطه خواه» برون مرزی در تلگرامی که با امضاء خراسانی و مازندرانی برای ناصرالملک مخابره شد، کاملاً انعکاس یافته است. محتوای اعتراضیه آنها در ا ین تلگرام کما بیش همان نکته ها یی است که بهنگام طرح پیش نویس متمم قانون اساسی در مجلس اول، از سوی روحانیان مجلسی مطرح شده و جدالها برانگیخته بود. دو پیشوای روحانی در تلگرام خود نسبت به آزادی مطبوعات و فقدان نظارت شرعی شکا یت کرده و حتی بر لامذهبی برخی از شخصیتهای سیاسی انگشت گذاشته بودند و در ا ین حیص و بیص محاکمه و اعدام شیخ فضل الله، هر چند دادرسی او بتصدی یک هم کسوت او (شیخ ا براهیم زنجانی) انجام گرفت، همچنان، بر ناخشنودی علمای عراق بیش از پیش دامن زد. ا ین صحیح است که آنها شیخ نوری را قبلاً به تصریح و تلویح منحرف و زیانکار خوانده بودند ولی د یگر به آن حال راضی نبودند که یک روحانی نامدار (که بهرحال در امور فقاهتی از سرآمدان و نخبگان فن محسوب می شد) به محاکمه کشیده و در ملاء عام به دار آویخته شود. مسلما علمای نجف ا ین را هم شنیده بودند که به دار آویختن شیخ نوری در میدان توپخانه در مقابل چه جمعیت انبوه و در میان موجی از هلهله و شادی و پا یکوبی انجام گرفته است.

ناظم الاسلام کرمانی در اثر خود «تاریخ بیداری ا یرانیان» - در یادداشت روز شنبه ۱۳ رجب ۱۳۲۷ پس از شرحی کوتاه دربارهٔ مراسم آتش بازی شب پیشتر که ظاهراً برای بزرگداشت مشروطه برپا شده است کیفیت اعدام شیخ فضل الله نوری را ا ینگونه رقم زده است:

«طرف عصر یکساعت به غروب مانده شیخ فضل الله را از بالای عمارت توپخانه پا یین آورده و با نها یت احترام و وقار او را به طرف دار آوردند. از قرار مذکور عده ای از تجار محترم آنجا بودند. رو به آنها کرد و گفت: ما رفتیم خداحافظ. همگی جواب دادند به درک اسفل. او دست

خود را آورد و طناب را به دو دست گرفت. چون احتمال دادند شاید بخواهد حرفی بزند طناب را سست کردند. همین قدر گفت چه خوب و چه بد رفتم. فورا طناب را کشیدند بالا، چند دقیقه دست و پا را حرکت داده جان به جان آفرین تسلیم نمود و عالمی را آسوده کرد. در این میدان توپخانه که مملو بود از تماشاچیان احدی به حال او ترحم نکرد. همه از او بد گفتند. این نبود مگر جزای اعمالش. یکی می گفت فلان حکم را دربارهٔ من کرد. فلان قدر پول گرفت. دیگری می گفت برادر مرا بکشتن داد. دیگری می گفت پسر مرا تلف کرد. باری همهٔ مردم در فرح و سرور و از کشتن او اظهار مسرت و خوشحالی میکردند. اول شب نعش او را پایین آورده تحویل ورثه او نمودند...»

ناظم الاسلام در دنباله این شرح از چگونگی استنطاق او یاد می کند که بررسی آن بویژه از باب تکذیب های او در قبال توضیحات مستدل زنجانی قابل توجه است و ما در فصل بعدی مختصراً به آن خواهیم پرداخت. کوتاه سخن این که علمای عراق با همهٔ خشمی که از بدکاریهای شیخ در سینه داشتند، پیداست که به کشتن او راضی نبودند و باحتمال قوی، آنرا مایه سنتی می دیدند که تجاوز به حریم روحانیت را جواز می داد. ترور بهبهانی نیز که آن را به تقی زاده منسوب کرده اند مزید بر علت شد. البته تقی زاده شرکت خود را در قتل بهبهانی تکذیب کرده است ولی قرائنی در دست است که درستی این «شایعه» را تایید می کند. نقلی هم هست که علمای نجف وی را تکفیر کرده اند، اما ظاهراً تقاضای آنها از طرد و تبعید تقی زاده فراتر نرفته است. این مطلب را فراموش نباید کرد که انگیزه شرکت بخشی از رهبران شیعه در جنبش مشروطه خواهی، اولاً ناآگاهی آنها نسبت به مفاهیم دقیق نظامات عرفی و ثانیاً مبتنی بر این مقصود بود که در نظام جدید، مذهب را همچنان بالادست بنشانند ولی در سیر حوادث متوجه شدند که گام به گام از این مقصود دور شده اند. بهمین سبب با شکست استبداد صغیر نوبتی دیگر فرارسید که روحانیت سست شود و کم کم از مواضع مشروطه خواهی عقب نشینی کند، ولی باز همانطور که پیشتر اشاره کردیم، ماجرای تجاوز خارجی پیش آمد و روحانیت ناگزیر به مداخله شد.

چند و چون مبارزات و جهت گیریهای ضد استعماری این لایه از پیکرهٔ روحانیت متضمن نکات دقیقی است که چون پای یک بررسی بی طرفانه و جدی در میان است، خود به یادآوری و تحلیلی مستقل و جداگانه نیاز دارد. و آن را به فصل بعدی می بریم.

فصل بیست و نهم

مواضع روحانیت پس از شکست استبداد صغیر

گفته ایم، که با شکست استبداد صغیر و خلع محمد علیشاه، روحانیان «مشروطه خواه» خاصه آنها که در نجف اقامت داشتند هر چند در مبارزه با استبداد در حد توان خود کوتاه نیامدند، ولی در این مرحلهٔ بازگشت مشروطه روز بروز نسبت به اساس نظام تازه سردتر شدند و سنگینی تلاش خود را به سوی مبارزه بر ضد اشغال ایران بوسیلهٔ نظامیان روس و انگلیس خصوصاً و تعدیات استعماری غرب در سرزمین های اسلامی عموماً سوق دادند. دلایل این چرخش را باید شناخت با این توجه که متأسفانه در این زمینه‌ها، تحقیق جانداری صورت نگرفته است و این عمدتاً ناشی از آن است که در بررسیهای تاریخی، مقولهٔ نقش اختصاصی روحانیت شیعه در بستر تاریخ و بویژه در جریان نهضت ملی ایران معطل مانده است.

به نظر ما، شایسته است پیش از ورود به قلب موضوع و در پی مباحث فصل پیش، دربارهٔ محاکمه و محکومیت شیخ فضل الله نوری به اعدام که خود یکی از عوامل البته فرعی سرخوردگی «علما» از روند مشروطه گری شد باختصار اشاره ای داشته باشیم.

اعدام شیخ نوری را که بی گفتگو از مبرزترین فقهای زمان خود محسوب می شد و از این باب حتی بر دو حریف مشروطه خواه اش (سید محمد طباطبائی و سید عبدالله بهبهانی)، پهلو می زد، از دو دیدگاه قابل تأمل می دانیم.

- نخست این که از میان تمامی سران نظامی و درباری و مذهبی که مایه گذار کودتا و برچیدن مجلس شدند، تنها شیخ فضل الله از گروه مذهبی به مکافات اعدام رسید و مابقی حتی عناصری نظیر عین الدوله جان بسلامت بردند، و همین خود به کدورت ملایان مشروطه خواه، اگرچه در مواردی سخت بر ضد او جبهه گرفته بودند، بسهم قابل ملاحظه ای دامن زد.

- دوم این که، اعدام یک پیشوای مذهبی، آنهم در ملأ عام و خاصه باتهام دشمنی با نظامی که اولاً در بنیاد یک ره آورد غربی محسوب می شد و ثانیاً بنحو قابل ملاحظه ای جنبه های عرفی آن بر جنبه های مذهبی اش پیشی داشت، سخت بیسابقه بود و علاوه بر این سنتی را می شکست که عواقب آن خواه ناخواه کلیت «جامعهٔ روحانی» را در بر می گرفت و از این رو واقعه بمنزلهٔ هشداری تمامی ملایان را (مگر چند استثنا) به عقب نشینی دعوت کرد.

ناظم الاسلام کرمانی در یاداشت روز شنبه ۱۳ رجب ۱۳۲۷ (تاریخ بیداری ایرانیان) که تماماً به ماجرای دادرسی و اعدام شیخ نوری اختصاص یافته است، مینویسد:

«امروز شیخ فضل الله را بردند به اطاق خورشید او را در محل استنطاق نشانیده، ابتدا از او پرسیدند شما که در اول، مشروطه خواه بودید و حکم به وجوب مشروطه دادید، به قم مهاجرت نمودید، چرا از قول و حکم خود نکول کردید؟ حاجی شیخ فضل الله جواب داد من از اول تاکنون مشروطه خواه بوده و می باشم. همه وقت متابعت جناب آخوند ملا کاظم را نموده. در جواب او گفتند، پس چرا نوشتید مشروطه حرام است؟ شیخ منکر شد که من هرگز چنین چیزی ننوشته ام. نوشتهٔ شیخ را که ما [ناظم الاسلام] سابقاً درج نمودیم به او ارائه دادند که در آن نوشته بود ما مشروطه نمی خواهیم، مشروطه مخالفت با قوانین اسلام دارد. شیخ گفت دیگران این نوشته را مهر کردند. منهم از ترس شاه مهر کردم. به او مدلل نمودند که خود او باعث و موسس [و] اصل اصیل در باب آن نوشته بوده است. بعد از آن آقا شیخ ابراهیم زنجانی ورقهٔ الزامیه ای را که از پیش حاضر کرده بود از بغل درآورده و بر او قرائت نمود و در مدت قرائت آن نوشته، شیخ ساکت و سرش را روی عصای خود گذارده و گوش می داد...» ناظم الاسلام فقط بخشی از این «ورقه الزامیه» را نقل کرده و به یادداشت خود خاتمه داده است. ظاهراً دنبالهٔ این نوشته مفقود شده و بهر تقدیر در آنچه مانده است، شیخ ابراهیم زنجانی در مقام دادرس بسیاری از بازیگریهای نوری را با ذکر جزئیات شرح داده و مخصوصاً یادآوری کرده است که چطور او بارها به «کلام الله مجید» سوگند خورده و در کوتاه زمانی قسم خود را شکسته است.

نکتهٔ جالب توجه همین است که محاکمهٔ شیخ فضل الله گواه محکمی است که چطور «قدرت پرستی» که ذاتاً از هرگونه مایهٔ معنویت تهی است سبب می شود تا ملایی آنهم، در مراتب عالی «روحانیت» به دروغ و دورویی متوسل گردد و آنگاه که خود را در تخته بند واقعیات گرفتار می یابد بجای آنکه بر سکوی باورهای خود استوار بماند، همچنان به دروغ بند می شود و بر نابکاریهای خود پرده می اندازد وتنها آنزمان سکوت اختیار می کند که شاهدها چنان زنده ومحکم اند که راه گریزی باقی نمی ماند.

بهر تقدیر، اعدام شیخ فضل الله و بعد هم ترور بهبهانی بتحریک جناح تندرو از عواملی بود که روحانیت مشروطه خواه و علمای نجف را از تب و تاب مشروطه گری فرو کشید ولی بگمان ما دلیل اساسی تر و جوهری تر سردی آنان جز این نبود که می دیدند پس از استبداد صغیر، آن «مشروطه» ای هم که چندان دلخواهشان نبود و بهرحال بدان گردن نهاده و بر استبداد وابستهٔ محمد علی شاهی ترجیحش داده بودند، باز هم و باز هم بسود استقرار یک نظام بیشتر عرفی میل کرده و عملاً از مواضع قدرت روحانیان خراشیده است.

ما در فصول قبل از چند و چون همگامی بخش قابل ملاحظه ای از رهبران روحانی شیعه، خاصه «علمای مقیم عراق» با مشروطه خواهان و جای جای دربارهٔ جدال آنها با جناح مترقی بحد کفایت نوشته ایم. اینک که به مرحلهٔ سرخوردگی آنان از روند مشروطه گری (پس از شکست استبداد صغیر) رسیده ایم. جا دارد به بحثی وارد شویم که به تصورما در شناخت جوهر این سردی و سرخوردگی از مشروطه و متقابلاً بقای پایداری آنها در مقابله با یورش های استعماری غرب، در حد خود راهگشاست.

یکی از جلوه‌های این سردی آنست که نائینی صاحب کتاب «تنبیه الامه و تنزیه المله» که گفته‌ایم او را بدلیل نوشتن همین کتاب باید «تئوریسین جناح مذهبی» در نهضت ملی مشروطه قلمداد کرد. کوتاه زمانی پس از انتشار با توجه به دور شدن باز هم بیشتر جنبش از مواضع دینی و نزدیک شدن به قواعد عرفی، با شتاب نسخه های این کتاب را جمع کرد و در رودخانه دجله افکند. قطعاً بدان نشان که دیگر بر آنچه رقم زده است، باور ندارد و از بسی عقاید مکتوب خود عدول کرده است. شگفت این است همین عالم بزرگ مشروطه خواه بعدها به هواداری از رضاخان و آنگاه رضاشاه برخاست و حتی یکی از عوامل موثری شد که رأی رضاخان از ماجرای «جمهوری» بچرخد و این مطلبی است که ما به آن در جلد دوم (نقش روحانیت شعه از زمان روی کار آمدن رضاشاه و آغاز دیکتاتوری «لائیک» او تا انقلاب ۵۷) در موقع خود اشاره خواهیم داشت.

و اما بحث اساسی اینست که چرا «علمای» مشروطه خواه که حالا دیگر در خطهٔ مشروطه خواهی سست آمده، در قلمرو مبارزات ضد استعماری پابرجا مانده و حتی تمام نیروی خود را به این راه کشیده‌اند؟ گفته ایم که با شکست استبداد صغیر در جریان حکومت استبدادی، ایران به مصیبت دستبردهای استعماری مبتلا شد.

مجلس دوم (پس از شکست کودتا و خلع محمد علیشاه) خود را با مسئلهٔ اولتیماتوم دولت روس و یورش نظامی روس و انگلیس و اشغال نظامی بخش هایی از ایران روبرو یافت. حملهٔ نظامی دو قدرت خارجی در شمال و جنوب، بر اساس قرارداد اسارت آور ۱۹۰۷ که عملاً ایران را شقه کرده و به دو منطقهٔ نفوذ روس و انگلیس مبدل ساخته بودصورت گرفت. در چنین شرایطی بود که علمای مشروطه خواه، اگرچه از نتایج انقلاب مشروطه سر خورده بودند، بجوش آمدند و این بار با تعهدی که سنگینی آن به مقابله با استعمارخارجی تعلق داشت به میدان آمدند. خراسانی در نامه ای که به علمای تبریز نوشت از آنها خواست که بپاخیزند و بر ضد کفار، به آموزش جنگی بپردازند و در عین حال اجناس روسی را تحریم کنند. کوشش هایی بعمل آمد تا میان سید کاظم یزدی و آخوند ملاکاظم که اولی عملاً در خط ضد مشروطه بود، در زمینهٔ مقابله با «کفار» اتحادی دست دهد. ولی این اتحاد ابتدا تحقق نیافت. روحانیان نجف و کربلا و کلیهٔ روحانیان مشروطه

خواه مقیم عراق آهنگ ایران کردند ولی یکشب پیش از عزیمت آنان، آخوند ملاکاظم بناگهان درگذشت (برخی گفته اند که او را مسموم کردند).

مرگ آخوند، کار عزیمت را به تاخیر انداخت ولی قصد آنان راا ز میان نبرد. در روز ۱۱ محرم ۱۳۳۰، علما بسوی کاظمین و برای ورود به ایران براه افتادند. نکته جالب توجه که بسهم خود تحلیل ما را از ایستادگی علما بر ضد دستبردهای استعماری آسان می کند اینست که وقتی اخبار تجاوز خارجی و از آن جمله قتل ثقه الاسلام بدست روسها به عراق رسید، سید کاظم یزدی هم که هرگز روی خوشی به جنبش مشروطه خواهی نداشت و حتی به تعبیری از مخالفان سرسخت مشروطه محسوب می شد، در قبال این تهاجم استعماری خامشی خود را شکست و به عرصه (سیاست) که همواره به زبان از آن تبری می جست قدم نهاد و عملاً همرایی خود را بر ضد تجاوز غرب به سرزمین های اسلامی با سایرین اعلام داشت و تصمیم گرفت که به ایران باز گردد و مبارزه را در متن حوادث دنبال کند. این را پیشتر گفته ایم که البته نشر خبر قتل ثقه الاسلام و هفت تن دیگر از آزادیخواهان، راه را بروی هرگونه بی اعتنایی و غمض عین می بست. از این روی بود که سید کاظم نیز وارد میدان شد و آهنگ رفتن به ایران کرد. او اگرچه به توصیهٔ یکی از دیپلماتهای روسی در عراق از این قصد منصرف شد ولی به صدور فتوایی دست زد که بسیارتند و طی آن بر تجاوزات استعماری اروپاییان به کشورهای اسلامی تاخته بود. این یادآوری هم لازم است که دقیقاً در همان زمان که روس و انگلیس به اشغال ایران دست زدند، ایتالیا نیز به لیبی حمله برده و سلطه بر عراق نیز بوسیله انگلیسی ها سرگرفته بود.

در فتواییه سید کاظم یزدی می خوانیم:

«امروز اروپاییها به حملهٔ نظامی به کشورهای اسلامی سرگرم هستند. ایتالیا طرابلس را و روس و انگلیس به ترتیب شمال و جنوب ایران را مورد تاخت و تاز قرار داده اند و اسلام رو به نابودی می رود بنابراین بر همهٔ مسلمانان چه عرب و چه عجم واجب است که آماده دفاع از سرزمین های اسلامی باشند. مسلمانان باید در بیرون راندن سربازان ایتالیایی از طرابلس و نیروی نظامی روس و انگلیس از ایران جان و دارایی خود را فدا کنند. اکنون بزرگترین وظیفه مسلمانان اینست که ایران و عثمانی را از شر این کفار صلیبی اشغالگر برهانند.»

در گیرو دار استبداد صغیر و پس از آن - مواضع طیف رهبران مذهبی را همچنان بدینگونه می توان نقش زد که، در یکسو، عناصر ضد مشروطه جای داشتند که بر بقای سلطنت محمد علیشاه اصرار می ورزیدند. بنوشتهٔ کسروی حتی در تبریز پس از خلع محمد علیشاه عده ای از «روحانیان» روی بپادشاهان انگلستان و روسیه بردند و آنها را به حفظ سلطنت او ترغیب کردند (نقل از کسروی - آذربایجان صفحات ۴۰۳ و ۴۰۴) - در تهران نیز از همین گروه بسیار بودند که وضع را در نظر علمای عراق که عازم ایران بودند آرام جلوه می دادند و در نامه های خود به

آنها توصیه می کردند از کاظمین به سوی شهرهای خود بازگردند (نقل از «هجوم روس» تالیف نظام الدین زاده) و در سوی دیگر گروه علمایی قرار داشت که قریب به اتفاق آنها با مشروطه خواهان همداستان شده و بر ضد استبداد محمد علیشاه برخاسته و اینک با تلاشی گسترده به مقابله بر ضد تجاوزات استعماری کمر بسته بودند. واقعیت این است که بر آنها مسلم شده بود که محمد علیشاه برای پاسداری از سلطنت خود آماده است حتی به تحت الحمایه شدن ایران بوسیله روسها تن در دهد. کاظم زاده در اثر خود (Russia and Britain) از قول کنسول روس در استراباد (ایوانف) می نویسد:

«... او [محمد علیشاه] مدتها بود که بدین نتیجه رسیده بود که ایران را تحت الحمایهٔ روس سازد و حتی آماده بود در این باره به آنها تعهد کتبی بدهد.»

در پی این مقدمات می پردازیم به پاسخ این پرسش کلیدی که سرد شدن علما و بطور کلی طیف روحانیت مشروطه خواه از روند مشروطه گری و توجه وسیع و کشش فعالیت گسترده آنان بر ضد تجاوزات خارجی سر به چه سودایی داشت؟ راستش اینست که تلاش روحانیت در آن دوره در مقابله با یورشهای استعماری در حد کمال و حقاً باید گفت درخشان بود که شرح دقایق آن از حوصلهٔ این رساله بیرون است و اما پرسش کلیدی مزبور خود واجد کلیتی است که اجزاء آن را باید در زمینه های دیگری دنبال کرد و شناخت.

در برابر روحانیان بلند پایه ای که برای ورود به ایران، به کاظمین وارد شدند، تقریباً هیچ هدفی جز مقابله با تجاوز روس و انگلیس به ایران و قشون کشی ایتالیائی ها به لیبی امر دیگری حائز اهمیت نبود. قصد آنان، این بود که تمامی مسلمانان جهان را بر ضد تهاجم اروپاییان بسیج کنند و به میدان آورند و همانگونه که در فصلی متذکر بودیم، در این راه تا آنجا پیش رفتند که به سلطان محمد پنجم، پادشاه سنی مذهب عثمانی لقب «خلیفه» بخشیدند و خلاصه در این میان آنچه را که از برنامه های خود واپس زدند، مشروطه و مشروطه گری بود و آن طور که هرجا هم از مشروطه و آزادی سخن پیش آمد، آشکارا گفتند دیگر توجهی به «استبداد و اشتراط» ندارند و مسئله حیاتی آنان فقط همان مقابله با تهاجم استعماری غربیان یا بقول سید کاظم «کفار صلیبی» است.

بگمان ما اینک راه برای شناخت اجزاء این سوال باز شده است که چرا روحانیت باصطلاح مشروطه خواه، رفته رفته در خط مشروطه سرد شدند و در خط مبارزه با استعمار گرما گرفتند؟ اولاً سردی آنها، از همان زمان که خرده خرده دریافتند جوهر مشروطه چیست آغاز شده بود ولی با بده بستانهایی که نقل آنها را در فصول قبل آورده ایم، خود را بکلی از خط مشروطه خواهی بیرون نکشیدند تا استبداد صغیر آمد و رفت و جلوهٔ عرفی بودن نظام سیاسی جدید آشکارتر گشت و گفتیم که اعدام شیخ فضل الله و ترور بهبهانی هم در این سرخوردگی مزید بر علت شد.

اینکه چرا در تلاشهای ضد استعماری پایدار ماندند و با همت و پشتکاری گسترده تر و عمیق تر همچنان راندند و کوتاه نیامدند؟ پاسخ این سوال را پیشتر داده ایم اینک در پیوند با توجه به تجاوزات رو به اوج گرفتهٔ استعماری جا دارد آن را بیشتر بشکافیم.

دریافت ما همان است که نزد این گروه، آنچه مهم و حیاتی تلقی می شد و با هیچ امر دیگری در اهمیت و حیاتی بودن قابل مقایسه نمی توانست و نباید بود، اسلام و پایداری اسلام و به تبع آن هستی «روحانیت» بود و روحانیتی که نه فقط در امور اخروی بلکه در امور دنیوی نیز از اختیارات وسیع بهره مند باشد. پیشتر گفته ایم آنها اگر به مشروطه روی کردند، از جوهر مشروطه اطلاع دقیقی نداشتند. بسیاری از آنها چه بسا مردمان خیرجویی بودند که از فقر و ستم جاری برتوده ها رنج می بردند و در اندیشه استقرار نظامی بودند که صد البته بر پایهٔ اسلام بتواند بر این رنج و فقر مهار زند. برای آنها حتی تصور دقیقی در این که نظامات اسلامی و بطور کلی دینی با نظامات دموکراتیک نوخاسته در تباین اصولی است، هرگز پیش نیامده بود، تا آنکه آهسته آهسته دریافتند که نظم مشروطه بر قواعد عرفی و زمینی استوار است و در بسیاری از زمینه ها با قواعد دینی مباینت محض دارد. اطلاعات غلط و ناقص آنها نسبت به اساس مشروطه بدلیل عدم دسترسی مستقیم شان به‌مدارک دست اول غربی به حدی بود که اکثر آنان واقعاً بدین عقیده گرویده بودند که گویا ترقی و رفاه و عدالتی که در غرب پاگرفته بدان علت بوده است که غربیها، درست بخلاف مسلمانان، خود را از چشمهٔ تعلیمات و الهامات اسلامی بهره مند ساخته و سعادت را در جوهر اسلامیت یافته‌اند. ما نیازی به تشریح این نکات نداریم زیرا که قبلاً و خاصه در تحلیل افکار نائینی که بیشترین نقش را در کنش آراء علمای نجف داشته است، بحد کفایت توضیح داده ایم. همین قدر برای حفظ پیوند کلام بیاد می آوریم که نائینی در کتاب خود (تنبیه الامه) «ثبوت نیابت فقها و نواب عام عصر غیبت [امام زمان] در اقامه وظایف...» مربوط به اداره مملکت را «از قطعیات مذهب» شمرده و اصولاً در این کتاب درباره «آزادی» و خاصه «مساوات حقوقی و سیاسی» تعابیری آورده بود که غالباً با اصول دموکراسی همخوانی نداشت. اجمالاً روی آوری آنها به مشروطه از بیخبری و یا دست کم ناشی از اطلاعات ناقص و ناکافی بود و لذا روی گردانی اشان از مشروطه آن زمان آغاز شد و به غایت رسید که دانستند میان نظام عرفی مشروطه و قواعد شریعت فاصله ای از زمین تا ژرفای کهکشان برقرار است.

خلاصه سنگی که بسینه می زدند برای اسلام بود و هنگامی هم که بر کفهٔ مبارزه با استعمار غرب افزودند و از داستان «استبداد و اشتراط» گسستند باز هم نظر بر حفظ دین داشتند زیرا می دانستند حضور فیزیکی غربیان در سرزمین های اسلامی خواه ناخواه از پیکرهٔ اسلامیت خواهد تراشید و در پی آن مواضع والای آنها را نیز از خراش و تعرض مصون نخواهد گذاشت.

توجه به این نکته، بویژه از آن جهت که ما بنای تتبع را بر بیطرفی و اتکاء به واقعیات نهاده‌ایم، ضرورت دارد که بدانیم ذکر این «واقعیت»ها نباید از ارزش فوق العاده تلاش آن طیف از روحانیت و بویژه در آن دوران طوفانی بکاهد. آنها مسؤولانه و شجاعانه با دستبرهای استعماری مبارزه کردند. هرچند انگیزه تقلایشان، علاقه به دموکراسی نبود منتها بلحاظ پاسداری از دین و بالطبع پایگاه سیادت خود آنها بود که نمی خواستند با حضور فرنگیان فرنگی مآبی رایج شود.

اینک ممکن است این پرسش پیش آید که در قبال چنین تحلیلی مواضع آن گروه از روحانیت را که همچنان در کنار استبداد وابستهٔ محمد علیشاهی ماندند و از آغاز تا انجام بر ضد مشروطه راندند، چگونه می توان تعبیر کرد؟ که آنها هم بر طبل اسلامیت میکوبیدند و اسلام را پایگاه امتیازات خود می شناختند؟

به گمان ما، پاسخ به این پرسش این است که این گروه از روحانیت شیعه، از زمانهای دور، تنها و تنها به ذات قدرت و لذایذ برآمده از قدت دلبستگی داشتند و اسلامیتشان پوسته ای بود بر هستهٔ قدرت جویی آنان. برای این جماعت که اکثریت هنگفتی را شامل می شدند، اینکه توده در چه تالاب عذابی دست و پا می زند بقدر سر سوزنی رقت و دلسوزی نمی آفرید و این واقعیتی است که حتی تاریخ های فرمایشی نیز در پوشاندن آن عاجز بوده اند. ما در فصول پیش دربارهٔ برخی از این «علماء تراز اول» و مثلاً شفتی ها در دورهٔ فتحعلیشاه و محمد شاه یا امثال ملا علی کنی در دوره ناصری و شیخ فضل الله ها در عصر مشروطه خواهی، اشاراتی داشته ایم و نیاز بتکرار نیست. آیا برای شیخ نوری، وقتی به دروغ به همقطار افروختهٔ خود می گفت سالداتهای روسی بهرجا که رسیده اند مردم را به نماز و طاعت دعوت کرده اند، اسلام اولویت داشت یا قدرت؟ جواب روشن است. او قدرت را می خواست هر چند زیر تیغ شاپشال و لیاخوف دست داده باشد.

تمامی تلاش این گروه آن بود که سهم کلانی را که از دورهٔ صفوی در هرم قدرت استبدادی به چنگ آورده‌اند، در کنار استبداد حاکم حفظ کنند. آنها (باید گفت با هوشیاری) به محض آن که دریافتند با استقرار نظام جدید مشروطه به کلّ هرم استبداد و طبعاً به مواضع و سهام آنها خلل قطعی وارد خواهد آمد، صف خود را در پیوند با قدرت استبدادی مشخص کردند و از آغاز به دشمنی با مشروطه کمر بستند. در حالی که گروه متقابل از ایمان و توجه به حال «ناس» نیز خالی نبودند. منتهی اگر به مشروطه روی کردند، باین تصور بود که نظام جدید در عین حال که به ایمان آنها صدمه‌ای نخواهد زد، مواضع روحانیت را نه فقط حفظ خواهد کرد، بلکه در چشم عامه درخششی افزون تر خواهد بخشید.

تصویر بسیار سادهٔ مواضع این دو گروه را بدینگونه می توان نقش زد: از دو گروه مشـروعه خــواه و مشروطه خواه، اولی در فراسوی اسلامیتش به قدرت محض دلبسته بود و بعبارت دیگــر قدرت و لوازم قدرت را می پرستید. دومی، هم ایمان را می خواست و هم قدرت را.

آن زمان که مسلم شد، نظام تازه بر دموکراسی و قبول مساوات حقوقی (انسانها در ماوراء کشش های عقیدتی و دینی) و طبعاً آزادیهای فردی و اجتماعی مبتنی خواهد بود، دو خط متضاد در نقطه‌ای برهم مماس شدند و دست کم در قهر از مشروطه یکتایی نشان دادند و همیــن خود شاهد استواری است که وقتی ایمان مذهبی با حکومت که بهر تقدیر خود از نمادهای قدرت است می آمیزد، این جذام «قدرت پرستی» است که خرده خرده، بجان ایمان می افتد و لحظه به لحظه از آن می خراشد و بجایی می رسد که حتی پوسته‌ای از آن نیز نمی ماند. حاصل انقلاب سال ۵۷، از این واقعیت تلخ پرده برکشید و نیاز به هرگونه بحث و استدلال را واپس راند.

فصل سی ام

حرف آخر

چکیده ای از آنچه رفت

با این مقال که سی امین از رشته مقالات «نقش روحانیت شیعه در تحولات تاریخی و نهضت ملی ایران» است، کتاب اول این مبحث به آخر می رسد، با این امید که با فراهم شدن ممکنات، کتاب دوم نیز به همین سیاق و بصورت مکمل، ناظر بر حوادث سالها یی که با انتقال سلطنت به خاندان پهلوی آغاز می شود و با سقوط این سلسله در پی انقلاب ۵۷ پایان می یابد، در اختیار خوانندگان قرار گیرد.

مسلماً کسانی که این نوشته را پی گرفته اند، به این نکته توجه یافته اند که انگیزهٔ نویسنده در این بررسی، کشف مایه های رکود و عقب ماندگی ایرانیان، خاصه در دورانی است که جوامع اروپایی ببرکت یک رستاخیز فرهنگی، عناصر توقف و واماندگی خود را واپس می زدند و طبعاً با اتکاء به دست آوردهای تازهٔ اقتصادی و سیاسی و نظامی که از این رهگذر نصیب می بردند، در عین نوسازی اجتماعات خود، زمینه های سلطه بر ملل مشرق زمین را فراهم می کردند. ناگفته پیداست که تجسس در پدیده «عقب ماندگی» مانند هر پدیدهٔ اجتماعی و طبیعی، الزماً باید بر این اصلِ استوار مبتنی باشد که هیچ حادثه ای، هیچ پدیده ای و هیچ ظهور و بروزی در قلمرو هستی (تک علتی) نیست. علل خرد و بزرگ فراوان و جوراجور باید جمع شود تا خلقتی در یک گذرگاه (تولد - رشد - مرگ) دست دهد، بدین حساب اگر در قبال «امری»، همچون مسألهٔ عقب ماندگی یک قوم یا یک ملت و حتی یک جامعهٔ محدود، کاوشی علت یاب در میان است، ثمر کامل و رسیده، آنگاه بدست خواهد آمد که (امر) موضوع مطالعه، در ظرف تمامی علتهای جوش خورده به آن در عرصهٔ تحقیق قرار گیرد.

ضایعهٔ عقب ماندگی ایرانیان از کاروان تیزپای تمدن و «تجدد» جهان امروز نیز از حوزهٔ این اصل بیرون نیست و همین جاست که درعین حال، ژرفا و گستره و سنگینی کار ظاهر می شود و خاصه این واقعیت جلب توجه می کند که دست زدن به چنین تجسسی از ظرفیّت معرفتی یک فرد خارج است و به تلاشی نخست در سطح دانشگاهی (آکادمیک) و دوم به شیوهٔ گروهی (تیمی) و سوم به بهره گیری از انواع تخصص ها در قلمرو علوم انسانی نیاز دارد.

یکی دو مثال به شناخت ابعاد پیچیدهٔ موضوع کمک می کند:

۱- ضرورت تتبع در پدیدهٔ عقب ماندگی ایرانیان در پیوند با مسألهٔ عقب ماندگی کلیت مشرق زمین و به این معنا که جستجو در مایه های این پدیده زمانی در خط کمال خواهد بود که این پرسش کلی به پاسخی جامع و استوار منتهی شود:

اقوام و ملل مشرق زمین را چه موانعی دست داد که به رغم برخوردار بودن از ثروت های کلان طبیعی و پشتوانه ای از تمدن های طولانی و ریشه دار نه فقط از قافلهٔ فروزش های فرهنگی و مادی جهان فرو ماندند بلکه به آسانی بر سلطهٔ نوخاستگان غرب گردن نهادند و حتی بر کهتری خود نسبت به آنان همانند طلسم شدگان تسلیم شدند؟

۲- بموازات این جنبهٔ عمومی که طبعاً علل گونه گونی را با خود داشته است، عوامل اختصاصی نیز از قبیل: ویژگیهای فرهنگی، اقلیمی، حادثی، تصادفی و پذیرش های مذهبی و عناصر متنوع دیگر که در سرگذشت و سرنوشت و شکل گیری اقوام بشری نقش خود را داشته اند و دارند، الزاماً باید در یک تحلیل جامع، مورد مطالعه قرار گیرند و سهم هر یک بازشناسی شود. دقت در همین دو زمینهٔ (عمومی و خصوصی) شناخت سنگینی و پیچیدگی مشکل تحقیق را آسان می کند که متأسفانه باید پذیرفت، تاکنون در این زمینه ها کار جامع و جانداری انجام نگرفته و اگر هم گرفته، جدا از استثنائات در قالب اندیشه های حاکم بر «شرق شناسی» اروپاییان، نتایج بدست آمده از نفوذ تعصبات و کشش های ناشی از خودوالابینی مصون نبوده است. از این دیدگاه، تاکید بر این نظر موجه خواهد بود که کاوش در چگونگی ظهور و دوام رکود و عقب ماندگی ایرانیان سرهای متنوعی دارد که آگاهی بدانها، مستلزم سر کردن در همه این سرهاست. با این همه و در کنار این واقعیت، نباید از ارزش بررسیهای هر چند انتزاعی غافل بود. با این تعبیر که خالی از سود نخواهد شد اگر فردی یا گروهی در رشتهٔ تخصصی خود، بنای کار را بر زمینهٔ خاصی شالوده بریزد و به مطالعه در جنبه های مختلف آن زمینه بنشیند و طبیعی است که حاصل کار او می تواند به مطالعات وسیعتر یاری برساند. کار ما در مسیر آگاهی به نقش روحانیت شیعه از اینگونه برخوردهای انتزاعی است که بیدرنگ کلام نخستین را تکرار می کنیم که ما بر آنچه دراین باره عرضه داشته ایم - فارغ از هر گونه تواضع تصنعی، عنوان «تحقیق» نمی نهیم. برای نگارنده، اگر این بررسی فقط فتح بابی تلقی شود و اهل نظر را خاصه در این روزگار که ایران به یکی از خشن ترین انواع اختناق مذهبی مبتلاست به لزوم یک پژوهش همه جانبه رغبت دهد، مقصود حاصل است.

میدانیم از اواخر قرن ششم هجری قمری، عوامل چندی بر هم گره خوردند و بسهم خود جوامع ایرانی را به سوی ورطه رکودی سنگین و مزمن سوق دادند و چنان فضایی ساختند که به نحو رقت باری از دست آوردهای خود در قلمروهای حکمت و عرفان و علوم که در طی قرنهای سوم و چهارم

و پنجم فروزش خیره کننده ای یافته بود، فاصله گرفتند. جنگ های مصیبت بار صلیبی میان سلاجقهٔ آسیای صغیر و عیسویان روم شرقی - نبردهای خونبار و ویرانگر طایفه ای در همه جا بویژه درنواحی شرقی و شمال شرقی - انحطاط و فساد و جهالت در آخرین سلاطین خوارزمشاهی و عمدتاً در دوره سلطان محمد فقط نمونه هایی از آن عوارض هستند که اوضاع را برای وقوع یکی از سهمناک ترین مصیبت هایی که بر ایرانیان رفته است - یعنی ایلغار مغولان - آماده ساختند. متأسفانه اکثر مورخان این حادثهٔ مرگبار را نیز تنها با تاکید بر «توحش» مغولان و نتایج ویرانگر آن سرهم بندی کرده و کمتر به آن انگیزه ای پرداخته اند که چنگیز، سردار مغول را به ابراز چنان توحشی، مصمم ساخت. خوی بیابانی و بی پروایی او و سپاهیانش در انهدام و خونریزی قابل چشم پوشی نیست ولی اگر زبان تاریخ حق ندارد که از حقگویی فاصله بگیرد، واقعیت ها را باید به تمامی بیان کند و در معرض قضاوت بگذارد و یک واقعیت مسلم این است که چنگیز در آغاز، سودای دست زدن به چنان فاجعه ای را در سر نداشت. این فساد حاکم بر دستگاه سلطنت خوارزمشاهی بود که در وجود او شیطان خفته را بیدار کرد. شرح گوشه ای از چند و چون آنچه رفته است، اگرچه باز هم از خط اصولی کار ما جدا می شود، بی سود نیست خاصه که خود گویای این ضرورت است که تاریخ ما در جمیع جهات یک بازبینی و تامل کاوشگرانه و علت یاب نیاز دارد.

می دانیم که در دوره سلطنت سلطان محمد، مادر او (ترکان خاتون) با شبکه ای که از دستیاران فاسد و آزمند برای خود جور کرده بود، در واقع ارادهٔ فرزند را در تصرف داشت. همچنین نباید فراموش کرد که چنگیز پس از آنکه به بخشی بزرگ از اسیای مرکزی دست یافت کوششی داشت تا با خوارزمشاه از در دوستی درآید؛ حتی گروهی از بازرگانان مسلمان را پذیرفته و کالاهایشان را به بهای خوب خریده و عده ای از همانها را همراه با نمایندگان خود با هدایای بسیار نزد سلطان محمد گسیل کرده بود. نقل است که چنگیز ظاهراً از سر محبت، خوارزمشاه را فرزند خود خوانده و همین «جسارت» سلطان محمد را سخت گران آمده بود. می نویسند که اگر هوشمندی و کاردانی (محمود یلواج) نمایندهٔ چنگیز در مهار زدن به خشم خوارزمشاه د رمیان نبود، همان زمان آتش فتنه سرگرفته بود. به هر حال درایت و پایمردی یلواج، مشکل را حل می کند و دو طرف به عقد پیمانی گردن می نهند که بموجب آن «دوستان یکدیگر را دوست و دشمنان هم را دشمن مشترک خود بدانند ٠ نقل از تاریخ مغول، ص ۲۱ - عباس اقبال»

شنیدنی است که در پی این پیمان، قریب پانصد تن از بازرگانان مغول با کالاهای گرانبها راهی شهر (اُترار) می شوند که در مرز متصرفات خوارزمشاه و مغولان قرار داشت و دروازهٔ ایران آن روز محسوب می شد. امیر اُترار شخصی است بنام غایر خان که از بستگان مادر شاه است و آنطور که پیداست در هر قدم فرمان از او می گیرد. وقتی بازرگانان مغول وارد شهر می شوند،

غایر خان که چشم طمع به امتعهٔ گرانقیمت آنها دوخته است، تمامی آنها را از دم تیغ می گذرانند و تنها یک نفر از آن میانه جان بسلامت می برد و خود را به چنگیز می رساند و آنچه را که رفته است برای سردار خود نقل می کند و گفتن ندارد که همین خام طمعی و جهل سببی می شود که خان مغول به انتقام برخیزد و نه تنها بقصد تصرف سرزمینهای آباد ایرانی، بلکه در اساس به هی هی خشم وحشی خود براه افتد و آن مصیبت تاریخی را بتاریخ تحمیل کند.

از سوی دیگر شک نیست که ایلغارهای پی در پی مغولان در سرزمین های ایرانی آثار هولناکی ببار آورد - اما در یک تحلیل واقع گرایانه نباید در ارزیابی این اثار از حدمتعارف تجاوز کرد و تمامی کاسه و کوزه‌ها را بر سر مغولان شکست. محلی برای چون و چرا نیست که وحشت کشتار و ویرانی حتی عُلقه های انسانی را سست کرد. چنان شد که الفتهای غریزی میان پدر و مادر و فرزند نیز مفاهیم خود را از کف داد. شاید بتوان آنچه را که در فضای روحیات حاکم آن زمان رخ داده است بیش از نقل مورخان، در این بیت از قصیده بلند شاعر نامدار عصر مغول کمال الدین اسماعیل (معروف به خلاق المعانی) که ظاهراً خود شاهد کشتارهای فجیع شهر اصفهان بوده است، بروشنی بازشناخت:

دی بر سر مرده‌ای دو صد شیون بود　　　امروز یکی نیست که بر صد گرید

هم چنین این صحیح است که در طوفان یورش مغولان، میلیونها انسان بیگناه جان باختند و شهرهای بسیار با خاک یکسان شد و بسی از نفیس ترین آثار گذشتگان در قلمرو حکمت و ادب و عرفان از میان رفت. آری این همه واقعیت است ولی فراموش نباید کرد که زوال ارزشهای فرهنگی (که ما وجهی از آن را به رکود و عقب ماندگی تعبیر می کنیم) همه معلول آن مصیبت هر چند بزرگ نبود، زیرا:

- اولاً این واقعیت را نباید پشت گوش انداخت که انواع آن یورشها و ویرانگریها و کشتارها در همه جای جهان شناخته شدهٔ آن روزگاران رواج داشت. حمله آتیلا و سایر قبایل بدوی در اروپا نمونه‌هایی است که در پاره ای اشکال و پیامدها ایلغار مغولان را تداعی می کند. پس این نیست که بتوان دعوی کرد. ایرانیان در این مصیبت تنها بودند. دیگران نیز از اینگونه مصیبت ها فراوان چشیده بودند. ولی سرانجام توانستند، سمندروار از درون آتش برخیزند و پرواز را ادامه دهند.

- ثانیاً، فراموش نکنیم که حملهٔ مغول (همانگونه که پیشتر گذشت) ثمر ظلم و فسادی بود که در آن زمانه، سراسر امپراتوری اسلامی و از آن جمله سرزمین های ایرانی را فرا گرفته بود. باید به دنبال این واقعیت رفت که استبداد و پرخواهی و مردم ستیزی خلفای عباسی در یکسو و جهل و ستم و غارت سلاطینی نظیر سلطان محمد از سوی دیگر، به چه مراحلی رسیده بود که مرد ظریف و اندیشه مندی نظیر مولوی با آن روحیه آرام و مداراگر و محبت پرست خود در ماجرای

حملهٔ دوم مغولان و تصرف بغداد بوسیله هلاکو و کشتن المستعصم بالله بدست او و به اشارهٔ خواجه نصیر، چنین بازتابی از خود نشان داده است:

گرچه یک بغداد ویران کرده شد هر طرف بغدادها بنیاد کرد
ابلهـــان گفتند شؤؤهرِ داد رفت عاشقانه گؤفتند بالله دادکرد

- ثالثاً اگر هم چنان در پی کشف واقعیت هستیم، باید بدانیم که تنها با درک صحیح حوادث درآن دوره و مخصوصاً در گذرگاه یک بازنگری واقع بینانه تاریخ است که به نتایج معقول خواهیم رسید. در چنین راهی است که درخواهیم یافت، علی رغم آن پاشیدگی و پریشانی و رخوتی که بطور طبیعی بر جوامع شکست خورده و مصیبت زده جاری شد ولی این عارضه ها باندازه ای نبود که ریشه های امید و چاره جویی را بسوزاند. اگر چنین بود، پس آن قیام های وسیع و پر اثر نظیر خیزش انقلابی سربداران که حتی به تشکیل یک دولت مستقل انجامید و در سال ۷۵٤ هجری (۱۳۵۳ میلادی) با شکست مغولان حوزهٔ قدرت خود را از سواحل جنوبی دریای مازندران تا پیرامون توس و مشهد گسترش داد و یا قیام محمود تارابی در ماوراء النهر (٦۳۸ هجری) و موارد متعدد دیگر از این قبیل را چگونه می توان تعبیر کرد؟

گذشته از اینها فراموش نباید کرد - اگر نواحی شمال شرقی و شرق تحت تأثیر پرخواهی و جهالت و ستمگری خوارزمشاه به چنان مصیبتی گرفتار آمد، نواحی جنوبی، خاصه خطهٔ فارس در نتیجه حسن تدبیر (اتابکان فارس) اصولاً از گزند حمله مغولان مصون ماند.

این نقل سعدی است که در پی فرار از وحشت مغولان وقتی خبر می گیرد که به درایت اتابکان سرزمین فارس از یورش مغولان فارغ مانده است و آسوده خاطر باز می گردد به ستایش از اتابک و شرح شمه ای از حال خود می گوید:

چو باز آمدم کشور آسوده دیدم پلنگان رها کؤرده خوی پلنگی
چنین شد در ایام سلطان عـــادل اتابک ابوبکر سعد بن زندگی

سرانجام بر همه اینها باید افزود که پس از حمله مغولان و آنگاه حمله تیمور چون نوبت به‌فرزندان و بستگان امیر گورکانی رسید، ورق بکلی برگشت مورخان خودی و غربی، احیاء ارزش های فرهنگی را بویژه در دورهٔ حکومت فرزندان و بازماندگان تیمور، اینگونه رقم زده اند: چون نوبت امارات به فرزندان و بستگان تیمور رسید، به آبادانی شهرها و بسط فعالیتهای علمی و فرهنگی کمر بستند. بازارها، مسجدها، باغها و مدارس گوناگون بنیان نهادند. شاهزادگان تیموری هر کدام در زمینه‌ای شهرت یافتند. شاهرخ، درکارهای ساختمانی بایسنقر به کتاب دوستی و الغ بیگ به دانش پروری و سلطان حسین بایقرا و وزیر خردمند و دانشورش امیرعلیشیر به هنرجویی، مشهور شدند.

ادوارد برون، بایسنقر پسر شاهرخ را «موسس و بانی زیباترین فن کتاب نویسی در ایران» می شناسند و می نویسد: «در تحت حمایت او دائماً چهل تن کاتب و خطاط به راهنمایی مولانا جعفر تبریزی که خود او نیز شاگرد عبدالله بن میرعلی است به استنساخ کتب مشغول بودند وی [بایسنقر] با پرداخت دستمزدهای گزاف و اعطای انعامات شاهانه، هنرمندترین استادان خط و تذهیب را در نزد خود نگاهداری می کرد...» برگرفته از کتاب (از سعدی تا جامی، ترجمهٔ علی اصغر حکمت).

از بایسنقر گذشته، الغ بیک خود از بزرگترین دانشمندان رشتهٔ نجوم و ریاضی محسوب می شود. از آثار با ارزش این پژوهشگر نامدار یکی جدول جدید نجوم، حاوی مقدمهٔ جامعی است دربارهٔ مباحث مختلف ستاره شناسی که عموماً بر اساس مشاهدات در رصدخانه سمرقند تنظیم شده بود، در زمینه ریاضیات، الغ بیک در پی دستیابی به سینوس دقیق قوس یک درجه به حل معادلهٔ درجه سوم جبری به صورت (البته امروزی) X3+a+b=0 راه یافت که در آن x سینوس قوس یک درجه است. غیاث الدین جمشید کاشانی همکار الغ بیک که خود از نوابع دانش ریاضی شناخته شده است، حل معادله مزبور را دنبال کرد و درنتیجه سینوس یک درجه را با صحت کاملتر تا ۱۸ رقم اعشاری بدست داد.

مسلماً خوانندگان ما انتظاری ندارند که این مختصر که اصولاً جدا از مباحث برگزیدهٔ ما است، شامل تمامی مضامینی از گستره ی پیشرفتهای فرهنگی آن روزگار باشد و طبیعی است که این همه رااز تاریخ باید خواست. قصد ما در پی این اشارات زودگذر، همانست که در سطور گذشته به آن پرداختیم واینکه به قضاوت ناروایی روی کرده ایم اگر تمامی اسباب عقب ماندگی و خفتگی و رسوب جوامع ایرانی را منحصراً به عصر مغول و تیموری ببندیم. اندیشه منطقی حکم می کند، که سهم هر رویدادی را در هر پدیدهٔ مفروضی فارغ از حب و بغض ارزیابی کنیم و به نتیجه گیری بنشینیم. از چنین دیدگاهی است که خاصه در چهارصد و اندی سال گذشته (همان طور که در اکثر فصول این کتاب شاهد آورده ایم) بیشترین زیانها را (در خط رکود ایرانیان) از ظهور انحطاط در جامعهٔ روحانیت شیعه می یابیم.

این صحیح است که خیزش شیعی گری، در صدر اسلام و با درگذشت پیامبر، درون منازعات طایفه ای عرب نطفه بست و در کوتاه زمانی به قلمرو زندگی ایرانیان وارد شد و طی سالهای دراز بعنوان یک وسیله رهایی از سلطهٔ خلفا و بصورت مذهبی مستقل و مبتنی بر پاره ای از باورهای باستانی و دینی اقوام ایرانی شکل و محتوای تازه ای یافت. اما این هم یک واقعیت است که این مذهب بویژه از عصر صفوی بدست متولیان خود، در قبال شکوفایی فرهنگی، بیک عامل باز دارنده مبدل گشت و بازچنان که در بخش های گذشته با تکیه به شاهدها توضیح داده ایم، افسوس بزرگ دراین است که انجمادی که بدست رهبران شیعه (جدا از استثناء ها) مغز و روح

ایرانیان را تصرف کرد، بروزگاری قوت گرفت که مغرب زمین با تلاشی وقفه ناپذیر تخته بند رکود قرون وسطایی را در هم می شکست.

گفتنی است که اساساً تشیع با توجه به مقیاسات زمانی بر یک اصل راهگشا بنا شد، اصلی که تحت عنوان «اجتهاد» به فقهای شیعه امکان می داد تا بموجب الزامات زمان، مذهب خود را در مسیر یک تحول درونی قرار دهند و متأسفانه آنها از این امکان هیچ گاه بهره نگرفتند و نه فقط بیک تطابق منطقی با نیازهای زمانه تن در ندادند، بلکه هرچه جلوتر رفتند، بیشتر در تالاب خرافات و پندارهای پوچ و پوسیده غوطه ور شدند.

دلیل این بی حرکتی و افول دائمی، چیزی جز قدرت پرستی نبود. ما پیشتر توضیح داده ایم که سلاطین صفوی که جد اعلایشان خود سنی مذهب بود، در رهگذار سیاست های ضد عثمانی که آنهم برآمده از سیاستهای متجاوز و ضد ایرانی عثمانیها بود، ناگهان شیعی مذهب شدند و بقصد پیشبرد سیاستهای خود و بسیج عقیدتی مردم بر ضد تجاوزکاران عثمانی، دست ملایان شیعه را باز گذاشتند و عملاً راه را بروی نفوذ آنها در ژرفای جامعه هموار کردند. متقابلاً از این زمان است که ورود در حوزهٔ قدرت، ذائقه ملایان را با شیرینی قدرت آشنا کرد.

البته پاره ای از سلاطین صفوی، وقتی احساس کردند ملایان شیعه از گلیم خود تجاوز کرده اند، کوشیدند تا آنها را مهار کنند. اسمعیل دوم پسر شاه طهماسب یکی از آنها بود که بر آن شد تا بساط خصومت خونبار میان سنی و شیعه را برچیند و از این روی، اهانت به خلفای سه گانه را منع کرد و باصطلاح جشن هایی، نظیر «عید عمر کشان» را که متأسفانه قرنها پس از آن عصر نیز رایج ماند، ممنوع ساخت ولی کار از کار گذشته و تزریقات ملایان بر عروق و جوارح جامعه اثر گذاشته بود. البته پادشاهان مقتدر صفوی به ملایان به چشم کارگزاران و عملهٔ خود می نگریستند و جای جای با اعمالی آکنده از خشونت و حقارت به آنها می فهماندند که نباید جز در خط فرمان سلطان قدم بردارند. بارها اتفاق می افتاد که مخصوصاً ملایان را در مجالس شرابخواری و عشرت خود حاضر می کردند و گاه بدستوری آنها را بنوشیدن شراب وادار می ساختند و علمای اسلام پناه هم بروی خود نمی آوردند و هرچه را که پادشاه (کلب آستان علی) اراده می کرد، عین صواب می دیدند. اما همین پیوند ملایان با توده، با آن کوله باری که از خرافات و افکار پریشان و مالیخولیایی، بدوش می کشیدند، سرانجام به مراحلی رسید که قوای دماغی جامعه به تصرف آنان در آمد و در دورهٔ سلطان حسین کار بجایی رسید که شاه به بردهٔ ملای متحجر و در عین حال دغلکاری چون محمد باقر مجلسی مبدل شد و چنان مفتون این بازیگر «دینی» گشت که آب بیجواز او نمی نوشید. بدین گونه بود که رفته رفته با گذر از مسیری هر چند پر پیچ و خم (گاه با دست بالا و گاه با دست زیر، همچون دورهٔ نادری) روحانیت شیعه به یکی از سهامداران اصلی هرم استبداد و قدرت مبدل شد و حتی آن زمان که فصل خیزش های ملی فررسید، گذشته از حال

و قال آن گروه از ملایان که هرگز با جوهر نهضت ملی آشتی نکردند، گروهی که به نهضت پیوستند، جز خراشیدن از جنبه های مترقی آن، رسالت دیگری برای خود نشناختند. ما پیشتر با شرح جزئیات نوشته ایم که دلیل عمدهٔ ناکامی نهضت ملی مشروطه، البته کاستی های جامعه بویژه بلحاظ فقدان یک طبقه وسیع متوسط بود که آن نیز از عقب ماندگی «تولیدی» و علمی و فرهنگی و بی بهره بودن از یک نظام نیرومند صنعتی و تجاری و (شهری) که خاستگاه طبقه متوسط است، نشئت می گرفت.

اما این پرسش را باید پاسخ یافت که چه عاملی، خاصه آن گاه که اروپاییان در پرورش علم و صنعت و اندیشه های تابناک آزاد ببخش چهار نعل پیش می رفتند، جوامع ایرانی را در رخوت خرافات حبس کرده بود؟

در یک مقایسه میان ارزش های فرهنگی گذشته که خاصه در قرنهای سوم و چهارم و پنجم و یا در دورهٔ بازماندگان تیمور در قلمرو هنر و علم و حکمت نصیب ایرانیان شده بود، در یکسو و ثمرات آن خرافه پرستی ها که به مباشرت «علمای» شیعه از عصر صفوی بر روحیات ایرانیان غلبه یافت در سوی دیگر - به آسانی هر جستجوگری را به شناخت یکی و بتکرار است که می گوییم (یکی) از عوامل رکود و البته عاملی سخت اثرگذار رهنمون می شود.

این مایهٔ تاسفی بس عمیق است که چطور آن ارزشهای فرهنگی که در رهگذار علوم و فلسفه و عرفان و ادب که بدست بیرونی ها، بوعلی ها، فارابی ها، رازی ها، خیام ها، رودکی ها، فردوسی ها، مولوی ها و حافظ ها (و این یک در لبهٔ تیز دوران افول) و صدها از این چهره های آفرینندهٔ اندیشه و اندیشه گری پدید آمد - در برابر رواج سکه های ذلت آوری چون حلیة المتقین و جامع عباسی و بحار الانوار در عصر صفوی از یاد می روند؟ کار ما پرداختن به تمامی تاریخ نیست ولی محض نمونه آوری تنها به اختصار تمام به چندی از کارهای بیرونی در مقام یک فیلسوف و دانشمند و محقق اشاره می کنیم و با همان اختصار به قیاس میان آثار او و آثار فقهای همه کاره شده از عصر صفوی به این سو می نشینیم تا بیشتر به عمق رکود و بانی رکود پی ببریم.

می دانیم که ابوریحان (بیرونی) فرزند قرن چهارم و پنجم هجری بود با فاصله ای حدود پانصد سال از عصر صفوی. فرصتی نیست که بتمامی آثار این مرد فرهمند بپردازیم. همین قدر به این نکته اشاره میکنیم که این پژوهشگرِ در نوع خود بی نظیر - برای آن که کتاب ماللهند را (که تتبعی است در فرهنگ هند) برشته تحریر درآورد، پیشاپیش به آموختن زبان سانسکریت می پردازد تا به منابع اصیل بطور مستقیم دست یابد. مباحثات او با ابوعلی سینا - درحوزهٔ فلسفه و مخصوصاً ده سوالی که بانتقاد از نظریات ارسطو، برای بوعلی می فرستد، به تنهایی نشان می دهد که این اندیشه گرخود را بندیِ افکار گذشتگان نمی دیده است. تتبعات او درعلوم طبیعی و مندرج در کتاب «تحدید نهایة الاماکن» حیرت انگیز است. او در این اثر و آثار دیگرش با

کاوش در سنگواره ها و بقایای گذشته ها، راز تحولات تدریجی طبیعت را بی هیچ مبالغه باسلوب امروزیان شرح می کند. او مثلاً در زمینهٔ فسیل شناسی با طرح نظریهٔ «تغییر تدریجی سطح زمین و تبدیل قعر دریاها به ارتفاعات کوهها» تعریفی بدست می دهد که با یافته های امروزی در بسیاری زمینه ها تطابق قطعی دارد و فراموش نکنیم این آراء به زمانی ابراز شده است که «محققین» قرون وسطائی اروپا - فسیل ها را ناشی از طوفان نوح و برخی «شوخی طبیعت» تلقی می کردند. آیا عجیب نیست که چنین فروزشهایی خاموش می شود و پانصد سال بعد ملایانی که خود را عالم به علوم دنیوی و اخروی معرفی کرده اند و می کنند چنین مباحث درخشانی را به لاطائلاتی از این قماش می چرخانند؟

باید خواند و قیاس کرد:

در قلمرو طب و دانش:

از باب سوم - فصل هفتم، کتاب حلیة المتقین اثر «شیخ المحدثین» علامه محمد باقر مجلسی:

«از حضرت صادق (ع) منقول است که چون حضرت نوح (ع) از کشتی فرود آمد از دیدن استخوان مرده ها او را غم عظیم عارض شد. پس حق‌تعالی به او فرمود که آب انگور سیاه بخور تا غمت زایل شود»

- همچنان در زمینه بهداشت از همان کتاب باب سوم فصل هفتم:

«حضرت امام موسی (ع) فرمود بول (پیشاب) شتر نافع تر است از شیر او»

- درمداوا و داروشناسی - از همان کتاب، باب سوم - فصل ششم:

«در حدیث معتبر از حضرت امام رضا (ع) منقول است که هرگاه چیزی خوردی بر پشت بخواب و پای راست را بروی پای چپ بگذار و از حضرت صادق (ع) منقول است که هر که کنجد بخورد خداوند نگاه دارد او را از دیوانگی و خوره و زردآب و حماقت.

در آداب سفر از همان کتاب باب چهاردهم، فصل دوم:

«در حدیث صحیح از حضرت امام موسی کاظم (ع) منقول است که هفت چیز است که اگر در برابر مسافر ظاهر شود برای او شوم است: کلاغی که فریاد کند، سگی که دم علم کرده باشد، و گرگی که بر دم خود نشسته باشد و سه بار بالا و پایین شود و آهویی که از جانب راست او بیاید و جغدی که فریاد کند و پیرزن سفید مویی که از روبرو بیاید و ماده الاغی که گوشش بریده باشد»

- در قلمرو جانورشناسی - از همان کتاب باب سوم، فصل هفتم

«.. از حضرت امیرالمومنین (ع) منقول است که اردک گاومیش مرغان است، چون لجن میخورد و مرغ خانگی، خوک مرغان است زیرا که فضلهٔ آدمی می خورد و دراج، حبشی مرغان است. پس چرا نمی خوری بچه کبوتر بچه را که تازه بیرون آمده باشد؟ (!!)

این مثل ها قطره ای از دریاست. دراین آثار (مذهبی، اخلاقی و علمی و طبی و فلسفی!) که صدها هزار خبر و حدیث از این قماش را شامل می شوند، هر کس به آسانی می تواند «فرهنگی» که بدست این اولیاء دین فراهم آمد ارزیابی کند و با درک این واقعیت تلخ که چنین فرهنگی جانشین ارزشهای فلسفی و علمی و عرفانی و هنری گذشتگان گشته است، دلایل این رخوت و رکود مزمن را بازشناسد و اما برای آن که، نشانهٔ روشنی از بقای این تحجر طولانی و قرون و اعصاری بدست داده باشیم تا ظنی بر مبالغه و اغراق نرود، لازم می دانیم کلام خود را با نقل مکرر توصیهٔ مبرم امام خمینی پیشوا و خالق انقلاب اسلامی خاتمه دهیم و البته از این توجه نیز غافل نباشیم که سفارش امام نه مربوط به قرون ماضیه که مربوط به دورانی است که معمولاً آن را به عصر (فضا، اتم، کامپیوتر و اعجاز وسایل ارتباطی) لقب داده اند و باری توصیهٔ امام این است:

«خوبست کتابهای فارسی را که عالم بزرگوار و محدث عالیمقدار محمد باقر مجلسی (خالق حلیه المتقین که به چند نمونه از افاضات او اشاره کردیم) برای مردم پارسی زبان نوشته، بخوانید تا خود را مبتلا به یک همچو رسوایی بی خردانه نکنید. درست است که توده به این گونه کتابها بی میل شدند و با دروغها و یاوه سرایی رمان ها که اروپاییان با استادی خاص به خودشان و غرضهای فاسد مسموم در بین جوانهای ما پخش کردند و روح شهامت و شجاعت و جوانمردی را از آنها ربوده و در عوض روح عشق بازی و بی عفتی و تقلب به آنها دمیده اند؛ دیگر به این کتابها اعتنایی ندارند لکن در بین آنها کم و بیش از قدیمی ها مانده اند که از این کتابها بی خبر نیستند و شاید در منزل خیلی از آنها آثار عصر دینداری پیدا شود ... نقل از کشف الاسرار اثر آیت الله خمینی صفحه ۱۲۱.» - تو خود حدیث مفصل بخوان از این مجمل

مهدی قاسمی در هفتم مرداد ۱۳۰۷ (۲۹ ژویه ۱۹۲۸) در تهران بدنیا آمد در رشته های حقوق (علوم سیاسی) و تاریخ تحصیلات خودرا بپا یان برد. در مکتب استادانی نظیر بدیع الزمان فروزانفر و جلال الدین همائی در زمینه ی عرفان ایران در عصر اسلامی به مطالعه پرداخت.

از سال ۱۳۲۸ تا سال ۱۳۵٦ در پاره ی از نشریات سیاسی و مجلات فرهنگی و پژوهشی به نویسندگی و سردبیری مشغول بود. بیش از ده سال ابتدا بعنوان برنامه نویس و بعد مفسر سیاسی در رادیو ایران خدمت کرد و نزدیک پنج سال بزرگ دبیری رادیو ایران را بعهده گرفت و در همانحال برای مدت سه سال در شورا یعالی مرکز مطالعات ملی (وزارت آموزش و پرورش) عضویت داشت. قبل از انقلاب به انگلستان مهاجرت کرد و اینک قریب نوزده سال است که در ایالات متحده بسر میبرد. در این دوره نیز با چندی از مطبوعات پارسی زبان برون مرزی همکاری کرده است. دو رساله: نخستین انها بنام «غرب زدگی تا ولایت فقیه» و دومین با عنوان «جلوه های اندیشه در ادب پارسی» را همزمان در هفته نامه ی *قیام ایران* چاپ پاریس منتشر ساخت که این هر دو برای چاپ و نشر مستقل در دست تکمیل و تنظیم است.

Mehdi Ghassemi was born on July 29 1928 in Tehran. He studied law, political science and history. He studied Iranian mysticism in the Islamic period under scholars such as Badiolzaman Foruzanfar and Jalaledin Homai.

From 1949 to 1977 he wrote and was the editor of various political, cultural and scholarly periodicals. For over ten years he worked at Iran Radio in the beginning as a producer and later on as a political commentator, and for five years was the Chief Editor. During the same period he was a member of the High Council for the Study of National Issues (Ministry of Education) for three years.

Prior to the 1979 Revolution he emigrated to the England and he has been residing in the United States for the past nineteen years. During this time he has contributed to many Persian publications published outside of Iran.

He has written two thesis. The first is entitled, “From Westoxication to the *Velayat-e Faqih*.” The second, “Manifestations of Ideas in Persian Literature.” Both where published simultaneously in the Paris weekly *Ghiyam-e Iran*. Both are being revised and will be published in the future.

English Translation of Table of Contents

    Author's Notes
1. The Commonality and Kinship of Theocratic Systems and All Despotic Systems.
2. The Role of Clericalism in Composition of the Despotic Pyramid.
3. Ultranationalism and Exaggeration of National Superiority.
4. The Initial Groundwork of Formation of Shi'ism.
5. Positions of Shi'ite Clergy During the Safavid Dynasty.
6. Europe in the Midst of Philosophical and Scientific Enlightenment. Iran Entangled in "School's" Mohammad Bagher Majlesi.
7. A Brief Overview of a Few Shiite Theological Works.
8. Shi'ite Clergy's Confrontation with any Type of Modernity.
9. Frigid Thoughts and Forging History.
10. An Effective Incident in the National Movement.
11. Anti "Tobacco Regie" Movement a Successful and Powerful Experiment.
12. Constitutionalism and Clericalism.
13. Evaluation of Schools of Thoughts During the Initial Constitutionlist Uprisings.
14. An Overview of the Arguments of Those who Advocated the Islamized Constitution.
15. Where Did the Labeling of Constitutionalists as Babis Originate From.
16. The Consequences of Clergy's Influence on the National Movement.
17. The Grand Consitutionalist Clerics.
18. A Thorough Examination of a Great Cleric's Thoughts (Mirza Mohammad Hossein Naini Gharavi).
19. The Contradiction of Ideas Between Theocrats and Modernists.
20. The Early Parliamentary Experiences.
21. The Clergy's Sensitivity Towards Rationalism.
22. Towards Secularism.
23. Images of Sterile Thoughts in the Clerical Community.
24. A Worthy Leadership and a Glorious Mass Movement.
25. The Religious and Political Inclination Among the Constitutionalist Clergy.
26. In the Line of Events.
27. The Unholy Alliance (The Court, Clerics and Foreigners).
28. A Few Key Questions.
29. The Clerics Position after Mohammad Ali Shah's Coup D'Etat.
30. Final Words — Summary.

The Role of the Clergy in the Iranian National Movement

by
Mehdi Ghassemi

IBEX PUBLISHERS
Bethesda, Maryland

The Role of the Clergy in the Iranian National Movement